Le droit de la délimitation des frontières maritimes africaines

Logiques Juridiques

Fondée par Gérard Marcou

Dirigée par Jean-Claude Némery et Thomas Perroud

Le droit n'est pas seulement un savoir, il est d'abord un ensemble de rapports et pratiques que l'on rencontre dans presque toutes les formes de sociétés. C'est pourquoi il a toujours donné lieu à la fois à une littérature de juristes professionnels, produisant le savoir juridique, et à une littérature sur le droit, produite par des philosophes, des sociologues ou des économistes notamment.

Parce que le domaine du droit s'étend sans cesse et rend de plus en plus souvent nécessaire le recours au savoir juridique spécialisé, même dans des matières où il n'avait jadis qu'une importance secondaire, les ouvrages juridiques à caractère professionnel ou pédagogique dominent l'édition, et ils tendent à réduire la recherche en droit à sa seule dimension positive. À l'inverse de cette tendance, la collection « Logiques juridiques » des éditions L'Harmattan est ouverte à toutes les approches du droit. Tout en publiant aussi des ouvrages à vocation professionnelle ou pédagogique, elle se fixe avant tout pour but de contribuer à la publication et à la diffusion des recherches en droit, ainsi qu'au dialogue scientifique sur le droit. Comme son nom l'indique, elle se veut plurielle.

Dernières parutions

Alex ATANASOV, *La machine judiciaire. Analyse économique et comparative du fonctionnement du système judiciaire*, 2023.

Mohamed KETATA, *Droit du marché financier et droit des contrats. Contribution à l'étude de l'opération de marché en droits tunisien et français*, 2023.

Van Anh LY, *La codification du droit international privé vietnamien à la lumière de la codification québécoise*, 2023.

Ruben AKONO MINLO, *Introduction au droit minier applicable au Cameroun. Une vue synoptique des aspects juridiques de l'exploitation minière*, 2023.

Yao AGBETSE, *La supervision de la mise en œuvre des droits de l'homme à l'épreuve de la volonté politique des États africains. La*

Constant Sohode

Le droit de la délimitation des frontières maritimes africaines

Préface de Alioune Sall

L'Harmattan

5-7, rue de l'École-Polytechnique – 75005 Paris
www.editions-harmattan.fr
ISBN : 978-2-336-40633-6
EAN : 9782336406336

A

Elise TOHOUEGNON, ma mère.

« Au commencement de tout est le courage, vertu du commencement, de même que la fidélité est la vertu de la continuation et le sacrifice celle de la fin. Tendue entre les deux instants tranchants du sacrifice et du courage, l'un qui se dénoue, l'autre qui débute, la durable fidélité s'étale dans l'intervalle chronique et continu des crises. »

Vladimir Jankélévitch, Le "Traité des vertus".

« Je puis tout par celui qui me fortifie. »

Philippiens 4:13

SOMMAIRE

PREFACE

Il existe, entre l'Afrique et le droit de la mer, une longue histoire. L'apport de ce continent, dont témoigne encore la forte présence de ses États au cours des négociations qui vont déboucher sur l'adoption de la Convention des nations Unies sur le droit de la mer, en 1982, est double.

Il se traduit d'abord par le rôle substantiel joué par l'Afrique dans certaines constructions juridiques que la Convention de Montego bay – convention précitée- avalise. On songe à une institution comme la Zone économique exclusive, bien entendu. En outre, les pratiques unilatérales africaines ont compté dans l'édification d'un tissu coutumier dans un certain nombre de domaines, comme celui de l'extension de la mer territoriale ou de la juridiction nationale à certains espaces de la mer.

Mais la contribution africaine déborde le droit substantiel de la mer. Elle est également appréciable d'un point de vue « procédural », dans lequel il faut entendre ici la mise en œuvre des mécanismes de règlement des différends. Là également, les États du continent ont utilisé la quasi-totalité de la palette des modes de solution qui s'offrent à eux : instances devant la Cour internationale de justice (CIJ) de la Haye, devant le Tribunal international du droit de la mer (TIDM), devant des juridictions arbitrales autonomes ou rattachées à l'Annexe VII de la Convention de 1982.

C'est à cet aspect particulier de la pratique africaine que s'est intéressé M. Constant Sohode dans cette thèse de doctorat soutenue en 2020 à l'université d'Abomey Calavi de Cotonou (Bénin). Deux éléments, au moins, font l'intérêt d'un tel sujet.

D'une part, le défi qu'il présentait. La matière – celle des délimitations maritimes – présente un certain degré de technicité qui requiert, pour quiconque entreprend d'y travailler, des connaissances précises. Nous sommes loin des sujets « généraux », que l'on peut être amené à choisir presque par commodité, il faut bien le dire. L'option de M Sohode est donc bien celle de la rigueur et de l'exigence. Il convient bien entendu de l'en féliciter.

D'autre part, le sujet était, si l'on ose dire, servi par une certaine actualité. Des affaires touchant la délimitation de frontières maritimes et concernant des États africains ont en effet été portées devant des juridictions internationales dans un passé récent. On songe au différend entre la Côte d'Ivoire et le Ghana (TIDM), entre la Somalie et le Kenya (CIJ), entre le Gabon et la Guinée équatoriale (dont devrait en principe connaître la CIJ). Dans un passé moins récent, mais sur des enjeux tout aussi notoires, on peut citer le litige qui a opposé la Guinée à la Guinée Bissau au milieu des années 80, le Sénégal à la Guinée Bissau (aussi bien devant une juridiction arbitrale que devant la CIJ, au début des années 90), ou encore le litige entre le Cameroun et le Nigeria (au sujet de la presqu'île de Bakassi, affaire entamée au milieu des années 90 et terminée dans les années 2000).

Plus généralement, il convient de souligner le caractère crucial du sujet sur le continent africain. L'Afrique abrite les voies de passage maritimes les plus empruntées dans le monde : détroit de Gibraltar, canal de Suez, cap de Bonne Espérance. C'est sans doute pourquoi l'organisation panafricaine – l'Union africaine – a mis au point, en 2012, une « Stratégie africaine intégrée pour les mers et les océans – Horizon 2050 », dont l'objet est d' « élaborer d'importants plans d'actions concertés, cohérents, à long terme et multidimensionnels, qui visent à atteindre les objectifs fixés par l'Union africaine afin d'accroître la viabilité maritime pour une Afrique prospère »1.

A côté de ces perspectives prometteuses, il existe cependant des sujets de préoccupation, et c'est encore là un autre intérêt de la thèse de M Sohode. En effet, il semble que près de 70% des frontières maritimes en Afrique n'aient pas encore fait l'objet d'une détermination précise. En d'autres termes, le sujet choisi par M Sohode n'est pas prêt de cesser de s'imposer, une telle indétermination signifiant qu'un redoutable contentieux sommeille ici, et qu'à l'instar des volcans qui s'éveillent, une foultitude de litiges pourrait dans le futur en surgir.

Quant à la thèse proprement dite, elle peut se prévaloir d'au moins deux points forts. Le premier est celui d'avoir, de façon claire et systématique, pris un parti méthodologique. Faire une thèse, il faut le redire, c'est opérer des choix, c'est-à-dire des exclusions et les assumer, quitte à les justifier, bien entendu. Ici, le parti a été

[1] P. 12 du Document, en libre accès sur internet.

délibérément pris de traiter le sujet dans une perspective diachronique, ainsi qu'il ressort clairement des intitulés des deux parties, c'est-à-dire d'identifier, dans le contentieux des délimitations maritimes, des « variables » et des « constantes », les éléments stabilisés et les points susceptibles de donner lieu à des évolutions, des aspects statiques et des aspects dynamiques. Une telle approche implique un escamotage plus ou moins prononcé des données élémentaires du problème traité, mais il faut bien se rendre compte que le traitement de celles-ci aurait sans doute « affadi » la thèse et retardé le moment démonstratif de celle-ci. M. Sohode a entrepris d'entrer immédiatement dans son sujet, c'est-à-dire dans la phase démonstrative.

Un autre facteur de réjouissance est que l'ouvrage ne se réduit pas à une chronique contentieuse, à la narration de sagas judiciaires ou arbitrales. Des développements substantiels sont consacrés à des questions aussi stimulantes que les méthodes d'interprétation des traités – plus précisément, l'applicabilité du complexe formé par les articles 31 et 32 de la convention de Vienne au contentieux en cause -. De même, sont restitués les riches débats qui ont eu lieu autour de la notion d'*uti possidetis* et de son applicabilité aux frontières maritimes. Enfin, ne se limitant pas au prononcé des décisions judiciaires ou des sentences arbitrales, l'auteur traite du « destin » de celles-ci, ce qui donne l'opportunité d'étudier les voies de recours organisées contre elles ainsi que les motifs de leur infirmation ou de leur annulation. Sont alors revisités des principes fondamentaux de la procédure judiciaire internationale, au sujet desquels l'auteur fait derechef preuve d'expertise.

Peut-on, après de telles appréciations élogieuses, formuler tout de même une réserve ? Si la possibilité nous en était donnée, elle tiendrait au fait que l'on peut regretter que l'auteur n'ait pas mis en exergue la sorte de bifurcation impromptue de la procédure judiciaire, son basculement vers des mécanismes de coopération une fois le litige noué ou le verdict rendu. Partis d'un dissentiment, les États litigants finissent par instaurer un cadre de coopération pour tarir leur différend. Il y aurait ainsi une sorte de retour du règlement politique après le règlement judiciaire, alors que c'est plutôt le mouvement inverse que l'on rencontre souvent : le recours au juge après l'échec des tentatives de règlement politique. Des exemples de cette sorte de prolongement de l'instance par des moyens politiques peuvent être cités : le litige entre le Sénégal et la Guinée Bissau finit par donner lieu à la création d'une agence de gestion et de coopération entre les deux États (accord de 1995), le Nigeria et Sao Tome conviennent finalement d'ériger une « Zone de développement conjointe » de 34.500 km2 (accord de 2001), la République démocratique du Congo et l'Angola consentent à une exploitation conjointe d'un espace qu'elles convoitaient concurremment (accord de 2004), le Cameroun et le Nigeria mettent en place des structures et mécanismes de coopération tendant à la mise en œuvre de l'arrêt rendu par la CIJ au sujet de leur différend…

Mais à vrai dire, ce point ne pèse pas très lourd devant l'importance du travail accompli et la qualité de l'ouvrage qui en est issu. Il faut féliciter M. Constant Sohode de non seulement s'être attaqué à un sujet qui n'était pas facile, mais d'avoir mené sa recherche avec une maîtrise qui augure, on l'espère, de travaux de la même veine.

Alioune SALL

Professeur à l'Université Cheikh Anta Diop de Dakar

Ancien Juge à la Cour de justice de la CEDEAO

Membre de la Commission du droit international de l'ONU

INTRODUCTION GÉNÉRALE

« Au cours des cinquante dernières années, plusieurs dizaines de millions de kilomètres carrés d'espaces maritimes, auparavant libres de toute souveraineté, sont passés sous le contrôle des États, réalisant ainsi la plus grande conquête territoriale de tous les temps ».[2] En effet, la conclusion, en 1982, de la troisième Conférence des Nations Unies sur le droit de la mer a constitué un fait marquant dans les relations internationales par rapport à l'utilisation des mers. [3] La convention des Nations Unies sur le droit de la mer (CNUDM), signée en 1982 à Montego Bay (Jamaïque) permet désormais aux États riverains des mers et des océans d'exercer des droits souverains et une juridiction sur les espaces maritimes s'étendant jusqu'à 200 milles marins (370 km) au large de leurs côtes. Qualifiée de véritable « constitution des mers et des océans»,[4] la CNUDM a été « investie d'une prétention à établir un ordre mondial des mers rompant largement avec le passé et à être en quelque sorte l'unique expression du droit de la mer »[5]. Dans cette dynamique, elle a établi au bénéfice des États, des droits souverains sur l'exploration et l'exploitation du sol, du sous-sol et des ressources biologiques ou non biologiques.[6] Avec la délimitation de la zone économique exclusive (ZEE) et du plateau continental (PC), la surface de la haute mer se réduit considérablement.[7] C'est ce que Gilbert APPOLIS qualifie d'un « glissement insensible d'une souveraineté sur telle ou telle spécificité à une souveraineté globale sur l'espace marin, dans toutes ses dimensions, considéré en bloc comme richesse économique. »[8].

---

[2] LAUVE E. V., ORTOLLAND D., PIRAT J-P., « La délimitation des frontières maritimes, le rôle du cartographe. », *CFC*, N°228, 2016, p. 98.

[3] WALTER L., « Frontières maritimes : droit de la mer? droit à la mer? », *Norois*, n°138, 1988, p. 146.

[4] NOUZHA C., « Le rôle du Tribunal International du Droit de la mer dans la protection du milieu marin », *RQDI*, 2005, p. 2.

[5] DJIBRIL L., *le règlement des différends dans le nouveau droit de la mer*, thèse université de droit, d'économie et de gestion de Tunis III, 2004, p. 1.

[6] LAUVE E. V., ORTOLLAND D., PIRAT J-P., « La délimitation des frontières maritimes, le rôle du cartographe. », *op cit*, p. 98.

[7] WALTER L., « Frontières maritimes : droit de la mer? droit à la mer? », *op cit*, p. 153.

[8] APPOLIS G., cité par BOUSHABA A., *L'Algérie et le droit des pêches maritimes*, thèse de l'Université Mentouri (Constantine), 2008, p. 90.

Avec cette évolution, on estime que l'emprise de l'État côtier est appelée à se renforcer compte tenu de l'augmentation constante des utilisations de la mer.[9] En effet, la mer, qui était gouvernée par le principe de la liberté, est plus que jamais objet d'appropriation. C'est le hollandais Hugo de Groot, connu sous le nom latin de Grotius, qui développera le principe de la liberté des mers avec son ouvrage Mare liberum paru en 1609. Il y déclare que « chaque nation doit avoir libre voie de communication avec toute autre nation et libre commerce avec elle ».[10] Ce principe restera entier jusqu'au début XXe siècle.[11]

A partir des années soixante, l'exploitation systématique des mers a pris un essor inconnu auparavant ; on commença à exploiter les gisements de pétrole et de gaz naturel plus intensivement que jamais et à intensifier la prospection d'autres ressources minérales au fond des océans ou même dans leur sous-sol.[12] Les États épris d'une « obsession du territoire » ont alors revendiqué le *dominuim maris* c'est-à-dire le domaine de la mer[13] ; les ressources en hydrocarbures constituent, de nos jours, le principal enjeu de la délimitation maritime.[14]

Ainsi, la course aux richesses va rapidement conduire à la multiplication des différends liés aux frontières maritimes.[15] Pour l'Afrique en particulier dont les côtes sont très poissonneuses[16], la croissance exponentielle de l'activité des pêcheries au plan mondial[17]

---

9 APPOLIS G., *l'Emprise maritime de l'État côtier en droit international public*, Paris, L.G.D.J., 1981, p. 58.

10 *Mare liberum paru en 1609,* Livre I Chapitre III-1.

11 LAUVE E. V., ORTOLLAND D., PIRAT J-P., « La délimitation des frontières maritimes, le rôle du cartographe. », *op cit*, p. 98.

12 WALTER L., « Frontières maritimes : droit de la mer? droit à la mer? », *op cit*, p. 146.

13 E. CAUCHY., « Sur la question de la liberté des mers, telle qu'on la posait au commencement du XVIIe siècle : *mare liberum* de Grotius-*mare clausum* de Selden », *Revue maritime*, p. 1.

14 KAMGA M., *Délimitation maritime sur la côte atlantique africaine*, Bruxelles, Bruylant, 2006, p14.

15 Voir BOWETT. D.W., « The economic factor in maritime delimitation cases », *in Le droit international à l'heure de sa codification, Études* en l'honneur de R. Ago, vol.II, Dott. A. Giuffré Editore, Milan, 1987, p.45

16 GHERARI H., «Frontières maritimes des États africains», *Le mois en Afrique,* vol. 20, 1985, p. 25.

17 MGBANGSON L., «Why African Countries Are Interested in the Development of the Law of the Sea», *Thesaurus Acroasium,* vol. XVIII, 1991, p. 726.

n'a pas laissé indifférent les dirigeants. Bien qu'il soit impossible d'évaluer le rôle réel des ressources halieutiques dans la délimitation maritime, [18]il est évident qu'elle constitue également un facteur sérieux, même si les ressources en hydrocarbure jouent un rôle plus important. Pour ce qui concerne les ressources en hydrocarbure, les côtes africaines regorgent de gisement de pétrole et de gaz naturel.[19]Ainsi, les enjeux sont énormes.[20] Les espaces maritimes sont devenus source de convoitise, et le lieu d'activités diverses qui appellent à un encadrement juridique approprié.[21]

Réunie à Genève, en 1958, la première conférence des Nations Unies sur le droit de la mer a permis la conclusion de quatre conventions.[22] Une deuxième conférence sur le droit de la mer convoquée en 1960, avec pour objectif de parvenir à un accord sur la largeur maximale de la mer territoriale et sur les questions de pêche, s'est conclue par un échec.[23] Dans les années soixante-dix, « sous la double impulsion de la montée des prix du pétrole causée par l'embargo décrété par l'Organisation des pays exportateurs de pétrole (OPEP) en 1973 et des avancées technologiques importantes dans le domaine de l'extraction offshore des ressources naturelles, la question de la souveraineté sur les espaces maritimes au-delà de la limite de la mer territoriale a pris véritablement de l'importance dans les relations interétatiques ».[24] La

---

[18] CHURCHILL R. R., «Fisheries Issues in Maritime Boundary Delimitation», *Marine Policy,* vol. 17, 1993, p. 57.

[19] Pour les statistiques, voir www.orc.pennet.com

[20] Un pays tel que l'Angola à lui seul dispose de nombreux gisements qui s'estiment à 700 millions de barils. M'BAKI H.-P., *Les conséquences environnementales de l'activité pétrolière dans le Golfe de Guinée*, Université de Nantes, 2006-2007, p. 28.

[21] FORTEAU M., THOUVENIN J-M., et al, *Traité de droit international de la mer*, A. PEDONE, 2017, avant-propos.

[22] Les conventions adoptées en 1958 sont : la convention sur la mer territoriale et la zone contiguë, entrée en vigueur le 10 septembre 1964 ; la convention sur haute mer, entrée en vigueur le 30 septembre 1962 ; la convention sur la pêche et la conservation des ressources biologiques de la haute mer, entrée en vigueur le 20 mars 1966 et la convention sur le plateau continental, entrée en vigueur le 10 juin 1962.

[23] LAUVE E. V., ORTOLLAND D., PIRAT J-P., « La délimitation des frontières maritimes, le rôle du cartographe. », *op cit*, p. 98.

[24]VON MÜHLENDAHL (P.), « L'arrêt de la Cour internationale de justice dans l'affaire de la délimitation maritime en mer Noire (Roumanie c. Ukraine) : l'aboutissement d'un processus vieux de quarante ans? », *RQDI,* vol. 22, n° 2, 2009, p. 2.

troisième conférence des Nations Unies sur le droit de la mer, convoquée par l'Assemblée Générale se réunira à partir de 1973 pour une durée de près de dix ans et débouchera sur la Convention des Nations Unies sur le Droit de la Mer (CNUDM).[25] Le droit de la mer, désormais régi par la convention, a consacré les droits exclusifs de ces États sur les ressources énergétiques et halieutiques situées au-delà de leurs côtes. La juridiction permet à l'État côtier d'assurer aussi la protection et la préservation du milieu marin.

Le développement du droit de la mer, et surtout la montée sur la scène internationale d'États nouveaux et en voie de développements[26] constituent deux facteurs ayant suscité l'apparition de nombreux différends que les États tentent de régler par les méthodes non juridictionnelles et des méthodes juridictionnelles avec un succès inégal. Ces facteurs sont ainsi à l'origine de différents conflits, notamment lorsque les États en question « connaissent déjà une rivalité historique ».[27] Par exemple, la création de la ZEE par la troisième conférence a, a-t-on affirmé, entraîné une multiplication des litiges.[28] Les États côtiers ont commencé à réclamer leur part des ressources maritimes, soit biotiques, soit minérales, même s'ils ne se trouvaient pas dans la mesure de pouvoir les exploiter directement vu le manque de technologie et de capitaux. Les États industrialisés, pour leur part, disposaient de ces conditions pour pouvoir mener les recherches et (éventuellement) passer à l'exploitation.[29]

Pour exercer leurs droits, les États côtiers doivent délimiter leurs plateaux continentaux et zones économiques exclusives respectifs quand un État se situe à moins de 400 Milles (740 km) en face de leurs côtes, ou tout simplement lorsque leurs frontières sont

---

[25] Le texte de la convention a été adopté le 30 avril 1982 par un vote de 130 États contre 4 (États-Unis, Israël, Vénézuéla et Turquie) et 17 abstentions dont le Royaume-Uni, la République fédérale allemande et l'Italie.

[26] NOYES J. E., « The International Tribunal for the Law of the Sea, », *Cornell International Law Journal:* Vol. 32, 1999, p. 114.

[27] LAUVE E. V., ORTOLLAND D., PIRAT J-P., « La délimitation des frontières maritimes, le rôle du cartographe. », *op cit*, p. 98.

[28] ROSIERE S., *Dictionnaire de l'espace politique*, Paris, ed. Armand Colin, 2008, p. 309.

[29] WALTER L., « Frontières maritimes : droit de la mer? droit à la mer? », *op cit*, p. 146

adjacentes.[30] C'est alors que sous l'influence et la pression des compagnies pétrolifères, les États côtiers sont portés à délimiter leur zone maritime,[31] avec pour conséquence une multitude de conflits. La conséquence a été immédiate : « Il n'y a jamais eu autant de conflits de délimitation devant les instances de La Haye ou devant les tribunaux arbitraux ».[32] Le constat est que les différends frontaliers maritimes en Afrique sont en grande majorité lié à l'exploitation pétrolière,[33] bien sûr, sans exclure, les causes liées, en partie à la fragmentation[34] de l'Afrique, entre la conférence de Berlin[35] et la fin de la première décennie du XXe siècle, période au cours de laquelle les puissances coloniales ont mis sur pied un « droit international de la colonisation ».[36]

Dans le but de résoudre les différends liés à la mer et en application de l'obligation de règlement pacifique des différends internationaux,[37] la partie XV de la Convention des Nations Unies sur le droit de la mer détaille les règles concernant le règlement des différends, et énumère les instances juridictionnelles auxquelles les parties peuvent ou doivent recourir.[38]Ainsi, quelques-uns des différends, impliquant des pays africains[39] ont terminé au rôle de la Cour internationale de justice

---

[30] LAUVE E. V., ORTOLLAND D., PIRAT J-P., « La délimitation des frontières maritimes, le rôle du cartographe. », *op cit*, p. 98.

[31] DANIEL T., «African Boundaries: New Order, Historic Tensions», *in:* PRATT M., BROWN J. A., (éds), *Borderlands under Stress,* La Haye, Londres. Boston, Kluwer Law International, 2000, p 215.

[32] DUPUY R.-J., « Allocution d'ouverture : Le Conseil de sécurité en recherche de paix », in DAUDET Y., (dir.), *Les Nations unies et la restauration de l'Etat*, Paris, Pedone, 1995, p. 12.

[33] NDOUTOUME J., *op cit*, p. 13

[34] Voir CISSÉ Y., *Droit des espaces maritimes et enjeux africains*, Montréal, Wilson & Lafleur Ltée, 2001. p. 230.

[35]Afin de répondre à leurs ambitions coloniales, les Allemands profitèrent (...) pour négocier avec la Belgique et la France, et ce sont finalement les français qui demandèrent au chancelier OTTO VON BISMARK de présider à Berlin une conférence internationale destinée à régler les différends territoriaux. Les délégations de quinze pays, dont le Portugal et l'Angleterre se réunissent donc dans la capitale Allemande du 15 novembre au 22 Février 1885.

[36] EBOUE C., *Les frontières en Afrique*, Harmathan, Paris, 1982, p 89.

[37] Consacrée à l'article 2 paragraphe 4 de la Charte.

[38]En son article 287.

[39] Dans l'ordre chronologique des arrêts ou sentences : *Plateau continental (Tunisie/Jamahiriya arabe libyenne)*, [1982] C.I.J. rec. 18 [*Plateau continental entre Tunisie et Libye*]; *Affaire de la délimitation de la frontière maritime entre la Guinée*

(CIJ), le Tribunal international du droit de la mer (TIDM), ou devant des tribunaux internationaux d'arbitrage.

La question des frontières maritimes se rapporte au droit de la mer qu'il faut distinguer du droit maritime,[40] le premier relevant du droit international public [41] et le second se limitant aux relations de nature privée qui se rapportent aux activités des navires [42], donc aux entreprises et aux personnes [43]. La mer étant une « étendue d'espaces d'eau salée en communication libre et naturelle sur toute l'étendue du globe (…), »,[44] le droit de la mer n'est autre que « l'ensemble des règles de droit international relatives à la détermination et au statut des espaces maritimes et au régime des activités ayant pour cadre le milieu marin »[45]. Si, parler du droit de la mer revient à « évoquer à la fois la mer, et son droit »,[46] parler de frontière maritime consiste indubitablement à parler de la frontière et de ses spécificités en droit de la mer. Il conviendra d'aborder successivement, la notion de frontière et la diversité de régime des frontières maritimes.

---

et la Guinée-Bissau (1985), XIX R.I.A.A. à la p. 149 [*Délimitation entre la Guinée et la Guinée-Bissau*]; *Délimitation du plateau continental (Jamahiriya arabe libyenne/Malte)*, [1985] C.I.J. rec. 13 ; *Affaire de la délimitation de la frontière maritime entre la Guinée-Bissau et le Sénégal* (1989), XX R.I.A.A. à la p. 119; *Sentence rendue par le Tribunal arbitral rendue au terme de la seconde étape de la procédure entre l'Érythrée et la République du Yémen (Délimitation maritime)* (1999), XXII R.I.A.A. à la p. 335; *Frontière terrestre et maritime entre le Cameroun et le Nigeria (Cameroun c. Nigeria; Guinée Équatoriale (intervenant))*, [2002] C.I.J. rec. 303. *Différend relatif à la délimitation de la frontière maritime entre le Ghana et la Côte-d'Ivoire dans l'Océan atlantique (*Ghana/Côte d'Ivoire), TIDM, arrêt du 23 septembre 2017.

[40] Voir RODIERE R., PONTAVICE D., *droit maritime,* 12e édition, coll. « Précis Droit privé », Dalloz, paris, 1997, p. 2. BONASSIES P., et SCAPEL C., *droit maritime,* 2e éd., LGDG, 2010, Paris, p. 3.

[41] BONASSIES P., et SCAPEL C., *droit maritime, op. cit.* p. 5.

[42] BERTIN C., *introduction au droit maritime,* ellipses, 2008, p. 63.

[43] BONASSIES P., et SCAPE C., *droit maritime, op. cit.,* p. 3.

[44] GALLETTI F., « le droit de la mer, régulateur des crises pour le contrôle des espaces et des ressources : quel poids pour les États en développement ? » *Monde en développement,* 2011, p.11.

[45] SALMON, *Dictionnaire de droit international public*, *op cit*, p. 694.

[46] SMOLINSKA A. M., *le droit de la mer entre universalisme et régionalisme,* Bruylant, 2014, p. 21. Voir aussi DUPUY R-J., VIGNES D., *A Handbook of the New Law of the Sea, Traité du nouveau Droit de la Mer*, Paris Economica, 1985, pp. 42-43.

La frontière est une notion qui paraît être naturelle à l'homme, sans doute innée sous sa forme primitive ; et même la plupart des animaux eux-mêmes marquent leurs domaines et tentent de les défendre.[47] Notion très familière à l'homme, elle reçoit des connotations contradictoires,[48] d'une personne à une autre : « De l'homme de la rue ou du paysan jusqu'au politique et au savant, elle est susceptible, selon les catégories et les classes, de rencontrer les interprétations les plus diverses ».[49]

Étymologiquement, le mot frontière a une origine militaire car lié au mot front et désignait au départ un type particulier de limite : la limite fortifiée, protégé.[50] De manière classique, la doctrine oppose la frontière ligne à la frontière zone. Ainsi, le Dictionnaire de la terminologie du droit international la définit, soit, comme la « limite du territoire d'un État » correspondant à la « la ligne déterminant où commencent et finissent les territoires relevant respectivement d'États voisins » ; soit, comme un « terme employé parfois pour désigner l'espace avoisinant la ligne de séparation entre deux États ».[51] Le Professeur Caflisch, de côté, souligne que la frontière « désigne en règle générale soit des zones séparant les domaines de validité territoriale des différends ordres juridiques étatiques, soit les limites précises divisant ces domaines. ».[52] Faisant la même distinction, P. G. de La Pradelle observe que la frontière est une « zone territoriale complexe, précédant la délimitation et survivant à la limite, sans se confondre jamais avec elle, et dont l'aménagement ressortit au droit

[47] DUROSELLE J.-B., « Les frontières. Vision historique », *Relations internationales*, 1990, n°63, p. 229.

[48] Selon CHAUSSIER, *« la frontière est en même temps chemin et obstacle, passage et centre de tri, symbole et forteresse, rupture et continuité, éloignement et contiguïté"* » CHAUSSIER J.-D., "La frontière devant ses limites", *in* LAFOURCADE M. (dir.), *La frontière des origines à nos jours*, Actes des journées de la Société internationale d'Histoire du droit, Bayonne, Presse universitaire de Bordeaux, 1998, p. 8.

[49] DE LA PRADELLE P. G., *La frontière*, thèse, Paris, 1928, p. 9.

[50] OTEMIKONGO MANDEFU J., *Introduction à la recherche scientifique, cours ronéotypé*, deuxième graduat, Faculté de droit, UNIKIS, 2009-2010, p.72.

[51] BASDEVANT J., *Dictionnaire de la terminologie du droit international, op cit*, p. 293.

[52] CAFLISCH L., « Les zones maritimes sous juridiction nationale, leurs limites et leur délimitation », in BARDONNET D., et VIRALLY M., (dir.), *Le nouveau droit de la mer*, Paris, A. Pedone, 1983, p. 36. p.

public interne et international ».[53] Progressivement, cette distinction a perdu son sens, les frontières zones ayant disparu, laissant place aux frontières lignes. Les termes de Paul Fauchille traduisent mieux cette évolution : « au fur et à mesure que la civilisation se répandait et qu'on se rendait compte de la valeur des territoires, ces zones-limites se rétrécirent peu à peu et finalement disparurent presque complètement en se transformant en une simple ligne séparative entre les deux pays limitrophes ».[54]

En droit international contemporain, la frontière est la « ligne où commencent et ou finissent les territoires relevant respectivement de deux États voisins ».[55] Elle « n'est que la fin d'un territoire soumis à une souveraineté et le commencement d'un autre soumis à une autre souveraineté ».[56] Ligne de « compression des souverainetés territoriales »,[57] sa fonction majeure est en effet de délimiter les souverainetés et de séparer les espaces qui constituent le territoire d'un État du territoire d'un autre État. La frontière reflète par conséquent les relations territoriales entre États.[58] Elles sont, de ce fait, protégées par le droit international, car la sécurité et la paix internationales dépendent dans une très large mesure du respect de leur intégrité et leur intangibilité.[59] Selon Michel Foucher, les frontières correspondent à des lignes à fonction de discontinuité géopolitique et de marquage, de repère, sur les trois registres du réel, du symbolique et de l'imaginaire.[60] Envisagée comme la limite, parfois

---

[53] DE LA PRADELLE P. G., *La frontière*, *op. cit.*, p. 14.

[54] FAUCHILLE P., *Traité de droit international public*, Paris, 1926, t. I, p. 103.

[55] DAILLER P., PELLET A., FORTEAU M., *Droit international public*, 7è édition, L.G.D.J. Paris, 2009, p. 464 ?

[56] KOHEN M., *Possession contestée et souveraineté territoriale*, Paris, Puf, 1997, p. 427.

[57] CHEMILLIER-GENDREAU M., « Synthèse juridico-politique », *in Problèmes des frontières dans le Tiers-Monde*, Paris, L'Harmattan, 1982, p. 31.

[58] BARDONNET D., « Frontières et cultures », *in L'avenir du droit international dans un monde multiculturel*,
Martinus Nijhoff Publishers, 1983, p. 299.

[59] MEHDI R., « L'application par le juge du principe de *l'uti possidetis* », *in* WECKEL P., (dir.), *Le juge international et l'aménagement de l'espace : la spécificité du contentieux territorial*, Pedone 1998, Institut de la paix et du développement, p. 57.

[60] GAUDIN A., « De la contribution de la Guinée-Bissau à l'élaboration du droit international maritime. La fixation par arbitrage des limites de la Guinée-Bissau », *In Lusotopie*, n°1, 1994. Géopolitiques des mondes lusophones. p. 146.

qualifiée d'artificielle,[61] qui sépare le territoire de l'État des espaces qui constituent le territoire des autres États ou des espaces non soumis à la souveraineté étatique, la frontière moderne est avant tout linéaire.[62]

En définitive, la frontière internationale des États, à l'époque moderne, est généralement conçue comme une ligne continue, fixe, séparant et délimitant deux territoires étatiques adjacents.[63] Précisant cette définition, le tribunal arbitral chargé de déterminer la frontière maritime entre la Guinée Bissau et le Sénégal a estimé qu' « une frontière internationale est la ligne formée par la succession des points extrêmes du domaine de validité spatiale des normes de l'ordre juridique d'un État ».[64] La même définition valant pour la frontière terrestre et la frontière maritime.[65]

La frontière maritime est définie comme « une ligne de jure déterminée par consensus entre deux États aux fins explicites de délimiter les zones de chevauchement dans lesquelles ils exercent ou entendent exercer respectivement leur souveraineté, leur juridiction exclusive et/ou leurs droits souverains au-delà des territoires terrestres et jusqu'aux limites reconnues par le droit international ».[66] En droit de la mer "classique", la mer territoriale, en tant qu'espace soumis à la souveraineté territoriale de l'État côtier, était considérée ...comme la frontière maritime de celui-ci[67]. Ainsi, le régime frontalier s'applique, non pas simplement à l'entrée ou à la sortie de la mer territoriale, mais sur toute la zone qu'elle constitue, sous réserve du respect du droit de passage inoffensif dont bénéficie tout pavillon étranger dans les

---

[61] DUPUY P-M., « La frontière et l'environnement », *La Frontière*, Paris, Pedone, 1980, p. 268.
[62] REUTER P., *Droit international public*, Paris, PUF, 1993, p. 106.
[63] *Ibid*, p. 167 ; ROUSSEAU Ch., *Droit international public*, Paris, Sirey, tome3. 1977. p. 232. THIERRY H., et autres, *Droit international public*, Paris, Montchrestien. 1975. p. 303.
[64] *Arbitrage relatif à la détermination de la frontière maritime entre la Guinée-Bissau et le Sénégal*, sentence arbitrale du 31 juillet 1989, RSA, p.144 para 63.
[65]*ibid*
[66] LABRECQUE G., *Les frontières maritimes internationales : Géopolitique de la délimitation en mer*, Paris, l'Harmattan, 2004, p.45.
[67] QUENEUDEC J-P cité par APPOLIS G., « Les frontières internationales, mutations et perspectives », *Publication du centre nationale pour l'exploitation des océans*, n° 7, 1979, p. 22.

conditions requises par le droit international public.[68] Paul de La Pradelle soutenait, toutefois, qu'il fallait refuser à la mer territoriale le caractère de "limite internationale ", car : « Sur mer comme sur terre, la limite internationale ne s'impose que pour départager deux compétences égales et contiguës »[69]. Cependant, ce problème est aujourd'hui dépassée, d'une certaine façon, car la mer territoriale ne s'ouvre plus directement sur la haute mer mais se prolonge par la Zone Économique Exclusive.[70] On assiste dès lors, dans le droit de la mer moderne, à divers types de frontières maritimes.

- **Les eaux intérieures et la mer territoriale**

Les eaux intérieures constituent l'ensemble des mers fermées, ou des eaux situées dans une concavité des côtes y compris les ports,[71] les lagunes et certaines baies. Leur statut est clair, « les eaux intérieures ainsi délimitées sont juridiquement assimilées à la terre, la souveraineté de l'État y est donc entière ».[72]

L'idée de mer territoriale est ancienne et remonterait au début du XVIIIème siècle.[73] Fixée pendant longtemps grâce à la règle de la portée du boulet de canon (zone qu'on peut défendre), sa largeur est vite devenue problématique et contestable et la Convention de Genève de 1958 n'a pu la codifier.[74] La convention de 1958 ne fixe que la ligne de base[75] et ne s'exprime pas sur la largeur de la mer territoriale.[76] C'est la Convention du 10 décembre 1982 qui a

---

[68] GIDEL G., *Le droit international public de la mer*, tome 1, Paris, Sirey, 1932 tome 3. pp. 174-177.

[69] DE LA PRADELLE cité par APPOLIS G., « Les frontières internationales, mutations et perspectives », *op cit*, p. 22.

[70] APPOLIS G., « Les frontières internationales, mutations et perspectives », *op cit*, p 14.

[71] Selon l'article 11 de la CNDM, les installations portuaires permanentes sont considérées comme parties de la côte. Cette disposition ne comprend pas les installations au large des côtes et les îles artificielles.

[72] ROSIERE S., *Géographie politique et géopolitique*, Paris, ed. Ellipses, 2007 p. 148.

[73] Voir pour plus de détails, SANCHEZ A., *La mer territoriale*, Paris, Sirey 1930, 304 p. et FERRON O. de., *Le droit international de la mer*, Genève, Droz, 1958, Tome I, 238 p.

[74] Voir Convention sur la mer territoriale et la zone contiguë.

[75] Voir pour plus de détails, BARDONNET D., « La largeur de la mer territoriale », *R.G.D.I.P.* 1964. pp. 30 à 122.

[76] WALTER L., « Frontières maritimes : droit de la mer? droit à la mer? », *op cit*, p. 148

théoriquement réglé le problème puisqu'elle reconnaît à chaque État le droit de fixer la largeur de sa mer territoriale qui ne doit, en aucun cas, dépasser 12 milles[77] conformément aux dispositions 4 et s. de la Convention.[78] Cette limite de 12 milles marins est un aboutissement des revendications croissantes des États en développement qui contestaient la limite traditionnelle de 3 milles. [79]

L'État côtier possède la souveraineté intégrale non seulement sur la mer territoriale mais également sur le fond de cette mer et son sous-sol et l'espace aérien surjacent.[80] Ce qui signifie que sa souveraineté s'étend au-delà du territoire terrestre et comprend aussi les eaux côtières, y compris, l'espace aérien au-dessus de cette mer territoriale ainsi que le fond de cette mer et son sous-sol,[81] depuis la ligne de base qui correspond à « la laisse de basse mer le long de la côte ».[82] Mais, pour tenir compte de la liberté des mer défendue par les grandes puissances, il a été prévu un droit de passage inoffensif pour les navires étrangers. Le passage est inoffensif lorsqu'il est « continu et rapide »[83] sans exclure le cas d'arrêt et de mouillage lors d'incidents ordinaires de navigation ou de cas de force majeure ou de détresse.[84] À ce titre, les sous-marins et autres engins submersibles sont tenus de naviguer en surface et d'arborer leur pavillon.[85] Dans sa mer territoriale, l'État côtier peut adopter des lois et règlements portant sur la protection des câbles et pipelines, la conservation des ressources biologiques et la recherche scientifique et marine.[86] Il peut également instaurer des voies de circulation et des dispositifs de séparation du trafic.[87]

[77] Voir l'art 3 de la Convention de 1982 et les articles suivants.

[78] Les articles 4, 5,6 et 7 de la Convention définissent les lignes de base et précisent les méthodes de délimitation.

[79] BARDONNET D., « la largeur de la mer territoriale », *op cit*, pp. 30 à 122.

[80] Voir article 2 de la convention des Nations Unies sur le droit de la mer.

[81] WALTER L., « *Frontières maritimes : droit de la mer? droit à la mer?* », *op cit*, p. 149.

[82] LABRECQUE G., *Les frontières maritimes internationales : Géopolitique de la délimitation en mer*, *op cit*, p.54.

[83] BOUSHABA A., *L'Algérie et le droit des pêches maritimes*, *op cit*, p. 45.

[84] *cf.* article 18/2 de la convention du 10 décembre 1982.

[85] LAUVE E. V., ORTOLLAND D., PIRAT J-P., « La délimitation des frontières maritimes, le rôle du cartographe. », *op cit*, p. 99.

[86] *Ibid*

[87] *Ibid*

- **La zone contigüe**

La notion de zone contiguë, apparue pour la première fois avec les *Hovering Acts* en Angleterre au XVIIIème siècle lorsque ce pays voulait exercer un contrôle douanier sur les navires étrangers circulant hors de ses eaux territoriales,[88] est vite devenue coutumière[89] puis conventionnelle.[90] La notion de zone contiguë fut introduite dans le droit de la mer par la conférence à Genève de 1958.[91] Très vite admise par les grandes puissances maritimes, elle le sera dès les années 1960 par les nouveaux États qui ont besoin, plus que d'autres, des richesses de la mer.[92] La ZC a été instituée pour « permettre aux États côtiers des contrôles dans des eaux hors de leur souveraineté ».[93] La convention de Genève de 1958 sur la mer territoriale avait prévu certaines compétences de contrôle de l'État riverain, au-delà de sa mer territoriale, pour prévenir et réprimer « les infractions à ses lois et règlements douaniers, fiscaux, sanitaires ou d'immigration sur son territoire ou dans sa mer territoriale ».[94]

Le Professeur Hüseyin Pazaroi identifie quatre caractéristiques fondamentales du concept traditionnel de zone contiguë tel que consacré par la convention de Genève de 1958.[95] En premier lieu, il s'agit de la partie liquide de l'espace maritime.[96] En deuxième lieu, la zone contiguë est limitée avec la Convention de Genève de 1958 par

---

[88] PAZAROI H., « Le concept de zone contiguë dans la convention sur le droit de la mer de 1982 », *RBDI, 1984-1985.1,* p 250.

[89] Voir GIDEL G., *Droit international public de la mer*, *op cit*, pp. 361-442; GIDEL G., « La mer territoriale et la zone contiguë », *R.C .A.D .I*, 1934/11, Tome 48, pp. 241-273; COLOMBOS C. J., *The international law of the sea*, London, Longmans, 6th éd., 1967, pp. 134 et s.; ROUSSEAU Ch., *Droit international public*, Paris, Sirey, Tome IV, 1980, pp. 378-382.

[90] Convention de 1958 sur la mer territoriale et la zone contiguë, notamment l'article 24 qui constitue la deuxième partie de ladite Convention sous le titre de zone contiguë.

[91] WALTER L., « Frontières maritimes : droit de la mer? droit à la mer? », *op cit*, p. 150

[92] Dès 1962, l'Assemblée Générale des Nations Unies, prenant en compte les revendications de ces nouveaux États, avait voté la résolution 1803/XVII proclamant la souveraineté permanente sur les ressources naturelles.

[93] WALTER L., « Frontières maritimes : droit de la mer? droit à la mer? », *op cit*, p. 150

[94] Article 3 de la convention de 1958.

[95] PAZAROI H., « Le concept de zone contiguë dans la convention sur le droit de la mer de 1982 », *op cit*, p 250.

[96] *Ibid*

une étendue qui ne peut aller que jusqu'à 12 milles marins à partir des lignes de base de la mer territoriale.[97] En troisième lieu, quant aux compétences que les États côtiers peuvent exercer sur une telle zone, elles relèvent essentiellement de quatre domaines expressément indiqués : douane, santé, fiscalité et immigration.[98] Enfin, en quatrième lieu, la zone contiguë doit être déclarée par un État côtier pour que celui-ci puisse prétendre au droit d'exercer lesdites compétences sur une telle zone.[99]

La CNUDM fixe la longueur à un maximum de 24 milles marins calculés à partir des lignes de base servant à déterminer la largeur de la mer territorialc.[100] Dans la nouvelle formule, il s'agit alors d'une extension du pouvoir d'un État côtier sur 12 milles en plus, même si cela ne signifie pas une extension de la souveraineté[101] ; la Convention lui permet d'exercer ces contrôles dans un espace vaste. Ces contrôles lui permettent de prévenir les infractions à ses lois et règlements douaniers, fiscaux, sanitaires ou d'immigration sur son territoire ou dans sa mer territoriale et de réprimer les infractions à ces mêmes lois et règlements commises sur son territoire ou dans sa mer territoriale.[102] La zone contiguë est alors soumise à la juridiction de l'Etat côtier qui a la possibilité de se protéger ultérieurement et pas seulement à travers la mer territoriale.[103] Mais, outre cette possibilité d'élargissement des limites de la zone contiguë, la vraie nouveauté de la Convention résulte de l'attribution au concept de zone contiguë de la fonction de contrôle sur des objets archéologiques et des objets d'origine historique découverts en mer. Aussi, la ZC est-elle comprise dans la ZEE, institution nouvelle de la Convention de 1982.

97 *Ibid.*
98 *Ibid*
99 *Ibid*
100 Convention de 1982, article 33.
101 WALTER L., « Frontières maritimes : droit de la mer? droit à la mer? », *op cit*, p. 150
102 Voir 33 de la CNUDM.
103 WALTER L., « Frontières maritimes : droit de la mer? droit à la mer? », *op cit*, p. 150

- **La zone économique exclusive**

La création du concept de zone économique exclusive constitue la principale innovation de la CNUDM.[104] Elle est faite grâce à « l'habileté des diplomates africains »[105] et est perçue comme une victoire des pays en développement [106] qui s'opposaient à l'idée d'une "mer patrimoniale"[107] défendue par les sud-américains.[108] En effet, tel que la doctrine le reconnaît,[109] la notion de ZEE, proposée pour la première fois par le délégué du Kenya au Comité Juridique Consultatif africano-asiatique en janvier 1971,[110] fut discutée au séminaire africain de Yaoundé de 1972.[111] Elle fit ensuite objet de plusieurs déclarations avant d'être soumis par le Kenya à la troisième conférence sur le droit de la mer[112] en même temps qu'un autre groupe de pays la soumettait au Comité des Fonds Marins.[113] Après un travail ardu,[114] la notion fut adoptée dans la partie V de la CNUDM.[115] Cette dernière définit la ZEE comme une zone « située au-delà de la mer territoriale et adjacente à celle-ci »[116] dans laquelle l'État côtier a « des droits souverains aux fins d'exploration et d'exploitation, de conservation et de gestion des ressources naturelles, biologiques ou non biologiques, des eaux surjacentes aux fonds marins, des fonds marins et de leur sous-sol ».[117]

---

[104] LAUVE E. V., ORTOLLAND D., PIRAT J-P., « La délimitation des frontières maritimes, le rôle du cartographe. », *op cit*, p. 100.

[105] APPOLIS G., « L'Emprise maritime de l'État côtier en droit international public », *op cit*, p. 58.

[106] *Ibid*

[107] Voir De GASTINES L., « La Mer patrimoniale », *R.G.D.I.P.*, 1975, pp. 447-457.

[108] *Infra*, Première partie, titre I, chapitre II, Section I, para I, A, 2.

[109] Voir par exemple DUPUY R. J., *L'océan partagé*, Pédone, Paris, 1979, p. 67.

[110] Voir, *AFDI,* 1973, p. 680.

[111] C.N.U.D.M., Doc. Off. vol. III. p. 73.

[112] A/AC, 138/sc. 11/L 10, 7 août 1972. Rapport du CFM (A/8721), pp. 195-197.

[113] Le projet soumis au Comité proposait en article 4 que : "*l'État riverain exerce des droits souverains sur les ressources naturelles, renouvelables ou non renouvelables qui se trouvent dans... une zone adjacente à la mer territoriale désignée sous le nom de mer patrimoniale".*

[114] Les discussions à ce sujet se sont déroulées de 1973 à 1982. Voir *N.E.D.*, n° 4703, 4704, 28 janvier 1983, p. 15.

[115] CNUDM de 1982, Article 55 et s.

[116] *Ibid*, Article 55.

[117] *Ibid*, Article 56 paragraphe1.

La Convention de Montego Bay a précisé la largeur de cette zone à 200 milles nautiques pour tous les États côtiers.[118] Dans cette zone s'étendant au-delà de la mer territoriale (eaux territoriales) jusqu'à 200 milles marins des côtes, l'État côtier dispose de droits souverains sur les ressources.[119] Ainsi, chaque État côtier peut, désormais, exercer des droits souverains et une juridiction sur un espace n'excédant pas 200 milles marins depuis les lignes de base servant à calculer la largeur de sa mer territoriale. Bien que certains auteurs aient soutenu le contraire,[120] la ZEE ne fait finalement pas partie de la haute mer.

La ZEE est soumise à un régime « *sui generis* » [121] qui apparaît comme un compromis entre État côtier et États tiers.[122] Indépendamment de ses origines et sa nature juridique,[123] les droits que détient l'État côtier sur la ZEE sont « purement de nature économique ».[124] Cela signifie qu'à l'intérieur de cet espace, les États côtiers disposent « des droits souverains aux fins d'exploration et d'exploitation, de conservation et de gestion de ressources naturelles, biologiques ou non biologiques, des fonds marins et de leur sous-sol, ... »,[125] mais également de la juridiction concernant « la mise en place et l'utilisation d'îles artificielles, d'installations et d'ouvrages, la recherche scientifique marine, la protection et la préservation du milieu marin. ».[126] S'agissant de la pêche, l'État côtier détient des droits exclusifs sur la Z.E.E ; mais il peut autoriser un État tiers à y accéder pour pêcher l'excédent.[127] Dans cet espace, les États côtiers

---

[118] *Ibid*, Article 57.

[119] COUTAU-BEGARIE H., *Zone exclusive économique*, *in*: LACOSTE Y., *Dictionnaire de géopolitique*. Paris : Flammarion, 1993, 1699 p., p. 1635.

[120] Voir par exemple le professeur J. P. QUENEUDEC qui soutenait que la ZEE doit faire partie de la haute mer. Voir QUENEUDEC J-P., « Un problème en suspens : la nature de la zone économique », *R.I.R.I.*, 1975/76, pp. 39-52.

[121] Selon les termes de BOUSHABA. BOUSHABA A., *L'Algérie et le droit des pêches maritimes*, *op cit*, p. 90 et s.

[122] La Convention réconcilie les droits et la juridiction de l'État côtier ainsi que les droits et les libertés des autres États dans la zone. Ces droits sont « *gouvernés par les dispositions pertinentes de la Convention* ». Voir L'article 55.

[123] Voir De GASTINES L., « La Mer patrimoniale », *op cit*, pp. 447-457.

[124] *Ibid*

[125] CNUDM de 1982, article 56/1a.

[126] *Ibid*, article 56/lb.

[127] Voir l'art 69 de la convention intitulé : droit des États sans littoral.

assument également des responsabilités envers la mer, la vie marine et les ressources.[128]

- **Le plateau continental**

A l'origine, le plateau continental est une notion purement géographique, le territoire terrestre se prolongeant sous la mer, de manière naturelle, sans rupture entre ce qui est ou non recouvert par les eaux.[129] Le président américain Harry Truman déclara : « *the Government of the United States regards the natural resources of the subsoil and seabed of the continental shelf beneath the high seas but contiguous to the coasts of the United States, as appertaining to the United States, subject to its jurisdiction and control* »[130]. Le plateau continental, tel qu'il fut défini par les Nations Unies, apparaît dans l'article 1 de la Convention des Nations Unies sur le plateau continental[131] : « Le lit de la mer et le sous-sol des régions sous-marines adjacentes aux côtes, mais situées en dehors de la mer territoriale, jusqu'à une profondeur de 200 mètres ou, au-delà de cette limite, jusqu'au point où la profondeur des eaux surjacentes permet l'exploitation des ressources naturelles desdites régions ».[132] Elle est entrée tardivement en vigueur[133]compte tenu de la réticence des États[134] face aux critères d'exploitabilité et de profondeur qui définissent le plateau continental.

La Convention de 1982 définissant le plateau continental reprend les termes de la Convention de 1958, exclusion faite des deux critères combattus et incluant les fonds marins et leur sous-sol et en fixant

---

[128] WALTER L., « Frontières maritimes : droit de la mer? droit à la mer? », *op cit*, p. 151.

[129] BOUSHABA A., *L'Algérie et le droit des pêches maritimes*, *op cit*, 49

[130] Traduction possible : « Le Gouvernement des États-Unis considère que les ressources naturelles du sol et du sous-sol du plateau continental situé en haute mer mais contigu aux côtes des États-Unis appartiennent aux États-Unis, et sont donc sujettes à sa juridiction et à son contrôle. »

[131] Adopté en avril 1958 par 57 voix pour, 3 contre, 8 abstentions.

[132] Convention des Nations Unies sur le plateau continental, 1958, article 1.

[133] La convention est entrée en vigueur en juin 1964, soit 6 ans après avoir été adoptée.

[134] SLIM H., « Aspects juridiques, scientifiques et économiques du plateau continental et de la zone en deçà des 200 milles », *in* Institut du droit économique de la mer, Université Moulay Ismaïl, *Le plateau continental dans ses rapports avec la zone économique exclusive: symposium international de Meknes, 28 et 29 janvier 2005*, Paris, ed. Pedone, 2005, p.58.

impérativement des limites extérieures.[135] Plus explicitement, la convention dit que « le plateau continental d'un État côtier comprend les fonds marins et leurs sous-sols au-delà de sa mer territoriale, sur toute l'étendue du prolongement naturel du territoire terrestre de cet État jusqu'au rebord externe de la marge continentale, ou jusqu'à 200 milles marins des lignes de base à partir desquelles est mesurée la largeur de la mer territoriale, lorsque le rebord externe de la marge continentale se trouve à une distance inférieure ».[136] La marge continentale correspond à la partie immergée des continents.[137] Un État peut étendre son PC au-delà de 200 milles.[138] Les limites établies sur recommandations de la CLCP sont « définitives et de caractère obligatoire »[139]. Il faut aussi noter que les fonds marins et le sous-sol de la zone économique exclusive sont absorbés par le plateau continental [140] et le régime du plateau continental s'y applique.[141]

- **La haute mer**

La haute mer désigne les zones situées en dehors des eaux sous domination nationale, mais comprend les eaux et l'espace aérien au-dessus,[142] ainsi que la zone des fonds marins et sous-sol de la haute mer.[143] La zone désigne « les espaces des fonds marins situés au-delà de la juridiction nationale des États ».[144] Les fonds marins sont protégés au titre de « patrimoine commun de l'humanité ».[145] la Zone

---

[135] WALTER L., « Frontières maritimes : droit de la mer? droit à la mer? », *op cit*, p. 152.

[136] CNUDM de 1982, article 76 paragraphe1.

[137] ORTOLLAND D., PIRAT J-P., *Atlas géopolitique des espaces maritimes*, Paris, Ed. Technip, 2010, p.199.

[138] Il communique des informations sur les limites de son plateau continental, lorsque celui-ci s'étend au-delà de 200 milles marins des lignes de base à partir desquelles est mesurée la largeur de la mer territoriale, à la Commission des limites du plateau continental constituée en vertu de l'annexe II.

[139] CNUDM de 1982, article 76 paragraphe 8.

[140] SLIM H., « Aspects juridiques, scientifiques et économiques du plateau continental et de la zone en deçà des 200 milles », *op cit*, p.59.

[141] CNUDM, article 56 paragraphe 3.

[142] WALTER L., « Frontières maritimes : droit de la mer? droit à la mer? », *op cit*, p. 155.

[143] Sur ce, voir les dispositions de la partie XI de la Convention.

[144] LAUVE E. V., ORTOLLAND D., PIRAT J-P., « La délimitation des frontières maritimes, le rôle du cartographe. », *op cit*, p. 100.

[145] CNUDM de 1982, partie XII.

est gérée par l'Autorité internationale des fonds marins (AIFM) dont le siège se trouve à Kingston en Jamaïque.[146]

De plus, une chambre permanente est créée par la CMB pour connaître certaines catégories de différends[147] portant sur des activités menées dans la Zone.[148] Tout jugement rendu par la chambre des fonds marins « est considérée comme rendu par le Tribunal ».[149] Ce sont les juges du TIDM qui élisent à la majorité et pour un mandat de trois ans renouvelable une seul fois les onze membres de la Chambre.[150] Toutefois, un quorum de sept des membres choisis par le Tribunal est requis pour constituer la Chambre.[151]

Face au développement des différends liés aux frontières maritimes en Afrique[152] avec les particularités[153] qu'ils comportent, il était capital que le droit international dispose de règles capables d'offrir des solutions à ces contentieux. Malheureusement, même si les États ont pu parvenir à un consensus sur une méthode de délimitation spécifique, l'équidistance, en ce qui concerne la mer territoriale, ils furent incapables dans les négociations qui conduisirent à l'adoption de la Convention des Nations Unies sur le droit de la mer de s'accorder sur une quelconque méthode pour la délimitation du plateau continental et de la Zone économique exclusive. La notion d'équité fut adoptée comme « un principe général directement applicable en tant que droit »[154].

---

[146] Les États-Unis et quelques autres États auraient refusé de signer la convention de Montego Bay parce qu'ils considéraient que la création de «l'Entreprise» dépendant de l'AIFM et chargée de gérer l'exploitation des fonds marins entraînait une internationalisation de la moitié du globe et soumettait leurs sociétés minières à des contraintes inédites.

[147] Voir l'article 187 de la CNUDM.

[148] Selon l'article 1 paragraphe 1 de la CNUDM : on entend par «Zone» les fonds marins et leur sous-sol au-delà des limites de la juridiction nationale.

[149] Voir l'article 15 paragraphe 5 du statut du tribunal.

[150] Conformément à l'article 35, paragraphe 1 du Statut.

[151] Voir l'article 35 paragraphe 7 du statut du tribunal.

[152] Avant 1982, aucune juridiction internationale n'avait tranché un différend de délimitation maritime dont un pays africain était partie. Mais depuis 1982, au moins 6 arrêts ou sentences ont été rendus dans les contentieux dont un pays africain était partie.

[153] Particularité tenant à son histoire et à ses enjeux géopolitiques.

[154] *Plateau continental (Jamahiriya arabe libyenne/Malte), arrêt, CIJ Recueil 1985*, paragraphe 71.

En effet, les dispositions de la Convention des Nations Unies sur le droit de la mer relatives à la règle de délimitation imposent comme seule prescription, pour la délimitation de ces deux espaces, l'obligation d'aboutir à une « solution équitable »[155], expression éminemment vague qui n'est pas de nature à orienter d'une manière suffisamment claire les États ou les instances internationales lorsqu'ils doivent déterminer avec précision le parcours d'une frontière maritime dans une zone où plusieurs projections se chevauchent. L'examen des contentieux des délimitations maritimes montre que ces dispositions n'occupent guère la place centrale attendue d'elles et les accords bilatéraux de délimitation ont généré une pratique assez indigente pour pouvoir s'imposer par la voie coutumière.[156] La notion d'équité, appelé à jouer un rôle central, est finalement entourée d'autant de mystères, d'incertitudes et d'embarras,[157] au point qu'on eut pensé que « la généralité était destinée à asseoir la situation déjà privilégiée des grandes puissances occidentales ».[158]

Or, les juridictions se doivent de dire « le droit et non rendre une justice subjective sous le couvert de règles morales vagues, souvent contestables, plus ou moins assimilées à l'équité »[159]. De fait, il apparaît que le rôle fondamental dans la formulation des règles et principes juridiques devant régir le droit de la délimitation maritime revient à la Cour internationale de Justice et aux tribunaux arbitraux,[160] sans ignorer le TIDM. Il revient au juge, dans sa jurisprudence, de clarifier le droit tel qu'il est établi et parfois de créer ce droit. Chose faite, « les juridictions internationales ont permis de développer ce que l'on peut nommer maintenant le droit de la délimitation maritime ».[161]

---

155 Art 74 et 83 de la Convention sur le droit de la mer.

156 NDIAYE T. M., « Le juge et la délimitation maritime : mode d'emploi », in A LAW OF SEA INSTITUTE, *Governing ocean ressources, new challenges and emerging regimes, a tribute judge Choon-Ho Park,* Martinus Nijhoff Publishers, 2013, p. 140

157 ZAKI M. S., « définir l'équité », *Archives de philosophie du droit*, *Dalloz*, 1990, p. 87.

158 LARABA A., « La délimitation des espaces marins », *R.A.* 1978. p. 267

159 PIROTE O., « La notion d'équité dans la jurisprudence récente de la cour internationale de justice », *RGDIP*, Paris, tome 77, 1973/1, p. 93

160 NDIAYE T. M., « Le juge et la délimitation maritime : mode d'emploi », *op cit,* p. 140

161 *Ibid.*

Cet ouvrage analyse l'apport des contentieux de délimitation maritime africaine à la dynamisation du droit international en général et du droit de la mer en particulier. En effet, dans le règlement de chaque différend, c'est le droit international qui est visité, revisité puis précisé parfois. Il convient donc de savoir en quoi les juridictions saisies des différends maritimes africains, de par leur jurisprudence ont développé ou fragilisé le droit international en général et le droit international de la mer en particulier. Mais, en interrogeant le droit de la délimitation des frontières maritimes africaines, c'est d'abord la spécificité de ce droit qui est recherchée.

Avec la délimitation maritime, le droit international s'est enrichi d'un chapitre nouveau qui a connu une fortune rapide à la mesure des enjeux et des espoirs placés en lui.[162] C'est alors qu'en matière de différends maritimes, une véritable jurisprudence internationale s'est consolidée, se prêtant à l'analyse scientifique, et apte, par ses multiples nuances, à remplir d'un corps suffisamment dense la carte du droit en cette matière.[163] De ce fait, ce travail se veut d'une part, une contribution à la capacité du droit international à se saisir des nouvelles préoccupations de la société internationale dans le domaine maritime et d'autre part, une contribution à la question du pouvoir normatif du juge qui a toujours préoccupé la doctrine. Dans le même sens, le juge Ranjeva a rappelé « l'œuvre créatrice de la jurisprudence pour pacifier le droit de la délimitation maritime » dans son opinion individuelle rendue en l'affaire du Différend territorial et maritime.[164] Le domaine de la délimitation maritime nous semble, le plus adapté pour ressortir la place de l'apport du juge ou de l'arbitre international dans le développement du droit international.

De plus, l'apparition de nouvelles instances internationales, juridictionnelles ou quasi-juridictionnelles, l'introduction d'organisations non gouvernementales ou de personnes privées dans le procès ont entraîné un important développement du contentieux

---

[162] *Ibid*

[163] KOLB R., « Note commentée : l'affaire de la délimitation maritime et des questions territoriales entre Qatar et Bahreïn (fond), arrêt de la Cour internationale de justice du 16 mars 2001 », *African Yearbook of International Law*, 2001, vol. 9, p. 306.

[164] CIJ, arrêt, 8 octobre 2007, *Différend territorial et maritime entre le Nicaragua et le Honduras dans la mer des Caraïbes*, *Recueil 2007*, p. 766.

international.[165] Cela a entrainé, ce qu'il a été convenu d'appeler sous le vocable « multiplication des juridictions internationales », un terme à connotation objective, ou sous le vocable de « prolifération », revêtant une teinte plus négative.[166] Alors que certains voient, en effet, dans la multiplication des juridictions internationales, une « dispersion de la justice internationale [...] [qui] favorise la pénétration de la justice internationale dans certains secteurs des relations internationales »,[167] d'autres expriment des craintes, surtout en droit de la mer, depuis la création du TIDM, ainsi qu'à l'apparition de divergences jurisprudentielles entre cette juridiction spécialisée dans le droit de la mer et d'autres juridictions internationales.

Le nombre total de frontières maritimes potentielles est de 420,[168] et il n'existe qu'environ 200 accords de délimitation à ce jour.[169] C'est dire que les différends relatifs à la délimitation maritime ont de beaux jours devant eux et pour les régler, les États devront recourir à la négociation entre eux ou recourir aux mécanismes de règlement des différends disponibles.[170] A chaque affaire jugée, les membres de la Cour vivent le miracle renouvelé d'avoir apprivoisé des souverainetés

---

[165] COT J-P., Op ind, affaire du *Grand Prince*, TIDM, Affaire no 8, Arrêt du 20 avril 2001, para 9.

[166] BURGORGUE-LARSEN L., « Le fait régional dans la juridictionnalisation du droit international" in SFDI, *La juridictionnalisation du droit international (Colloque de Lille)* », Paris, Pedone, 2003, de la pp. 203-264.

[167] Cf, Discours du Président Bedjaoui dans Annuaire de l'Institut du Droit International, 1994-II.

86. Dans un autre cadre, il a affirmé que, « *[d]ans la jungle des relations internationales, toute tentative de juridictionnaliser un secteur de plus de celles-ci, c'est-à-dire de pacifier le comportement des États, doit être bienvenue. La multiplication des instances juridictionnelles doit être regardée comme autant d'occasions fécondes de faire reculer le domaine fauve de la jungle internationale* », voir BEDJAOUI M., « La multiplication des tribunaux internationaux ou la bonne fortune du droit des gens », in SFDI, *La juridictionnalisation du droit international (Colloque de Lille),* Paris, Pedone, 2003, pp.203-264.

[168] US Dept. Of State, Bureau of Oceans and International Environment and Scientific Affairs, *Limits in the Seas,* N° 108: 1st Revision, Maritime Boundaries of the World, 1990.

[169] NDIAYE T. M., « Le juge et la délimitation maritime : mode d'emploi », *op cit*, p. 140

[170] *Ibid*

très sourcilleuses[171] et le juge international sait que les États porteront à leur tour un jugement sur ses jugements et il sait aussi que c'est en définitive de ce second jugement que dépend l'avenir de la fonction juridictionnelle.[172] L'état des lieux du droit de la délimitation des frontières maritimes africaines se fera en quatre étape : le bilan du développement du régime des titres juridiques (PREMIERE PARTIE), le régime de la délimitation en absence de titre (DEUXIEME PARTIE), les règles du contentieux de la délimitation (TROISIEME PARTIE) et l'analyse de la continuité jurisprudentielle dans l'application de la délimitation (QUATRIEME PARTIE).

---

[171] BEDJAOUI M., « Le cinquantième anniversaire de la CIJ », *RCADI*, 1996, t. 257, p. 20.
[172] DE VISSCHER P., « Cours général de droit international public », *RCADI*, 1972, t. II, vol. 136, p. 184.

PARTIE I : Le régime des titres juridiques

Le titre désigne, de manière générale, la qualité attachée à la source d'un droit ou d'un ensemble de droit. En droit du contentieux de la délimitation, il est l'unique preuve de la possession des droits souverains ou fonctionnels sur un espace maritime. L'établissement d'une frontière maritime est toujours un acte de droit international car la volonté unilatérale d'un État ne suffit pas à établir une frontière internationale. De ce fait, une frontière établie par un traité bénéficie d'exceptions notables au droit des traités qui en font un domaine particulièrement protégé.[173] Néanmoins, si le traité est privilégié, il doit s'accommoder avec d'autres modes de preuves puisqu'il existe une « variété des formes d'engagements internationaux »[174] et le juge international se trouve ainsi face à une palette bigarrée de manifestations de volonté des États qu'il n'est pas aisé d'étendre sur le lit de Procuste de l'internationaliste.[175] La variété des modes de preuve n'a pas empêché le juge de « délimitation africaine »[176] d'en faire la synthèse et d'en développer les contours, contribuant ainsi à l'affinement des modes d'acquisition de titre territorial en matière maritime (CHAPITRE I).

Certes, comme l'affirme G. Abi-Saab « ...le droit international s'est efforcé de protéger le titre quand il existait, comme le traité ; d'essayer de trouver un principe qui joue le rôle du titre et maintenir la situation en l'état là où il n'y avait pas de titres spécifiques, comme le principe de l'*uti possidetis*. ».[177] Il est à remarquer que l'*uti possidetis* était matériellement limité car ne s'appliquant qu'aux frontières terrestres. Du moins, son applicabilité étant discutée. C'est l'œuvre d'une affaire de délimitation africaine d'étendre ce mode de conservation du titre aux frontières maritimes (CHAPITRE II).

---

[173] SOREL J-M., MEHDI R., « *L'uti possidetis* entre la consécration juridique et la pratique : essai de réactualisation. » In: *Annuaire français de droit international*, volume 40, 1994. pp. 12

[174] DISTEFANO G., « L'accord tacite ou l'univers parallèle du droit des traités », *QIL Zoom-in*, 18 (2015), p.17.

[175] *Ibid.*

[176] L'expression est employée dans le sens où elle s'entend du juge qui connaît de la délimitation d'une frontière africaine.

[177] ABI-SAAB G., « La pérennité des frontières en droit international » ; *Relations internationales*, No 64, hiver 1990, p. 38.

CHAPITRE I : Les modes d'acquisition de titre territorial

Il n'existe pas un mode unique de l'expression de la volonté des États, visant à produire des effets de droit à leur rencontre. Il suffit que l'expression de la volonté puisse « s'extérioriser de manière à ce qu'elle puisse être appréhendée et prouvée ».[178] Les vénérés Grotius[179] et Vattel avaient convenablement appréhendé la question des modalités de l'expression du consentement des États comme source de droits et obligations conventionnels. Pour ce dernier par exemple « On peut engager la foi tacitement, aussi bien qu'expressément : il suffit qu'elle soit donnée, pour devenir obligatoire ; la manière n'y peut mettre aucune différence, la foi tacite est fondée sur un consentement tacite ; et le consentement tacite est celui qui se déduit, par une juste conséquence, des démarches de quelqu'un. ».[180] Il s'en suit que les modes d'acquisition de titre territorial sur la mer peuvent prendre des formes expresses ou tacites. Ainsi, le mot 'accord' qui figure dans les paragraphes 4 des articles 74 et 83 de la CNUDM et renvoyant aux accords délimitant respectivement la zone économique exclusive (art. 74) ou le plateau continental (art. 83) visés au paragraphe 1 peuvent prendre la forme tacite lorsque lorsqu'il est déduit de la pratique étatique ou la forme expresse lorsqu'il est établi par traité écrit. A la suite de la Convention de Vienne de 1969 sur le droit des traités qui consacre les deux hypothèses,[181] la jurisprudence internationale en matière de délimitation des frontières maritimes africaines a explicité des modalités de la création de titre juridique par la pratique

[178] DISTEFANO G., « L'accord tacite ou l'univers parallèle du droit des traités », *op cit*, p.19.

[179] Grotius dans son célèbre ouvrage intitulé *Le droit de la guerre et de la paix* avait nettement affirmé que 'le consentement, de quelque manière qu'il soit indiqué et accepté, a la vertu de transférer un droit. Or, il y a d'autres signes de consentement que les paroles et l'écriture [...] Quelques-uns sont naturellement renfermés dans l'acte [c'est-à-dire les comportements concluants]'. Grotius dans son célèbre ouvrage intitulé *Le droit de la guerre et de la paix* (Amsterdan 1625), livre III, ch XXIV, 832, par 1).

[180] DE VATTEL E., *Le droit des gens ou Principes de la loi naturelle* (Londres 1758), livre II, ch XV, 443, para 234.

[181] Voir Annuaire CDI (n 2) 207. Commentaire à l'art 2 [1966] Annuaire CDI, vol II, 205. Voir aussi l'art 2 de la Convention de La Havane du 20 février 1928 sur le droit des traités (codification régionale): « The written form is an essential condition of treaties » ; ou encore l'art 5 du Projet d'articles sur le droit des traités de Harvard Research (1935) 29 *AJIL* supp 690.

étatique (SECTION I) ainsi que quelques aspects de la validité et de l'opposabilité des traités internationaux (SECTION II).

SECTION I : La pratique étatique

Le triptyque de la volonté normative en droit international établi par De Martens, distingue primo le cas où la volonté est expressément déclarée par des paroles ou par des signes substitués aux paroles, secundo, tacitement, par des actes qui, sans être substitués aux paroles [exprimées, on le répète, par écrit ou oralement], suffisent pour faire preuve d'un consentement obligatoire; et tertio, le cas où la volonté est présumée par l'uniformité des actes qui ont eu lieu jusqu'ici dans des cas semblables.[182] Le premier cas correspond aux conventions expresses, le deuxième aux accords tacites, et le troisième à l'observation ou l'usage.[183] Cette classification est adaptée au droit international contemporain notamment en matière de délimitation maritime, où on peut distinguer en dehors des accords exprès, l'existence de titre juridique par accord tacite ou sans accord tacite mais toujours par déduction des pratiques étatiques.

L'existence de titre par accord tacite

L'existence d'accord tacite a été rarement acceptée dans la jurisprudence internationale. L'arrêt rendu par la CIJ le 27 janvier 2014 dans le différend maritime opposant le Pérou au Chili est le seul à avoir reconnu l'existence d'un accord tacite. La preuve de cette reconnaissance était liée au fait que l'accord avait été explicitement confirmé par écrit.[184] Subséquemment, la Cour n'a pu déterminer de manière pratique les conditions et facteurs ayant présidé à cet accord tacite pour déterminer quelles pourraient être les preuves d'existence d'un tel accord. Elle s'est fondée sur des termes explicites contenus dans un traité en vigueur entre les Parties. La question de l'existence d'accord tacite sans l'existence d'un accord exprès a été au cœur du différend relatif à la délimitation de la frontière maritime entre le

[182] DE MARTENS G-F., *Précis du droit des gens moderne de l'Europe*, vol 1, 2e éd, Guillaumin & Cie 1864, 154, para 46.
[183] *Ibid.*
[184] CIJ, arrêt, 27 janvier 2014, *Différend maritime (Pérou c. Chili)*, *Recueil 2014*, pp. 38-39, para. 91.

Ghana et la Côte d'Ivoire dans l'océan atlantique. Elle permit à la Chambre spéciale du TIDM ayant siégé dans l'affaire à affirmer une impertinence aux seules pratiques pétrolières et aux seules prises de position des États dans la détermination de l'existence d'accord tacite.

Une observation fut faite par la CIJ dans l'affaire du Différend territorial et maritime entre le Nicaragua et le Honduras dans la mer des Caraïbes (Nicaragua c. Honduras) qui constitue le point de référence de la preuve d'existence d'accord tacite. La cour mondiale avait, en fait, affirmé que « [l]es éléments de preuve attestant l'existence d'un accord tacite doivent être convaincants. L'établissement d'une frontière maritime permanente est une question de grande importance, et un accord ne doit pas être présumé facilement ».[185] La pratique pétrolière est constituée de l'ensemble des concessions pétrolières, des réalisations de levés sismiques et des opérations de forage formant les activités pétrolières et les cartes de concession pétrolière. Elle a généralement été évoquée par les parties comme emportant conviction dans l'établissement d'un accord tacite. Cependant, il a été établi par la Chambre spéciale du TIDM que ni les activités pétrolières ni les cartes de concessions pétrolières ne pouvaient à elles seules démontrer l'existence d'un accord tacite.

L'importance accordée aux preuves d'activités pétrolières offshore dans l'établissement de l'existence d'un accord tacite a été au cœur du différend qui a opposé le Ghana et la Côte d'Ivoire au sujet de la délimitation de leur frontière maritime commune dans l'océan atlantique. La République du Ghana soutenait que, des années 1950 à 2009, les deux Parties ont proposé et octroyé des concessions en respectant la ligne d'équidistance, sans jamais objecter aux concessions proposées ou octroyées par l'autre Partie qui respectaient cette frontière en tant que frontière maritime.[186] Ainsi, la ligne suivie pour l'alignement des concessions pétrolières serait devenue une frontière maritime.[187]

Dans son mémoire et son contre mémoire, la Côte d'Ivoire ne conteste pas que les parties aient aligné les blocs de concessions le long de la frontière. Mais elle soutient que « l'existence de lignes de

---

[185] *Délimitation maritime en mer Noire (Roumanie c. Ukraine), arrêt, CIJ Recueil 2009,* p. 735, para. 253.

[186] *Différend relatif à la délimitation de la frontière maritime entre le Ghana et la Côte d'ivoire dans l'océan atlantique*, arrêt, TIDM, 2017, p. 39, para 119.

[187] *Ibid*, pp. 42, para 125 puis pp. 43, para 130.

concessions pétrolières entre États adjacents n'est pas en elle-même suffisante pour démontrer l'existence d'une frontière maritime entre eux »[188] et que les Parties « ont fait une distinction entre les concessions pétrolières et la ligne frontière. »[189].

Alors que la chambre spéciale a admis que « les blocs de concession pétroliers octroyés par les deux Parties étaient alignés sur une ligne », que « chaque Partie avait confiné ses activités pétrolières, comme les levés sismiques et les opérations de forage, à la zone qui se trouvait de son côté de cette ligne », que « ni l'une ni l'autre n'a tenté de mener des activités pétrolières de l'autre côté de la ligne » et enfin que « chacune a préalablement demandé, et obtenu, l'autorisation de l'autre avant de franchir ladite ligne pour procéder aux levés »,[190] elle n'a pu répondre positivement à la question de savoir si l'ensemble de ces activités pétrolières satisfait au standard de preuve élevé exigé pour la formation de l'accord tacite sur la frontière maritime. A cette question en effet, la Chambre spéciale adopta une position de principe en jugeant que « la pratique pétrolière, aussi constante soit-elle, ne suffit pas en elle-même à établir l'existence d'un accord tacite sur une frontière maritime.».[191] L'arrêt de la chambre spéciale du TIDM diffère des précédents en ce qu'il affirme une position de principe alors que les précédents semblent être des jugements limités au cas de l'espèce. En effet, la jurisprudence a longuement abordé la question sans pour autant que sa position n'ait été autant radicale.

L'affaire Tunisie c. Libye a été la première dans laquelle la Cour a examiné une ligne de délimitation perpendiculaire à la côte qui avait été mise en place par l'Italie, la puissance coloniale présente en Libye, à laquelle la France, puissance coloniale présente en Tunisie, ne s'était jamais opposée. Après avoir qualifié de modus vivendi[192] une ligne que les deux États devenus indépendants avaient continué à respecter, notamment pour déterminer l'emplacement de leurs concessions pétrolières respectives, la Cour s'est refusée à considérer cette ligne comme un accord tacite sur la frontière maritime entre la Tunisie et la Libye. La Cour mondiale a, en effet, tranché que « les éléments relatifs à un tel *modus vivendi*, reposant uniquement sur le silence ou

[188] *Ibid*, pp. 40, para 119.
[189] *Ibid*, pp. 41, para 120.
[190] *Ibid*, pp. 49, para 116.
[191] *Ibid*, pp. 75, para 215.
[192] Voir *infra*, Première partie, Titre I, chapitre I, Section I, para II, A.

l'absence de protestation des autorités françaises responsables des relations extérieures de la Tunisie, ne suffisent pas à prouver l'existence d'une limite maritime reconnue entre les deux Parties »[193].

Dans cette affaire, aucune des deux parties ne soutenait que les limites de ses concessions forment la frontière maritime. Sur ce, et « vu la portée plus large et la constance de leurs prétentions »[194], la haute juridiction considéra que l'existence d'un tel accord « serait impossible » à établir. Néanmoins, elle jugea que la ligne de modus vivendi formerait partie de la frontière définitive malgré l'absence d'accord tacite stricto sensu. Du moment que pour les parties, « la ligne ne visait pas à délimiter une zone de pêche ni une zone de surveillance » et qu'elle « a été tracée par chacun des deux États agissant de son côté - en premier lieu par la Tunisie - afin de servir de limites est et ouest aux concessions pétrolières, fait qui, vu les problèmes qui sont au cœur du litige entre la Tunisie et la Libye, revêt une grande importance »[195], il était normal que la Cour, bien que, n'ignorant pas le fait que les étendues sur lesquelles les deux Parties prétendaient avoir des droits étaient beaucoup plus vastes a tenu « à préciser qu'elle ne conclut pas à l'existence d'un accord tacite entre les Parties - ce qui serait impossible, vu la portée plus large et la constance de leurs prétentions - et qu'elle ne pense pas non plus que leur comportement leur interdise de formuler des prétentions contraires, par l'effet d'une sorte d'estoppel ».[196]

Dans l'affaire Cameroun c. Nigeria, la CIJ a fait observer que « l'existence d'un accord exprès ou tacite entre les parties sur l'emplacement de leurs concessions pétrolières respectives peut indiquer un consensus sur les espaces maritimes auxquels elles ont droit »[197]. S'il est vrai que « Les concessions pétrolières et les puits de pétrole [...] ne peuvent être pris en compte que s'ils reposent sur un

---

[193] CIJ, arrêt, 24 février 1982, *Plateau continental (Tunisie / Jamahiriya arabe libyenne), Recueil 1982,* pp. 70-
71, para 95.
[194] *Ibid,* para.117.
[195] *Ibid,* para.118.
[196] *Ibid*, para.118.
[197] *Frontière terrestre et maritime entre le Cameroun et le Nigéria (Cameroun c. Nigéria ; Guinée Équatoriale intervenant)*, arrêt, C.I.J. Recueil 2002, p. 303, para 304 ; *Guyana c.*
Suriname, tribunal arbitral constitué en vertu de l'annexe VII de la CNUDM, sentence du 17 septembre 2007, para 386.

accord exprès ou tacite entre les parties »[198], elle a toutefois admis qu'ils (les concessions pétrolières et les puits de pétrole) devraient être pris en compte pour déterminer l'emplacement de la ligne de délimitation « s'ils reposent sur un accord exprès ou tacite entre les parties »[199]. Dans le cas de l'espèce, la CIJ a décidé, à la lumière des preuves produites, que les « concessions [pétrolières] n'ont pas été attribuées en suivant des lignes de délimitation précises ».[200] Dans cette affaire, la cour semble avoir adopté une position mitigée pour ce qui est de la place des concessions pétrolières dans la détermination de la frontière. D'une part, elle admet que ces concessions ne peuvent être déterminantes que si elles reposent sur un accord et, d'autre part, elle reconnaît leur rôle lorsqu'il s'agit de déterminer l'emplacement de la ligne frontalière. Autrement dit, ces concessions ne déterminent à elles seules la frontière mais peuvent y participer.

Par la suite, la position de la cour n'a pas véritablement changé dans l'arrêt qu'elle a rendu six mois plus tard dans l'affaire relative à la Souveraineté sur Pulau Ligitan et Pulau Sipadan. Alors que l'Indonésie défendait l'existence de l'accord des Parties sur les limites de leurs juridictions respectives par l'alignement des concessions pétrolières des Parties le long d'une même ligne,[201] la haute juridiction ne put affirmer que : « Ces limites ont pu ne constituer qu'une manifestation de la prudence des Parties dans l'octroi de leurs concessions. Cette prudence était d'autant plus naturelle en l'espèce que des négociations devaient s'ouvrir peu de temps après entre l'Indonésie et la Malaisie en vue de la délimitation de leur plateau continental »[202]. Ainsi, la Cour a semblé concéder toute impertinence à l'emplacement des concessions maritimes trouvant qu'il pouvait, tout à fait, être motivé par d'autres raisons que la reconnaissance formelle d'une frontière maritime.

Plus récemment, dans le cadre de l'arrêt qu'elle rendit dans l'affaire du différend territorial et maritime entre le Nicaragua et le Honduras

[198] CIJ, arrêt, 10 octobre 2002, *Frontière terrestre et maritime entre le Cameroun et le Nigeria (Cameroun c.*
Nigéria ; Guinée équatoriale (intervenant)), Recueil 2002, p. 447, para. 303.
[199] *Ibid*, para. 304 ; sentence *Guyana c. Suriname*, para 386.
[200] *Ibid*, para. 215.
[201] CIJ, arrêt, 17 décembre 2002, *Souveraineté sur Pulau Ligitan et Pulau Sipadan (Indonésie / Malaisie),*
Recueil 2002, p. 625, para. 78.
[202] *Ibid*, p. 625, para. 79.

dans la mer des Caraïbes, la CIJ a refusé de considérer que les concessions pétrolières prouvaient l'existence d'un accord tacite.[203] Dans cette affaire, le Honduras revendiquait l'existence d'une « frontière traditionnelle » ou d'un « accord tacite » sur l'existence d'une frontière le long de la 15ième parallèle au motif que les concessions pétrolières, activités navales et de pêche seraient alignées le long de la 15ième parallèle.[204] La Cour mondiale jugea en effet que : « Une ligne *de facto* pourrait dans certaines circonstances correspondre à l'existence d'une frontière convenue en droit ou revêtir davantage le caractère d'une ligne provisoire ou d'une ligne à vocation spécifique, limitée, telle que le partage d'une ressource rare. Même s'il y avait eu une ligne provisoire jugée utile pour un certain temps, cela n'en ferait pas une frontière internationale ».[205]

La Chambre dans l'affaire opposant le Ghana et la Côte d'Ivoire a convoqué cette jurisprudence à l'appui de son argumentation mais en déduit qu'il se peut qu'une pratique pétrolière mutuelle et constante suivie de longue date et des concessions pétrolières contiguës dénotent l'existence d'une frontière maritime, tout comme il se peut qu'elles s'expliquent pour d'autres raisons.[206] Il ne faut donc pas déduire de la position du tribunal qu'il devient impossible que l'existence d'une frontière maritime ne puisse jamais dénoter de la pratique pétrolière mais que cette seule pratique ne suffit pas en elle-même à établir l'existence de l'accord, de sorte qu'elle ait besoin d'être confirmée par d'autres preuves ou que l'existence d'une preuve contraire la rend non valable. Il ne s'agit donc pas d'une présomption irréfragable. De plus, si elle doit constituer une preuve de l'existence d'accord tacite sur la frontière maritime, il faudrait prouver que telle était l'intention des deux parties. Cette conclusion de la chambre vaut pour d'autres preuves telles que les cartes de concession, les discussions bilatérales, les dispositions législatives respectives, les positions des parties devant les instances internationales.

Généralement, aux accords de concession pétrolière sont annexées des cartes de concession pétrolière. Si une impertinence est concédée à

[203] CIJ, arrêt, 8 octobre 2007, *Différend territorial et maritime entre le Nicaragua et le Honduras dans la mer des Caraïbes*, *Recueil 2007* pp. 729-730, paras. 238-241.
[204] *Ibid*, pp. 729-730, para. 238-241.
[205] *Ibid*, pp. 729-730, para. 238-241.
[206] *Différend relatif à la délimitation de la frontière maritime entre le Ghana et la Côte d'ivoire dans l'océan atlantique*, arrêt, TIDM, 2017, p. 75, Para 215.

la limite des concessions pétrolières, il est logique qu'il en soit de même pour les cartes des concessions pétrolières.

S'agissant de la valeur probatoire des cartes dans la formation d'un accord tacite, la CIJ semble s'être montrée favorable à la considérer comme suffisante dans l'affaire du Temple de Préah Vihéar qui opposait le Cambodge à la Thaïlande au sujet d'un temple situé sur un territoire contesté. La haute juridiction a reconnu les droits territoriaux du Cambodge sur le territoire ainsi que sur le temple en expliquant qu' « il est clair que les circonstances étaient de nature à appeler dans un délai raisonnable une réaction de la part des autorités siamoises, au cas où celles-ci auraient voulu contester la carte ou auraient eu de graves questions à soulever à son égard. ». Or, « elles n'ont réagi ni à l'époque ni pendant de nombreuses années et l'on doit, de ce fait, conclure à leur acquiescement. Qui tacet consentire videtur si loqui debuisset ac potuisset. ».[207] En effet, face à la publication par le Cambodge d'une carte représentant ledit territoire comme cambodgien et le manque de protestation de la part de la Thaïlande, la haute juridiction y a vu « une circonstance qui appelait une réaction tendant à affirmer ou à conserver un titre de souveraineté en face d'une prétention contraire évidente (…) a équivalu à une reconnaissance tacite ».[208]

A ce sujet, le juge Alfaro expliquait dans son opinion individuelle que : « la passivité en face de certains faits est la forme la plus générale de l'acquiescement ou du consentement tacite. Si un État n'affirme pas son droit lorsque ce droit est contesté ouvertement par un autre État, cette carence ne peut signifier que l'abandon de ce droit ».[209] Cet arrêt de l'instance mondiale accorde une place importance à la publication des cartes ainsi qu'à l'inaction des États intéressés dans la constitution de l'acquiescement ou du consentement tacite. A cet égard, J. Crawford et al n'ont fait que confirmer la force probante de l'inaction en affirmant que « *Inaction on behalf of a State may lead to the loss of a right or claim if, under the circumstances, the State would have been expected to display some form of activity… qui*

[207] *Temple de Préah Vihéar (Cambodge c. Thaïlande)*, CIJ, fond, arrêt, p. 40

[208] *Ibid*, p. 30 et 31.
[209] *Ibid*, p. 23.

tacet consentire videtur si loqui debuisset ac potuisset [he who keeps silent is held to consent if he should and could speak] ».[210]

Cependant, dans les décisions postérieures, la Cour n'accorda que peu de valeur aux cartes. Dans l'affaire du Différend frontalier Burkina-Faso/Mali, elle jugea que : « la jurisprudence relativement ancienne avait montré à l'égard des cartes une réticence marquée qui s'est estompée quelque peu dans les décisions plus récentes, du moins quant à la fiabilité technique des cartes. ». Mais, dit-elle, « même là où les garanties ci-dessus décrites sont réunies, la valeur juridique des cartes reste limitée à celle d'une preuve concordante qui conforte une conclusion à laquelle le juge est parvenu par d'autres moyens, indépendants des cartes. ».[211] Autrement dit, en matière de délimitation de frontières ou de conflit territorial international, « les cartes ne sont que de simples indications, plus ou moins exactes selon les cas ; elles ne constituent jamais - à elles seules et du seul fait de leur existence - un titre territorial, c'est-à-dire un document auquel le droit international confère une valeur juridique intrinsèque aux fins de l'établissement des droits territoriaux. ».[212] Il va alors sans dire que les cartes ne peuvent pas, à elles seules, démontrer l'existence d'une frontière internationale qu'elle soit terrestre ou maritime. Dans la même affaire, elle concéda néanmoins que « dans quelques cas, les cartes peuvent acquérir une telle valeur juridique mais cette valeur ne découle pas alors de leurs seules qualités intrinsèques : elle résulte de ce que ces cartes ont été intégrées parmi les éléments qui constituent l'expression de la volonté de l'État ou des États concernés. Ainsi en va-t-il, par exemple, lorsque des cartes sont annexées à un texte officiel dont elles font partie intégrante. En dehors de cette hypothèse

---

210 CRAWFORD J. et al., *The Law of International Responsibility*, p. 1042 et 1043. Traduction possible : L'inaction de la part d'un Etat peut entraîner la perte d'un droit ou d'une prétention si, au vu des circonstances, on s'attendait à ce que l'Etat réagisse d'une manière ou d'une autre (…) qui tacet consentire videtur si loqui debuisset ac potuisset [celui qui garde le silence est réputé avoir consenti s'il avait pu, et aurait dû, s'exprimer] »

211 CIJ, arrêt, 22 décembre 1986, *Affaire du différend frontalier (Burkina Faso / République du Mali), Recueil 1986,* p. 583, para. 56.

212 *Ibid*, p. 582, para. 54 ; Voir également CIJ, arrêt, 19 novembre 2012, *Différend territorial et maritime*
(Nicaragua c. Colombie), Recueil 2012, p. 666, para. 118 ; et CIJ, arrêt, 12 juillet 2005, *Affaire du différend*
frontalier (Bénin c. Niger), Recueil 2005, p. 119, para. 44.

clairement définie, les cartes ne sont que des éléments de preuve extrinsèque, plus ou moins fiables, plus ou moins suspects, auxquels il peut être fait appel, parmi d'autres éléments de preuve de nature circonstancielle, pour établir ou reconstituer la matérialité des faits »[213].

En conséquence, en dehors des cas où elles ont été intégrées parmi les éléments qui constituent l'expression de la volonté de l'État, les cartes ne peuvent à elles seules être considérées comme des preuves d'une frontière car elles constitueraient, dans ce cas, une présomption irréfragable, équivalant en réalité, à un titre juridique. Elles n'ont de valeur que comme preuves à caractère auxiliaire ou confirmatif, ce qui exclut également la possibilité de leur conférer la qualité de présomptions *juris tantum* ou réfragables, ayant pour effet de renverser le fardeau de la preuve. En définitive, la CIJ semble n'être disposée qu'à accepter les cartes annexées à des traités ou à des décisions judiciaires. Prescott et G. Triggs justifient cette approche de la Cour par le fait que de telles cartes constituent la traduction la plus manifeste de l'accord des Parties.[214]

Revenant aux affaires de délimitation maritime, la CIJ a eu à réfuter les cartes produites dans les affaires relatives à la souveraineté sur Pulau Ligitan et Pulau Sipadan, du Différend territorial et maritime (Nicaragua c. Colombie) et dans l'affaire Pérou c. Chili. Dans l'affaire Pérou c. Chili, la Cour s'est refusée de tirer l'existence d'accord tacite des cartes et illustrations extraites d'ouvrages scolaires reconnus par le Gouvernement ou publiés par différents Ministères à d'autres fins.[215]

Sa position dans l'Affaire relative à la souveraineté sur Pulau Ligitan et Pulau Sipadan, était plus catégorique. Elle semble dénier toute impertinence aux cartes en affirmant que « chacune de ces cartes a été établie à des fins particulières et que, par suite, elle ne saurait tirer de l'examen de ces cartes une conclusion claire et définitive quant à la question de savoir si la ligne définie à l'article IV de la convention de

---

[213] CIJ, arrêt, 22 décembre 1986, *Affaire du différend frontalier (Burkina Faso / République du Mali), Recueil*
1986, p. 582, para. 54.

[214] PRESCOTT V. ET TRIGGS G., *International Frontiers and Boundaries: Law, Politics and Geography* , Leiden, 2008, pp. 207-208. Contre mémoire Côte d'ivoire I, vol. V, annexe 109.

[215] CIJ, arrêt, 13 décembre 2007, *Différend territorial et maritime (Nicaragua c. Colombie), exceptions préliminaires*, *Recueil 2007*, p. 868, para. 118.

1891 se prolongeait ou non à l'est de l'île de Sebatik ».[216] Les cartes en question sont produites par les deux parties (l'Indonésie et la Malaisie), celles de l'Indonésie présentaient l'emplacement d'éventuelles futures licences pétrolières[217].

En dehors de ces affaires, la CIJ a eu à admettre l'utilisation des cartes publiées comme preuve dans l'affaire de la frontière terrestre et maritime entre le Cameroun et le Nigeria. Pendant que les textes à employer présentaient plusieurs ambiguïtés, la Cour a utilisé certaines cartes pour clarifier ces ambiguïtés existantes[218]. A sa suite, le tribunal arbitral constitué en vertu de l'annexe VII de la CNUDM dans l'affaire Bangladesh c. Inde a employé la carte établie par Sir Radcliffe jointe à la décision rendue par la Commission Radcliffe en 1947.[219]

Il convient de préciser que les différentes cartes utilisées dans ces affaires étaient jointes soit à un accord soit à une décision. Elles ne renseignent donc pas sur la valeur probante à accorder aux cartes de concession qui ne sont jointes ni à un accord ni à une précédente décision. C'est en cela que l'arrêt rendu dans l'affaire du différend relatif à la délimitation de la frontière maritime entre le Ghana et la Côte d'ivoire dans l'océan atlantique revêt une importance cardinale. Dans cette affaire, le Ghana s'est fondé sur plusieurs cartes de concessions pétrolières dressées par des entités aussi bien privées que publiques. En effet, ce dernier soutenait que « la publication d'une multitude de cartes » indique « toutes la ligne d'équidistance coutumière comme frontière internationale entre les deux pays » et défend que « les cartes officielles publiées par les deux États sont autant de prises de position vis-à-vis de la communauté internationale montrant que les Parties reconnaissaient et acceptaient mutuellement

[216] CIJ, arrêt, 17 décembre 2002, *Souveraineté sur Pulau Ligitan et Pulau Sipadan (Indonésie / Malaisie),*
Recueil 2002, pp. 667-668, para. 90.
[217] *Ibid*, pp. 667-668, para. 90.
[218] CIJ, arrêt, 10 octobre 2002, *Frontière terrestre et maritime entre le Cameroun et le Nigéria (Cameroun c.*
Nigéria; Guinée équatoriale (intervenant)), Recueil 2002, p. 345, para 58 et p. 383, par 144.
[219] Sentence, 7 juillet 2014, *Arbitrage entre le Bangladesh et l'Inde concernant la délimitation de la frontière maritime du golfe du Bengale,* para. 184.

la frontière coutumière fondée sur l'équidistance comme frontière internationale »[220].

La position adoptée par la chambre spéciale est intéressante en ce qu'elle n'accorde pas d'office un caractère subsidiaire aux cartes de concession pétrolière contrairement à la jurisprudence antérieure. Tout en ne formulant pas de principe d'ordre général, la chambre a établi pour ce qui est du cas de l'espèce, « qu'aucune de ces cartes n'est de nature à définir avec autorité une frontière maritime dans la zone concernée »[221]. Il s'en suit que la Chambre spéciale n'était pas convaincue que ces cartes étayent, de manière convaincante, la prétention du Ghana selon laquelle il existerait une convergence de vues manifeste des Parties au sujet de l'existence entre elles d'un accord de délimitation tacite.[222] La chambre justifie sa position par le fait que « les limites sont représentées par une ligne en pointillés partant du point terminal de la frontière terrestre et se prolongeant en mer au-delà des limites de la concession pétrolière avec le nom des Parties, ou de l'une des Parties, inscrit de part et d'autre de la ligne » et par « l'absence de mention explicite d'une frontière maritime internationale sur les cartes, il est difficile d'admettre que la ligne représentée constitue l'indication d'une frontière maritime internationale. ».[223]

La conclusion de la chambre, proche de celle de la CIJ dans l'arrêt relatif au Différend territorial et maritime (Nicaragua c. Colombie)[224] appelle à quelques remarques :

- *Primo*, il est possible que les cartes de concessions pétrolières servent de preuve si elles sont de nature à définir avec autorité une frontière maritime dans la zone concernée ;
- *Secundo*, il faut qu'il existe, le cas échéant une convergence de vue manifeste des Parties au sujet de l'existence entre elles d'un accord de délimitation tacite ;

[220] *Différend relatif à la délimitation de la frontière maritime entre le Ghana et la Côte d'ivoire dans l'océan atlantique*, arrêt, TIDM, 2017, p 46, para 137.
[221] *Ibid*, p 50, para 148.
[222] *Ibid*, p 50, para 148.
[223] *Ibid*, p 72, para 217.
[224] Voir CIJ, arrêt, 13 décembre 2007, *Différend territorial et maritime (Nicaragua c. Colombie), exceptions préliminaires*, *Recueil 2007*, p. 868, para.118.

- *Tertio*, l'exacte conformité de la ligne représentée sur la carte aux limites de la concession pétrolière avec des limites de la concession pétrolière d'une part, et la présence de la mention explicite d'une frontière maritime internationale sur les cartes d'autre part, sont déterminantes quant à la valeur probante de la carte. Des conclusions similaires se feront à propos de certaines prises de position de l'État.

Les relations internationales sont fondées sur le consentement. Les moyens de détermination de ce consentement peuvent varier notamment en cas d'inexistence d'un accord exprès entre les États. Il est un principe acquis qu'un État peut se lier par sa seule prise de position sur la scène internationale. En matière de délimitation maritime, le rôle limité des actes unilatéraux et des échanges bilatéraux a été établi dans la formation d'un accord tacite.

Le statut de la CIJ, en son article 38, cite les sources du droit international applicables par la CIJ pour le règlement des différends internationaux mais ne cite pas les actes unilatéraux des États et des organisations internationales. Ils sont en effet classés parmi les sources subsidiaires du droit international.[225] De même que les actes unilatéraux des organisations internationales sont des décisions prises par divers organes des organisations internationales, ceux des États peuvent être pris par diverses institutions habilitées à engager l'État au plan international : l'exécutif, le parlement, etc.

Dans l'arrêt relatif à la délimitation de la frontière maritime entre le Ghana et la Côte d'Ivoire dans l'océan atlantique, la chambre a déterminé si les lois adoptées et les développements institutionnels qui les ont accompagnées, de même que les nombreux accords et cartes qui en ont résulté, attestent tous qu'il existe un accord tacite entre la Côte d'Ivoire et le Ghana sur la délimitation de leur frontière maritime dans la mer territoriale, la ZEE et sur le plateau continental.

Le Ghana était d'avis que les deux parties ont explicitement consacré dans leur législation interne la primauté de l'équidistance pour délimiter leur frontière maritime commune.[226]

---

225 ADELOUI J-A., *Cours de droit international public*, Master Diplomatie et Relations internationales, ENAM-Bénin, inédit, p 51.

226 Voir *Différend relatif à la délimitation de la frontière maritime entre le Ghana et la Côte d'ivoire dans l'océan atlantique*, arrêt, TIDM, 2017, p 51, para 151 et p 54, para 152.

La juridiction spéciale devrait déterminer si la législation interne d'un pays en tant qu'acte unilatéral peut établir un accord tacite entre deux États.

Dans la jurisprudence internationale, seul le tribunal ayant rendu la sentence arbitrale Barbade c. Trinité et Tobago s'était prononcé sur un cas similaire à celui opposant le Ghana et la Côte d'Ivoire. Le Tribunal arbitral a rejeté une analyse de la Barbade similaire à celle du Ghana: « *The fact that in 1978 Barbados enacted legislation providing that in the absence of agreement with a neighboring State the boundary of its EEZ would be the equidistance line does not result in any form of recognition of, or acquiescence in, the equidistance line as a definitive boundary by any neighboring State.* ». Il poursuit en disant que : « *The Tribunal accordingly does not consider that the activities of either Party, or the responses of each Party to the activities of the other, themselves constitute a factor that must be taken into account in the drawing of an equitable delimitation line* »[227].

Dans son arrêt de 2017, la Chambre du TIDM affirme avec certitude la faible portée de la législation interne pour prouver l'existence d'une frontière maritime acceptée. Elle déclara en effet, que « la législation interne, en tant qu'acte unilatéral d'un État, n'est que d'une portée limitée pour prouver l'existence d'une frontière maritime acceptée ».[228] Elle ne donna point d'explication sur ce qu'elle désigne par la portée limitée de la législation interne en tant que preuve de l'existence de l'accord tacite. Elle se contente de signaler à propos du cas de l'espèce que « la législation des deux Parties invoquée par le Ghana ne donne pas d'indications suffisamment claires à cet égard » avant de se livrer à une analyse détaillée de la législation interne de la partie défenderesse pour conclure, nonobstant son principe général sur le sujet, qu'aucune des législations des deux États ne définit de frontière dans la mer territoriale, la ZEE ou sur le plateau continental.

Somme toute, la portée limitée de la législation interne pourrait signifier que la législation interne d'une partie ne peut, à elle seule constituer la preuve d'un accord tacite sur une frontière maritime. Elle n'est que la position de cette partie et n'engendre pas un accord.

[227] Sentence du 11 avril 2006, *La Barbade c. Trinité et Tobago, RSA,* vol. XXVII, pp. 241-242, pars. 365-366.

[228] *Différend relatif à la délimitation de la frontière maritime entre le Ghana et la Côte d'ivoire dans l'océan atlantique*, arrêt, TIDM, 2017, p 54, para 163.

Néanmoins, lorsqu'elle ne dispose pas clairement de l'existence d'un accord ou comporte des articles qui postulent clairement son inexistence, elle pourrait être prise en compte pour affirmer l'inexistence d'un accord tacite.

En précisant « la législation interne, en tant qu'acte unilatéral d'un État », la Chambre spéciale semble étendre cette conclusion à tous les actes unilatéraux des États. L'exploitation qu'a faite la Chambre des déclarations unilatérales des deux États devant les institutions internationales, en particulier la Commission des limites du plateau continental confirme cette analyse. Elle fut parvenue à la conclusion que « les demandes que les Parties ont adressées à la CLPC sont une indication de plus de l'absence d'accord entre elles sur la frontière maritime ».[229] C'est l'article 76 paragraphe 8 de la CNUDM, l'article 8 de son annexe II, et les règles de la CLPC qui offrent la possibilité aux États côtiers désireux d'étendre leur plateau continental au-delà de 200 milles marins des lignes de base à partir desquelles est mesurée la largeur de la mer territoriale de recevoir de la Commission des limites du plateau continental des recommandations afin d'adopter des limites définitives et de caractère obligatoire.[230] Conformément à cette disposition, la Côte d'Ivoire et le Ghana ont présenté leurs demandes à la CLPC. Le Ghana prétendait que les demandes déposées par les Parties à la CLPC attesteraient de leur accord tacite de délimitation[231], premièrement parce que la limite orientale du plateau continental revendiqué par la Côte d'Ivoire et la limite occidentale de celui revendiqué par le Ghana « *are the same* » et « *aligned with a customary equidistance line* »[232] ; deuxièmement parce que les Parties ont coopéré pour acquérir les données sismiques nécessaires à l'établissement de leur demande[233] ; et troisièmement parce que l'accord de non-objection conclu sous l'égide de la CEDEAO était nécessaire en l'absence d'accord formel de délimitation mais n'atteste pas de l'existence d'un différend sur la localisation de la frontière ; ce

---

[229] Voir affaire *Ibid*, para 224, p. 74.

[230] Voir article 76, paragraphe 8 de la CNUDM.

[231] Réplique du Ghana, vol. I, para. 4.2. Voir également duplique de la Côte d'ivoire, Vol I, para 4.63.

[232] Réplique du Ghana, vol. I, para. 4.3. Voir également duplique de la Côte d'ivoire, Vol I, para4.63.

[233] Réplique du Ghana, vol. I, para. 4.14. Voir également duplique de la Côte d'Ivoire, Vol I, para 4.63.

que confirme la mention « *absence of dispute* » dans les demandes respectives des Parties.[234]

Dans son arrêt, la Chambre spéciale a reconnu que les limites du plateau continental demandées par les deux Parties dans leur demande initiale coïncident avec la ligne d'équidistance.[235] Néanmoins, elle refuse d'y voir une preuve de l'existence d'un accord tacite relatif à la frontière maritime car, selon elle, les demandes respectives présentées par les Parties à la CLPC indiquent d'une part, « l'existence de revendications d'espaces maritimes pour lesquels il y avait des chevauchements avec les États adjacents » et d'autre part, « contiennent un avertissement précisant que l'examen de leur demande ne préjudiciera pas les questions relatives à la détermination des frontières maritimes latérales de chacune des Parties ».[236] Certes, la Chambre n'affirme aucun principe général à ce propos. Elle eut l'occasion de souligner, néanmoins, une disposition selon laquelle la présentation d'information à la CLPC ne préjuge pas de la délimitation de la frontière maritime avec les États voisins. Il s'agit de l'article 76, paragraphe 8 de la CNUDM qui dispose expressément que « le présent article ne préjuge pas de la question de la délimitation du plateau continental entre des États dont les côtes sont adjacentes ou se font face ». Arrivée à cette conclusion quant aux demandes des parties à la CDPC, la Chambre ne se prononça plus sur les prétendues communications officielles de la Côte d'Ivoire avec la Banque mondiale, des bailleurs de fonds internationaux et des investisseurs étrangers, dans lesquelles elle aurait affirmé que le bloc CI-01 était situé « à proximité immédiate de la frontière ghanéenne »[237] et qu'un puits situé à l'ouest de la même ligne frontière avait été « foré près de la frontière du Ghana ».[238] Elle eut également l'occasion d'aborder la question des échanges bilatéraux.

---

[234] Mémoire du Ghana, vol. I, para. 6.21. Voir également duplique de la Côte d'ivoire, Vol I, para 4.63.

[235] *Différend relatif à la délimitation de la frontière maritime entre le Ghana et la Côte d'ivoire dans l'océan atlantique*, arrêt, TIDM, 2017, Para 168, p. 56.

[236] *Ibid*, Para 168, p. 56.

[237] *Strategic Development Plan 2011-2030: Project Sheets and Annex to the Oil and Gas Sector Report*, p. 14.
Mémoire du Ghana, vol. V, annexe 43.

[238] PETROCI infos, Bulletin interne de la Société nationale d'opérations pétrolières de la Côte d'Ivoire, *Retour aux sources...Homecoming...* (Premier semestre de 2012). Mémoire du Ghana, vol. V, annexe 44.

Dans un procès international, la charge de la preuve incombe à l'État qui s'en prévaut. Ainsi, la charge de la preuve de l'accord tacite incombe à l'État qui l'invoque. Certes, le standard de preuve exigé est très élevé, ce qui explique que l'argument ait été généralement rejeté par les juges. Dans une affaire où des échanges bilatéraux ont eu lieu entre les parties à propos d'une zone non délimitée pour laquelle une partie invoque l'existence d'un accord tacite, la teneur exacte et à la portée qu'il convient de leur accorder est d'une portée capitale pour décider de l'existence ou non d'un accord tacite. C'est ainsi que dans l'affaire relative à la délimitation de la frontière maritime entre le Ghana et la Côte d'ivoire dans l'océan atlantique, les Parties reconnaissaient toutes deux que des échanges bilatéraux ont été tenus entre 1988 et 1992[239] d'une part, et entre 2008 et 2014[240] d'autre part, mais divergent quant à leur teneur exacte et à la portée qu'il convient de leur accorder.[241] Il revenait à la Chambre spéciale de déterminer la valeur à accorder aux échanges bilatéraux et aux négociations dans la preuve de l'existence d'un accord tacite.

Avant elle, très peu d'affaires s'y sont consacrées. On ne retient seulement que le Tribunal arbitral dans l'affaire de la délimitation de la frontière maritime entre la Guinée et la Guinée-Bissau qui jugea que « le caractère conflictuel des prétentions des Parties et de leurs mesures d'application suffit à exclure toute idée d'accord implicite sur une quelconque délimitation latérale des zones maritimes ».[242] Dans cette affaire qui est loin d'être identique à celle opposant le Ghana à la Côte d'Ivoire, la position du tribunal doit être comprise comme si les prétentions contradictoires entre les parties sont le signe évident de l'inexistence d'accord implicite ou tacite.

Dans l'affaire relative à la délimitation de la frontière maritime entre le Ghana et la Côte d'ivoire dans l'océan atlantique, les Parties sont en désaccord sur la signification de leurs échanges bilatéraux de 1988 et 1992 et celle des négociations bilatérales qu'elles ont tenues de 1988 à

---

[239] Voir Contre mémoire Côte d'ivoire, par 2.26 à 2.32 et Réplique du Ghana; par 2.9 à 2.57.

[240] Voir Contre mémoire Côte d'ivoire, par 2.33 à 2.82 et Réplique du Ghana paras 2.57 à 2.126.

[241] *Différend relatif à la délimitation de la frontière maritime entre le Ghana et la Côte d'ivoire dans l'océan atlantique*, arrêt, TIDM, 2017, para 221, p. 73.

[242] Sentence du 14 février 1985, *Affaire de la délimitation de la frontière maritime entre la Guinée et la Guinée-Bissau*, *RSA*, vol. XIX, p. 175, para. 66.

2014. Contrairement à la décision rendue par le Tribunal arbitral dans l'affaire de la délimitation de la frontière maritime entre la Guinée et la Guinée-Bissau, la Chambre spéciale du TIDM n'a pas recherché « le caractère conflictuel des prétentions des Parties et de leurs mesures d'application » pour écarter l'idée d'existence d'un accord tacite. Au contraire, elle fit une conclusion générale selon laquelle « le simple fait que ces échanges aient eu lieu est significatif car il montre que les Parties ont reconnu la nécessité de délimiter la frontière maritime qui les sépare. ».[243]

Le tribunal estime ne pas avoir besoin de rechercher le contenu des échanges à propos de la frontière. Dans la présente affaire, la chambre spéciale reconnaît que pour ce qui est des échanges de 1988 et 1992, « les pièces qui s'y rapportent soient en nombre limité et qu'on en ignore la teneur exacte ». Ces échanges à propos de la frontière ne pourraient-ils pas avoir un autre but que la délimitation proprement dite ? En effet, face à la Côte d'Ivoire qui prétend que la question de la « délimitation de la frontière maritime et lagunaire » était toujours en suspens, qu'elle a cherché, avant cette session, à faire ajouter ce point à l'ordre du jour de la Commission mixte[244] et qu'au cours de la réunion bilatérale, elle a « formulé une proposition de tracé de la frontière maritime consistant à prolonger en mer le segment terminal de la frontière terrestre reliant les bornes 54 et 55 »[245], le Ghana défend que le procès-verbal de la réunion de 1988 dit que l'objet de la réunion était d'étudier la possibilité de délimiter la frontière maritime « existant entre les deux pays ».[246] L'objet des rencontres ne serait donc que « la formalisation de la frontière maritime ».[247] Les procès-verbaux des sessions, censés trancher les prétentions des parties, sont très loin d'étayer les positons de l'une ou l'autre des parties.[248]

Néanmoins, tel n'est pas le moyen principal avancé par la Côte d'Ivoire. Elle soutient, en effet, en premier, que les contacts bilatéraux

---

[243] *Différend relatif à la délimitation de la frontière maritime entre le Ghana et la Côte d'ivoire dans l'océan atlantique*, arrêt, TIDM, 2017, para 221, p. 73

[244] Contre mémoire Côte d'Ivoire, para. 4.12.

[245] Contre mémoire Côte d'ivoire, para. 4.13.

[246] *Différend relatif à la délimitation de la frontière maritime entre le Ghana et la Côte d'ivoire dans l'océan atlantique*, arrêt, TIDM, 2017, para 183, p 61.

[247] Réplique GHANA, para 2.39.

[248] Par exemple, le procès-verbal de 1988 ne consacre qu'un seul paragraphe (*Différend relatif à la délimitation de la frontière maritime entre le Ghana et la Côte d'ivoire dans l'océan atlantique*, arrêt, TIDM, 2017, p69, para 183).

qui ont eu lieu entre les Parties « entre 1988 et 2014 » en vue de délimiter la frontière maritime commune « sont la preuve même du désaccord fondamental entre les Parties sur une méthode de délimitation, et *a fortiori* sur la délimitation de leur frontière maritime. ».[249]

C'est ce moyen que validera la Cour en affirmant à propos des négociations que « le simple fait qu'ils aient eu lieu, ce qu'aucune des Parties ne conteste, mérite d'être pris en considération par la Chambre spéciale aux fins d'établir s'il existe une frontière maritime tacite ».[250] La position de la Chambre paraît d'une évidence incontestable. Si les deux parties étaient convaincues que la frontière maritime était entièrement délimitée, la question ne viendrait plus à l'ordre du jour d'une négociation. Certes, l'objet d'une rencontre pourrait être de formaliser une frontière existante par accord tacite mais il ne s'agirait plus d'une commission mixte de délimitation frontalière mais d'une commission mixte de formalisation de frontière existante par accord tacite. Même une invitation à discuter au sujet de la délimitation de la frontière maritime est preuve d'inexistence d'accord.

D'après la Côte d'Ivoire, en février 1992, le Ghana a proposé à la Côte d'Ivoire que la question de la délimitation maritime soit traitée bilatéralement en envoyant un télégramme au Ghana pour lui proposer « qu'en attendant la réunion de la Commission mixte de réabonnement des frontières, les deux pays s'abstiendront de toutes opérations ou travaux de forage dans la zone dont le statut reste à déterminer » mais, ce dernier estime qu'il s'agit d'une proposition faite « à titre provisoire et dans les termes les plus feutrés, exprimant simplement l'espoir que les deux États puissent suspendre ces activités ».[251] Rien n'est moins vrai, car l'invitation à échanger et éviter toutes opérations ou travaux de forage dans la zone dont le statut reste à déterminer prouve à suffisance l'inexistence d'accord tacite entre les deux parties. Cette inexistence d'accord tacite est confortée dans l'affaire opposant le Ghana à la Côte d'Ivoire par deux communiqués conjoints des Présidents ghanéen et ivoirien dans lesquels ils réaffirmaient leur

249 Contre mémoire Côte d'ivoire, paras. 4.10 à 4.24.

250 *Différend relatif à la délimitation de la frontière maritime entre le Ghana et la Côte d'ivoire dans l'océan atlantique*, arrêt, TIDM, 2017, para 221, p. 73

251 *Différend relatif à la délimitation de la frontière maritime entre le Ghana et la Côte d'ivoire dans l'océan atlantique*, arrêt, TIDM, 2017, p57, para 171.

volonté d'aboutir à une délimitation négociée de leur frontière maritime.

Le premier qui datait du 4 novembre 2009 indiquait que : « la frontière terrestre a été délimitée alors que les discussions en vue de la délimitation de la frontière maritime avaient été entamées par les deux pays. Ils [les deux dirigeants] ont exhorté les autorités compétentes des deux pays à poursuivre leurs discussions en vue d'une conclusion rapide. »[252] Dans la deuxième déclaration commune des chefs d'État publiée le 11 mai 2015, il est également affirmé que « la délimitation de la frontière maritime demeure un objectif des Parties ».[253] Il s'en suit qu'à travers ces deux communiqués conjoints, les deux chefs d'État ont reconnu la nécessité de mener des discussions en vue de la délimitation de la frontière maritime. Il est donc incontestable qu'ils reconnaissaient qu'aucun accord tacite ou exprès n'existait entre eux.

Somme toute, l'existence des échanges entre deux États au sujet de la délimitation d'une frontière maritime suffit à exclure l'existence d'un accord tacite entre ces deux États sur ladite frontière. Bien plus, l'invitation d'un État à échanger au sujet de la délimitation frontalière avant la naissance du différend est preuve de l'inexistence d'accord tacite. Enfin, les déclarations des représentants de haut niveau habilité à engager l'État sur le plan international peuvent attester de l'inexistence d'un accord tacite ou reconnaissant l'existence future d'une délimitation frontalière. Elles peuvent également conduire à d'autres modes d'acquisition de titre sur un espace maritime. En dehors de l'accord tacite, le droit international prévoit d'autres possibilités d'acquisition de titre sans qu'il n'existe d'accord écrit entre les parties.

L'existence de titre sans accord tacite

Dans la pratique jurisprudentielle internationale, le comportement des États est grandement pris en compte. Bedjaoui, Koroma et Ranjeva observaient que le silence d'un État, son consentement, son

[252] Communiqué conjoint établi à l'issue de la visite officielle au Ghana de son Excellence Monsieur Laurent Gbagbo, Président de la République de Côte d'Ivoire, 3-4 novembre 2009, Contre mémoire Côte d'ivoire, vol. III, annexe 34.

[253] *Différend relatif à la délimitation de la frontière maritime entre le Ghana et la Côte d'ivoire dans l'océan atlantique*, arrêt, TIDM, 2017, p. 60, para 180.

acquiescement, sa renonciation, sa protestation, l'estoppel qui peut frapper ses actes, constituent des éléments importants dans la création ou l'extinction d'un titre sur un territoire.[254] En somme, il existe une pluralité de mode d'acquisition de titre juridique dont certains ont été mis en exergue dans les contentieux de frontières maritimes africaines. La plus grande innovation a été de définir un cas atypique de constitution d'un modus vivendi mais ils ont également été le cadre des développements intéressants au sujet de divers titres soulevés par les parties.

Par un compromis du 10 juin 1977, la République tunisienne et la Jamahiriya arabe libyenne populaire et socialiste demandaient à la Cour Internationale de Justice de déterminer les principes et règles du droit international qui peuvent être appliqués pour la délimitation de leur plateau continental. La décision, selon le même compromis, devrait être prise conformément aux principes équitables, aux circonstances pertinentes propres à la région, ainsi qu'aux tendances récentes admises à la troisième Conférence sur le droit de la mer.[255] La juridiction de la Haye devrait également clarifier avec précision la manière pratique par laquelle lesdits principes et règles s'appliquent dans cette situation précise, de manière à permettre aux experts des deux pays d'être en mesure de délimiter lesdites zones sans difficulté aucune.[256]

Dans l'arrêt qu'elle rendit en 1982, la Cour divisa la zone à délimiter en deux secteurs. Pour le premier partant de la limite extérieure de la mer territoriale au large de Ras Ajdir, au point le plus occidental du golfe de Gabès que la cour délimite suivant une ligne droite de 26 degré vers le Nord-Est, cette délimitation correspond à un modus vivendi mis en place par l'Italie, la puissance coloniale présente en Libye, à laquelle la France, puissance coloniale présente en Tunisie, ne s'était jamais opposée. Ce cas atypique de reconnaissance de modus vivendi repose en grande partie sur le comportement des puissances coloniales. A cet effet, la Cour a, en effet, jugé que les

---

[254] Opinion dissidente collective des juges Bedjaoui, Koroma et Ranjeva jointe à l'arrêt de la CIJ dans l'affaire de la *Délimitation maritime et des questions territoriales entre Qatar et Bahreïn* (Qatar c Bahreïn) (fond, arrêt du 16 mars 2001) [2001] CIJ Recueil 168, para 69.
[255] Article Premier du compromis
[256] CIJ, arrêt, 24 février 1982, *Plateau continental (Tunisie / Jamahiriya arabe libyenne), Recueil 1982*, p. 40 para 29.

éléments relatifs à un tel modus vivendi reposent « uniquement sur le silence ou l'absence de protestation des autorités françaises responsables des relations extérieures de la Tunisie».[257] En effet, cette ligne a été proposée suite, à un incident de 1913 au cours duquel un torpilleur italien arraisonna trois bateaux de pêche grecs, avec pour objet de proposer une ligne de démarcation entre les bancs d'éponges libyens et tunisiens, perpendiculaire à ce que l'on estimait être la direction de la côte à Ras Ajdir. Elle fut officialisée par l'Italie puis a acquis le caractère d'une sorte de modus vivendi tacite, la zone tampon de 8 milles qui en est résultée étant restée longtemps en vigueur, sans incident ni protestation de part et d'autre.[258]

L'importance du comportement des autorités italiennes et françaises dans la constitution de ce modus vivendi n'est plus à démontrer. Cette importance a été soulignée dans l'affaire du Golfe du Maine dans laquelle le Canada alléguant l'existence d'un modus vivendi ou d'une frontière maritime *de facto* se basait sur l'arrêt Tunisie c. Libye et seulement sur la conduite des Parties en la matière. La Chambre de la CIJ en charge de l'affaire a rejeté cette thèse, estimant qu' « à supposer même qu'une démarcation se soit en fait concrétisée entre les zones pour lesquelles les Parties ont respectivement délivré des permis »[259], la situation différait de celle qui opposa la Tunisie à la Libye : « Il est vrai qu'en cette affaire la Cour a pris argument du fait constitué par la séparation des zones des concessions pétrolières octroyées par les deux États en cause ». Cependant, elle a pris particulièrement en considération « le comportement des Puissances antérieurement responsables des affaires extérieures de la Tunisie, la France, et de la Tripolitaine, l'Italie, dans lequel elle a reconnu l'existence d'un modus vivendi, comportement que les deux États, devenus indépendants, ont continué à respecter quand ils ont commencé à accorder des concessions pétrolières ».[260] Il s'en suit que le modus vivendi a été constitué à la fois par le comportement des Puissances antérieurement responsables des affaires extérieures des parties et par le comportement des deux États, devenus indépendants.

---

[257]*Ibid*, *Recueil 1982*, pp. 70-71, para. 95.

[258] CIJ, arrêt, 24 février 1982, *Plateau continental (Tunisie / Jamahiriya arabe libyenne)*, *Recueil 1982*, pp. 70-
70, para. 93.

[259] CIJ, arrêt, 12 octobre 1984, *Délimitation de la frontière maritime dans la région du golfe du Maine*, *Recueil 1984*, p. 246.

[260]*Ibid*, p. 310, para. 150.

Dans le raisonnement de la CIJ dans l'affaire Tunisie/Libye en 1982, il est évident qu'un autre facteur déterminant dans la constitution du modus vivendi est la pratique ultérieure constante des parties jusqu'en 1974, année de naissance du différend. Cette pratique donna lieu à « une ligne *de facto* se projetant de Ras Ajdir vers le nord-nord-est, à un angle de 26" environ, qui concrétise la manière dont les deux Parties ont octroyé à l'origine des permis ou concessions pour la recherche ou l'exploitation d'hydrocarbures en mer. ».[261] C'est l'alignement systématique des concessions sur cette ligne et sa coïncidence avec une méthode de délimitation courante qui donna à cette ligne, aux yeux de la Cour, une grande pertinence. En effet, la Haute juridiction reconnaît que « cette ligne entre des concessions adjacentes, qui a été observée tacitement pendant des années et qui coïncide en outre à peu près avec la perpendiculaire à la côte au point frontière appliquée dans le passé comme limite maritime *de facto*, paraît être ... d'une grande pertinence pour la délimitation. ».[262] C'est d'abord la Tunisie qui la première, a élargi, le 21 octobre 1966, le périmètre d'un de ses permis, par une ligne dont chaque degré s'appuyait à l'Est sur une ligne droite formant avec le méridien un angle de 26'' environ correspondant à peu près à la perpendiculaire à la côte. Deux ans plus tard, ce fut le tour de la Libye d'accorder une concession dont l'angle par rapport au méridien de Ras Ajdir était de 26" à l'Est d'une ligne Sud-Sud-Ouest entre 33" 55' N 12' E et un point en mer se trouvant à une distance d'environ un mille marin de la côte. Depuis cette année, les limites à l'ouest des concessions libyennes ultérieures se sont appuyées sur cette même ligne qui, suivait la direction des concessions tunisiennes, au 26'' environ correspondant à peu près à la perpendiculaire à la côte.

La juridiction de la Haye ne manqua pas de voir dans ces alignements de concessions pétrolières, « une limite séparant *de facto* les zones des concessions et permis en vigueur, en ce sens que des travaux de prospection étaient autorisés par une Partie sans immixtion ou (jusqu'en 1976) sans protestations de l'autre ».[263] Pour la méthode pratique de délimitation qu'elle donnera plus tard, la Cour n'a pas cru conclure de cette limite *de facto* à l'existence d'un accord tacite entre les Parties – « ce qui serait impossible, vu la portée plus large et la

---

261 *Ibid,* para 96.
262 *Ibid,* para 96.
263 *Ibid,* para 118.

constance de leurs prétentions »[264] - encore moins à l'existence d'un estoppel parce que le comportement des parties ne leur interdit pas de formuler une telle prétention mais elles ne l'ont pas fait. Mieux encore, sur la nature de la ligne de 26°, les deux Parties étaient d'accord. Tripoli n'a jamais accepté la ligne *de facto* entre les concessions comme ligne de délimitation en droit et Tunis ne soutenait pas non plus cette thèse. Comme l'indiquait l'ambassadeur El Maghur, l'agent libyen: « *And in this regard, Libya, agrees with Tunisia that a concession boundary is not a line of delimitation... The 26° line was a purely provisional accommodation to avoid disputes* »[265]. Ce que déduit la cour de cette limite *de facto* est que les deux États avaient pu la considérer comme équitable à titre de solution provisoire.

Une telle déduction se trouve au paragraphe 120 de l'arrêt dans lequel les juges estiment que « le facteur de perpendicularité par rapport à la côte et la notion de prolongement de la direction générale de la frontière terrestre constituent ... des critères pertinents quand il s'agit de choisir une ligne de délimitation propre à conduire à une solution équitable »[266]. En conséquence, elle décida que la délimitation du plateau continental dans ce secteur proche des côtes des deux États sera tracée, à partir du point frontière de Ras Ajdir, suivant une ligne droite formant un angle de 26° environ à l'Est du méridien passant par ce point. Le point de départ de la limite des plateaux continentaux correspondrait à l'intersection de cette droite avec la limite extérieure de la mer territoriale des Parties. La ligne de délimitation suivrait cette droite « jusqu'à ce qu'elle rencontre le parallèle du point le plus occidental de la côte tunisienne entre Ras Kapoudia et Ras Adjir, à savoir le point le plus occidental de la ligne de rivage (laisse de basse mer) du golfe de Gabès »[267].

En fait, l'argumentation de la Cour faite d'une succession de coïncidence et d'approximations est d'une fragilité incontestable. Roberto Ago ne manqua pas de souligner cette faiblesse du raisonnement en relevant que « ce n'est qu'à titre de justification complémentaire qu'un argument d'ordre historico-juridique a été aussi

---

[264] *Ibid*, para 118.
[265] C.R. 81/15, p. 25.
[266] CIJ, arrêt, 24 février 1982, *Plateau continental (Tunisie / Jamahiriya arabe libyenne), Recueil 1982*, para 120
[267] *Ibid*, para 133, C-2.

mentionné, celui tiré du modus vivendi... »[268]. Il voit plutôt dans cette ligne, l'acquiescement des autorités du Protectorat, « et non pas une simple ébauche de frontière sans portée définitive ».[269] Cette proposition rejoignait celle de l'argumentation du Pr. Malintoppi concluant, au nom de la Libye, à un acquiescement des autorités du Protectorat,[270] par opposition à l'argumentation de la Tunisie qui, par le professeur Dupuy, qualifiait la ligne de « sollicitation des faits ».[271] Le professeur Emmanuel DECAUX, de son côté, voit dans cette construction de la Cour un « compromis élaboré avec empirisme »[272] plutôt qu'un précédent jurisprudentiel dans le domaine de la délimitation maritime. Il releva que « la ligne perpendiculaire réalise une équidistance abstraite, par rapport à une côte idéalement rectiligne » ayant pour conséquence de « refaire la nature, d'omettre Djerba, de négliger l'effet d'amputation invoqué par la Tunisie » en ne tenant pas « compte de la configuration générale des côtes ».[273] Il conclut que le « recours à des lignes historiques unilatérales et contestées, n'est qu'un moyen de donner à ce choix une historicité apparente » car le juge ne démontre pas véritablement la légitimité de son choix, en dehors de considérations de commodité pratique.

En fait, ce qui semble faire l'attrait essentiel de la ligne perpendiculaire à la côte, c'est au moins sa justification « d'ordre historico-juridique » pour reprendre l'heureuse formule du juge Ago, que sa nature géométrique. La ligne perpendiculaire réalise une équidistance abstraite, par rapport à une côte idéalement rectiligne. Elle permet de refaire la nature, d'omettre Djerba, de négliger l'effet d'amputation invoqué par la Tunisie. La Cour choisit une équidistance faussée, artificielle, sans tenir compte de la configuration générale des côtes. Le recours à des lignes historiques unilatérales et contestées, n'est qu'un moyen de donner à ce choix une historicité apparente. Mais la Cour ne démontre pas véritablement la légitimité de son choix, en dehors de considérations de commodité pratique. On ne peut retenir là qu'une construction originale de la Cour de 1982 qui a permis de

268 R. AGO, *Op. Ind.*, p. 95.
269 *Ibid.*
270 C.R. 81/15, p. 25.
271 *Ibid*, p. 30 et sq.
272 DECAUX E., « L'arrêt de la Cour internationale de Justice dans l'affaire du plateau continental (Tunisie c. Jamahiriya arabe libyenne), arrêt du 24 juin 1982. », In: *Annuaire français de droit international,* volume 28, 1982, p. 391
273 *Ibid*, p 384.

tracer la frontière maritime et qui reste une originalité en matière de délimitation maritime. Sans présenter, toutefois, d'originalité singulière, d'autres titres ont été évoqués par les parties. Ils seront l'occasion d'une jurisprudence captivante.

En dehors des cas précédemment examinés, un ensemble de comportements fait de renonciations, d'actions et réactions, de revendications et de silences ne se rapportant pas à un traité écrit préexistant peut tout aussi bien engendrer des droits ou titres territoriaux.

Le droit international de la mer a prévu la détention des titres historiques comme mode d'acquisition de titre territorial. Il s'agit des titres très anciens que détiennent certains États sur des espaces maritimes avec reconnaissance par d'autres États de ces titres. Il s'agit d'une institution similaire à celle de l'occupation suivie de l'exercice pacifique et continu des fonctions d'État comme mode d'acquisition du titre sur un territoire, qui en fait, n'est reconnue que dans l'acquisition des territoires terrestres. Cette dernière (l'occupation effective) qui, selon Max Huber est un titre d'acquisition de la souveraineté[274] sur un territoire *nullius*,[275] permet d'« acquérir la souveraineté d'une région ne se trouvant dans le domaine d'aucun État, il est indispensable d'en effectuer l'occupation au nom de l'État qui se propose d'en acquérir la domination ». Il ajouta que l'occupation « ne peut pas être regardée comme accomplie sinon à la suite d'une prise de possession effective, non interrompue et permanente, au nom de l'État, et que la simple affirmation des droits de souveraineté, ou l'intention manifestée de vouloir rendre effective l'occupation, ne saurait suffire »[276].

Elle reposait à ses origines dans le droit romain sur trois éléments essentiels : une *res nullius*, l'intention de l'acquérir (c'est-à-dire, l'*animus*) et la prise matérielle de possession.[277] A vrai dire, ces conditions n'ont véritablement pas changé en droit international contemporain. Luis Ignacio Sánchez Rodríguez a dénombré deux

---

[274] Affaire de l'*Ile de Palmas, RGDIP*, 1935, p. 164.

[275] D'après la formule employée dans l'affaire du *Sahara occidental, CIJ Recueil 1975*, p. 39.

[276] Voir *RGDIP*, 1904, pp. 18-19.

[277] AGO R., *Il requisito dell'effettivit à dell'occupazione in diritto internazionale, op. cit,* p. 44.

conditions pour prétendre à une occupation. Il a fait savoir qu'il faille avoir la qualité d'État[278] et que les territoires susceptibles d'occupation étaient ceux réputés *nullius*.[279] Il a, par la suite, démontré, à partir des affaires de l'affaire de l'Ile de Clipperton[280] et du Statut juridique du Groënland oriental,[281] qu'il est exigé deux éléments constitutifs de l'occupation : le premier, de nature spirituelle, réclame l'intention, la volonté d'établir la souveraineté sur le territoire (*animus occupandi*) ; le deuxième, matériel, demande l'exercice paisible. Parallèlement au développement de la notion d'occupation acquisitive en matière d'acquisition de frontière terrestre, la notion de titre historique a été développée tant en matière de frontière terrestre que maritime.

A la réalité, « la notion de titre historique déborde le domaine du droit de la mer » et « constitue l'un des fondements de l'acquisition de la souveraineté sur les espaces terrestres et maritimes ».[282] Établis sur l'exercice immémorial, continu, paisible et public de la compétence territoriale, les titres historiques consacrent, au plan de l'ordre juridique international, la valeur que l'ensemble de la science comme de la pratique du droit en général accordent à l'ancienneté et à la durée d'une possession et, du même coup, à une délimitation.

Déjà dans l'affaire du navire The Alleganean, jugée dans le cadre des Alabama Claims figurent les principaux éléments susceptibles de faire tenir une baie pour historique.[283] En effet, il a été cumulé des considérations à la fois géographique, historique, économique et même politique car il a été cité, à côté de l'usage, la configuration de la côte, ses particularités géographiques et l'importance que l'espace maritime considéré revêt pour l'Etat riverain.[284] Certes, l'élément historique est déterminant mais il n'est pas retenu en droit positif comme un titre indépendant. Il apparaît plutôt mêlé à d'autres considérations anciennes. Comme le confirme la CIJ en 1951, « Il faut

---

278 SANCHEZ RODRIGUEZ L.I., « L'*uti possidetis* et les effectivités dans les contentieux territoriaux et frontaliers », *op cit*, pp. 247-248.

279 A propros du *Res nullus*, Voir *Ibid*, pp. 248-249

280 *Ile de Clipperton*, *AJIL*, 1932, p. 390.

281 *Statut juridique du Groënland oriental*, CPJI série A/B no 53, pp. 45-48.

282 CIJ, arrêt, 24 février 1982, *Plateau continental (Tunisie / Jamahiriya arabe libyenne)*, *Recueil 1982*, mémoire Tunisie, para 4.03.

283 GIDEL G., *Le droit international public de la mer*. Paris. Sirey. 1 934. T. III. P. 628.

284 *Ibid.*

enfin faire place à une considération dont la portée dépasse les données purement géographiques : celle de certains intérêts économiques propres à une région lorsque leur réalité et leur importance se trouvent clairement attestées par un long usage. ».[285]

En 1958, la conférence sur le droit de la mer a adopté une résolution sur le régime des eaux historiques annexée à l'acte final. Dans cette résolution, il était prévu que l'Assemblée générale procède à une étude sur les eaux historiques. Alors que la Commission du droit international fut chargée par l'Assemblée générale en 1959 d'entreprendre l'étude du régime juridique des eaux historiques, y compris les baies historiques, la commission n'a pu effectuer cette étude. Pas même, la Convention des Nations unies sur le droit de la mer ne contient pas de dispositions détaillées sur le régime des eaux historiques. Seules certaines références aux « baies historiques », aux « titres historiques » ou à des raisons historiques y sont faites.[286]

Néanmoins, « dans le cadre régional, les États africains ont reconnu ''mutuellement'' leurs droits historiques existants ». Trois facteurs ont été identifiés pour apporter la preuve des droits historiques propres à un État. Le premier concerne, en plus des données générales de la configuration géographique, les facteurs caractéristiques de l'écosystème des eaux littorales, les facteurs économiques voire politiques. Le deuxième facteur concerne l'affirmation quasiment immémoriale de la souveraineté de l'État sur la zone considérée. C'est ce qu'atteste Charles De Visscher lorsqu'il affirme que les titres historiques s'établissent par « l'exercice paisible et continu de la souveraineté ». [287] Enfin, le troisième facteur qu'il conviendra d'exposer: la reconnaissance par les États tiers de la souveraineté de l'État sur la zone considérée.

Dans l'affaire du plateau continental (Libye/Tunisie), la Tunisie revendiquait des droits historiques sur certains espaces avançant des arguments pouvant comprendre des éléments très divers, à savoir les particularités de nature économique et historique aussi bien que les

---

[285] C.I.J. Recueil 1951. p. 133.

[286] Cette référence est faite notamment concernant la mer territoriale. Voir PERRIN D., *op cit*, p. 451.

[287] DE VISSCHER Ch, *Les effectivités en droit international public*, Paris, Pedone, 1967. p. 51.

facteurs géologiques et géographiques.[288] En effet, cette dernière se fondait, en particulier, sur « l'ancienneté des intérêts et activités de sa population pour ce qui est de l'exploitation des pêcheries situées au large de ses côtes, en mer Méditerranée et sur le fond de cette mer : exploitation des bancs superficiels proches du rivage, par installations fixes destinées à la pêche des espèces mobiles, et exploitation des bancs plus profonds pour la pêche des espèces sédentaires, à savoir les éponges. ».[289] Ainsi, les droits historiques de la Tunisie reposeraient sur non seulement l'ancienneté de cette exploitation et l'exercice continu tant de droits de propriété sur les pêcheries fixes par la population tunisienne que de droits de surveillance et de contrôle - équivalant à l'exercice de droits souverains - sur les deux types de pêcheries par les autorités tunisiennes mais également sur l'acceptation, au moins, tacite de ces droits tunisiens par d'autres États.[290]

Alors que s'offre une occasion unique à la Cour de clarifier en droit international, l'institution des droits historiques, la Haute juridiction a estimé qu'une délimitation effectuée d'après la méthode qu'elle expose ne soulève pas de problèmes qui l'obligeraient à se prononcer sur la légitimité des droits historiques en question ou sur leur opposabilité à la Libye.[291] En fait, le refus de la Cour de se prononcer sur le bien-fondé desdits droits provient de son désaccord avec la Tunisie sur les conséquences juridiques qu'il convient d'accorder à leur existence. Autrement dit, il était question de la conséquence de l'existence des droits historiques que détient un État dans une zone maritime sur le plateau continental situé à l'intérieur de cette zone. Tunis fait une liaison entre ses droits historiques et leur insertion dans la théorie du plateau continental puisque la délimitation du plateau continental entre la Libye et elle-même ne doit, en aucun point, empiéter sur la zone à l'intérieur de laquelle elle possède des droits historiques.[292] Telle ne fut pas la position de la Cour. Elle soutient, au contraire, que « la notion de titres ou d'eaux historiques et la notion de plateau continental sont gouvernées par des régimes juridiques distincts en

[288] CIJ, arrêt, 24 février 1982, *Plateau continental (Tunisie / Jamahiriya arabe libyenne)*, *Recueil 1982*, p. 48 para 76.
[289] Voir mémoire de la Tunisie Chapitre IV et Contre Mémoire chapitre I, section II.
[290] CIJ, arrêt, 24 février 1982, *Plateau continental (Tunisie / Jamahiriya arabe libyenne)*, *Recueil 1982*, para 72 par 98.
[291] *Ibid*, p 86 para 121.
[292] Voir mémoire de la Tunisie Chapitre IV et Contre Mémoire chapitre I, section II.

droit international coutumier », l'une reposant sur l'acquisition et l'occupation et l'autre sur des titres existants « *ipso facto et ab initio* ». Même dans les cas où il existe une coïncidence en tout ou partie des deux régimes, comme dans le cas de la Tunisie, où l'accès au plateau continental se trouve compris dans les limites des zones de pêche, la Cour mondiale soutient que les « droits et titres historiques ... se rattachent plutôt à la zone économique exclusive, que l'on peut considérer comme faisant partie du droit international moderne ».

Conformément à sa jurisprudence établie dans l'affaire des Pêcheries selon laquelle les droits revendiqués « ne doivent être retenus que dans la mesure où ils paraîtraient déterminants pour décider la seule question en litige »[293], elle s'est refusée de se prononcer sur la légitimité des droits historiques en question ou sur leur opposabilité à la Libye. Au total, le refus de la Haute juridiction à accepter l'argumentation tunisienne est lié, d'une part, au fait qu'elle est relative à la notion du prolongement naturelle et, d'autre part, au fait que les notions de titre historique et de plateau continental seraient gouvernées par deux régimes juridiques différents.

La règle de l'estoppel est une règle ancienne du droit international qui a été invoquée à plusieurs reprises par les Parties au soutien de leur position devant la Cour internationale de Justice et le Tribunal international du droit de la mer.[294] Mais la CIJ n'a véritablement jamais fondé de décision sur elle.

Dans l'Arbitrage relatif à l'aire marine protégée des Chagos, le Tribunal a fait application du concept d'estoppel tout en déclarant que: « *Mauritius was entitled to rely upon the representations made by the United Kingdom which were consistently reiterated after independence in terms which were capable of suggesting a legally binding commitment and which were clearly understood in such a way* »[295]. Dans l'affaire du Plateau continental de la Mer du Nord, l'Allemagne n'avait pas procédé à la ratification de la Convention de Genève de 1958 sur le plateau continental. C'est ainsi que le Danemark et les Pays-Bas ont fait appel à l'estoppel pour pallier cette

---

[293] *Affaire des Pêcheries*, C.I.J. Recueil 1951, p. 126.

[294] Voir CIJ, arrêt, 20 février 1969, *Affaire du Plateau continental de la Mer du Nord, République fédérale d'Allemagne/Danemark, République fédérale d'Allemagne/Pays-Bas, Recueil 1969*, pp. 26-27, paras. 30 – 33 ;

[295] Sentence, 18 mars 2015, *Arbitrage relatif à l'aire marine protégée des Chagos (Maurice c. Royaume-Uni)*, para. 447.

absence de ratification sans succès[296]. Plus tard, en 1998, lors des exceptions préliminaires, le Nigeria a soutenu dans l'affaire du différend terrestre et maritime entre Cameroun c. Nigeria à titre subsidiaire, « que la conduite du Cameroun a créé une situation d'estoppel qui lui interdirait de s'adresser à la Cour ».[297] La cour n'a pas manqué de rejeter cette exception. Un cas similaire s'est produit dans la Sentence arbitrale du 29 octobre 2015 de l'affaire opposant la République des Philippines et République populaire de Chine, Compétence et recevabilité.[298]

En 2012, le Bangladesh a invoqué le principe de l'estoppel dans son litige relatif à la Baie du Bengale avec le Myanmar sans gain de cause.[299] Dans cette dernière affaire, le TIDM a défini l'estoppel et confirmé son application en droit de mer en affirmant « qu'en droit international, une situation d'estoppel existe lorsqu'un État, par sa conduite, a créé l'apparence d'une situation particulière, et qu'un autre État, se fondant en toute bonne foi sur cette conduite, a agi ou s'est abstenu d'agir à son détriment. ». Ainsi, « la notion d'estoppel a pour effet qu'un État sera empêché, en raison de sa conduite, d'affirmer qu'il n'accepte pas ou ne reconnaît pas une situation donnée. »[300]. Il reprend ainsi la définition fournie dans les Affaires du plateau continental de la mer du Nord[301] et de la Frontière maritime dans la région du golfe du Maine.[302] Il faut, en fait, reconnaître avec le tribunal siégeant dans l'affaire Maurice c. Royaume-Uni que : « *Estoppel is most at home in situations in which the existence of a formal agreement may be in doubt, but the course of the Parties'*

[296] CIJ, arrêt, 20 février 1969, *Affaire du Plateau continental de la Mer du Nord, République fédérale d'Allemagne/Danemark, République fédérale d'Allemagne/Pays-Bas, Recueil 1969*, pp. 26-27, paras. 30 à 33.

[297] CIJ, arrêt, 11 juin 1998, *Frontière terrestre et maritime entre le Cameroun et le Nigéria, exceptions préliminaires, Recueil. 1998*, p. 275, para 48.

[298] Sentence arbitrale, 29 octobre 2015, *La République des Philippines c. La République populaire de Chine, Compétence et recevabilité*, paras. 250-251.

[299] TIDM, arrêt, 14 mars 2012, *Différend relatif à la délimitation de la frontière maritime entre le Bangladesh et le Myanmar dans le Golfe du Bengale*, paras. 119-125.

[300] *Ibid*, p. 42, para. 124.

[301] *Affaires du plateau continental de la mer du Nord (République fédérale d'Allemagne/Danemark ; République fédérale d'Allemagne/Pays-Bas)*, arrêt, C.I.J. Recueil 1969, p. 3 et para. 30.

[302] *Frontière maritime dans la région du golfe du Maine*, arrêt, para. 145.

subsequent conduct has consistently been as though such an agreement existed ».[303]

L'estoppel bien que proche de l'acquiescement doit être distingué de celui-ci. Parlant, en effet, de l'acquiescement, il a été accepté que dans certaines circonstances, la souveraineté sur un territoire peut passer à un autre État en l'absence de réaction de celui qui la détenait face au comportement de cet autre État agissant à titre de souverain, c'est-à-dire, pour reprendre les termes employés par le juge Max Huber dans l'affaire relative à l'Ile de Palmas, face à des manifestations concrètes de l'exercice de la souveraineté territoriale.[304] De telles manifestations peuvent appeler une réponse, en l'absence de laquelle elles deviennent opposables à l'État en question ; l'absence de réaction peut tout à fait valoir acquiescement. Autrement dit, « un silence peut aussi être éloquent, mais seulement si le comportement de l'autre État appelle une réponse » tel qu'affirmé par la CIJ dans l'affaire de la Souveraineté sur Pedra Branca/Pulau Batu Puteh, Middle Rocks et South Ledge (Malaisie/Singapour).[305] En résumé convient-il de retenir avec la CIJ dans l'affaire relative à la Délimitation de la frontière maritime dans la région du golfe du Maine (Canada/États-Unis d'Amérique) que l'acquiescement « équivaut à une reconnaissance tacite manifestée par un comportement unilatéral que l'autre partie peut interpréter comme un consentement ».[306] Dans l'affaire du Golfe du Maine, la Chambre de la CIJ a constaté que : « les notions d'acquiescement et d'estoppel, quel que soit le statut que leur réserve le droit international, découlent toutes deux des principes fondamentaux de la bonne foi et de l'équité. ». Elles procèdent cependant « de raisonnements juridiques différents, l'acquiescement équivalant à une reconnaissance tacite manifestée par un comportement unilatéral que l'autre partie peut interpréter comme un

[303] Traduction possible : « *Le principe d'estoppel se prête le mieux aux situations où l'existence d'un accord officiel peut être mise en doute, mais les deux parties se sont ensuite conduites comme si un tel accord existait.* ». Voir *Maurice c. Royaume-Uni*, sentence, para. 444.

[304] *Ile de Palmas (Pays-Bas/États-Unis d'Amérique)* sentencc, 4 avril 1928, *RGDIP*, t. XLII, 1935, p. 164 et 165 [traduction française]).

[305] CIJ, arrêt, 23 mai 2008, *Souveraineté sur Pedra Branca/Pulau Batu Puteh, Middle Rocks et South Ledge*
(Malaisie/Singapour), Recueil 2008, p. 50, paras. 120-121

[306] *Délimitation de la frontière maritime dans la région du golfe du Maine (Canada/États-Unis d'Amérique),* arrêt, C.I.J. Recueil 1984, p. 305, para 130.

consentement ; l'estoppel étant par contre lié à l'idée de forclusion. (…). ».[307]

L'estoppel diffère de l'acquiescement en ce qu'il nécessite la réunion de trois conditions cumulatives contenue dans la précédente définition du TIDM et de la CIJ. J Crawford et al résument ces conditions en ces termes : « *[A] State may be precluded from asserting a right or claim if, (i) by reason of previous conduct, declarations, or other manifestations of will, it has (ii) induced another State to believe, in good faith, that the right would no longer be exercised and (iii) the re-assertion of the right would now be detrimental to that other State* ».[308] Ainsi, pour l'estoppel puisse être valablement invoqué, il faut que, primo la conduite d'un État créant l'apparence d'une situation particulière ; secundo le fait qu'un autre État se fonde en toute bonne foi sur cette conduite ; et tertio un résultat préjudiciable pour ce dernier.[309]

La jurisprudence n'a pas manqué de fournir des détails utiles sur chaque condition. Concernant par exemple la première condition, le juge Alfaro faisait observer dans son opinion individuelle jointe à l'affaire du Temple de Préah Vihéar (Cambodge c. Thaïlande), que « Les actes ou l'attitude d'un État, antérieurement et par rapport à des droits en litige avec un autre État, peuvent prendre la forme d'un accord écrit, d'une déclaration, d'une représentation ou d'une reconnaissance exprès, ou bien celle d'une conduite qui implique un consentement ou un accord tacite quant à une situation déterminée de fait ou de droit »[310]. Les situations sont multiples car le droit international ne définit pas précisément les formes que les prises de

---

[307] CIJ, arrêt, 12 octobre 1984, *Délimitation de la frontière maritime dans la région du golfe du Maine, Recueil*
1984, para 146.
[308] CRAWFORD J., et al., *The Law of International Responsibility, op cit*, p. 1044. (Traduction possible : *« Un Etat peut être empêché de faire valoir un droit ou une prétention si : i) du fait d'une conduite, de déclarations ou d'autres manifestations de volonté antérieures il a, ii) induit un autre Etat à croire, de bonne foi, que le droit en question ne serait plus exercé et iii) qu'une nouvelle revendication de ce droit serait préjudiciable à l'autre Etat »*.)
[309] Sentence, 18 mars 2015, *Arbitrage relatif à l'aire marine protégée des Chagos (Maurice c. Royaume-Uni)*, para438.
[310] *Temple de Préah Vihéar (Cambodge c. Thaïlande),* fond, opinion individuelle de M. Alfaro, Vice-Président,
p. 40.

position pouvant donner naissance à l'estoppel peuvent prendre[311] et il suffit que la conduite de cette partie a été telle, et a eu des conséquences telles, qu'on ne peut lui permettre de nier d'avoir pris un tel engagement ou d'être liée.[312]

De toute façon, il faut que la conduite eût été « claire, cohérente et persistante » tel que la Chambre de la CIJ l'a dit dans l'affaire du golfe du Maine.[313] C'est seulement sur cet argument que s'est basée la Chambre spéciale dans l'affaire de la délimitation de la frontière maritime entre le Ghana et la Côte d'Ivoire dans l'océan atlantique pour rejeter le moyen d'estoppel évoqué. Elle a, en effet, considéré que « la Côte d'Ivoire n'a pas démontré par ses déclarations, sa conduite ou son silence qu'elle acceptait la frontière maritime fondée sur l'équidistance. ».[314] Ayant ainsi conclu que la première condition de l'estoppel n'est pas réunie, c'est à juste titre qu'elle estime qu'il n'est pas nécessaire de déterminer si le Ghana a agi de bonne foi en se fiant à la conduite et à la représentation de la Côte d'Ivoire concernant la frontière maritime, ni si le Ghana subit un préjudice du fait d'un changement de conduite de la Côte d'Ivoire. [315]

Si elle n'a pas consacré de long développement à ce sujet, c'est qu'elle estime que « l'argument d'estoppel invoqué par le Ghana est essentiellement basé sur les mêmes faits sur lesquels il s'appuie pour établir l'existence d'un accord tacite. »[316]. Or, elle avait déjà indiqué que « différentes déclarations ou conduites des Parties, ou leur silence durant les cinq dernières décennies ne suffisent pas à prouver l'existence d'un accord tacite entre elles sur la frontière maritime. ». Au contraire, « le fait que des négociations et échanges bilatéraux sur la délimitation d'une frontière maritime se soient tenus entre les Parties indique l'absence, plutôt que l'existence, d'une frontière maritime. »[317].

---

[311] Sentence, 18 mars 2015, *Arbitrage relatif à l'aire marine protégée des Chagos (Maurice c. Royaume-Uni)*, para 437.
[312] *Ibid*, para 437
[313] CIJ, arrêt, 12 octobre 1984, *Délimitation de la frontière maritime dans la région du golfe du Maine, Recueil 1984*, para. 146.
[314] *Différend relatif à la délimitation de la frontière maritime entre le Ghana et la Côte d'ivoire dans l'océan atlantique*, arrêt, TIDM, 2017, p. 79, para 244.
[315] *Ibid*, para 245, p. 80.
[316] *Ibid*, para 243, p. 79.
[317] *Ibid*, para 243, p. 79.

Certes, cette affaire semble ne pas apporter grand éclaircissement à la notion de l'estoppel. Cependant, elle en apporte quant à la question de savoir si l'alignement des blocs de concession pétroliers suffisent à faire naître une situation d'estoppel. Sur ce point, la Chambre n'a pas manqué de reconnaître que « les blocs de concession pétroliers de la Côte d'Ivoire sont alignés sur ceux du Ghana le long de la ligne d'équidistance et que les activités pétrolières de la Côte d'Ivoire n'ont pas été menées du côté ghanéen de la ligne d'équidistance »[318]. Elle soutient néanmoins que « la conduite de la Côte d'Ivoire ne peut être considérée comme étant une représentation « claire, cohérente et persistante » nécessaire pour que l'estoppel soit reconnu » en ce que cette dernière « a pris soin d'indiquer que les limites de ses blocs de concession pétroliers sont distinctes de celles de sa juridiction maritime » et « a également exprimé sa préoccupation au Ghana concernant la poursuite des activités pétrolières dans la zone devant être délimitée ».[319]

En conséquence, l'alignement des blocs de concession pétrolière peut en tout état de cause être considéré comme comportement remplissant la première condition de l'estoppel s'il est démontré que les deux États considéraient véritablement que les limites de leurs blocs de concession pétroliers sont les mêmes de celles de sa juridiction maritime et si l'un des deux États n'a pas exprimé une préoccupation concernant la poursuite des activités pétrolières dans la zone devant être délimitée. Ce qui manifestement ne fut pas le cas dans la présente affaire.

En définitive, le différend opposant la Tunisie à la Libye et celui opposant le Ghana à la Côte d'Ivoire ont permis de développer les contours de certains modes d'acquisition de titre sur une surface maritime sans conclusion d'un traité international. Même dans le domaine du droit des traités, des clarifications ont été apportées dans les divers contentieux maritimes africains.

---

[318] *Ibid*, para 244, p. 79.
[319] *Ibid*

SECTION II : Le régime juridique des titres conventionnels

Tout traité crée, à la charge des parties, des engagements juridiques ayant force obligatoire. Il est, de ce fait, à côté de la coutume, le mode traditionnel de formation des engagements internationaux. Il est mutatis mutandis le mode principal d'acquisition de titre juridique sur un espace international ainsi que le prouvent les articles 15, 76 et 83 de la CNUDM. Sa conclusion nécessite un accord de volonté entre des sujets de droit international conformément aux règles du droit international. En raison de l'ancienneté du traité comme procédé de création des engagements internationaux, les éléments constitutifs de sa définition et les modalités de sa validité sont solidement établis. Néanmoins, certains aspects du régime juridique des conventions ont dû être précisés dans le cadre des contentieux maritimes africains du fait de l'intervention du droit colonial qui n'est pris en compte par la convention de Vienne de 1969. Il s'agit notamment des précisions apportées aux conditions de validité des traités de délimitation et à l'opposabilité des traités coloniaux .

Les conditions de validité des traités de délimitation

La nullité est la conséquence d'une invalidité communément admise par les parties ou juridictionnellement attestée. Un État qui croit qu'un acte juridique est à son avis entaché de nullité – et donc d'invalidité – peut lui-même rejeter cet acte.[320] Mais, la convention de Vienne de 1969 qui « a défini avec plus de netteté les causes anciennes et nouvelles de nullité se devrait de combler les abus provenant d'une initiative unilatérale ».[321] L'absence de prise en compte des situations découlant principalement du droit colonial a laissé de faille dans cette noble entreprise. L'une des originalités des contentieux maritimes africains aura été de combler les lacunes dans ce domaine s'agissant des invalidités soulevées pour cause de violation de droit international ou de droit interne.

---

[320] *Certaines dépenses des Nations Unies*, Op diss du juge Winiarski, CIJ, Rec., 1962, p.232.

[321] NGYUEN QUOC D., DAILLIER P., FORTEAU M., PELLET A., *Droit international public*, *op cit*, p.229.

En droit international, la capacité à conclure des traités est traditionnellement reconnue aux États.[322] Cette capacité plénière se distingue de celles des autres en ce que ces derniers ne la possèdent qu'autant que leur statut particulier le leur reconnaisse et dans le cadre spécifique de leur fonction. Ainsi, « toute organisation internationale peut conclure des accords conformément à ses règles pertinentes »[323] tel que reconnu par la doctrine[324] depuis l'Avis sur la réparation des dommages subis au service des Nations Unies[325] et attesté par la Convention de Vienne du 21 mars 1986 sur le droit des traités entre les États et les organisations internationales ou entre organisations internationales.[326] En plus de ces deux sujets majeurs du droit international, certaines collectivités non étatiques se sont vues, en pratique, reconnaître le droit de conclure des traités. C'est le cas du Saint Siège et des États associés ou territoires autonomes qui jouissent d'une autonomie interne.[327]

Dans l'affaire relative à la Frontière terrestre et maritime entre le Cameroun et le Nigeria (Cameroun c. Nigeria; Guinée équatoriale intervenant), dans laquelle la Cour était appelée à décider de la validité du traité anglo-allemand de 1913 comme translatif de souveraineté sur Bakassi, souveraineté acquise par le traité conclu en 1884 entre la Grande-Bretagne et les rois et chefs du Vieux-Calabar, la Haute juridiction était, en effet, appelée à déterminer la condition juridique des chefs indigènes.

---

[322] A cet effet, l'article 6 de la Convention de Vienne sur le droit des traités dispose que « *Tout Etat a la capacité de conclure des traités*.».

[323] Article II de la résolution de 1973 de l'Institut du droit international sur l'application des règles du droit international général des traités aux accords internationaux conclus par les organisations internationales.

[324] Voir par exemple Reuter P, Le droit des traités et les accords conclus par les organisations internationales, *Miscellanea W.J. Ganshof van der Meersch*, Bruxelles, Bruylant, 1972, vol. 1, p. 195-215. DUPUY, R-J., l'application des règles du droit international général des traités aux accords aux accords conclus par les organisations internationales, Rapport à l'Institut du droit international, session de Rome, *Annuaire*, 1973, 214-415.

[325] *Avis sur la réparation des dommages subis au service des Nations Unies*, CIJ, Recueil, 1949, para 182 à 184.

[326] Le préambule de a convention affirmait que : « *Notant que les organisations internationales jouissent de la capacité de conclure des traités qui leur nécéssaire pour exercer leurs fonctions et atteindre leurs buts*.».

[327] La Conventon de Montego Bay en son article 305 autorise sa signature par les Etats associés ou territoires autonomes qui jouissent d'une autonomie interne et reconnu par l'Organisation des Nations Unies.

En effet, il fut conclu en 1884, dans la vague de trois cent cinquante traités liant la Grande-Bretagne aux chefs locaux du delta du Niger, un traité entre les rois et chefs du Vieux-Calabar et le consul, représentant expressément la reine Victoria, dont l'objet était que Sa Majesté la reine de Grande-Bretagne et d'Irlande étendait à ces rois et chefs ses «bonnes grâces » et sa « bienveillante protection ». Cette protection s'étendait sur tout territoire antérieurement sous responsabilité des rois et chefs du Vieux-Calabar y compris Bakassi. Curieusement, l'article II du même traité disposait en contrepartie que : « les rois et chefs du Vieux-Calabar s'engageaient à s'abstenir de toute correspondance, de tout accord et de tout traité avec une quelconque nation ou puissance étrangère sans l'autorisation préalable du gouvernement de Sa Majesté britannique ». Par un autre accord, signé le 11 mars 1913 entre la Grande-Bretagne et l'Allemagne, dont l'objet était de fixer le tracé de la frontière entre les Parties dans la région de Bakassi, le titre sur Bakassi fut transmis par la Grande-Bretagne et l'Allemagne.[328]

Le Nigeria alléguait que la Grande-Bretagne n'avait pas la capacité juridique de céder la presqu'île de Bakassi par voie de traité étant donné que le traité de protectorat conclu le 10 septembre 1884 entre la Grande-Bretagne et les rois et chefs du Vieux-Calabar n'empêcherait pas ces derniers de conserver leur statut et leurs droits propres sur le plan international, y compris le pouvoir d'entrer en relation avec des « nation[s] ou puissances étrangères », même si le traité prévoyait qu'ils ne pouvaient exercer ce pouvoir qu'après avoir informé le Gouvernement britannique et obtenu l'agrément de ce dernier. Ce qui suppose que les rois et chefs du Vieux-Calabar exerçait la souveraineté avant et après l'accord de 1884.

Pour la Haute Juridiction, les rois et chefs du Vieux-Calabar devraient être considérés, à cette époque, comme des « personnalités » [329] qui exerçaient « un pouvoir local sur des parties identifiables de territoire »[330] sans pour autant avoir la qualité de représentants d'une véritable autorité étatique puisque les entités étatiques d'Afrique subsaharienne avec lesquelles les puissances européennes concluaient

[328] Cela ressort des articles XVIII à XXI dudit accord. Par exemple l'article XX de l'accord du 11 mars 1913.
[329] *Frontière terrestre et maritime entre le Cameroun et le Nigéria (Cameroun* c. *Nigéria: Guinée équatoriale intervenant), arrêt, CIJ Recueil 2002*, p. 105 para 203.
[330] *Ibid*, p. 106 para 205.

des accords ne pouvaient être « assimilés à des États »[331]. Un traité de ce type est translatif de souveraineté ainsi qu'il ressort de la sentence rendue en l'affaire de l'Ile de Palmas :

« il n'y a pas là d'accord entre égaux ; c'est plutôt une forme d'organisation intérieure d'un territoire colonial, sur la base de l'autonomie des indigènes ... Et c'est [ainsi] la suzeraineté exercée sur l'Etat indigène qui devient la base de la souveraineté territoriale à l'égard des autres membres de la communauté des nations. ».[332] Néanmoins, cette souveraineté n'est pas acquise par occupation car ces territoires qui étaient habités par des tribus ou des peuples dotés d'une organisation sociale et politique « n'étaient pas *terrae nullius* »[333] Il convient juste de retenir qu'il s'agit d'« un mode d'acquisition dérivé »[334] qui « ne correspond pas au droit international actuel »[335].

Le droit international actuel reconnaît encore l'acquisition de territoire par cession conventionnelle ; la Cour vise assurément un autre mode d'acquisition. Cette particularité du traité de 1884 n'était pas un traité de cession, vu son texte même et la personnalité particulière du co-contractant indigène. La Haute juridiction considère, cependant, qu'il doit être donné effet aujourd'hui, aux conséquences juridiques des traités alors intervenus dans le delta du Niger en vertu du principe du droit intemporel. Cela revient à juger, que la Grande-Bretagne, pouvait en 1913, « déterminer sa frontière au Nigeria avec l'Allemagne, y compris pour ce qui est de sa partie méridionale »[336]

Faisant un bilan des effets du traité de 1884, le Professeur Pierre d'Argent remarquait que son « utilité principale était de soustraire le territoire concerné aux convoitises des autres puissances européennes, en manifestant à la fois qu'il n'était pas sans maître à l'origine, même si son chef n'en était pas pour autant le souverain au sens du droit international de l'époque, et qu'il serait désormais soumis à

[331] *Ibid*, p. 106 para 207.
[332] *RGDIP,* t. XLII, 1935, p. 187.
[333] *Frontière terrestre et maritime entre le Cameroun et le Nigéria (Cameroun* c. *Nigéria: Guinée équatoriale intervenant), arrêt, CIJ Recueil 2002*, p. 106 para 205.
[334] *Sahara occidental, avis consultatif* ; C. I. J. Recueil 1975, p. 39, para. 80.
[335] *Frontière terrestre et maritime entre le Cameroun et le Nigéria (Cameroun* c. *Nigéria: Guinée équatoriale intervenant), arrêt, CIJ Recueil 2002*, p. 106 para 205.
[336] *Ibid*, p. 108 para 209.

l'administration d'un nouveau maître, proprement étatique cette fois. »[337].

Il convient de retenir que les chefs indigènes de l'époque n'étaient pas pour autant des souverains à l'époque de la signature du traité de 1884. Ils étaient des personnalités habilitées à signer des traités translatifs de souveraineté. Leur territoire doté d'une certaine organisation politique n'était pas non plus sans maître. Le traité ne correspond pas à un protectorat classique tel qu'il existait dans d'autres États à l'époque. Il appartient, en effet, à une catégorie particulière de traité qui n'existe plus dans le droit international actuel.

Le *jus cogens* est une notion récente du droit international moderne qui trouve son fondement dans les articles 53 et 64 de la Convention de Vienne de 1969. L'article 53 définit le *jus cogens* ou norme impérative du droit international général comme « une norme acceptée et reconnue par la communauté internationale des États dans son ensemble en tant que norme à laquelle aucune dérogation n'est permise et qui ne peut être modifiée que par une nouvelle norme du droit international général ayant le même caractère ». A l'analyse, le contenu de l'article 53 n'est pas une véritable définition mais une énumération des caractéristiques des normes impératives. Ce qui conduit à une incertitude tant sur l'origine et le fondement des normes du *jus cogens* que sur leur contenu. Pour ce qui est de l'origine, la convention désigne la communauté internationale des États dans son ensemble sans pour autant dire s'il s'agit des États dans leur ensemble et sans préciser qui, dans la communauté internationale, a le pouvoir de constater la naissance d'une telle norme.

Pour ce qui est du contenu, il est fait référence aux normes du « droit international » qui serait porteuse d'une *opinion juris* particulière, celle de vouloir consacrer des normes indérogeables. Cependant aucune procédure n'est identifiée pour la création de telles normes. De ce fait, les normes appartenant au *jus cogens* ne sont pas clairement définies. Dans son commentaire de la notion de « norme impérative du droit international » mentionnée aux articles 40 et 41 du projet d'article sur la responsabilité internationale, la commission de droit international ne définit pas le concept mais cite certaines normes

---

[337] D'ARGENT P., « Des frontières et des peuples : l'affaire de la *Frontière terrestre et maritime entre le Cameroun et le Nigeria*, arrêt sur le fond. », In: *Annuaire français de droit international*, volume 48, 2002, p. 306.

impératives notamment le respect des normes fondamentales des conflits armés, l'apartheid, le droit des peuples à disposer d'eux-mêmes, l'agression, l'esclavage, etc.[338]

La CIJ n'a mentionné le concept de *jus cogens* qu'à partir de l'affaire des Activités militaires et paramilitaires au sujet de l'interdiction du recours à la force armée dans les relations internationales[339]. Autrement, elle employa l'expression d' « obligations *erga omnes* » dans l'affaire de la Barcelona Traction[340], de celle d' « obligations impératives » dans l'affaire du Personnel diplomatique et consulaire des Etat-unis à Téhéran[341] puis celle de « principes intransgressibles de droit international coutumier » dans l'avis sur la licéité de l'emploi ou de la menace de l'emploi des armes nucléaires[342], expressions qui sont, en réalité, difficilement séparables de celle de *jus cogens* ou norme impérative de droit international.

L'idée qui est restée est que le *jus cogens* est composé de normes d'une hiérarchie supérieure. L'identification des normes peut être influencée par des conceptions idéologiques et par des attitudes politiques. De ce point de vue, la Convention de Vienne de 1969 en fait des normes juridiques qui ne sont pas susceptibles de dérogation par voie conventionnelle[343] et qui annulent toute disposition contraire[344].

C'est dans cette confusion notionnelle que la Guinée-Bissau présenta le principe du droit des peuples à disposer d'eux-mêmes comme une norme impérative du droit international général, au sens de l'article 53 de la Convention de Vienne sur le droit des traités et demande l'invalidité de l'Accord de 1960 objet du différend maritime entre le Sénégal et elle-même. Ce principe a été cité plus tard par la commission de droit international des Nations Unies comme une norme du *jus cogens*.[345] La tâche devrait donc être simple pour la Cour mais la requérante n'allègue le principe qu'indirectement. Elle déduisait deux corollaires du principe faisant eux-mêmes partie du *jus*

---

338 Rapport CDI, 2001, doc. ONU A/56/10, sub, Commentaire de l'article 40.
339 CIJ, Rec. 1986, p. 100-101, para 190.
340 CIJ, Rec. 1970, p. 32.
341 CIJ, Rec. 1979, p. 20.
342 CIJ, Rec. 1996, p. 257, para 79.
343 Art 53.
344 Articles 53 et 54.
345 Rapport CDI, 2001, doc. ONU A/56/10, sub, Commentaire de l'article 40.

cogens. Il s'agit du principe de la souveraineté permanente sur les ressources naturelles et de la règle interdisant à un État colonisateur de conclure des traités portant sur des éléments essentiels du droit des peuples à partir du déclenchement d'un processus de libération.

Sur le premier, le tribunal reconnaît l'existence du principe de la souveraineté permanente sur les ressources naturelles. Ce principe dont le but est de garantir à chaque État le droit d'exploiter ses propres ressources et reconnaître à chacun le droit de nationaliser les richesses se trouvant sur son territoire qui seraient exploitées par des entreprises étrangères naturelles se trouverait précisé dans les résolutions 1803 (XVII) et 2158 (XXI) de l'Assemblée générale des Nations Unies qui abordent successivement le droit de souveraineté permanente des peuples et des nations sur leurs richesses et leurs ressources naturelles et le droit inaliénable de tous les pays d'exercer leur souveraineté permanente sur leurs ressources naturelles[346]. Néanmoins, le Tribunal refusa de se prononcer sur le caractère impératif du principe de la souveraineté permanente sur les ressources naturelles. Alors qu'il puisse paraître regrettable que le Tribunal n'ait pas pris position sur la question, comme ce fut le cas dans la sentence Aminoil en 1982[347] ; mais il ne pouvait en être autrement puisque le principe n'est pas applicable à l'affaire. Il convient alors de s'entendre avec Jean-Pierre Quéneudec que le Tribunal n'avait « nul besoin de procéder à cette qualification, dans la mesure où il a tout simplement estimé que le principe de la souveraineté permanente sur les ressources naturelles n'était pas applicable en l'espèce ».[348] En effet, si la Guinée-Bissau prétend avoir été dépouillée d'une partie de son territoire ou de ses ressources naturelles, il faudra, au préalable, que les ressources lui appartiennent, pour qu'elle puisse alléguer la violation du principe de la souveraineté permanente sur les ressources naturelles. Il en est ainsi parce que ce dernier (le principe en question) « présuppose que les ressources dont il s'agit se trouvent dans le territoire de l'État qui

---

[346] Paragraphe I, 1, de la résolution 2158 (XXI) de l'Assemblée générale des Nations Unies.

[347] *Arbitrage entre le Gouvernement de l'Etat de Koweit et The American Independent Oil Company (Aminoil)*, 24 mars 1982, I.L.M. 1982, pp. 976-1053; voir para 90 de la sentence. Cf. J.D.I. 1982, p. 893.

[348] QUENEUDEC J-P., « L'arbitrage relatif à la détermination de la frontière maritime entre la Guinée-Bissau et le Sénégal (31 juillet 1989). », In: *Annuaire français de droit international*, volume 35, 1989, pp. 330

invoque ce principe ».[349] Selon le tribunal, ni le Sénégal ni la Guinée Bissau n'est en mesure d'affirmer qu'une fraction déterminée de la zone maritime était "sienne" puisque l'Accord de 1960 qui a déterminé quel était le territoire relevant de chaque État, est l'objet de l'arbitrage. A cet effet, il conclut que cette affirmation « ne pourrait avoir de sens que s'il y avait eu une norme juridique antérieure qui aurait attribué ce territoire à la Guinée-Bissau, ce qui n'a pas été démontré au cours du présent arbitrage ».[350]

La décision rendue par le Tribunal, à ce sujet, est en parfaite concordance avec la jurisprudence antérieure de la Cour internationale de Justice qui rejeta le caractère purement déclaratif de toute opération de délimitation maritime au profit d'une conception constitutive et volontariste. De ce fait, Prosper WEIL concluait que : « Désormais, il n'est plus question de concevoir l'exercice de délimitation comme se ramenant à la constatation des espaces maritimes qui relèvent 'déjà' et ab initio de chacun des États intéressés ».[351] Il peut donc paraître étonnant que le juge Mohammed BEDJAOUI défende encore le droit « inhérent » à un territoire maritime, même en absence de toute opération de délimitation.[352]

Pour ce qui est du second principe, celui de la restriction du «*jus tractatus*» de l'État colonisateur, qui interdirait à un État colonisateur de conclure des traités portant sur des éléments essentiels du droit des peuples à partir du déclenchement d'un processus de libération, le tribunal s'est montré très explicite en lui déniant tout caractère de norme impérative pour défaut de preuve et pour défaut d'existence d'un lien intrinsèque entre le principe et le droit des peuples à disposer d'eux-mêmes. Certes, le principe des droits des peuples à disposer d'eux-mêmes est un principe cardinal de la Charte des Nations Unies[353] consacré également dans certains instruments et documents

---

349 *Arbitrage relatif à la détermination de la frontière maritime entre la Guinée-Bissau et le Sénégal* (31 juillet 1989), para 39.
350 *Ibid*, para 39.
351 WEIL P., *Perspectives du droit de la délimitation maritime*, Paris, Pedone, 1988, pp. 49-50 ; cité par QUENEUDEC J-P., « L'arbitrage relatif à la détermination de la frontière maritime entre la Guinée-Bissau et le Sénégal (31 juillet 1989). », In: *Annuaire français de droit international*, volume 35, 1989, pp. 331.
352 *Arbitrage relatif à la détermination de la frontière maritime entre la Guinée-Bissau et le Sénégal* (31 juillet 1989), Opinion dissidente, para 1 et 53.
353 Voir paragraphe 2 de l'article premier de la Charte des Nations Unies.

internationaux, notamment dans certaines résolutions de l'Assemblée générale des Nations Unies.[354]

Cependant, « la Guinée-Bissau n'a pas établi dans le présent arbitrage que la norme invoquée par elle serait devenue une règle de *jus cogens*, soit par la voie coutumière, soit par la formation d'un principe général de droit »[355]. A la réalité, il ne suffit pas d'affirmer l'existence d'une relation entre deux propositions pour faire d'un principe un corollaire de l'autre. La restriction du « *jus tractatus* » de l'État colonisateur est d'après l'instance juridictionnelle « une norme juridique indépendante du principe de l'autodétermination et qui est liée plutôt au principe de l'effectivité et aux règles sur la formation de l'État dans la sphère internationale »[356].

En dehors de ces cas de cause d'invalidé analysées pour violation des principes et règles de droit international, l'effet des violations de droit interne dans la conclusion des traités n'a pas été occulté. Ce fut le cas tant des traités coloniaux que des traités non coloniaux.

Le problème de la violation du droit interne lors de la conclusion de traités s'est posé par deux fois dans l'affaire de la frontière terrestre et maritime entre le Cameroun et le Nigeria (Cameroun c. Nigeria; Guinée équatoriale, intervenant). D'une part, alors qu'une approbation de l'accord anglo-allemand du 11 mars 1913 par le Parlement allemand était prescrite par le droit du Reich en cas de cession ou d'acquisition conventionnelle de territoires coloniaux, il n'eut pas cette approbation pour un accord contesté. D'autre part, l'accord de Maroua qui confirmait l'accord du 4 avril 1971 traçant en mer une ligne de douze points et la prolongeait depuis le point « 12 » jusqu'au point « G », serait dépourvu de validité juridique à défaut d'avoir été approuvé par le Conseil militaire suprême, conformément à la constitution nigériane de l'époque.

Pour ce qui est de l'accord anglo-allemand du 11 mars 1913, l'argument nigérian consistait à dire qu'étant donné que, selon lui, le droit interne allemand de l'époque imposait que tous les traités portant

[354] "Déclaration sur l'octroi de l'indépendance aux pays et aux peuples coloniaux" [résolution 1514 (XV)] de 1960, et la "Déclaration relative aux principes du droit international touchant les relations amicales et la coopération entre les Etats conformément à la Charte des Nations Unies" [résolution 2625 (XXV)] de 1970.

[355] *Arbitrage relatif à la détermination de la frontière maritime entre la Guinée-Bissau et le Sénégal* (31 juillet 1989), para. 44.

[356] *Ibid.*, para. 43.

cession ou acquisition de territoires coloniaux par l'Allemagne soient approuvés par le Parlement et que l'accord anglo-allemand du 11 mars 1913 n'a pas fait l'objet d'une telle approbation , il conviendrait de déduire que cet accord portait acquisition d'un territoire colonial, à savoir la presqu'île de Bakassi n'est pas valide.[357] La Haute juridiction, qui n'est pas de cet avis, s'est fondée sur la position des deux parties originaires au traité. En effet, constate-t-elle « l'Allemagne a estimé que les procédures requises par son droit interne avaient été respectées » et « la Grande-Bretagne n'a pour sa part jamais soulevé la question ».[358] Cette attitude des deux parties était confirmée par la publication officielle que chacune d'elle en a faite dans son pays. Étant donné que l'absence de ratification ne fut considérée comme cause d'invalidité par l'une des parties, la Haute juridiction ne put considérer que l'argument du Nigeria, selon lequel l'accord anglo-allemand du 11 mars 1913 n'ait pas été approuvé par le Parlement allemand, est admissible. Ainsi, la Cour n'eut point besoin de vérifier si le défaut d'approbation parlementaire peut être considéré comme constitutif d'une violation manifeste d'une règle de droit interne d'importance fondamentale au sens de l'article 46 de la Convention de Vienne sur le droit des traités, disposition dont la Cour ne fait d'ailleurs pas état à ce propos, sans doute pour échapper à la question de savoir si le droit international prévoyait en 1913 une règle semblable.[359] A cet effet, le professeur Pierre d'Argent ne manqua pas de relever le caractère simpliste du raisonnement de la Cour. Partant de l'analyse faite par la Cour de la Haye de l'attitude des deux contractants, il conclut que ce raisonnement « a sans doute pour seul but de montrer le caractère très artificiel et purement formel, voire tardif, de l'argument nigérian ».[360] A la réalité, son raisonnement n'implique pas qu'elle considère que, selon le droit applicable à l'époque coloniale, le Royaume-Uni aurait aussi pu se prévaloir du vice de consentement de l'Allemagne pour violation de son droit interne.[361] Elle refusa simplement d'opiner sur la question. Seulement,

---

[357] *Frontière terrestre et maritime entre le Cameroun et le Nigéria (Cameroun* c. *Nigéria: Guinée équatoriale intervenant), arrêt, CIJ Recueil 2002*, p. 101, para 195.
[358] *Ibid*, p. 102, para 197.
[359] Voir D'AGENT P., « Des frontières et des peuples : l'affaire de la Frontière terrestre et maritime entre le Cameroun et le Nigeria, arrêt sur le fond. », *op cit*, p. 301.
[360] *Ibid*, p. 301.
[361] *Ibid*, p. 301.

le Nigeria n'est pas en mesure de s'en prévaloir si l'un des deux ne l'avait pas fait. D'où tire-t-elle cette implication alors que le Nigeria agit en qualité de successeur de l'une des parties? Elle ne le dit pas.

Pour ce qui concerne l'accord de Maroua, il était allégué qu'elle devrait être considérée « comme dépourvue de validité juridique » en raison de l'absence de sa ratification par le conseil militaire suprême du Nigeria. La Constitution nigériane en vigueur à l'époque - en juin 1975 – imposait que « les actes de l'exécutif » soient « en général du ressort du conseil militaire suprême ou soumis à son approbation ».[362] Or, dans le cas d'espèce, l'accord de Maroua résultait de la déclaration conjointe des chefs d'États, faite à Maroua le 1er juin 1975, déclaration non soumise à ratification par le conseil militaire suprême du Nigeria. Mieux, le défendeur soutient qu'il appartient normalement aux États de suivre l'évolution de la situation constitutionnelle et législative de leurs voisins lorsqu'elle a une incidence sur les relations qu'ils entretiennent, et qu'une telle évolution ne saurait guère trouver d'expression plus forte que l'imposition de limites au pouvoir de conclure des traités.[363]

Il va sans dire que l'argument nigérian se fonde sur l'article 46 de la convention de Vienne qui dispose en alinéa premier que le consentement d'un État à être lié par un traité qui a été exprimé en violation d'une disposition de son droit interne concernant la compétence pour conclure des traités peut être invoqué par cet État comme viciant son consentement si « cette violation » a été « manifeste » et concerne une règle de son droit interne d' « importance fondamentale. ». De ce point de vue, la haute juridiction est d'avis que « les règles relatives au pouvoir de signer des traités au nom d'un État sont des règles constitutionnelles d'une importance fondamentale ».[364]

Le Cameroun non plus dans l'arrêt ne semble véritablement pas s'y opposer. Néanmoins, l'alinéa de la même disposition ayant prévu qu' « une violation est manifeste si elle est objectivement évidente pour tout État se comportant en la matière conformément à la pratique habituelle et de bonne foi », l'argumentation camerounaise consistait

---

[362] *Frontière terrestre et maritime entre le Cameroun et le Nigéria (Cameroun* c. *Nigéria: Guinée équatoriale intervenant), arrêt, CIJ Recueil 2002*, p. 128, para 258
[363] *Ibid*, p. 128, para 258.
[364] *Ibid* p. 128, para 258.

principalement à affirmer que même s'il y a eu violation du droit interne nigérian, la violation invoquée n'était pas « manifeste ». Le paragraphe 2 de l'article 7 de la convention de Vienne sur le droit des traités prévoit qu'en vertu de leurs fonctions et sans avoir à produire de pleins pouvoirs, les chefs d'État sont considérés comme représentants leurs États pour tous les actes relatifs à la conclusion d'un traité. De ce fait, ni une violation manifeste ni une violation de la bonne foi ne serait violée.

La Cour n'est pas restée insensible à ce raisonnement. Au contraire, elle l'adopte. Donc, après avoir reconnu que la capacité d'un chef d'État à cet égard est restreinte en vertu du paragraphe 2 de l'article 46 de la Convention de Vienne, elle vient à affirmer que « cette restriction n'est manifeste, au sens du paragraphe 2 de l'article 46, que si, à tout le moins, elle a été rendue publique de manière appropriée ».[365]

L'enseignement principal de l'arrêt est simple : des règles de droit interne relatives au pouvoir de signer des traités sont d'« importance fondamentale » conformément à l'article 46 alinéa a de la convention de Vienne sur le droit des traités. De plus, l'arrêt fournit quelques précisions sur le caractère manifeste de la violation de telles règles. Deux critères, l'un de fond et l'autre de forme sont nécessaires au caractère manifeste de la violation. D'une part, la violation de la règle interne ne peut être manifeste - c'est-à-dire « objectivement évidente pour tout État se comportant en la matière conformément à la pratique habituelle et de bonne foi » - selon la Cour - que si cette règle elle-même est manifeste dans le même sens.[366] D'autre part, « ces règles doivent « à tout le moins » avoir été rendues publiques pour être considérées comme manifestes par les États, l'un d'entre eux ne doit pas prendre l'initiative de s'informer lui-même des développements juridiques internes des autres pouvant avoir un impact dans les relations internationales.[367]

Dans l'arbitrage relatif à la détermination de la frontière maritime entre la Guinée-Bissau et le Sénégal à la délimitation, la Guinée-Bissau demandait la nullité de l'accord franco-portugais pour non-

---

[365] *Ibid, p.* 128, Para 258.

[366] D'AGENT P., « Des frontières et des peuples : l'affaire de la Frontière terrestre et maritime entre le Cameroun et le Nigeria, arrêt sur le fond. », *op cit*, p.303.

[367] *Ibid.*

respect par les États signataires d'une règle de droit interne d'importance fondamentale conformément à l'article 46 de la Convention de Vienne sur le droit des traités. Ces violations auraient été commises aussi bien par le Portugal que par la France. Le Portugal notamment n'aurait pas, à la signature de l'Accord de 1960, respecté la Constitution du 11 avril 1933 qui était en vigueur en ses articles 2 et 91 paragraphe 9 pour ce qui concerne la compétence à conclure des traités et les articles 81, paragraphe 7, 91, paragraphe 7, et 102, paragraphe 2 pour ce qui concerne la procédure indiquée pour la conclusion des traités. Les premiers conditionnant la validité des conventions et accords internationaux conclus par le Gouvernement à l'approbation de l'Assemblée nationale et les seconds ne prévoyant pas de système d'accord en forme simplifiée.

En fondant son avis contraire sur « une interprétation différente des textes constitutionnels » de même que sur le fait que, en plus du texte écrit de la Constitution, il fallait considérer « un ensemble de coutumes et de pratiques qui ont sensiblement altéré la signification première des textes constitutionnels »[368], le Sénégal comptait défendre qu'il n'y avait violation d'aucune règle de droit interne d'importance fondamentale conformément à l'article 46 de la Convention de Vienne sur le droit des traités.

C'est alors que, par application du principe de droit inter-temporel d'après lequel le droit à appliquer à une situation déterminée doit être celui qui était en vigueur au moment où elle s'est produite, le Tribunal a catégoriquement écarté la Convention de Vienne de 1969, pour statuer sur la base du droit international en vigueur en 1960. Ce « principe général » affirmé en l'affaire de l'Ile de Palmas[369] obligea le tribunal à écarter d'emblée l'analyse de la Convention de Vienne sur le droit des traités (1969), pas plus que la question particulière de l'article 46, afin d'examiner l'affaire à la lumière du droit international en vigueur en 1960.[370] Or, en 1960, le principe de la bonne foi était, selon le tribunal, la règle observée par les États en 1960 en ce qui concerne la conclusion d'un accord international d'autant plus qu'aucun traité général ne codifiait le sujet et il « n'existait aucun

[368] *Arbitrage relatif à la détermination de la frontière maritime entre la Guinée-Bissau et le Sénégal* (31 juillet 1989), para 53.
[369] *Affaire de l'île de Palmas*, ONU, Recueil des sentences arbitrales, vol. II, p. 845.
[370] *Arbitrage relatif à la détermination de la frontière maritime entre la Guinée-Bissau et le Sénégal* (31 juillet 1989), para 55.

précédent de traité déclaré nul parce que l'un des États contractants aurait violé son droit interne en le signant »[371]. Même dans la pratique diplomatique, il n'existait pas une pratique uniforme.

L'application du principe de la bonne foi consistait en l'analyse du droit en vigueur dans le pays, c'est-à-dire du droit tel qu'il est réellement interprété et appliqué par les organes de l'État, y compris par ses organes judiciaires et administratifs. Il s'agissait pour le tribunal de déduire, à la lumière du droit portugais et de la pratique portugaise, si le Gouvernement français a eu des raisons de croire, en toute bonne foi, que le traité signé était valable. A cette question, le tribunal répond sans hésitation par la positive. En effet, l'analyse des article 81, paragraphe 7 et 91, paragraphe 7, de la Constitution politique de la République portugaise de 1933 qui était en vigueur en 1960 montre que le Président de la République a la faculté de "*ajustar convençôes internacionais*"[372] mais que les traités souscrits par le Président seront soumis par le Gouvernement à l'approbation de l'Assemblée nationale.

Néanmoins, deux facteurs ont atténué le rôle de l'Assemblée nationale puisque « la compétence de l'Assemblée nationale en matière de traités internationaux avait été restreinte en pratique et ne s'exerçait plus que de façon sporadique »[373]. Il s'agit, d'une part, du fait qu'« au Portugal, ainsi que dans la plupart des pays, la pratique se développa de conclure des accords par échange de lettres » et, d'autre part, du fait que le Gouvernement finit par invoquer « régulièrement » ou « systématiquement » des raisons d'urgence afin de se substituer à l'Assemblée dans l'approbation des traités internationaux conformément à l'article 109, paragraphe 2 qui prévoyait que le Gouvernement pouvait "*em casos de urgência aprovar as convençôes e tratados înternacionais*".[374] A la lumière de ces deux facteurs d'atténuation, le tribunal fut d'avis que « le Gouvernement français a eu des raisons de croire, en toute bonne foi, que le traité signé était valable »[375]. Le principe de bonne foi étant

[371] *Ibid*, para 55.

[372] Traduction possible « signé une convention international ».

[373] QUENEUDEC J-P. « L'arbitrage relatif à la détermination de la frontière maritime entre la Guinée-Bissau et le Sénégal (31 juillet 1989). », *op cit*, p. 333.

[374] Traduction possible : *« En cas d'urgence apprevour les conventions et traités internationaux ».*

[375] *Arbitrage relatif à la détermination de la frontière maritime entre la Guinée-Bissau et le Sénégal* (31 juillet 1989), para. 59.

respectée, la Guinée-Bissau ne devrait, en aucun cas, solliciter la nullité du traité pour raison de non approbation par l'Assemblée Nationale.

C'est alors que diverses clarifications, quant à la validité des titres, ont été faites. Les autres clarifications fut notamment relatives à l'opposabilité des traités coloniaux.

L'opposabilité des traités coloniaux

Un État qui allègue l'opposabilité d'un traité admet la validité de ce dernier mais s'oppose à ce qu'il produise des effets juridiques à son égard. Ce problème s'est posé dans l'affaire relative au différend opposant le Sénégal et la Guinée-Bissau à propos de l'application de l'accord de 1960. La Guinée-Bissau, après avoir recherché sans succès à faire admettre la nullité ou l'inexistence de cet accord, a déplacé le débat sur le terrain de son opposabilité en le déclarant inopposable aux parties. A cet effet, elle a soulevé directement de l'inopposabilité de l'accord. De plus, dans sa tentative de restreindre la validité du traité aux zones maritimes qui n'existaient pas en 1960, elle soulevait une opposabilité indirecte et partielle de l'accord.

En cas de succession d'État, les articles 17 et 18 de la Convention de Vienne du 22 Août 1978 sur la succession d'États en matière de traités autorisent un nouvel État indépendant, en sa qualité d'État successeur, à choisir de maintenir un traité signé par son prédécesseur en vigueur ou de ne pas devenir partie. Autrement dit, il n'est pas tenu, du seul fait qu'au jour de la succession d'États, un traité était en vigueur à l'égard du territoire auquel se rapporte la succession d'États, de devenir partie à cet traité ou de le maintenir en vigueur. C'est le principe de la *tabla rasa.* Si un État désire être lié par un traité antérieur, il lui suffit de faire une notification dans ce sens. L'absence de cette notification vaut en principe absence de consentement à être lié.

Cependant, le principe admet une exception quant aux traités de délimitation frontalière. En effet, pour ce qui est des traités frontaliers, alors que la plupart des traités peuvent être remis en cause par les nouveaux États, ces traités frontaliers et quelques autres, qui "imprègnent" le territoire et ne dépendent en aucune façon de leur mode d'administration s'imposent aux nouveaux États.[376] Dans l'arbitrage relatif à la détermination de la frontière maritime entre la Guinée-Bissau et le Sénégal, il revenait au Tribunal à déterminer si ces dispositions s'appliquaient aux traités de délimitation maritime. La Guinée-Bissau, ayant soutenu que la succession d'États ne s'appliquait pas aux frontières maritimes, invitait le Tribunal à décider de l'inapplicabilité aux traités portant sur les frontières maritimes, partant principe de la « table rase » adopté par l'Assemblée populaire de Guinée-Bissau le 24 septembre 1973 notamment pour les traités conclus par le Portugal. Il convient de souligner que la Guinée-Bissau, comme le Sénégal, est partie à la Convention de 1973. De plus, aucun des deux États n'a refusé les dispositions relatives à l'inapplication de la *tabla rasa* aux traités de délimitation frontalière. C'est alors que, tout en reconnaissant l'existence de cette exception, la Guinée-Bissau soutient que la succession d'États ne s'applique pas aux frontières maritimes et qu'il fallait établir des régimes différents selon l'élément matériel où la limite est fixée. On le sait, la « délimitation du domaine de validité spatial de l'État peut concerner la surface terrestre, les eaux fluviales ou lacustres, la mer, le sous-sol ou l'atmosphère » et le but des traités de délimitation est toujours de « déterminer d'une manière stable et permanente le domaine de validité spatial des normes juridiques de l'État[377] ». La Guinée-Bissau soutenait, comme elle l'avait fait en 1985 dans le différend qui l'opposa à son voisin guinéen, « que les limites maritimes étaient d'une nature particulière et que le droit de la succession d'États aux traités frontaliers ne pouvait s'y appliquer »[378]. Ainsi, l'accord de 1960 serait considéré comme un traité "personnel", pour lequel les nouveaux États ne se voient opposer qu'une simple présomption de continuité, qu'ils peuvent donc écarter.[379]

---

[376] Voir GAUDIN A., « De la contribution de la Guinée-Bissau à l'élaboration du droit international maritime. La fixation par arbitrage des limites de la Guinée-Bissau », In: *Lusotopie*, n°1, 1994. Géopolitiques des mondes lusophones, p. 147.

[377] Arbitrage relatif à la détermination de la frontière maritime entre la Guinée-Bissau et le Sénégal (31 juillet 1989), para 63.

[378] *Ibid.*

[379] GAUDIN A., « De la contribution de la Guinée-Bissau à l'élaboration du droit international maritime. La fixation par arbitrage des limites de la Guinée-Bissau », *op cit*, pp. 147.

Partant de la reconnaissance par les deux Parties du principe de l'*uti possidetis* africain proclamé par l'O.U.A,[380] en particulier, et de l'attitude adoptée par la Guinée-Bissau, en général, la juridiction arbitrale fait remarquer que « d'un point de vue juridique, il n'existe aucune raison d'établir des régimes différents selon l'élément matériel où la limite est fixée »[381]. En effet, dans des notes antérieures adressées à l'Ambassade du Sénégal et au représentant spécial du Secrétaire général de l'Organisation des Nations Unies à la troisième Conférence sur le droit de la mer, la Guinée-Bissau avait successivement reconnu et confirmé que la frontière maritime entre les deux États était fixée par la Convention franco-portugaise de 1886.[382] Mieux, le compromis arbitral du 18 février 1983 conclut par la Guinée-Bissau et la Guinée en vue de la délimitation de leur frontière maritime commune, invoque « la déclaration solennelle de la réunion des chefs d'État et de gouvernement de l'Organisation de l'unité africaine tenue au Caire du 17 au 21 juillet 1964, au cours de laquelle les États Membres firent le serment de respecter les frontières existant au moment où ils ont accédé à l'indépendance ».[383] C'est sur ce constat que le Tribunal considère comme inapplicable aux traités portant sur les frontières même maritimes la *tabla rasa.*

Le raisonnement du tribunal n'est pas du goût du Juge Bedjaoui pour qui, au contraire, la « nature de traité établissant une « frontière maritime » ne permet pas de le placer sous l'empire du principe de l'*uti possidetis juris* et ne saurait donc lui valoir de la part de la Guinée-Bissau une succession automatique et obligatoire par exception aux principes de la souveraineté des États, du libre consentement à être lié par un traité et de l'effet relatif des traités »[384]. Aujourd'hui, ces critiques peuvent être considérées comme dépassées. Mieux, l'application de la succession d'États aux traités frontaliers maritimes

---

[380] *Voir Arbitrage relatif à la détermination de la frontière maritime entre la Guinée-Bissau et le Sénégal (31 juillet 1989),* para 66.

[381] *Ibid*, para 63.

[382] Voir la note 3032/CNE/SG/77 adressée le 4 novembre 1977 par le Comissariado de Estado dos Negocios Estrangeiros à l'Ambassade du Sénégal, la note du 3 avril 1979 adressée par le représentant de la Guinée-Bissau au représentant spécial du Secrétaire général de l'Organisation des Nations Unies à la troisième Conférence sur le droit de la mer. Voir aussi, Sentence, para 28.

[383] Voir Préambule du compromis.

[384] *Arbitrage relatif à la détermination de la frontière maritime entre la Guinée-Bissau et le Sénégal (31 juillet 1989),* para 77.

est d'une portée universelle. Désormais ce principe s'applique aussi aux délimitations maritimes, dont le régime se rapproche ainsi un peu plus de celui des frontières terrestres.[385]

La publicité des accords internationaux est une institution du droit international datant de la période de la Société Des Nations. L'article 18 du pacte de la SDN prévoyait, en effet, que « tout traité ou engagement international conclu à l'avenir par un membre de la Société devra être immédiatement enregistré par le secrétariat et publié par lui aussitôt que possible ». Cet article dont l'objectif était d'assurer la publicité des accords internationaux et d'empêcher la diplomatie secrète conformément aux vœux du président Wilson Churchill faisait de la publicité des traités une condition de validité des traités internationaux.[386] Cette disposition fut reprise dans la charte de l'ONU qui dispose, en son article 102, que « tout traité ou accord international conclu par un membre des Nations Unies après l'entrée en vigueur de la présente charte sera, le plus tôt que possible, enregistré au secrétariat et publié par lui ».

Alors que la sanction du non-enregistrement sous la SDN était l'absence de caractère obligatoire du traité c'est-à-dire son invalidité, la Charte des Nations unies prévoit son inopposabilité. Il est prévu, en effet, que tout traité non enregistré « ne pourra être invoqué devant un organe de l'Organisation ». A ce titre, la CIJ a fait savoir dans l'affaire Qatar/Bahreïn que le défaut d'enregistrement ou l'enregistrement tardif est sans conséquence sur la validité même de l'accord, qui n'en lie pas moins les parties.[387] Il s'en suit que ni l'obligation d'enregistrement et de publicité de l'accord, ni l'universalisation de cette obligation à travers l'article 80 de la convention de Vienne de 1969[388] sur le droit des traités n'invalide le traité. Néanmoins son inopposabilité demeure lorsqu'il s'agit de l'invoquer devant la CIJ. C'est pourquoi, le Tribunal arbitral dans l'affaire de la délimitation de la frontière maritime entre la Guinée-

---

385 GAUDIN A., « De la contribution de la Guinée-Bissau à l'élaboration du droit international maritime. La fixation par arbitrage des limites de la Guinée-Bissau », *op cit*, p. 148.
386 Mémorandum du Conseil du 19 mai 1920, para 12, *RTSDN*, Vol 9, p.9.
387 CIJ, Recueil 1994, p. 122, para 29.
388 L'alinéa 1er de l'article 80 dispose qu' *« après leur entrée en vigueur, les traités sont transmis au Secrétariat de l'Organisation des Nations Unies aux fins d'enregistrement ou de classement et inscription au répertoire, selon le cas, ainsi que de publication ».*

Bissau et le Sénégal, n'étant pas un organe des Nations Unies ne s'est pas opposé à connaître des différends relatifs à l'Accord de 1960. Certes, la Guinée-Bissau s'était prévalue du défaut d'enregistrement pour indiquer que l'accord de 1960 ne pouvait pas être invoqué devant le Tribunal d'arbitrage, conformément à l'article 102, paragraphe 2, de la Charte. Mais, n'étant pas un organe des Nations Unies, le Tribunal n'a pas été de cet avis, en faisant remarquer « qu'il ne semble pas logique d'affirmer que l'Accord de 1960 ne peut être invoqué devant ce Tribunal, de la part d'un pays qui a conclu un compromis arbitral attribuant à ce même Tribunal compétence pour décider précisément si cet Accord fait droit entre les Parties ».[389]

Cependant, le problème de la publicité de l'Accord de 1960 a été amplement traité d'une autre façon au cours de la procédure arbitrale. L'accord de 1960 n'a pas fait l'objet d'une publication de la part du Portugal, contrairement aux dispositions du droit interne portugais sur la publication des actes internationaux. De ce fait, Bissau affirmait que le défaut de publicité avait eu comme conséquence que l'accord était ignoré de ses autorités au moment de l'indépendance en 1973 et soutenait dans la sentence « que l'Accord de 1960 lui était inopposable. ».[390] Ainsi, l'inopposabilité n'était pas soulevée en vertu de l'article 102 de la charte des Nations Unies ou de l'article 80 de la Convention de 1969 sur le droit des traités mais pour non-respect de droit interne colonial portugais ayant pour conséquence d'entraîner l'ignorance de sa colonie de l'existence du traité.

Le raisonnement de la Guinée-Bissau était toutefois assez singulier, dans la mesure où, estimant que l'absence de publicité avait rendu l'accord inopposable à la population du territoire avant son indépendance, il en résultait que l'accord n'était pas davantage opposable à l'État successeur dans ce territoire après l'indépendance. Le tribunal tire de ce raisonnement que la requérante soutenait que la succession aurait eu lieu entre la Guinée portugaise et la Guinée-Bissau. Or, cette argumentation est, pour reprendre les mots du Professeur QUENEUDEC, « fondamentalement erroné »[391] ; car, au regard du droit international, « une succession d'États a toujours lieu

[389] *Arbitrage relatif à la détermination de la frontière maritime entre la Guinée-Bissau et le Sénégal* (31 juillet 1989), para. 78.
[390] *Ibid*, para. 70
[391] QUENEUDEC J-P., « L'arbitrage relatif à la détermination de la frontière maritime entre la Guinée-Bissau et le Sénégal (31 juillet 1989). », *op cit*, pp. 338

entre États ».[392] Ce préliminaire réglé, le tribunal s'est basé sur l'enregistrement des traités, notamment au Secrétariat de l'Organisation des Nations Unies comme le seul aspect de la publication des traités qui fasse l'objet d'une réglementation internationale pour rejeter le moyen bissau-guinéen. Dans le cas qui lui est soumis, il s'agit du manquement à une obligation constitutionnelle qui « ne peut donc pas être considéré comme un manquement par le Portugal à une obligation qui lui serait imposée par le droit international ».[393] De ce qui précède et eu égard aux règles pertinentes de la succession entre États, le Tribunal n'a pu accepter que la violation de son droit interne par l'État prédécesseur en ne publiant pas l'accord dans sa colonie soit « invoquée par son successeur sur le plan international comme cause d'inopposabilité ».[394] Mieux, l'accord franco-portugais avait fait l'objet d' « une certaine publicité ».[395]

De ce qui précède, en matière de succession d'États, la violation d'une règle de droit interne d'un État prédécesseur ne peut être invoquée par son successeur pour demander l'inopposabilité d'un traité conclu par le premier. Autre situation est celle dans laquelle l'inopposabilité n'est invoquée qu'implicitement.

Les dernières questions juridiques abordées dans l'affaire de la délimitation de la frontière maritime entre la Guinée-Bissau et le Sénégal n'ont pas trait à l'opposabilité des traités du point de vue juridique. Néanmoins, elles avaient pour objet de limiter la portée du traité ou son application à certains domaines. Dans ce sens, le Tribunal devrait déterminer si l'accord pouvait être « interprété de manière à englober la délimitation de l'ensemble des espaces maritimes actuellement existants ».[396] En effet, le Sénégal a défendu la thèse selon laquelle l'Accord de 1960 devrait être interprété comme s'appliquant aussi à la délimitation des zones économiques exclusives alors que la Guinée-Bissau défendait le contraire. L'Accord de 1960 prévoyait pour la délimitation de la mer territoriale que la frontière

---

[392] *Arbitrage relatif à la détermination de la frontière maritime entre la Guinée-Bissau et le Sénégal* (31 juillet 1989), para. 75.
[393] *Ibid,* para 74.
[394] *Ibid,* Para 80.
[395] Voir Recueil des traités et accords de la France (t. II, p. 12 à 14) publié en 1966 dans la Revue générale de droit international public (vol. 64,1960, p. 891 et 892).
[396] *Arbitrage relatif à la détermination de la frontière maritime entre la Guinée-Bissau et le Sénégal* (31 juillet 1989), para 83.

soit définie par une ligne droite, orientée à 240°, partant du point d'intersection du prolongement de la frontière terrestre et de la laisse de basse mer, représenté, à cet effet, par le phare du cap Roxo. En ce qui concerne les zones contiguës et le plateau continental, la délimitation serait constituée par le prolongement rectiligne, dans la même direction, de la frontière des mers territoriales. En 1960, la notion de ZEE n'existait pas et ne figurait pas dans l'accord. Néanmoins, pour quatre raisons, l'accord devrait être interprété comme s'étendant à la ZEE selon le Sénégal. La première est que le compromis arbitral obligeait le tribunal à fixer une frontière unique en mer.[397] La deuxième est la règle sur la divisibilité des dispositions des traités qui serait violé si l'accord devrait s'appliquer à certains territoires et non pas à l'ensemble des espaces maritimes.[398]Aussi, la pratique subséquente à l'Accord de 1960 et l'acquiescement de chaque État à la législation de l'autre sur l'étendue vers le large des différents espaces maritimes auraient-ils donné naissance à un accord tacite ou à une coutume bilatérale qui aurait fixé comme limite pour les eaux de la zone économique exclusive ou la zone de pêche la ligne même de l'Accord de 1960.[399] Enfin, l'interprétation de l'Accord de 1960 devrait tenir compte de l'évolution du droit de la mer de manière à prendre en compte les zones qui n'existaient pas en 1960.[400]

Pour le tribunal, le problème est résolu par le principe du droit intemporel.[401] Ce « principe général » commande « qu'un fait juridique doit être apprécié à la lumière du droit en vigueur au moment où il se produit »[402]. Se plaçant alors en 1960, année de conclusion de l'accord franco-portugais, le tribunal conclut à la lumière du droit en vigueur en cette année que « l'Accord de 1960 ne délimite pas les espaces maritimes qui n'existaient pas à cette date ».[403] En fait, il n'existait pas en droit international en 1960 un espace maritime comme la ZEE. Par contre, l'accord mentionnait le plateau continental en référence aux Conventions de Genève de 1958

---

397 Contre-mémoire Sénégal, p. 316, note 534.

398 PV/10, p. 213.
399 Duplique, p. 183 et svt ; PV/11, p. 34, 41 et 42.
400 PV/11, p. 42.
401 Voir *infra*, Première partie, Titre I, Chapitre II, Section I, Para II, B, 1.
402 *Arbitrage relatif à la détermination de la frontière maritime entre la Guinée-Bissau et le Sénégal* (31 juillet 1989), para. 84.
403 *Ibid,* para. 84.

adoptées par la Conférence de Genève sur le droit de la mer. Cette dernière définissait le plateau continental suivant un critère d'exploitabilité. Ce critère impliquait « une conception dynamique du plateau continental » qui amena le Tribunal à affirmer que « l'Accord franco-portugais délimite le plateau continental dans toute l'étendue de la définition actuelle de cet espace maritime »[404].

Tout autre est le problème de l'immutabilité des accords de délimitation résolu par la même sentence. En effet, « la sentence du 31 juillet 1989 apporte un élément relativement nouveau dans le droit de la délimitation maritime en y introduisant un principe général d'intangibilité. ».[405] La Guinée-Bissau réclamait un droit de vérification ou de révision des délimitations. Il s'agissait, selon elle, de vérifier à la lumière de la Convention des Nations Unies sur le droit de la mer de 1982 en vigueur entre les deux parties le caractère équitable de la ligne de délimitation résultant de l'Accord de 1960 en vue d'« aboutir à une solution équitable ». Le tribunal n'a pas cru en l'existence d'un tel droit : « il n'existe actuellement en droit international positif aucune norme coutumière ni aucun principe général de droit autorisant les États qui ont conclu un traité valable concernant une délimitation maritime, ou leurs successeurs, à vérifier ou à réviser son caractère équitable »[406].

---

404 *Ibid*, para. 85.

405 QUENEUDEC J-P., « L'arbitrage relatif à la détermination de la frontière maritime entre la Guinée-Bissau et le Sénégal (31 juillet 1989). », *op cit*, p. 337.

406 *Arbitrage relatif à la détermination de la frontière maritime entre la Guinée-Bissau et le Sénégal* (31 juillet 1989), para 79.

CHAPITRE II : La conservation de titre territorial

De toute origine, la question de la délimitation territoriale a été et est encore une préoccupation essentielle. Les préoccupations relatives à la délimitation terrestre ont été, dès les origines de l'État, au cœur des préoccupations du fait qu'elle a toujours été « à la fois un facteur de paix (ce qui explique que les frontières soient presque toujours déterminées par les traités de paix), un signe d'indépendance (c'est un réflexe premier, presque instinctif, de tout État nouveau que de déterminer ses frontières) et un élément de sécurité (la violation d'une frontière est toujours un acte d'agression et très souvent un *casus belli*) ».[407] C'est pourquoi le droit international prévoit plusieurs mécanismes de stabilisation des frontières sous la forme de titre juridique en vue de leur protection et de leur stabilisation. Néanmoins, comme déjà mentionné, si le traité est privilégié, l'*uti possidetis*, dans son désir de stabilité, pourra s'accommoder d'autres modes de preuves, d'un titre subsidiaire que le principe lui-même vient impulser, voire créer. [408] Il s'accommode à d'autres titres, en ce qu'elle permet d'étendre un titre initial et elle le devient en ce qu'à partir de l'indépendance, il devient lui-même la base du titre de l'Etat sur telle ou telle partie du territoire. Par le principe de l'*uti possidetis*, en effet, l'État nouveau s'engage à conserver comme frontières les limites qui étaient celles du territoire dont il est issu.[409] Ainsi défini, le principe a d'abord posé ses valises dans la délimitation des frontières terrestres. Sa consécration et son développement, en matière des frontières terrestres, ont constitué la base (SECTION I) de son extension aux frontières maritimes (SECTION II).

---

[407] ROUSSEAU Ch., *Droit international public*, Tome III, Sirey, 1977, p. 235. Voir aussi ARON R. pour qui « *le franchissement de la ligne qui sépare les territoires des unités politiques est, par excellence, casus belli, preuve d'agression* ». ARON R., *Paix et guerre entre les Nations*, Paris, Calmann-Lévy, p. 187.

[408] SOREL J-M., MEHDI R., « *L'uti possidetis* entre la consécration juridique et la pratique : essai de réactualisation. », *op cit*, p. 12.

[409] *Ibid*, p. 11.

SECTION I : L'application préalable de l'*uti possidetis* aux frontières terrestres

Il n'aurait peut-être jamais eu d'application du principe de l'*uti possidetis juris* aux frontières maritimes s'il n'avait pas été d'application aux frontières terrestres. De même, le régime d'application du principe dans les deux milieux semble être le même en ce que le tribunal arbitral ayant siégé dans l'affaire de délimitation maritime et le Sénégal et la Guinée-Bissau n'a pas manqué de souligner lors de l'extension du principe aux frontières maritimes que « d'un point de vue juridique, il n'existe aucune raison d'établir des régimes différents selon l'élément matériel où la limite est fixée ».[410] Il va sans dire que les heureux développements qu'a connu le principe dans son application progressive aux frontières terrestres constituent la base de son application aux frontières maritimes nonobstant les attributs mitigés du principe.

La consécration progressive du principe

L'origine hispano-américaine de l'*uti possidetis juris* a été admise par la Cour internationale de justice dans son arrêt du Différend frontalier Burkina Faso/Mali du 22 décembre 1986 lorsqu'elle affirma qu': « il convient d'observer que le principe d'*uti possidetis* paraît bien avoir été invoqué pour la première fois en Amérique hispanique, étant donné que c'est sur ce continent qu'on a assisté pour la première fois au phénomène de la décolonisation entraînant la formation d'une pluralité d'États souverains sur un territoire ayant appartenu à une seule métropole ».[411] Cependant, deux dates critiques ont été identifiées pour cette émancipation conduisant à parler de l'*uti possidetis* de 1810 pour l'Amérique du Sud et de celui de 1821 pour l'Amérique centrale. En effet, ce principe fut défini, en 1819, par les jeunes États nouvellement indépendants lors du Congrès d'Angostura qui décidèrent que leurs limites politiques se calqueraient sur celles des anciennes frontières telles qu'elles existaient en 1810. Plus tard, en 1821, quand l'Amérique Centrale accéda à l'indépendance, l'éphémère

[410] *Arbitrage relatif à la détermination de la frontière maritime entre la Guinée-Bissau et le Sénégal* (31 juillet 1989), para 63.
[411] CIJ, Rec. 1986, p. 565, para20.

République Fédérale d'Amérique Centrale se fondit naturellement dans ce qui fut naguère la Vice-royauté du Guatemala.[412]

Cette origine est prouvée par la pratique constitutionnelle de ces États. Ainsi, il se trouve dans les premiers textes de la Fédération et des Provinces unies de la Nouvelle-Grenade de 1811, Article 2 de la loi fondamentale du 17 décembre 1819 régissant la Colombie, l'Equateur et le Venezuela, des Etats-Unis du Mexique et de la République fédérale d'Amérique centrale (1824), de l'art. 2 de la loi fondamentale de la Nouvelle-Grenade du 30 novembre 1831 et dans l'art. 3 de la Constitution colombienne du 4 août 1886.[413]

Dans la sentence arbitrale du 24 mars 1922, entre la Colombie et le Venezuela, le tribunal qualifiera l'*uti possidetis* d'un principe de droit constitutionnel[414]. De plus, le principe est consacré dans plusieurs dispositions fédérales et confédérales. A ce titre, le protocole de Lima de 1847 affirmait, en son article 7, que les « Républiques de la Confédération reconnaissent l'*uti possidetis* comme principe fondé en droit pour la détermination de leurs frontières respectives ». Des dispositions similaires se retrouvent à l'article 2 de l'Accord d'Angostura conclu le 17 décembre 1819 et formant la Constitution de la République-Unie entre la Colombie, l'Équateur et le Venezuela[415] ; l'article 8 du Traité d'union perpétuelle, d'alliance et de confédération, signé le 3 octobre 1823, entre la Colombie et le Mexique[416] ; les articles V et VII du Traité d'amitié et d'alliance, signé le 5 avril 1825, entre la République de Colombie et les Provinces-Unies d'Amérique centrale.[417] Le principe fut également consacré dans bon nombre de conventions d'arbitrage ou de démarcation. Ainsi, le traité de 1894 relatif à la frontière entre le Nicaragua et le Honduras, qui disposait, en son article II § 3, que « chaque république est maîtresse des territoires qui, à la date de l'indépendance, constituaient respectivement les provinces de Honduras et du Nicaragua ».

---

[412] SOREL J-M., MEHDI R., « *L'uti possidetis* entre la consécration juridique et la pratique : essai de réactualisation. », *op cit*, p. 14

[413] Pour un examen en détail du constitutionnalisme actuel en Amérique Sanchez Rodriguez renvoie à L. LOPEZ GUERRA ET L. AGUIAR, *Las Constituciones d'Iberoamérica*, Madrid, 1992.

[414] Rec. des sentences arbitrales, vol. 1, p. 227.

[415] RSA, vol. I, p. 228.

[416] CTS, vol. 73, p. 391.

[417] CTS, vol. 75, pp. 150 ss.

Enfin, la jurisprudence arbitrale démontre à suffisance les origines sud-américaines du principe. La sentence du Conseil fédéral Suisse du 24 mars 1922, dans l'affaire des frontières entre la Colombie et le Venezuela[418], précédemment citée affirme que « Lorsque les colonies espagnoles de l'Amérique centrale et méridionale se proclamèrent indépendantes, dans la seconde décade du XIXe siècle, elles adoptèrent un principe de droit constitutionnel et international auquel elles donnèrent le nom d'*uti possidetis juris* de 1810, à l'effet de constater que les limites des Républiques nouvellement constituées seraient les frontières des provinces espagnoles auxquelles elles se substituaient »[419] et que « les limites des circonscriptions administratives entre les provinces espagnoles de l'Amérique du Sud à l'époque coloniale étaient parfois insuffisamment connues ; les cartes étaient imparfaites, les noms des localités, des fleuves, des rivières et des montagnes mentionnés dans les documents de l'ancien régime étaient défigurés ou ne se retrouvaient plus. ».[420]

Avant cette décision, alors qu'il était question, dans la sentence du 9 juillet 1909 prononcée par le Président de la République d'Argentine José Figueroa Alcorta dans le litige de frontières entre la Bolivie et le Pérou, d'énoncer « les territoires de l'Audiencia de Charcas et du Virreinato de Lima par application du « principe américain de l'*uti possidetis juris* de 1810 », le droit de la Couronne, et les actes émanant des autorités coloniales pris comme points de repère (art. 3), le Président argentin José Figueroa Alcorta « procéda en appliquant les titres coloniaux (recueil des Indes, cédules et ordres royaux, ordonnances des gouverneurs, instruments diplomatiques, documents coloniaux, etc.) dans la mesure où ces titres étaient clairs, complets et catégoriques pour leur interprétation authentique. ».[421] Enfin, nonobstant l'existence de plusieurs autres sentences prouvant l'origine sud-américaine du principe[422], il convient de souligner la sentence du

[418] Voir le texte complet dans RSA, vol. I, pp. 223 ss.

[419] *Ibid*, p. 228.

[420] *Ibid.*

[421] SANCHEZ RODRIGUEZ L.I, « L'*uti possidetis* et les effectivités dans les contentieux territoriaux et frontaliers », *op cit*, p 208.

[422] La sentence arbitrale dans l'affaire des limites entre les Républiques du Nicaragua et du Honduras rendue le 23 décembre 1906 par le roi d'Espagne Alphonse XIII, la sentence rendue le 18 février 1977 par le tribunal arbitral institué par la reine Elizabeth II dans le différend entre l'Argentine et le Chili au sujet de la région du Canal de Beagle (Voir le texte dans *ILM*, 1978, pp. 632 ss.), la sentence

23 janvier 1933, prononcée dans le différend entre les Républiques du Guatemala et du Honduras[423]. Cette dernière déclarait que « si le Tribunal estimait qu'une ou l'autre des Parties avait acquis dans son évolution ultérieure, au-delà de cette ligne, des intérêts qui méritent d'être pris en considération pour la détermination finale de la frontière, il pourra modifier, comme il l'estimera convenable, la ligne de l'*uti possidetis* de 1821 et décider telle compensation territoriale ou autre qu'il estimera équitable que l'une des Parties devra accorder à l'autre ».[424]

Les différentes jurisprudences et la doctrine ont pu également affirmé que le principe de l'*uti possidetis* tel que consacré en Amérique hispanophone posait, en règle absolue, qu'il n'y a pas, en droit, dans l'ancienne Amérique espagnole, de territoire sans maître ; bien qu'il existât de nombreuses régions qui n'avaient pas été occupées par les Espagnols et de nombreuses régions inexplorées ou habitées par des indigènes non civilisés, ces régions étaient réputées appartenir, en droit, à chacune des Républiques qui avaient succédé à la Province espagnole à laquelle ces territoires étaient rattachés en vertu des anciennes ordonnances royales de la mère patrie espagnole. C'est le principe t*erra nullius*[425]. La CIJ définit ce principe, dans son avis consultatif sur le Sahara occidental, du 16 octobre 1975, en disant que « l'expression *terra nullius* était un terme de technique juridique employé à propos de l'occupation en tant que l'un des modes reconnus d'acquisition du territoire. ». L'occupation était en droit « un moyen originaire d'acquérir pacifiquement la souveraineté sur un territoire, autrement que par la voie de cession ou de succession, l'une des conditions essentielles d'une occupation valable était que le territoire considéré fût une *terra nullius* - un territoire sans maître - au moment de l'acte censé constituer l'occupation »[426]. Par l'affirmation

---

dans le litige de frontières entre le Costa Rica et le Panama, successeur de la Colombie dans l'affaire de 1900 rendue le 12 septembre 1914 par le Chief Justice des Etats-Unis d'Amérique E. Douglas White (Texte de la décision dans RSA, vol. XI, pp. 519 ss), la sentence dans l'affaire des frontières entre la Colombie et le Costa Rica par le président de la République française M. Emile Loubet le 11 septembre 1900 (CTS, vol. 189, pp. 54-87 ss.).

423 Texte de la sentence disponible dans *RSA*, vol. II, pp. 1397 ss

424 *RSA*, vol. II, p. 1352.

425 Voir par exemple *RSA*, vol. I, p. 228.

426 CIJ, *Sahara occidental*, avis consultatif du 16 octobre 1975, *Rec.* 1975, p. 39, para 80.

de l'inexistence de territoire « sans maître » ou la *terra nullius*, les nouveaux États indépendants entendaient organiser une « autodéfense collective » contre l'occupation étrangère. C'est ce que confirme Malcolm Shaw qui considérait que « *It was intended to prevent any renewal of European colonization on the basis that parts of continent constituted terrae nullius and thus were open to acquisition of sovereignty by effective occupation by any State. It was thus an assertion of constructive or fictional possession or occupation since many unexplored and uninhabited regions existed in Latin America* ».[427] C'est également la position de Julio Barberis qui indique qu' « Avec la doctrine de l'*uti possidetis*, les Etats hispano-américains niaient l'existence de *terrae nullius* sur le continent, et éliminaient ainsi toute possibilité d'occupation de la part d'Etats tiers ».[428] Malencontreusement, l'idée de l'*uti possidetis de facto* défendue par le Brésil repartait vers la possibilité de contestation ; raison pour laquelle elle ne prospéra pas.

L'*uti possidetis* a d'abord été l'objet de discussions relatives à sa signification juridique exacte. La thèse brésilienne a plusieurs éléments curieux : d'abord, elle ne rejette pas carrément l'*uti possidetis juris* mais elle restreint son application continentale au monde latino-américain ; ce qui exclut les pays n'ayant pas appartenu au préalable à la Couronne espagnole.[429] Ainsi, le Baron Rio Branco, Ministre des Affaires étrangères du Brésil, dans sa lettre, en date du 25 septembre 1904, au Ministre Carlos Tobar de l'Équateur écrivait que : « [l'*uti possidetis]* est la règle que nous observons dans nos rapports conventionnels avec les États voisins, et non pas celle de l'*uti possidetis juris*, laquelle peut seulement être appliquée dans les négociations entre les États hispano-américains, limites correspondant aux anciennes divisions territoriales et tracées par la même métropole ».[430]

---

[427] SHAW M. N., "The Heritage of States: The Principle of *uti possidetis juris* Today", *British Year Book of International Law*, 1996, p. 98.
[428] BARBERIS J., *Les règles spécifiques du droit international en Amérique latine, op cit*, p. 141.

[429] SANCHEZ RODRIGUEZ L.I, « L'*uti possidetis* et les effectivités dans les contentieux territoriaux et frontaliers », *op cit*, p 217.
[430] Baron Rio Branco cité par KOHEN M., *Possession contestée et souveraineté territoriale, op cit*, p. 446.

En effet, le Brésil, lors du litige qui l'opposa, dans les années 1840-1850, à la Colombie a considéré que le principe devait se fonder sur une occupation effective et légitime du territoire et non par référence à une ligne purement juridique sans rapport avec les situations de fait.[431] Selon le Brésil, il faut se fonder uniquement sur la situation de fait pour déterminer la frontière car il n'y a aucune délimitation ni document permettant de la fixer. Ainsi, d'après le baron de Rio Branco, considéré comme le théoricien de l'*uti possidetis* de facto, la possession effective des territoires contestés prime sur tout autre titre juridique. Sa théorie repose sur la négation de l'existence de limites internationales entre l'Espagne et le Portugal au Traité de San Il defonso, du 1er octobre 1777. Autrement dit, les titres coloniaux n'étaient pas opposables au Brésil et les titres conventionnels faisaient défaut.[432]

Il convient de souligner que les États hispano-américains soutenaient que le Traité de San Il defonso demeurait en vigueur du fait que les États hispano-américains devenaient successeurs du Royaume d'Espagne et le Brésil du Royaume du Portugal. Selon eux, aussi bien en 1801 que le jour de l'indépendance du Royaume du Brésil, en 1822, le Traité de San Il defonso demeurait en vigueur.[433] On retient avec Santiago Torres Bernardez que: « *In the light of alleged absence of Spanish-Portuguese treaties in force [...], Brazil replaced in fact the ''right to posses according to legal title'' of the uti possidetis principle by the criterion of « effectiveness of possession* ».[434] Il ne s'agissait plus « de rétablir une limite ancienne, mais de reconstituer l'occupation de fait des territoires telle qu'elle existait en 1810 »[435]. En résumé, Si dans l'ensemble le principe de l'*uti possidetis* a été adopté par les États latino-américains, son interprétation théorique a suscité des difficultés. Ainsi, lorsque la Colombie et la Bolivie ont soutenu l'*uti possidetis juris*, le Brésil et le Paraguay ont défendu l'*uti possidetis de facto*. L'*uti possidetis juris* signifie que « la succession

---

431 SOREL J-M., MEHDI R., « *L'uti possidetis* entre la consécration juridique et la pratique : essai de réactualisation. », *op cit,* p. 26.

432 SANCHEZ RODRIGUEZ L.I, « L'*uti possidetis* et les effectivités dans les contentieux territoriaux et frontaliers », *op cit*, p 217.

433 ABLINE G., *Sur un nouveau principe général de droit international*, *op cit,* p. 83.

434 TORRES BERNARDEZ S., « L'*uti possidetis* et les effectivités dans les contentieux territoriaux et frontaliers», *op. cit.* pp. 429.

435 DE LAPRADELLE P, *La Frontière - Etude de droit international*, Paris, Les Ed. Internationales, 1928, p. 81.

aux frontières est fondée sur des titres juridiques. En d'autres termes, les délimitations du nouvel État résultent de titres juridiques, tels qu'ordonnances, ordres royaux, etc., qu'il hérite de l'État prédécesseur. L'*uti possidetis de facto* signifie que, en l'absence de documents juridiques précis, la succession aux frontières devrait être déterminée par la possession effective du territoire »[436].

La doctrine a relevé plusieurs insuffisances à cette conception de l'*uti possidetis*. C'est le cas de Marcelo Kohen[437] et de Luis Ignacio Sánchez Rodríguez[438] qui remarquent que cette conception renferme une contradiction conceptuelle. En effet, le Brésil, ayant explicitement admis l'*uti possidetis juris*[439], ce qui implique, d'une part, l'inexistence de territoires *nullius* en Amérique[440], inexistence admise par le Brésil lui-même, il soutient, d'autre part, que cette perception doit être entendue comme se rapportant à la possession effective ou « *uti possidetis de facto* »[441], ce qui implique l'existence de territoires sans maître.[442] L. I. Sanchez Rodriguez résumait cette critique en ces termes : « La conception brésilienne accepte initialement, dans le plan conceptuel, l'idée dominante de l'*uti possidetis juris*, pour la rejeter tout de suite, les effectivités primant sur tout autre titre juridique. ». Il précise que « cela mène, finalement, au refus matériel de ce concept au profit de l'occupation effective, et à

[436] DEL CARMEN MARQUEZ CARRASCO M., « Régime de frontières et autres régimes territoriaux face à la succession d'Etats », *in* EISEMANN P.-M. et KOSKENNIEMI M., *La succession d'Etats : la codification à l'épreuve des faits*, *op. cit.*, p. 502.

[437] KOHEN M. G., «L'*uti possidetis* revisité : l'arrêt du 11 septembre 1992 dans l'affaire El Salvador/ Honduras»), *RGDIP*, 1993, pp. 950-954.

[438] SANCHEZ RODRIGUEZ L.I, « L'*uti possidetis* et les effectivités dans les contentieux territoriaux et frontaliers », *op cit*, p. 108.

[439] Le Brésil a accepté explicitement *l'uti possidetis* dans l'article II du Traité du 12 octobre 1851 avec la République orientale d'Uruguay (CTS, vol. 106, p. 339), de l'article VII du Traité du 23 octobre 1851 avec le Pérou (CTS, vol. 106, p. 427), de l'article I, paragraphe 2, du Traité du 14 mai 1852 avec l'Uruguay (CTS, vol. 108, p. 137), de l'article II du Traité du 25 novembre 1852 avec le Venezuela (CTS, vol. 109, p. 111), et de l'article II du Traité de La Paz du 27 mars 1867 (CTS, vol. 134, p. 305).

[440] SANCHEZ RODRIGUEZ L.I, « L'*uti possidetis* et les effectivités dans les contentieux territoriaux et frontaliers », *op cit*, p. 108.

[441] SOREL J-M., Mehdi R., « *L'uti possidetis* entre la consécration juridique et la pratique : essai de réactualisation. », *op cit*, p. 26.

[442] KOHEN M. G., « L'*uti possidetis* revisité : l'arrêt du 11 septembre 1992 dans l'affaire El Salvador/ Honduras »), *op cit*, pp. 950-954.

l'affirmation, par conséquent, du droit du Brésil à la souveraineté territoriale sur des États voisins qui n'avaient pas occupé effectivement les territoires qui leur appartenaient conformément aux normes coloniales espagnoles. »[443]

S'alignant sur la même position que Marcelo Kohen et L. I. Sanchez Rodriguez, Gaël Abline s'interroge sur la distinction du principe de l'*uti possidetis* avec les autres instruments plus traditionnels comme l'occupation ou la prescription acquisitive.[444] Cette dernière préoccupation est légitime d'autant plus que certains auteurs tels que Julio Barberis assimile l'*uti possidetis de facto* à l'occupation.[445] Le Mali soutenait également que l'*uti possidetis de facto* puisse être employé en l'absence de textes ou s'ils existent mais ne sont pas clairs[446].

Malgré sa portée discutée[447], l'*uti possidetis de facto* a été adopté dans tous les différends frontaliers entre le Brésil et les anciennes possessions espagnoles.[448] Loin des controverses sur son assimilation à l'occupation, les débats se cristallisent de nos jours sur la complexe relation *uti possidetis* et effectivités. Ainsi, face aux relations parfois ambiguës qu'entretiennent titre et effectivité, la Cour a défini sa doctrine dans l'arrêt Burkina Faso/Mali. Envisageant toutes les configurations possibles, elle a considéré que « (...) Dans le cas où le fait ne correspond pas au droit, où le territoire objet du différend est administré effectivement par un État autre que celui qui possède le titre, il y a lieu de préférer le titulaire du titre. » Dans l'éventualité où « l'effectivité ne coexiste avec aucun titre juridique, elle doit inévitablement être prise en considération. Il est enfin des cas où le titre juridique n'est pas de nature à faire apparaître de façon précise

[443] SANCHEZ RODRIGUEZ L.I, « L'*uti possidetis* et les effectivités dans les contentieux territoriaux et frontaliers », *op cit*, p. 218.
[444]ABLINE G., *Sur un nouveau principe général de droit international*, *op cit*, p. 86.
[445] BARBERIS J., « La conception brésilienne de l'*uti possidetis* », *op. cit*, pp. 60-62.
[446] Mémoire de la République du Mali, vol. I, p.79.
[447] Voir RAJA GABAGLIA F. A., *As fronteiras do Brasil*, Rio de Janeiro, 1916 ; J. M. N. DE AZAMBUJA, *Questâo territorial com a Confederaçâo Argentina*, Rio de Janeiro, 1883 ; J. A. TEIXIERA DE MELLO, *Limites do Brasil com a Confederaçâo Argentina*, Rio de Janeiro, 1883 ; J. C. DE MACEDO SOARES, *Fronteiras do Brasil no regime colonial*, Rio de Janeiro, 1939 ; J. RIBEIRO, *As nosas fronteiras*, Rio de Janeiro, 1930 ; H. VIANNA, *Historia Diplomatica do Brasil*, Rio de Janeiro, 1948.
[448] SOREL J-M., MEHDI R., « *L'uti possidetis* entre la consécration juridique et la pratique : essai de réactualisation. », *op cit*, p. 26.

l'étendue territoriale sur laquelle il porte. Les ''effectivités'' peuvent alors jouer un rôle essentiel pour indiquer comment le titre est interprété dans la pratique »[449]. Cette clarification de la Cour intervient dans un contexte d'émergence et d'évolution de l'*uti possidetis juris.*

L'*uti possidetis* a été au départ un principe de droit international dont la valeur était limitée à l'Amérique hispanique. Ce sont eux qui, déjà, lors des indépendances au début du XIXème siècle, avaient opté pour le maintien des frontières coloniales. Ce n'est que postérieurement que le principe sera étendu au continent africain dans un sens plus particulier : on parle de l'africanisation de l'*uti possidetis*. Plus tard, la Cour internationale de Justice consacrera l'*uti possidetis* comme une règle de portée générale : c'est l'universalisation du principe.

Les premières applications du principe de l'*uti possidetis juris* en Afrique étaient antérieures à la vague de décolonisation des années 1960. Il y fut appliqué au XIXe siècle, lors des mutations territoriales qui eurent lieu dans le nord-africain suite à la décomposition de la souveraineté ottomane. C'est ainsi que ce principe a commandé, entre 1844 et 1845, la délimitation des confins algéro-marocains, les traités de Tanger et de Lalla Marnia convenant de fixer, très partiellement d'ailleurs, la frontière conformément à l'état des choses reconnu par le gouvernement du Maroc à l'époque de la domination ottomane.[450] En Égypte, le gouvernement turc accepta que l'administration soit confiée à Mohammed Ali et à ses descendants en lui garantissant le gouvernement du pays « dans ses anciennes frontières telles que stipulées sur la carte... ».[451] Plus tard, le principe fut évoqué sous le régime mandataire de la Société des nations.[452] En effet, le régime des mandats de la Société des Nations prescrivait le respect de l'intégrité territoriale du mandat et n'autorisait qu'exceptionnellement les rectifications de frontières.[453]

S'il est vrai que le principe de l'*uti possidetis* n'était pas en ce moment directement relié au phénomène de la décolonisation en ce qu' « il s'agissait plutôt dans ces deux hypothèses de la substitution

[449] *Affaire du différend frontalier, Burkina Faso c. / Mali,* Rec. CIJ, 1986 para 63.
[450] MARCHAT H., «Le conflit frontalier algéro-marocain », *RJPIC*, 1964, p. 65.
[451] SHAW W.B.K., «International Boundaries of Libya » in R. YAKEMTCHOUK, *L'Afrique en droit international*, 1971, p. 83.
[452] YAKEMTCHOUK R., « Les frontières africaines », *RGDIP*, 1970, p. 83.
[453] *Ibid*, p. 54.

d'une puissance administrante à d'anciens dominateurs, en l'occurrence la Sublime porte et le *Reich wilhelmie*n »[454], les nouveaux États africains des années 1960, orgueilleux de leur indépendance, ont accepté le principe de maintien ou d'intangibilité des « odieuses » frontières héritées de la période coloniale, à la suite d'un processus complexe et pénible du point de vue dialectique.[455] Cette acceptation a eu lieu avec l'adoption d'une résolution au Caire[456], le 22 juillet 1964, par les chefs d'État et de gouvernement africains. Certes, le principe ne figure pas explicitement dans la charte de l'OUA[457]. Mais, la Résolution du Caire du 22 juillet 1964 vient concrétiser l'engagement de tous les membres de l'OUA à l'exception du Maroc[458] et de la Somalie[459] qui refusa de reconnaître le principe de l'*uti possidetis.*

Aux premières heures des indépendances, une question se posait aux dirigeants africains : celle de la remise en cause des tracés coloniaux ou du maintien des frontières issues de la colonisation. Certains leaders africains[460] avaient opté pour l'abolition des frontières coloniales pour tenir compte de l'aspect socioculturel des peuples africains. Ces vaillants défenseurs de la révision des frontières sont d'avis que l'Afrique *post*-coloniale entreprenne de revenir sur les erreurs des découpages coloniaux. Selon eux, les assises territoriales des États africains, nés des arrangements coloniaux, ne tenaient pas compte des spécificités propres qui devaient être essentielles à la cohésion sociale et au renforcement de l'unité en leur sein. Subséquemment, « lors de la première Conférence des peuples africains réunie à Accra en décembre 1958, l'on ne peut s'étonner que les participants aient déclaré que les barrières et frontières artificielles tracées par les impérialistes pour diviser les peuples africains au détriment des Africains doivent être abolies ou modifiées ».[461] La

[454] SOREL J-M., Mehdi R., « *L'uti possidetis* entre la consécration juridique et la pratique : essai de réactualisation. », *op cit*, pp. 15.

[455] SANCHEZ RODRIGUEZ L.I, « L'*uti possidetis* et les effectivités dans les contentieux territoriaux et frontaliers », *op cit*, p. 236.

[456] Il s'agit de la résolution AGH / Res 16 (I).

[457] *Affaire du différend frontalier*, Burkina Faso c./ Mali, Rec. CIJ, 1986 para 22.

[458] Le Maroc avait émis des réserves au principe de l'uti possidetis à cause du statut problématique du Sahara occidental.

[459] La Somalie rejeta purement et simplement le principe.

[460] Au premier plan de ses leaders se tenaient N'Krumah, chef d'Etat du Ghana et Sekou Touré.

[461] BOUTROS-BOUTROS G., *les conflits de frontières en Afrique*, Paris, Éditions Techniques et Économiques, 1973, p. 10.

même résolution considérait « que les frontières qui séparent des groupes ethniques ou divisent des peuples de même souche sont contre nature et ne constituent pas un facteur de paix ou de stabilité ».[462] Elle appelait les chefs des pays voisins à « coopérer pour trouver à de tels problèmes une solution définitive qui s'accorde au mieux des intérêts des peuples concernés et qui, de ce fait, accroît les perspectives pour réaliser l'idéal d'un Commonwealth africain d'États libres ; [...] ».[463]

Ce fut l'occasion pour cette catégorie de dirigeants africains réunis au sein du « Groupe de Casablanca » de dénoncer ce partage préjudiciable à la viabilité durable des États africains et de faire du démantèlement des frontières coloniales une préoccupation prioritaire. En somme, trois décisions adoptées lors de ladite Conférence méritent d'être rappelées : la premières dénonçant « les puissances impérialistes » notamment « celles qui passent au milieu de groupes de même origine ethnique et qui divisent les peuples de même souche » ; la seconde « adressant un appel pour l'abolition ou la rectification de telles frontières, à une date rapprochée, et dans un sens qui réponde au mieux aux désirs véritables des peuples concernés » ; et la dernière demandant « aux États indépendants d'Afrique d'appuyer une solution définitive ; [...] ».[464] Curieusement et mystérieusement, toutes ces exigences cédèrent devant le principe de l'*uti possidetis* présenté comme un garant de sécurité[465]. En effet, un second groupe de dirigeants dit « Groupe de Monrovia » souhaitait le maintien du tracé hérité de la colonisation car le statu quo territorial aurait comme objectif la stabilité des frontières coloniales, permettant de sécuriser les confins des États africains nouvellement indépendants.[466]

---

462 *Ibid*

463 *Ibid*

464 *Ibid*

465 Voir TOUSCOZ J., in « Mondialisation et sécurité juridique économique internationale (Quelques remarques juridiques et institutionnelles », *RGDIP*, 1998, p. 624. CORNU G., *Vocabulaire juridique*, Paris, Puf, p. 750.). KOHEN M., « L'influence du temps sur les règlements territoriaux », *Le droit international et le temps*, Paris, Pedone, 2001, p. 154. KDHIR M., *Dictionnaire juridique de la Cour internationale de justice*, Bruylant, Bruxelles, 2000, 2e édition, p. 307.

466 KARAMOKO OUATTRA L., «Les frontières en Afrique : héritage du passé colonial, enjeu actuel », *op cit*, p.3

C'est au milieu de ces contradictions que le respect de la souveraineté et de l'intégrité territoriale de chaque État et de son droit inaliénable à une existence indépendante a été adopté par l'Organisation de l'Unité Africaine (OUA).

Le triomphe de l'*uti possidetis* face à la construction de véritable Etat-Nation n'est pas exempt de toute critique. En effet, les frontières qui ont donc été établies renferment des communautés différentes, voire antagonistes, chargées souvent de multiples forces explosives, constamment menacées de désagrégation[467]. De là, des ensembles territoriaux ont été formés regroupant des entités peu homogènes et plus de 177 peuples ou groupes ethniques se sont trouvés éparpillés à travers plusieurs États.[468]

Aussi, contrairement à sa conception américaine où il est sensé s'appliquer aux États provenant de la même colonie, l'*uti possidetis* africain est caractérisé par son application aux États issus de différentes colonies. Autrement dit, les nouvelles frontières internationales des États indépendants pouvaient découler aussi bien des limites administratives établies par une puissance coloniale unique, que des limites internationales déterminées dans un traité entre puissances coloniales.[469] Certes, dans l'affaire du différend territorial entre la Libye et le Tchad, le principe n'a pas été appliqué bien que les parties demandaient à la Cour de « statuer sur les limites de leurs territoires respectifs conformément aux règles du droit international applicables en la matière »[470] - laissant donc la liberté à la Cour d'appliquer le principe sans en exclure d'autres, comme le prouve son abondante utilisation dans les arguments des parties tout au long de la phase orale[471]. La Cour s'était contentée d'affirmer qu'elle « n'a pas à étudier plus avant des sujets qui ont été longuement traités devant elle comme le principe de l'*uti possidetis* et l'applicabilité de la déclaration adoptée par l'Organisation de l'unité africaine au Caire en 1964 ».[472] Le juge Ajibola concluait son opinion individuelle en

---

[467] BENMESSAOUD T. A., *Intangibilité des frontières coloniales et espace étatique en Afrique*, Paris, Bibliothèque Africaine et Malgache, 1989, p. 17

[468] FOUCHER M., *L'obsession des frontières,* Paris, Edition Perrin, 2012, p. 52.

[469] SANCHEZ RODRIGUEZ L.I, « L'*uti possidetis* et les effectivités dans les contentieux territoriaux et frontaliers »*, op cit*, p. 221.

[470] CIJ Recueil 1994, p. 10, para. 3.

[471] Voir KOHEN G., « Le règlement des différends territoriaux à la lumière de l'arrêt de la CIJ dans l'affaire Libye/Tchad », *RGDIP*, 1995, pp. 301 et ss.

[472] CIJ Recueil 1994, p. 38, para 75.

affirmant que « le traité de 1955 est conforme au principe de l'*uti possidetis* et qu'il lie les Parties au présent différend »[473]. Dans cet arrêt, la Cour veut dire que l'arrêt de 1986 avait déjà établi que l'*uti possidetis* pouvait se trouver à s'appliquer aux « frontières internationales ayant formé séparation entre la colonie d'un État et la colonie d'un autre État, ou entre le territoire d'une colonie et celui d'un État indépendant ou d'un État soumis à protectorat mais ayant conservé sa personnalité internationale ».[474]

Dans sa sentence du 14 février 1985 en l'affaire entre la Guinée et la Guinée-Bissau, successeurs respectifs de la France et du Portugal, le tribunal, à propos de la Convention franco-portugaise de 1866, attestait qu'elle « est restée en vigueur entre les deux pays signataires ... jusqu'à la fin de la période coloniale et elle s'est imposée aux États successeurs en vertu du principe de l'*uti possidetis*».[475] De son côté, la sentence arbitrale du 31 juillet 1989 dans l'affaire de la détermination de la frontière maritime entre la Guinée-Bissau et le Sénégal confirmait qu'en Afrique « l'*uti possidetis* a un sens plus large car il concerne aussi bien les limites entre des pays nés d'un même empire colonial que celles qui à l'époque coloniale avaient déjà un caractère international du fait qu'elles séparaient des colonies appartenant à des empires coloniaux différents »[476]. Cette extension matérielle s'accompagnera d'une extension géographie. De l'Amérique latine à l'Afrique, le principe se trouvera s'appliquer à tous les continents.

L'universalité du principe a été affirmée par la CIJ dans l'affaire du différend frontalier lorsqu'elle refusa de voir dans le principe une « simple pratique qui aurait contribué à la formation graduelle d'un principe de droit international coutumier dont la valeur se serait limitée au continent africain, comme elle l'aurait été auparavant à l'Amérique hispanique, mais bien l'application d'une règle de portée générale ».[477] La portée générale du principe implique, d'une part, que l'*uti possidetis* s'applique donc sur tous les continents. D'autre part, elle implique que le principe est lié non seulement à la décolonisation

[473] *Ibid*, p. 91, para. 134.
[474] *Ibid*, p. 566, para. 24.
[475] Sentence du 14 février 1985, *Affaire de la délimitation de la frontière maritime entre la Guinée et la Guinée-Bissau,* para. 40.
[476] *RDI*, 1991, p. 658, para. 51.
[477] *CIJ Recueil 1986*, p. 564, para. 21.

mais à toute forme d'accession à l'indépendance. C'est bien ce qu'affirme la Haute juridiction en disant de l'*uti possidetis* qu'« il constitue un principe général, logiquement lié au phénomène de l'accession à l'indépendance, où qu'il se manifeste ».[478] L'universalité de l'*uti possidetis* est donc aussi bien du point de vue spatial que matériel.

Du point de vue de son universalité *rationae loci*, le principe s'applique à tous les continents. Son application et son adoption en Amérique latine et en Afrique ne sont plus à démontrer.[479] En témoigne son application dans les affaires du différend frontalier entre le Burkina faso et le Mali, l'affaire du différend entre le Bénin et le Niger, l'affaire du différend frontalier, terrestre, insulaire et maritime entre El Salvador et le Honduras. Sur le continent européen le principe a été appliqué à la paisible dislocation de la République tchécoslovaque, à la scission de l'URSS et à l'accession à l'indépendance des États de l'ex-Yougoslavie.

Pour la situation de l'ex-Yougoslavie, J. Malenovsky affirmait que : « Les circonstances de la dissolution de la Tchécoslovaquie ont confirmé l'existence incontestable d'une règle coutumière du droit international suivant laquelle les traités territoriaux fixant les frontières dans des situations de la succession d'États sont considérés comme maintenus en vigueur »[480]. La règle coutumière du droit international qui exige le maintien des traités territoriaux fixant les frontières dans des situations de la succession d'États n'est rien d'autre que le principe de l'*uti possidetis*. A cet égard, Jean Marc SOREL écrivait que « la frontière qui séparaît administrativement la République Tchèque de la Slovaquie a acquis (sans mal) la qualité de limite internationale entre les deux nouvelles entités, tandis que les frontières extérieures de l'ancien État fédéral, telles que tracées aux lendemains de la première guerre mondiale, ne subissaient aucune correction ni aucune contestation. ».[481]

Une situation similaire a eu lieu lors de l'éclatement de l'ex-Union soviétique. En effet, l'Ukraine et la Russie avaient conclu, le

---

[478] *Ibid*, p. 564, para. 20.

[479] Voir *Supra*, Première partie, Titre I, Chapitre II, Section I, para I, B.

[480] MALENOVSKY J., «Problèmes juridiques liés à la partition de la Tchécoslovaquie», *AFDI*, 1993, p. 327.

[481] SOREL J-M., MEHDI R., « *L'uti possidetis* entre la consécration juridique et la pratique : essai de réactualisation. », *op cit*, p. 17.

19 novembre 1990, un traité par lequel elles ont convenu que « Les hautes parties contractantes reconnaissent et respectent l'intégrité territoriale de la RSFS de Russie et de la RSS d'Ukraine dans les frontières existantes dans le cadre de l'URSS »[482]. R. Yakemtchouk note l'attachement du Conseil de sécurité des Nations Unies à ce traité[483] pendant les premières crises de la Crimée en 1993.[484]

Dans le cas de l'Ex-Yougoslavie, la Commission d'arbitrage de la Conférence pour la Paix, s'inspirant de l'article 5 al. 2 et 4 de la Constitution de la RFSY selon lequel la consistance des territoires et les limites des Républiques ne pourraient être modifiées sans leur accord, affirmait que « le droit à l'autodétermination ne peut entraîner une modification des frontières existant au moment des indépendances (*uti possidetis juris*) sauf en cas d'accord contraire des États concernés ».[485]

Du point de vue *rationae materiae*, le principe s'applique autant à la décolonisation qu'à toute forme d'accession à l'indépendance. En Amérique latine comme en Afrique, l'application du principe est intimement liée à la décolonisation. A cet effet, la Cour internationale de justice affirmait « qu'il s'agit là d'un principe bien établi en droit international en matière de décolonisation ».[486] Elle ajoute qu'« il constitue un principe général, logiquement lié au phénomène de l'accession à l'indépendance, où qu'il se manifeste ».[487] Enfin, elle déclara que l'*uti possidetis* est « un principe d'ordre général nécessairement lié à la décolonisation où qu'elle se produise »[488].

L'universalité du principe veut dire qu'il s'applique non seulement à la décolonisation mais également à la sécession. Dans ce cadre, il s'appliqua, comme rappelé *supra* à la sécession de la Slovaquie, aux anciens États de l'Ex-Yougoslavie et de l'URSS. Plus récemment, il se trouva à s'appliquer à l'indépendance du Soudan du sud en Afrique.

---

[482] Voir Article 6 du traité.

[483] Déclaration du Président du Conseil de sécurité du 20 juillet 1993 - S/26118

[484] YAKEMTCHOUK R., « Les conflits de territoires et de frontière dans les Etats de l'ex-URSS », *AFDI*, 1993, pp. 401 et s.

[485] PELLET A., «Note sur la Commission d'arbitrage de la Conférence européenne pour la paix en Yougoslavie », *AFDI*, 1991, p. 342. Voir avis numéro 2 de la Commission.

[486] *CIJ, Recueil 1986*, p. 564, para. 20.

[487] *Ibid*, p. 564, para. 20.

[488] *Ibid*, p. 566, para. 23.

En somme, l'*uti possidetis* « apparaît comme le principe incontournable de toute mutation territoriale à l'époque contemporaine. ».[489] Cela ne veut, pourtant, pas signifier que le principe a joué parfaitement le rôle qui lui est dévolu. Au contraire, son bilan s'est trouvé ambigu.

Les attributs mitigés du principe

Les frontières africaines ont été établies à l'époque coloniale à partir des cartes qui ne traduisaient aucunement la réalité de l'histoire et de la géographie africaines. Cette réalité a été reconnue par le Lord Salisbury, témoin oculaire du partage du continent africain : « Nous avons entrepris de tracer sur les cartes des régions où l'homme blanc n'avait jamais mis le pied. Nous nous sommes distribué des montagnes, des rivières et des lacs, à peine gênés par cette petite difficulté que nous ne savions jamais exactement où se trouvaient ces montagnes, ces rivières, ou ces lacs ».[490] Le partage hasardeux de l'Afrique portait alors en lui-même le gène des conflits territoriaux post coloniaux futurs. C'est ainsi qu'à l'accession des États africains à la souveraineté internationale, le nombre de conflits de contestations de frontières était déjà dans la trentaine.[491] Les zones les plus touchées alors par les contentieux frontaliers étaient le Maghreb, au Nord-est de Tindouf, la bande sahélo-soudanaise et la Corne de l'Afrique.[492] Parmi ces crises, les plus récurrentes à noter était la guerre ayant opposé l'Algérie au Maroc à propos du tracé de la frontière dans la région de Figuig, le pic de d'instabilité lié au conflit relatif au Sahara Occidental,[493] la centenaire crise des peuples Touaregs,[494] le différend frontalier opposant la Libye et le Tchad de la Bande d'Aouzou était,

---

[489] SOREL J-M., MEHDI R., « *L'uti* possidetis entre la consécration juridique et la pratique : essai de réactualisation. », *op cit*, p. 18.

[490] PERSON Y., « L'Afrique noire et ses frontières », *Le mois en Afrique*, n°80, Août 1972, p. 21.

[491] Au total 32 selon Robert WATERS dans *African Boundary problems*, Uppsala, 1969, p. 183.

[492] BENMESSAOUD T. A., *Intangibilité des frontières coloniales et espace étatique en Afrique*, *op cit*, p. 12.

[493] Pour une Chronologie de l'histoire de cette crise *voir* PIRONET O., *Maroc : chronologie historique*, sur http:// www.monde-diplomatique.fr/mav/86/PIRONET/14101

[494] . Cf. http://www.monde-diplomatique.fr/cartes/touaregs1995.

en réalité, un legs des puissances coloniales,[495] les différends opposant le Ghana au Togo[496] et à la Côte d'ivoire,[497] le différend entre la Guinée Équatoriale et le Gabon à propos de la souveraineté des îlots de Conga, Cocotier et de Mbanié,[498] le conflit frontalier lacustre ayant opposé la Tanzanie et le Malawi au sujet du lac Nyassa de 1964 à 1968.[499]

Devant le tableau peu reluisant de conflits auxquels les nouveaux États étaient confrontés, il se révélait sage mais surtout prudent de maintenir le legs territorial colonial, condition *sine qua non* d'une paix entre les États et en leur sein pour entrevoir des ouvertures de développement réel. Le maintien du statu quo territorial était alors perçu comme la solution idéale pour consolider les nations et à terme, réussir à les transformer en États-nations. L'objectif ultime du principe était la stabilité des frontières coloniales et la sécurisation des confins des États africains nouvellement indépendants. En adoptant la résolution Rés.AHG/Res.16(1), les États africains ont voulu consacrer le respect des frontières héritées de la colonisation qui devrait déboucher sur l'interdiction de les violer par la force.[500]

Il est vrai que soutenir qu'une frontière est intangible équivaut à invoquer l'impossibilité de sa modification, quelles que soient les circonstances et, dans ce cas, nous serions dans le cas d'une sorte de *jus cogens* en matière de délimitation.[501] Mais il est clair que ce n'était pas l'objectif des Pères fondateurs africains. Autrement, il faudra reconnaître que l'intangibilité serait « un non-sens pour le juriste ».[502]

---

[495] LANNE B., *Tchad-Libye : querelle des frontières*, Paris, Khartala, 1982, 245p.

[496] Il s'agit du conflit ayant opposé les deux Etats à propos des Ewé dont 700 000 habitants étaient au Ghana et
400 000 au Togo. Semble t-il que de 1959 à 1966, le président ghanéen aurait même fait pression sur le Togo en vue de l'«intégrer au Ghana ».Voir BOUTROS-BOUTROS G., *les conflits de frontières en Afrique*, Paris, Éditions Techniques et Économiques, 1973, p. 21.

[497] BOUTROS-BOUTROS G.,, *Op. Cit.*, pp. 23-24.

[498] Voir OUATTRA L. K., « Les frontières en Afrique : héritage du passé colonial, enjeu actuel », *op cit*, p.8.

[499] Voir FOUCHER M., *L'obsession des frontières, Op. Cit.*, p. 52.

[500] BANSOU C.U., *L'intangibilité des frontières en Afrique : cas du Bénin, du Mali, du Nigéria, et du Sénégal*, Thèse de Doctorat, Université d'Abomey-Calavi, 2019, p.76.

[501] *Ibid*

[502] BARDONNET D., « Les frontières terrestres et la relativité de leur tracé », *RCADI*, 1976, p.109.

Il convient plutôt de reconnaître que « les rédacteurs de ces textes (la charte de l'OUA et la Résolution du Caire) n'ont jamais dit que les frontières des États africains, telles qu'elles existaient au moment de leur accession à l'indépendance, étaient fixées une fois pour toutes. Les seuls changements admis étaient ceux réalisés par la voie pacifique. ». Le principe rejoint ici celui de la stabilité qui, selon Marcelo KOHEN, vise l'impossibilité de remettre en cause unilatéralement les frontières, sans pour autant que cela n'empêche les parties de les modifier de façon consensuelle.[503] On peut ainsi conclure qu'à travers l'*uti possidetis*, les États africains gelaient en fait les limites administratives coloniales telles qu'elles ont été héritées à la date de l'accession à l'indépendance, en attendant la conclusion d'un accord postérieur éventuel.

Le principe a aussi pour objectif de bannir toute tendance sécessionniste en Afrique en ce qu'il permet de renforcer et de confirmer la politique de défense et de condamnation systématique de toute atteinte portée à l'intégrité territoriale.[504] Même en Amérique latine, où le principe a été vu comme un principe d'autodéfense collective, son rôle stabilisateur est sans doute incontestable. En démontre le rôle joué par le principe dans la résolution des multiples différends frontaliers ayant émaillé le continent sud-américain après les indépendances. Cependant, le bilan du principe reste mitigé. Certes, ses avantages ne sont pas négligeables. En même temps, les insuffisances apparues dans son application sont indénombrables.

Les rapports entre l'*uti possidetis* et le facteur temps peuvent poser de sérieux problèmes aux juridictions appelées à résoudre un différend frontalier par application de l'*uti possidetis* car, elles doivent statuer aujourd'hui sur des faits, des actes ou des normes antérieures, ces dernières ayant pu être modifiées. Par exemple, « Au XIXe siècle, des notions telles que le plateau continental et la zone économique exclusive étaient inconnues. Des éventuelles délimitations maritimes ne pouvaient concerner que la mer territoriale. ».[505] L'*uti possidetis* fait appel nécessairement à l'interprétation des normes conventionnelles ou non. Si l'interprétation des normes

---

[503] KOHEN M., *Le règlement des différends territoriaux à la lumière de l'arrêt de la CIJ dans l'Affaire Libye/Tchad*, *op cit.*, p.322.

[504] Voir SALMON J., *La reconnaissance d'Etat : quatre cas : Mandchoukouo, Katanga, Biafra, Rhodésie du Sud*, Paris, Armand colin, 1971, p.161.

[505] KOHEN M., « *L'uti possidetis juris* et les espaces maritimes », *op cit*, p 159

conventionnelles est régie par la Convention de Vienne signée le 23 mai 1969, il n'en est rien pour les autres actes et a fortiori pour les processus ou phénomènes juridiques.

La solution proposée face à ce genre de problème fut la théorie des droits intemporels. Premièrement évoqué dans l'affaire de la Baie de Delagoa, dans laquelle le Portugal soutient que « le titre d'acquisition doit être apprécié d'après le droit en vigueur à l'époque à laquelle il se rapporte »,[506] le principe a été théorisé par Max Huber dans la célèbre sentence de Palmas, lorsqu'il affirma que « Un acte juridique doit être apprécié à la lumière du droit de l'époque, et non à celle du droit en vigueur au moment où s'élève ou doit être réglé un différend relatif à cet acte. » et que « En ce qui concerne la question de savoir lequel des différents systèmes juridiques en vigueur à des époques successives doit être appliqué dans un cas déterminé - question du droit dit intemporel - il faut distinguer entre la création et le maintien de ce droit. ». Le même principe qui soumet un acte créateur de droit au droit en vigueur au moment où naît le droit « exige que l'existence de ce droit, en d'autres termes sa manifestation continue, suive les conditions requises par l'évolution du droit. ».[507] Le Professeur Jean Combacau voit dans cet énoncé une articulation énigmatique entre ces deux propositions.[508]

Le principe fut confirmé par la CIJ, dans ses arrêts en l'affaire des droits des ressortissants des États-Unis au Maroc du 27 août 1952[509] et en l'affaire du Sud-Ouest africain du 18 juillet 1966[510]. Dans ce dernier arrêt, elle déclare que : « (…) pour déterminer les droits et les devoirs passés et présents des Parties à l'égard du mandat, (…), la Cour doit se placer à l'époque où le système des mandats a été institué et où les actes de mandats ont été rédigés (…) »[511]. Elle ajoute qu'il faille « dégager le sens d'une notion juridique dans un contexte historique de la manière dont cette notion était comprise à l'origine dans le texte ».[512] A cet égard, l'Institut de Droit International adopta

506 Voir LAPRADELLE et POLITIS, *op. cit*, p. 618.
507 *Sentence de Palmas, RGDIP*, 1935, p. 172.
508 COMBACAU J., « L'écoulement du temps », in *Le droit international et le temps*, *op cit*, pp. 79- 80.
509 CIJ, *Rec.*, 1952, pp. 196-197.
510 CIJ, *Rec.*, 1966, p. 23, para 16.
511 *Ibid*, p. 23, para 16.
512 *Ibid*, p. 23, para 16.

en 1975 une résolution[513] qui explicite le principe en distinguant, selon le rapport fait par Luis Ignacio Sánchez Rodríguez, la relation faits/situations/normes juridiques des : a) faits ou situations antérieurs à la norme (facta praeterita) ; b) faits ou situations en cours ou se déroulant au moment de la naissance de la norme (facta pendentia) ; c) faits ou situations postérieurs à l'entrée en vigueur de la norme (facta futura).[514]

Malencontreusement, le principe a connu quelques instabilités dans son application par la CIJ notamment dans l'avis de 1971 sur la Namibie et dans l'affaire de l'île de Kasikili-Sedudu (Botswana/Namibie). Dans l'avis de 1971, la Haute juridiction considéra que « tout instrument international doit être interprété et appliqué dans le cadre de l'ensemble du système juridique en vigueur au moment où l'interprétation a lieu »[515] faisant dire à B. Bollecker qu'il s'agit d'une « une nouvelle méthode d'interprétation »[516]. De même, au sujet de l'interprétation du traité de 1890 dans l'affaire de l'île de Kasikili-Sedudu, il remarque « une certaine méfiance à l'égard du droit inter-temporel et une certaine difficulté à intégrer la dimension temporelle du droit ». Ce qui crée une incertitude dans l'interprétation du droit. Le problème pourrait s'accroître en cas de l'application de l'*uti possidetis* où il est question des actes coloniaux et où les notions sont susceptibles de connaître une plus grande évolution. Ainsi, pendant que le Sénégal demandait au Tribunal d'étendre la ligne séparatrice à la zone économique exclusive dans l'affaire Sénégal/Guinée Bissau pour tenir compte toutefois de l'évolution du droit international de mer, le Tribunal considéra que l'accord de 1960 entre le Sénégal et la Guinée-Bissau ne délimite que la mer territoriale, la zone contiguë a le plateau continental. Étant donné que la zone économique exclusive étant devenue à l'époque du différend, un concept de droit coutumier international consacré par la C.I.J. dans la mer du Golfe du Maine, on s'explique difficilement pourquoi le Tribunal n'a pas donné suite à la requête du Sénégal visant à inclure la zone économique exclusive dans le tracé de la frontière

---

513 Voir *Annuaire de l'IDI*, n° 56, 1975, pp. 536-538.

514 SANCHEZ RODRIGUEZ L.I, « L'*uti possidetis* et les effectivités dans les contentieux territoriaux et frontaliers », *op cit*, p 268.

515 CIJ, Rec., 1971, p. 31, para 53.

516 BOLLECKER B., « L'avis consultatif du 21 juin 1971 dans l'affaire de la Namibie (Sud-Ouest africain) », *op. cit.*, pp. 287-298.

maritime.[517] Ce cas typique explique les difficultés possibles en la matière. Mieux le principe a du mal à jouer son rôle de stabilisateur en ce qu'il s'adapte péniblement aux situations de fait et arrive à les résoudre difficilement.

Le rôle de l'*uti possidetis*, eu égard à sa fonction d'instrument de délimitation des frontières internationales et de stabilisation des relations internationales, n'est pas inutile puisque le choix du maintien des frontières héritées de l'époque coloniale visait à résoudre et éviter les conflits de frontières entre les États africains. Paradoxalement, un demi-siècle après l'adoption du principe sacro-saint de l'intangibilité des frontières par la Conférence des chefs d'État et de Gouvernement de l'OUA, l'Afrique demeure confrontée à de nombreux conflits frontaliers. Le résultat de paix et de stabilité territoriale qui avait motivé le choix du maintien des frontières héritées de l'époque coloniale, au lieu de s'être réalisé, s'est largement fissuré.[518]

A la réalité, le même principe de l'*uti possidetis* censé être un facteur de stabilisation des frontières, a abondamment alimenté le contentieux territorial ou frontalier de ses dernières années car, après sa consécration, « un abondant contentieux territorial s'en est inévitablement suivi ».[519] On peut dénombrer de ce fait, sans se limiter à ceux-ci, l'arrêt du différend frontalier Bénin / Niger du 12 juillet 2005,[520] le différend ayant opposé la Libye et le Tchad, le différend opposant le Burkina Faso et le Mali, l'arrêt dans l'Affaire relative à la souveraineté sur Pulau Ligitan et Pulau Sipadan (Indonésie /Malaisie) du 17 décembre 2002, l'arrêt en l'affaire de la frontière terrestre et maritime entre le Cameroun et le Nigeria (Cameroun / Nigeria) du 10

---

[517] *Arbitrage relatif à la détermination de la frontière maritime entre la Guinée-Bissau et le Sénégal* (31 juillet 1989), para 84.

[518] Extrait de l'Allocution d'ouverture du Président de la République du Mali, Alpha Oumar KONARE, lors du Colloque de l'Unesco sur le thème : « *Des frontières en Afrique du XIIe au XXe siècle* », Bamako, 1999.

[519] VIRALLY M. « Le couple Etat-Territoire », *op. cit.*, p. 255.

[520] De décembre 1963 à mars 1964, un conflit portant sur un îlot du fleuve Niger qui constitue une frontière naturelle a opposé le Niger au Dahomey (Benin actuel depuis 1975) ayant abouti à l'expulsion de quelques 25 000 ressortissants dahoméens dont plusieurs centaines de fonctionnaires. Voir Ghali Boutros-BOUTROS, Op. Cit., pp. 23-24. Il a connu son épilogue en 2005 devant la CIJ. Concernant cette affaire voir SPADI F. "The International Court of Justice Judgment in the Benin-Niger Border Dispute : The Interplay of Titles and 'Effectivités' under *uti possidetis juris* Principle", *LJIL*, 2005, p. 792.

octobre 2002,[521] l'arrêt du 13 décembre 1999 Kasikili Sedudu (Bostwana c. Namibie), l'arrêt Quatar Bahrein du 16 mars 2001. Il faut ajouter l'arrêt Demande en révision de l'arrêt du 11 septembre 1992 en l'affaire du différend frontalier terrestre, insulaire et maritime (El Salvador c. Honduras).

A propos de ces différends et conflits, Oppenheim constatait que « *boundary lines are, for many reasons, of such vital importance, that disputes relating thereto are inevitably very frequent and often led to war* »[522]. Malgré l'affirmation du principe, les conflits n'ont jamais été aussi récurrents sur le continent africain. En effet, « les conflits ont été au moins aussi nombreux en Amérique et en Afrique où l'option en faveur de l'*uti possidetis* avait été clairement proclamée, qu'en Asie où la Chine récuse inlassablement les traités inégaux ». [523] Même en Amérique latine, où on voyait dans le principe, un facteur de stabilisation des relations entre États nouvellement indépendants et où il était considéré que « ce principe avait aussi l'avantage de supprimer, on l'espérait, les contestations de limites entre les nouveaux États »,[524] force a été de constater que le principe n'a fait qu'exercer la séduction de son attrayante simplicité en ce sens que, suivant toute apparence, sa mise en œuvre systématique qui devait permettre d'obtenir automatiquement un règlement territorial n'a pas donné le résultat escompté. Force a été de constater que « le recours au principe de l'*uti possidetis* par les nouveaux États d'Amérique latine, à la suite de leur accession à l'indépendance, pour l'établissement de leurs frontières respectives s'est ainsi trouvé à l'origine d'inextricables difficultés »[525] ayant conduit à des différends inter-étatiques. H. Waldock attestait que « *The doctrine of uti possidetis has proved to be so indefinite and ambiguous that it has*

[521] Le Nigeria et le Cameroun ont été opposés par un conflit frontalier à propos de la péninsule de Bakassi à partir de février 1994. Après une tentative de médiation du président togolais Eyadéma au début de mars cette année, l'affaire est portée devant la CIJ de La Haye qui rend un jugement le 10 octobre 2002, attribuant la souveraineté du territoire au Cameroun.

[522] OPPENHEIM L., *International Law,* Vol. I Peace, Seventh ed. Edited by H. Lauterpacht, London, Longmans, Green and Co, 1948, p. 486.

[523]DUTHEIL DE LA ROCHERE J., « Les procédures de règlement des différends frontaliers », *op. cit.*, p. 114.

[524]KOHEN M., « Les questions territoriales dans l'arrêt de la C.I.J. du 16 mars 2001 en l'affaire Qatar contre Bahreïn », *RGDIP*, 2002, p. 306.

[525] BARDONNET D., *Les frontières terrestres et la relativité de leur tracé, op. cit.*, p. 54.

become somewhat discredited even as a criterion for settling boundary disputes between Latin American States ».[526]

Bref, le bilan de la mission de stabilisation et de consolidation des assises territoriales reconnue au principe reste mitigé selon la grande majorité de la doctrine. Par exemple, Bourjol-Flécher faisait remarquer que le bilan de l'application du principe de l'*uti possidetis* « ne semble pas à la hauteur du crédit de paix qu'on lui avait accord ».[527] Certes, le principe « a permis d'éviter une contestation généralisée des frontières dans ces deux continents » et la CIJ elle-même a certifié cette thèse, en acceptant dans l'arrêt du Différend frontalier Burkina Faso/Mali, que le nouvel État accède à la souveraineté avec l'assiette territoriale et les limites qui lui sont léguées par le colonisateur et par application de l'*uti possidetis* à « l'instantané » du statut territorial à la date critique.[528] Mais il ne s'agissait que de la première face de la médaille. Sur ce point, on peut penser qu'en Afrique des solutions qui eussent écarté l'*uti possidetis* auraient été plus conflictuelles que celles qui ont été fondées sur ce principe.[529] Mais il faut en même temps reconnaître que l'*uti possidetis* « n'a pu empêcher diverses contestations territoriales, dues à des revendications liées à une histoire particulière (par exemple en Afrique, dans les régions rattachées à l'Empire chérifien ou revendiquées par lui, ou dans la « corne de l'Afrique »), ou nées des insuffisances des limites coloniale ».[530]

En plus des différends réglés par voie juridictionnelle, il existe encore plusieurs autres qui n'ont pas connu d'aboutissement heureux jusqu'à ce jour. Un exemple visible est le différend bénino-burkinabé à propos de la zone frontalière de Kourou-Koalou dont la non - détermination du statut territorial a mené à des tensions répétées. Finalement, les protagonistes ont consenti de soumettre leur différend

---

[526]WALDOCK H., "Disputed sovereignty in the Falkland Island Dependencies", *BYBIL*, 1948, vol. 25, p. 325.

[527] BOURJOL-FLECHER D., « Heurs et malheurs de l' « *uti possidetis* ». L'intangibilité des frontières africaines », *Revue Juridique et Politique Indépendance et Coopération*, 1981, vol. 35, p. 834.

[528] Affaire du différend frontalier, Burkina Faso c./ Mali, Rec. CIJ, para 30.

[529] THIERRY H., "Préface", *in* WECKEL Ph. (sous la dir.), *Le juge international et l'aménagement de l'espace: la spécificité du contentieux territorial, op. cit..*, p. 11.

[530] VIRALLY M., *Panorama du droit international contemporain, Cours général de droit international*,
RCADI, 1983, t. V, vol. 183, p. 145.

frontalier à la Cour internationale de justice (CIJ) pour obtenir une décision contraignante. En attendant qu'une solution juridictionnelle définitive n'intervienne pour ce différend, une stratégie de neutralisation temporaire et d'administration mixte de la zone a été développée par les deux États.[531] C'est alors que depuis le 19 mai 2009, les Ministres compétents des deux États se sont accordés à enlever tous les symboles de souveraineté de part et d'autre et à créer un fonds commun de gestion de la zone.[532] Aux conflits inter-étatiques, il faut ajouter les velléités sécessionnistes qui démontrent de l'échec, ou du moins des insuffisances de l'*uti possidetis*. Il s'agit de conflits de contestation des frontières de l'État venant de l'intérieur. Les cas les plus illustratifs sont le mouvement sécessionniste Sanwi qui a marqué la Côte d'Ivoire,[533] la vingtaine de conflits sécessionnistes ayant fragilisé la République Démocratique du Congo,[534] la guerre sécessionniste du Biafra qui a failli faire éclater la Fédération du Nigeria en 1967,[535] la rébellion sécessionniste en Casamance,[536] le conflit entre l'Éthiopie et d'Érythrée,[537] le conflit soudanais ayant abouti à la naissance du Sud Soudan à l'issue d'un référendum d'auto-détermination intervenu le 9 juillet 2011.[538] A la lumière de ces conflits, on est en droit d'agréer la thèse de Steven Ratner selon laquelle l'*uti possidetis « perpetuates a subterfuge: a formalised self determination that enables a new state to forma long the administrative lines of an old territorial unit, but neglects the underlying territorial issues that prompted the dissatisfaction in the*

---

[531] UNION AFRICAINE, *Délimitation et démarcation des frontières en Afrique, Programme Frontière de L'Union Africaine* (PFUA), Addis-Abeba, mai 2013, p. 80.

[532] *Ibid*, p. 80.

[533] OUATTRA L. K., «Les frontières en Afrique : héritage du passé colonial, enjeu actuel *», op cit*, p..9.

[534] FOUCHER M., *L'obsession des frontières, Op.Cit., p.* 53.

[535] Cette la guerre éclata au Nigéria, avec la sécession du Sud-est du Nigeria et la proclamation de la République du Biafra le 30 mai 1967 par l'ethnie chrétienne minoritaire Ibo.

[536] Cf, ZIDOUEMBA D. H., *Les sources de l'Histoire des frontières de l'Ouest Africain,* Les Nouvelles Éditions Africaines, 1979, p. 702.

[537] Lire pour comprendre MARCHAL R., « Une « drôle de guerre » : des frontières entre l'Érythrée et l'Éthiopie », sur http://ceriscope.sciences-po.fr/content/part3/une-drole-de-guerredes-frontieres-entre-lerythree-et-lethiopie.

[538] Voir LUGAN B., *Les Guerres d'Afrique, des origines à nos jours*, Clermont-Ferrand, Éditions du Rocher, 2013, pp. 310 et svt.

first place and perhaps lays the groundwork for a new round of interstate conflicts and attempted secession »[539].

Tous les développements du principe, ci-dessus rappelés, ont été faits dans le cadre des frontières terrestres. Très tôt, la multiplication des différends frontaliers maritimes ont soulevé la question de l'applicabilité du principe aux frontières maritimes. A cet effet, plusieurs affaires et différends ont facilité la consécration de l'application du principe aux frontières maritimes en ce qu'ils avaient déjà abordé le problème.

SECTION II : L'application de l'*uti possidetis* aux frontières maritimes

L'application de l'*uti possidetis* aux frontières maritimes signifie que là où elles ont existé, les délimitations de frontières maritimes accordées par l'État prédécesseur continuent de lier l'État successeur. Si elles concernent un ou plusieurs des différents espaces maritimes actuellement reconnus, elles doivent normalement lier les nouveaux États. Après son application aux frontières terrestres, le principe a fait du chemin avant d'être reconnu applicable aux frontières maritimes. Plusieurs facteurs ont, à la réalité, balisé le chemin à une telle consécration. C'est sur ces balises que le tribunal ordonna son extension aux frontières maritimes.

Le processus de consécration de l'application de l'*uti possidetis* aux frontières maritimes

La nécessité de procéder à une délimitation des zones de plateau continental appartenant à la Libye et à ses voisins est apparue au moment où chacun d'eux a été amené à accorder des permis de recherche « *off-shore* » à l'intérieur de périmètres voisins du plateau continental de l'autre. C'est ainsi que, bien qu'ayant unilatéralement pris la décision d'affirmer sa pleine souveraineté sur le golfe de la Grande Syrte, le 10 octobre 1973[540], la Libye a mené de front des

[539] RATNER S., "Drawing a Better Line : *Uti Possidetis* and the Borders of New States", *AJIL*, 1996, p. 624.
[540] Chronique ROUSSEAU Ch., *R.G.DJ.P.* 1974, p. 1177.

négociations bilatérales, d'une part, avec Malte, d'autre part, avec la Tunisie.

Lors des négociations entre la Tunisie et la Libye, à propos de la délimitation du plateau continental, il a été question d'une délimitation du plateau continental par voie d'accord entre la France et l'Italie pendant la période coloniale. Tunis voudrait voir cet accord maintenu, d'une part, parce qu'elle estime avoir acquis des droits historiques sur la partie litigieuse du plateau continental et, d'autre part, parce qu'elle invoque l'argument relatif à la succession d'États en matière de traités et au principe de l'*uti possidetis* qui pose l'intangibilité des frontières héritées de la colonisation par les États africains. La Libye ne fut pas de cet avis et obligea les deux États à saisir la C.I.J par voie de compromis. Curieusement, les deux parties, autant dans leurs mémoires que dans leurs plaidoiries, abandonnèrent presque leurs prétentions relatives à l'*uti possidetis* au profit du critère physique du prolongement naturel.[541]

Néanmoins, par cette l'affaire Tunisie/Libye, l'*uti possidetis* fera son apparition dans la jurisprudence de la Cour, en matière maritime, grâce aux opinions individuelles des juges Jiménez de Aréchaga et Ago qui regrettèrent l'inapplication de l'*uti possidetis* aux délimitations allant au-delà de la mer territoriale, même à une époque où l'espace maritime en cause n'existait pas. En effet, Mr Eduardo Jiménez de Aréchaga affirmait dans son opinion séparée que : « les principes de droit international relatifs à l'*uti possidetis* des frontières africaines et à la succession d'États en matière de délimitation frontalière s'appliquent aussi à la délimitation des pêcheries d'éponges effectuée à l'époque coloniale, ainsi que la Tunisie l'a soutenu dans son mémoire du 3 mai 1976 au sujet de la ligne ZV 45°. ».[542] Mr Roberto Ago estima que l'existence d'une délimitation prolongée au-delà de la limite extérieure des eaux territoriales ayant été respectée sans qu'aucune difficulté se soit élevée pendant les quatre décennies antérieures à l'accession des deux États à l'indépendance, elle aurait dû être considérée, je pense, comme la donnée de base, s'imposant aux Parties après l'indépendance également, en vertu des mêmes principes du droit international général en matière de succession

[541] *Plateau continental (Tunisie c. Jamahiriya arabe libyenne)*, Opinion Individuelle de M. Ago, C.I.J. Recueil, 1982, pp. 97-98, para. 5.

[542] *Ibid*, p. 132, para. 102.

d'États et des mêmes principes proclamés par l'Organisation de l'unité africaine, que la Cour a évoqués à propos de la frontière terrestre de 1910.[543] Mr Eduardo Jiménez de Aréchaga va plus loin en affirmant que « même si l'on ne reconnaît pas l'existence d'un accord, il reste qu'il y a eu délimitation de fait pour l'exploitation des zones de fonds marins, que cette délimitation a été l'objet d'un assentiment et que la Cour ne saurait donc à présent la modifier ou l'ignorer. Les droits historiques établis par la Libye sont aussi dignes d'être respectés que ceux qu'invoque la Tunisie ».[544]

Cette affaire fit l'occasion du premier appel à la CIJ à appliquer le principe l'*uti possidetis* aux frontières maritimes. Toutefois, lesdits appels furent intervenus dans le cadre des opinions séparées des juges concernés ; le tribunal lui-même ayant opté pour une autre solution. Mais la marche vers la reconnaissance du principe quant aux frontières maritimes ne s'arrêtera pas là. Elle va se poursuivre notamment dans l'affaire de la délimitation de la frontière maritime entre la Guinée et la Guinée-Bissau.

Les premières invocations de l'*uti pssidetis* en Amérique, en dehors de surfaces terrestres, concernent les baies historiques et les cours d'eaux internationaux. La situation juridique des eaux du golfe de Fonseca est illustrative. En effet, le golfe de Fonseca est une baie historique dont les eaux, sujettes jusqu'en 1821 au seul contrôle de l'Espagne et de 1821 à 1839 de la République fédérale d'Amérique centrale, ont ensuite été, par voie de succession, soumises à la souveraineté de la République d'El Salvador, de la République du Honduras et de la République du Nicaragua conjointement, et continuent de l'être, mais à l'exclusion d'une ceinture, s'étendant sur une distance de 3 milles (1 lieue marine) à partir du littoral de chacun des trois États, cette ceinture étant soumise à la souveraineté exclusive de l'Etat riverain, et sans réserve de la délimitation entre le Honduras et le Nicaragua effectuée en juin 1900 et des droits existants de passage inoffensif à travers la ceinture de 3 milles et les eaux soumises à la souveraineté conjointe.[545]

Appelée à se prononcer sur la situation juridique de cette baie en 1917, en effet, la Cour de justice centraméricaine avait déclaré que le

---

543 *Ibid*, pp. 97-98, para. 5.
544 *Ibid*,, p. 132, para. 102.
545 C.I.J, Recueil, 1992, p. 616, para. 432.

golfe de Fonseca était une baie historique et que cette situation établie par l'Espagne avait été dévolue en 1821 à la République fédérale de l'Amérique centrale, puis au Salvador, au Honduras et au Nicaragua[546]. L'arrêt affirmait, en effet, que : « *The historic origin of the right of exclusive ownership that has been exercised over the waters of the Gulf during the course of nearly four hundred years is incontrovertible, first, under the Spanish dominion - from 1522, when it was discovered and incorporated into the royal patrimony of the Crown of Castile, down to the year 1821 - then under the Federal Republic of the Center of America, when in that year attained its independence and sovereignty down to 1839.* ». De plus, « *subsequently, on the dissolution of the Federation in that year, the States of El Salvador, Honduras and Nicaragua, in their character of autonomous nations and legitimate successors of Spain, incorporated into their respective territories* »[547].

Plus tard, en 1977, dans l'affaire du Canal de Beagle, l'Argentine invoqua l'existence d'un « principe océanique »[548] comme critère d'interprétation de l'article III du Traité argentino-chilien de 1881. Selon ce principe, l'Espagne avait attribué la juridiction maritime aux divisions administratives respectives,[549] aux fins de la sécurité et de la pêche, de sorte que la Vice-Royauté du Rio de La Plata avait juridiction sur les côtes et eaux atlantiques, et la Capitainerie-générale du Chili sur les côtes et eaux du Pacifique.[550] Liant le principe océanique au principe de l'*uti possidetis*, l'Argentine affirmait dans son contre mémoire que : « *Applying the principle of the uti possidetis juris of 1810, the Argentine Republic has maintained, as still maintains, that in fact and in law it received in succession to the Spanish Crown a maritime jurisdiction over the whole of the littoral of the Atlantic Ocean from Rio de la Plata as far as Cape Horn* »[551].

---

[546] Corte de Justicia Centroamericana, Sentencia pronunciada en el juicio promovido por el Gobierno de la República de El Salvador contra el Gobierno de la República de Nicaragua por la celebración del Tratado Bryan-Chamorro. San José, Costa Rica, 9 mars 1917, p. 37. A.J.I.L., 1917, vol. 11, IIe partie, p. 700.

[547] *Ibid.*

[548] Pour plus de détails sur le «principe océanique» voir la sentence du 18 avril 1977, vol. XXI, pp. 120-122, para 66.

[549] KOHEN M., « *L'uti possidetis juris* et les espaces maritimes », *op cit*, p 163.

[550] *Ibid*, p 163.

[551] *Argentine-Chilean Arbitration Concerning the Region of the Beagle Channel.* Memorial of the Argentine Republic. 1973, vol. I, pp. 118-119.

Ces décisions préfiguraient l'application future de l'*uti possidetis* aux frontières maritimes. Ainsi, furent-elles invoquées pour tenter de démontrer que l'Espagne avait procédé à la délimitation des juridictions maritimes de ses provinces centraméricaines dans le l'affaire du Différend territorial et maritime entre le Nicaragua et le Honduras dans la mer des Caraïbes. La Cour a rejeté cette thèse estimant qu'il n'avait pas été démontré « que la Couronne espagnole aurait réparti sa juridiction maritime entre les provinces coloniales du Nicaragua et du Honduras, même dans les limites de la mer territoriale. Si l'on peut certes accepter l'idée que tous les États ont accédé à l'indépendance en ayant eu droit à une mer territoriale, cette réalité juridique ne détermine pas le tracé de la frontière maritime entre les mers adjacentes des États voisins. ». Elle précisa que : « Dans les circonstances de la présente affaire, il ne peut être dit que le principe de l'*uti possidetis juris* a servi de base à une ligne de partage maritime le long du 15e parallèle. »[552]. En effet, bien que reconnaissant l'extension des étendues de la mer territoriale de 6 miles marins aux nouveaux espaces maritimes par les effectivités *post*-coloniales[553], le Honduras soutient qu'elles avaient été traditionnellement établies sur le parallèle 15° par le biais de l'*uti possidetis*.[554]

Selon KOHEN (M), cette position de la Cour écartant l'*uti possidetis juris* pour la délimitation de la mer territoriale entre deux États issus de la même puissance coloniale n'implique pas une négation absolue de toute pertinence du principe d'origine latino-américaine en la matière.[555] Il ne s'agit pas d'une remise en cause de ce qui est considéré comme acquis depuis 1989 mais de l'impertinence du principe dans le cas d'espèce, pour absence de preuve. En 1989, le Tribunal ayant rendu la sentence arbitrale dans l'affaire de la délimitation maritime entre la Guinée-Bissau et le Sénégal avait mentionné les précédents du canal de Beagle et de la baie de Fonseca comme des cas de succession d'États aux frontières maritimes justifiant l'application de l'*uti possidetis* aux frontières maritimes. Peu avant lui, le tribunal arbitral siégeant dans l'affaire de la délimitation

---

[552] *Différend territorial et maritime entre le Nicaragua et le Honduras dans la mer des Caraïbes* (Nicaragua c. Honduras), arrêt du 8 octobre 2007, para. 93.
[553] Contre-Mémoire du Honduras p. 84, para. 5.35.
[554] *Différend territorial et maritime entre le Nicaragua et le Honduras dans la mer des Caraïbes*
(Nicaragua c. Honduras), arrêt du 8 octobre 2007, para. 86.
[555] KOHEN M., « L'uti possidetis juris et les espaces maritimes », *op cit*, p 160.

maritime entre la Guinée et la Guinée – Bissau avait manqué d'aborder la question.

Lorsque la Guinée-Bissau, après une lutte de libération commencée dès 1963, accède enfin à l'indépendance en septembre 1973, il lui fallut attendre un an pour voir son indépendance reconnue par le Portugal et pour entrer à l'ONU.[556] Mais, aussitôt en 1973, elle étendit unilatéralement la largeur de sa mer territoriale à 150 milles calculée à partir de lignes de base droites voisines de celles de 1967, et entre 1975-1976 et procéda à une campagne de recherche sismique au sud du parallèle 10°40' N.[557] Le différend avec la Guinée est né de la divergence d'interprétation de la convention luso-française de 1886, signée dans la droite ligne de l'acte général de la Conférence de Berlin.[558] Concernant la délimitation maritime, l'Article 1, dernier alinéa, de la Convention prévoyait que les îles situées entre la côte, le méridien du Cap Roxo et une « limite sud » constituée principalement par le parallèle de 10 degrés 40 minutes de latitude nord, appartiendraient au Portugal. Les autres îles seraient françaises. Comment interpréter la Convention de 1886 ? Celle-ci établissait-elle entre les deux États une véritable frontière maritime (qui aurait été une des premières du monde) ? Ou bien la ligne décrite dans la Convention n'avait-elle qu'une fonction « démarcatrice » entre les îles

[556] La Guinée-Bissau, dont l'indépendance fut proclamée le 24 septembre 1973 par l'Assemblée nationale populaire, avait été jusqu'alors sous l'administration du Portugal. L'indépendance de la Guinée-Bissau a été le fruit d'une longue lutte de libération nationale d'abord politique, puis, à partir du début de 1963, menée militairement par le Parti africain pour l'indépendance de la Guinée et du Cap-Vert (PAIGC) contre le Portugal, qui était à cette époque sous le régime de M. Antonio de Oliveira Salazar. Par un traité conclu à Alger le 26 août 1974, le Portugal reconnut la Guinée-Bissau comme Etat indépendant et souverain.

[557] *Affaire de la délimitation de la frontière maritime entre la Guinée et la Guinée-Bissau, op cit, p. 162, Para 30.*

[558] Au XIXe siècle, alors que la France colonisait la Guinée et concluait avec le Portugal (colonisateur de la future Guinée-Bissau voisine au nord) ce traité de 1886 sur les frontières terrestres et la répartition des îles, la mer était bien entendu déjà un enjeu important du simple fait que seuls les bateaux permettaient de relier la métropole aux colonies. Les jeunes puissances coloniales cherchaient donc à exercer leur juridiction au-delà de la mer territoriale proprement dite (3 milles pour la France, 6 pour le Portugal), afin de saisir en haute mer les bateaux suspects de commerce illicite avec les différents territoires placés sous leur juridiction. Des négociations entre la France et le Portugal aboutirent à la conclusion d'une convention, signée à Paris le 12 mai 1886, sur la délimitation des possessions des deux pays en Afrique occidentale.

appartenant au Portugal d'alors et celles relevant de la juridiction française ?

Le compromis de 1983 entre la Guinée-Bissau et la Guinée, composé de treize articles, prévoyait entre autres que le Tribunal arbitral sera composé de ressortissants d'États tiers, qu'il comprendra trois membres [559] et ne pourra statuer que s'il est au complet.[560] Étant donné qu'il s'agissait de trois juges de la Cour internationale de Justice et qu'il était convenu que le tribunal utiliserait mutatis mutandis les mêmes règles de procédure que la Cour internationale de Justice- notamment les dispositions du Règlement relatives à la procédure écrite, orale et aux arrêts - ce tribunal, à l'instar de celui constitué dans l'affaire du Canal de Beagle[561], ne différait finalement guère d'une chambre de la Cour internationale de Justice[562]. C'est ce qui fait dire au professeur Eric DAVID[563] que ce compromis ressemble dans une large mesure à celui qui avait été conclu en 1975 par la France et le Royaume-Uni pour résoudre leur différend sur la délimitation de leur plateau continental dans la Manche et en mer d'Iroise[564].

Le compromis assigne au tribunal une tâche bien précise[565]. Le tribunal devait donc non pas fixer des principes de délimitation comme dans les affaires qui l'ont précédé devant la Cour internationale de justice[566], mais procéder directement au « tracé de la ligne frontière sur une carte »[567]. Bien qu'en vertu de la doctrine du

---

[559] Conformément à l'article premier du compromis, le tribunal comprenait trois membres : MM. Keba Mbaye désigné par la Guinée, Mohamed Bedjaoui désigné par la Guinée-Bissau et Manfred Lachs choisi comme président par les deux autres arbitres.

[560] Article 4 du compromis.

[561] OLLECKER-STERN B., « L'arbitrage dans l'affaire du canal de Beagle entre l'Argentine et le Chili », *R.G.D.I.P.*, 1979, p. 13.

[562] Art. 26, para 2 du statut de la Cour internationale de justice.

[563] DAVID E., « La sentence arbitrale du 14 février 1985 sur la délimitation de la frontière maritime Guinée-Guinée-Bissau », *Annuaire français de droit international*, volume 31, 1985. pp. 353

[564] Texte in R.SA., XVIII, pp. 132-134.

[565] Voir Art. 2 du compromis.

[566] *Affaires du plateau continental de la Mer du Nord* en 1969, *du plateau continental* (Tunisie/Libye) en 1982 et *du plateau continental* (Libye/Malte) en 1985.

[567] A l'instar de ce qui avait été demandé dans les affaires de la *délimitation du plateau continental entre le Royaume-Uni de Grande-Bretagne et d'Irlande du Nord et la République française en 1977* et de la *délimitation de la frontière maritime dans la région du Golfe du Maine* en 1984.

prolongement naturel de l'État[568], le plateau continental peut théoriquement se voir reconnaître des limites latérales distinctes de celles qui sont fixées pour la zone économique exclusive[569], en l'occurrence, il a été demandé au tribunal, comme dans l'affaire du Golfe du Maine, de tracer une limite unique pour ces deux types d'espace, comme le remarque si bien le professeur Eric DAVID[570]. En outre, la procédure devant le Tribunal a été soigneusement prévue, aux articles 6, 7et 12du compromis.

Mais, avant de donner le tracé de la délimitation des espaces maritimes des deux Guinées, le tribunal devrait déterminer si la Convention du 12 mai 1886 entre la France et le Portugal détermine la frontière maritime entre les possessions respectives de ces deux États en Afrique de l'ouest.[571]

Pour répondre à cette question, le Tribunal arbitral devait déterminer s'il existait une distinction entre "limite" et frontière dans l'accord de 1886 puis dans le cas où le mot limite signifierait frontière, déterminer si la convention devait s'appliquer aux deux nouveaux États par application de l'*uti possidetis*.[572] La recherche du sens du mot limite conduisant à la détermination de la nature du tracé conventionnel, la sentence a eu l'occasion de distinguer ce qui était une ligne d'attribution d'une ligne de délimitation maritime.[573] En effet, les lignes d'attribution tracées en mer sont celles par lesquelles deux ou plusieurs États déterminent la souveraineté territoriale des îles se trouvant à l'intérieur ou des deux côtés de ces lignes, sont à distinguer des limites maritimes.[574] De fait, ni l'interprétation du traité ni la

---

[568] *Affaire du Plateau continental de la Mer du Nord*, arrêt du 20 février 1969, C.U., Rec. 1969, pp. 22
et 29-32.

[569] Cf. *Plateau continental* (Tunisie/Libye), arrêt du 24 février 1982, op. dissid. Evensen, Rec. 1982, p. 287; *Golfe du Maine*, arrêt du 12 octobre 1984, op. dissid. Gros., Rec. 1984, p. 384; Plateau continental (Libye/Malte), arrêt du 3 juin 1985, Rec. 1985, p. 33, para 34.

[570] DAVID E., « La sentence arbitrale du 14 février 1985 sur la délimitation de la frontière maritime Guinée-Guinée-Bissau », *op cit*, p. 353

[571] Voir Article 2 du compromis.

[572] Pour plus de détails, voir *Infra,* Partie II, Titre II, Chapitre II, Section II, Paragraphe I.

[573] KOHEN M., « L'uti possidetis juris et les espaces maritimes », *op cit*, p 164.

[574] *Ibid*, *op cit*, p 164.

pratique des États[575], selon le Tribunal, ne conduit que la limite vaut frontière[576]. Cette précision donnée par le Tribunal arbitral s'inscrit bien dans la lettre de la décision de la C.I.J. dans l'Affaire des pêcheries norvégiennes où la nature juridique des deux notions a été précisée.[577]

En l'affaire de la Délimitation de la frontière maritime entre la Guinée et la Guinée-Bissau, il fut question d'une ligne d'attribution, raison pour laquelle l'applicabilité de l'*uti possidetis* aux limites maritimes ne se posa pas. Cependant, il faut noter que les parties notamment la Guinée-Bissau n'ont jamais fait de distinction entre frontières terrestre et maritime. Au contraire, elle a plaidé pour l'application de l'*uti possidetis.* A cet effet, le Tribunal relevait dans l'Affaire Sénégal/Guinée-Bissau que : « Le compromis arbitral du 1 8 Mars 1983, souscrit par la Guinée-Bissau et la Guinée, invoque la déclaration solennelle de la réunion des chefs d'État et de gouvernement de l'OUA tenue au Caire du 17 au 21 juillet 1964, au cours de laquelle les États Membres firent le serment de respecter les frontières existant au moment où ils ont accédé à l'indépendance. ». Étant donné que « le compromis arbitral concernait seulement la délimitation d'une frontière maritime », cette mention signifie que « les deux Parties ont reconnu que ce principe était applicable à cette catégorie de frontières. »[578]. Aussi, pendant les plaidoiries du même arbitrage, la Guinée-Bissau a aussi reconnu que la succession d'États opère en matière de traités sur les frontières maritimes[579] C'est alors dans l'Affaire Guinée-Bissau/Sénégal, l'arbitre s'est fondé sur l'attitude de la Guinée-Bissau pour conclure à une situation d'estoppel imputable à celle-ci.

Que cette conclusion soit fondée ou pas, l'affaire de la Délimitation de la frontière maritime entre la Guinée-Bissau et le Sénégal fut une

---

575 *Affaire de la délimitation de la frontière maritime entre la Guinée et la Guinée-Bissau*, sentence arbitrale du 14 février 1985, R.S.A., vol. XIX, p. 175, para 67. Cf. para 63.

576 Pour plus de détails voir, *Infra,* Partie II, Titre II, Chapitre II, Section II, Paragraphe I.

577 Voir CISSE Y., *L'évolution et le développement du droit des espaces maritimes et les contributions des états africains, op cit*, p. 351.

578 *Arbitrage relatif à la détermination de la frontière maritime entre la Guinée-Bissau et le Sénégal* (31 juillet 1989), pp. 145-146, para 66.

579 *Ibid.*

base incontestable sur laquelle repose l'extension de l'*uti possidetis* aux frontières maritimes dans l'Affaire Sénégal/Guinée-Bissau.

Les contestations de l'application aux frontières maritimes

Le 12 mars 1985 la Guinée-Bissau et le Sénégal avaient décidé de soumettre, par compromis, à un collège arbitral composé de trois personnes, leur litige relatif à la détermination de leur frontière maritime et lié à la validité de l'accord conclu entre la France et le Portugal le 26 avril 1960 et publié non seulement au Journal Officiel de la République française, mais aussi aux Journaux Officiels de la Communauté et de la Fédération du Mali. L'accord, était ainsi rédigé :

« Jusqu'à la limite extérieure des mers territoriales, la frontière sera définie par une ligne droite, orientée à 240 degrés, partant du point d'intersection du prolongement de la frontière terrestre et de la laisse de basse mer, représentée à cet effet par le phare du cap Roxo. En ce qui concerne les zones contiguës et le plateau continental la délimitation serait constituée par le prolongement rectiligne, dans la même direction, de la frontière des mers territoriales. ».[580]

Alors que, pour le Sénégal, la délimitation des espaces maritimes relevant respectivement de chaque État était constituée par la ligne établie par l'accord de 1960, la Guinée-Bissau prétendait, au contraire, que cet accord ne lui était pas opposable et qu'il convenait donc d'établir une délimitation *ex novo*. Les deux États n'ont pas contesté les frontières terrestres. Ils estimaient seulement que la Convention franco-portugaise de 1886 n'avait pas défini la frontière maritime.

Le tribunal réuni à Genève rendit sa sentence, adoptée par deux voix contre une le 31 juillet 1989. Dans sa sentence du 31 juillet 1989, le Tribunal estima que l'accord franco-portugais de 1960 était valable et opposable au Sénégal et à la Guinée-Bissau, mais qu'il ne délimitait pas les espaces maritimes qui, telle la zone économique exclusive, n'existaient pas à la date de sa conclusion.[581] L'arbitre Mohamed

---

580 Sentence du 14 février 1985, *Affaire de la délimitation de la frontière maritime entre la Guinée et la Guinée-*
Bissau, p. 129, paragraphe 20.
581 Texte dans R.G.D.I.P., 1990, pp. 204-275. Voir notre commentaire dans A.F.D.I., 1989, pp. 325-339.

Bedjaoui joignait une opinion dissidente ; le président Julio Barberis une déclaration.[582] Pour arriver à cette conclusion, le tribunal a dû affirmer, malgré l'opposition de l'arbitre algérien[583], l'application de la règle de l'*uti possidetis* aux frontières maritimes en soulignant que « d'un point de vue juridique, il n'existe aucune raison d'établir des régimes différents selon l'élément matériel où la limite est fixée »[584] De plus, le tribunal évoqua la situation d'estoppel tirée de l'attitude de la Guinée-Bissau[585] précédemment mentionnée[586] mais également des deux cas de succession d'États aux frontières maritimes, celui du canal de Beagle et celui de la baie de Fonseca[587], précédemment étudiés également.[588] Cependant, la sentence souligne une base nouvelle ou différente des deux précédentes : l'absence d'application de la *tabla rasa* aux frontières maritimes. Il revient à l'État qui invoque l'inapplicabilité de l'*uti possidetis* aux frontières maritimes d'en apporter la preuve. Autrement dit, puisque la Guinée-Bissau invoque l'application de la table rase aux frontières maritimes, il lui faut rapporter la preuve que la pratique a connu des précédents ou des cas où la table rase a été appliquée aux frontières maritimes. Naturellement, la Guinée-Bissau ne put apporter cette preuve, étant donné « qu'il n'existe aucun précédent où la table rase a été appliquée aux frontières maritimes ».[589]

Il a été admis que la position du tribunal répond bien aux principes posés par l'article 62(2) de la Convention de Vienne de 1969 sur le droit des traités et l'article 11 de la Convention de 1978 sur la succession d'États en matière de traités ; le premier disposant qu' « un changement fondamental de circonstances ne peut pas être invoqué comme motif pour mettre fin à un traité ou pour s'en retirer s'il s'agit d'un traité établissant une frontière » ; et le second, l'article 11, stipule qu' « une succession d'États ne porte pas atteinte en tant que telle à

---

582 Texte in R.G.D.I.P. 1990, p. 204-275, avec la déclaration du président mais pas l'opinion dissidente.

583 *Affaire de la délimitation de la frontière maritime entre la Guinée-Bissau et le Sénégal.* Sentence du 31 juillet 1989, RSA, vol. XX, pp. 167-168, para 34-35.

584 *Ibid*, p. 144, para 63.

585 *Ibid*, pp. 145-146, paras 66.

586 Voir *Supra*, Première partie, Titre I, Chapitre II, Section II, para I, B, 2.

587 *Affaire de la délimitation de la frontière maritime entre la Guinée-Bissau et le Sénégal.* Sentence du 31 juillet 1989, p. 144, para 64.

588 Voir *Supra*, Première partie, Titre I, Chapitre II, Section II, para I, B, 1.

589 CISSE (Y), *L'évolution et le développement du droit des espaces maritimes et les contributions des états africains, op cit*, p. 354.

une frontière établie par un traité, ni aux obligations et droits établis par traité et se rapportant au régime d'une frontière »[590]. Ainsi consacrée, l'application se trouvera encore remise en cause. Ces remises en cause sont cependant du passé.

L'application de l'*uti possidetis* aux frontières maritimes n'a pas manqué de contestation, déjà, dans les premières heures de sa consécration. A cet effet, le juge Mohammed Bedjaoui, dans son opinion dissidente jointe à la sentence arbitrale du 31 juillet 1989, réfute, contrairement aux juges André Gros et Julio Barberis, toute applicabilité de l'*uti possidetis* aux frontières maritimes. Il affirme que le principe ne devrait pas s'appliquer aux frontières maritimes, étant donné que les différences de milieux sont patentes et irréductibles; que la notion de souveraineté et ses conséquences telles que l'inviolabilité territoriale n'ont pas, ou pas encore, leur place dans les espaces maritimes de sorte que l'État étranger peut mener certaines activités dans ces espaces placés sous juridiction d'un autre État ; que, de même, une autre notion, celle d'effectivité, développe ses effets, jusqu'à ce jour, plus difficilement dans les espaces maritimes que dans les espaces terrestres ; et qu'enfin, contrairement aux accords frontaliers terrestres, qui sont librement négociés sans devoir obéir à une logique préétablie, les accords de délimitations maritimes obéissent aujourd'hui, quant à eux, à un principe général d'équité.[591]

Il serait, selon lui, imprudent d'aligner l'unc sur l'autre, ces deux institutions, sans motif impérieux, en appliquant à toutes les deux indifféremment unc norme telle que l'*uti possidetis* qui est pourtant un principe très rigoureux et très « lourd » au point de tenir en respect le principe sacro-saint de la souveraineté de l'État.[592] Ainsi, les limites maritimes seraient des frontières, mais d'une nature ou d'une catégorie différente en raison de la plénitude de la souveraineté dans le cas des frontières terrestres et de l'absence de cette plénitude dans le cas des frontières maritimes : « Si, dans l'état actuel de développement du droit de la mer, le statut et le régime juridiques des délimitations maritimes n'accordent pas de souveraineté à l'État côtier, comme je l'ai relevé, je ne vois pas comment on peut logiquement affirmer que l'accord qui établit précisément ces délimitations

[590] *Ibid*, p. 331.
[591] Voir *Affaire de la délimitation de la frontière maritime entre la Guinée-Bissau et le Sénégal*. Sentence du 31 juillet 1989, RSA, vol. XX, pp. 167-168, para 34-35.
[592] *Ibid*

maritimes est assimilable au traité de frontière terrestre qui établit, lui, en revanche la souveraineté de l'État. »[593] Le constat de différenciation de régime et de statut juridiques montrerait qu'il ne faut pas nécessairement conclure à l'application du principe de l'*uti possidetis* aux frontières maritimes.

Ce long rappel montre le poids que l'excellent arbitre accorde à la différence de milieux pour conclure à l'inapplicabilité du principe aux frontières maritimes. Il faut quand même noter que le raisonnement du juge occulte la propension assez forte visant à estomper la séparation entre la catégorie des frontières maritimes de celle des frontières terrestres. De ce fait, il a été signifié qu'« aucune différence intrinsèque entre les différends sur les frontières terrestres et les différends sur les frontières maritimes. Ces deux types de litiges concernent en effet l'espace sur lequel peuvent s'exercer une souveraineté ou des droits souverains ».[594] On peut s'entendre qu'il existe des différences sensibles entre les deux types de frontières telles que, par exemple, l'acte de démarcation qui intervient dans la définition des frontières terrestres et qui est exclue pour les premières différences qui font que « l'assimilation ne peut-être totale ».[595] Rousseau disait à cet effet : « J'aimerais faire une remarque c'est qu'il y a des différences assez sensibles entre – la frontière – et la limite maritime. La limite maritime ne sépare pas des compétences d'États, elle sépare un territoire étatique et un espace, et un espace en principe non approprié et qui est l'espace maritime ou l'espace aérien… ».[596] Il ne faut pas aussi négliger la réalité selon laquelle les deux types de frontières disposent de plusieurs caractéristiques conjointes[597] comme, par exemple, l'identité des conséquences en l'absence de délimitation, l'impossibilité d'invoquer un changement fondamental de circonstances pour mettre fin à un traité établissant une frontière.[598]

---

[593] *Ibid*

[594] ROSENNE S., *Troisième Conférence des Nations-Unies sur le droit de la mer, op cit*, p. 65, para 50.

[595] ABLINE G., *Sur un nouveau principe général de droit international : l'uti possidetis*, *op cit,* p. 474.

[596] ROUSSEAU Ch., « Conclusions du colloque », *La frontière*, *op. cit.* p. 299.

[597] BARDONNET D., "Frontières terrestres et frontières maritimes", *op. cit.*, pp. 54-64.

[598] Dans son arrêt dans l'affaire du plateau continental de la mer Egée, la Cour a indiqué : "*Qu'il s'agisse d'une frontière terrestre ou d'une limite de plateau continental, l'opération de délimitation entre Etats voisins est essentiellement la*

L'autre argument du juge BEDJAOUI est que les dirigeants africains avaient uniquement en vue la question des frontières terrestres au moment de l'adoption du principe de l'*uti possidetis* dans la Rés. AHG/Res.16(I). Cet argument est de taille en ce sens que l'adoption du principe avait pour but premier de stabiliser les frontières terrestres, dans un environnement *post* colonial très conflictuel voire presque chaotique. Les États africains n'avaient pas songé aux frontières maritimes au niveau desquels les différents conflits ne se posaient pas puisque c'est la crainte de voir la situation potentiellement explosive faire éclater leurs jeunes édifices encore fragiles après les reflux coloniaux qui les a poussés à ratifier une fois encore l'acte de Berlin.[599]

Un tel argument ne manque également pas d'insuffisance. Comme le rappelle BANSOU Chérifatou, les États Africains, en accédant à l'indépendance, avaient hérité aussi bien des frontières maritimes que des frontières terrestres et ces dernières, compte tenu leur milieu physique, n'étaient pas du tout délimitées, et donc inconnues. Mais malgré cela et au regard du premier sens de l'*uti possidetis*, il devrait également et logiquement s'appliquer à elles.[600] En effet, si la résolution du Caire ne distingue pas les frontières terrestres de celles maritimes, il ne faut pas interpréter là où elle n'interprétait pas ou distinguer là où elle n'en distinguait pas.

Certains rares auteurs n'ont pas manqué d'emboîter les pas aux juges. Par exemple, pour ABLINE G, « En raison de la nature singulière des espaces maritimes, il semble plus logique de conserver l'*uti possidetis* aux cas exclusifs de baies ou titres historiques ou de délimitations relatives à la mer territoriale »,[601] reprenant ainsi la position affirmé par M. Kohen dans son maître ouvrage ''Possession contestée et souveraineté territoriale'' : « lorsqu'il s'agit des traités de délimitations concernant des espaces sur lesquels les États n'exercent

même : elle comporte le même élément inhérent de stabilité et de permanence et est soumise à la règle qui veut qu'un traité de limites ne soit pas affecté par un changement fondamental de circonstances". CIJ, Rec., 1978, p. 36, para 85.

599 *Affaire de la délimitation de la frontière maritime entre la Guinée-Bissau et le Sénégal.* Sentence du 31 juillet 1989, RSA, vol. XX, pp. 165, para. 28.

600 BANSOU C. U., *op cit*, p. 90.

601 ABLINE G., *Sur un nouveau principe général de droit international : l'uti possidetis, op cit*, p. 474.

que certains droits souverains, il vaut mieux parler de succession d'États aux délimitations maritimes préexistantes ».[602]

Certes, dans son arrêt en l'affaire de la Frontière terrestre et maritime (Cameroun c. Nigeria) du 10 octobre 2002, la Cour internationale de justice a décidé que la souveraineté sur la presqu'île de Bakassi est camerounaise sans toutefois juger « utile de se prononcer sur les arguments relatifs à l'*uti possidetis* avancés par les Parties pour ce qui est de Bakassi »[603] ; mais l'application du principe est aujourd'hui chose acquise. L'application est désormais reconnue pour les États dont les successeurs avaient opéré des délimitations maritimes pendant la période coloniale. C'est alors que M. Kohen reviendra affirmer que « L'*uti possidetis* s'avère applicable en mer, tout particulièrement dans des espaces maritimes soumis à la souveraineté de l'État ».[604] Des actes unilatéraux de l'État prédécesseur, tel que le fait de considérer une certaine zone de la mer adjacente à ses côtes comme étant des eaux intérieures, peuvent être invoqués par l'État successeur. [605]

---

[602] M. Kohen, *Possession contestée et souveraineté territoriale*, *op. cit.*, p. 464.
[603] CIJ, *Rec.* 2002, para 217.
[604] KOHEN M., « L'uti possidetis juris et les espaces maritimes », *op cit*, p 170.
[605] *Ibid.*

PARTIE II : Le régime juridique d'une délimitation en absence de titre

Le droit de la délimitation est, en permanence, sujet à une instabilité qui ne garantit pas une prévisibilité et une sécurité juridique aux États. Cette imprévisibilité est liée au fait que ce domaine du droit international est en perpétuelle évolution. Comme le fait observer le Prof CISSE Yacouba, « Le droit international des espaces connaît une évolution qui peut s'observer au niveau des principes applicables, des critères de délimitation, des fondements du titre, des méthodes et du droit applicable. ». Mais, poursuit-il, « cette évolution, qui est solidement inscrite dans une approche du cas par cas, n'a pas toujours conduit à une plus grande objectivité à une prévisibilité accrue et à une cohérence certaine des solutions judiciaires et arbitrales. »[606].

A la réalité, les diverses transformations qu'a subies le droit de la délimitation n'ont pas rendu aisée l'élaboration des règles du droit de la mer actuellement applicables, un droit essentiellement coutumier - non issu d'une coutume ordinaire résultant de la pratique des États - mais d'une coutume désincarnée résultant de la pratique des juridictions elles-mêmes. Aujourd'hui codifié dans la Convention des Nations Unies sur le droit de la Mer, le droit de la délimitation maritime ne fixe pas un régime précis du droit de la délimitation. C'est alors que l'activité juridictionnelle à propos de la délimitation maritime a opéré « une forme de transition juridique du vide à la précision, de la généralité à la particularité, de l'ancien au moderne, et des principes équitables aux règles de droit ».[607]

A partir de l'arrêt de 1982 de la CIJ du plateau continental, les affaires africaines ont pris une place prépondérante ce travail de précision et d'objectivation tant dans la définition du fondement du titre de l'État sur le plateau continental voire des autres espaces que dans la définition des règles de la délimitation. Ce qui a conduit, d'une part, à une redéfinition du titre juridique de l'État sur le plateau continental (Chapitre I) et, d'autre part, l'objectivation des règles de délimitation (Chapitre II).

---

606 CISSE Y., *op cit*, p.12.
607 HIGHET K., *RQDI*, 1988, No 275, p.289.

CHAPITRE I : La redéfinition du titre originel de l'État sur le plateau continental

Le lien existant entre le titre et la délimitation maritime est étroit. Bien que les deux notions ne soient pas à confondre, il ne peut exister d'opération de délimitation sans la définition du titre de l'État sur le plateau continental. Dans l'affaire Libye/Malte, la Cour a défini le lien existant entre le titre et la délimitation maritime en ces termes : « Que les questions de titre et de définition du plateau continental, d'une part, et de délimitation du plateau de l'autre, soient non seulement distinctes, mais en outre complémentaires est une vérité d'évidence. La base juridique de ce qui est à délimiter et du titre correspondant ne saurait être sans rapport avec la délimitation. »[608]

CISSE Yacouba retient une triple signification au titre en droit de la délimitation maritime. *Primo*, la notion serait relative à la qualité de l'État qui revendique un espace maritime.[609] Dans ce cas, le titre serait rattaché à la personne de l'État, c'est-à-dire que l'État en question doit être un État côtier. *Secundo*, il conçoit le titre comme le support matériel ou physique au processus de délimitation. On aura, dans ce cas, recours à la façade maritime ou à la côte (la géographie).[610] *Tertio*, le titre peut se définir comme le principe juridique qui fonde les prétentions étatiques sur les espaces maritimes.[611] Dans ce dernier cas, le titre équivaudrait à l'adjacence mesurée par la distance de 200 des marins. Il convient de noter que si l'adjacence a toujours été source de détention de titre, ce ne fut pas le cas pour le critère de distance qui lui est associé. Ce titre qui était au départ fondé sur la théorie du prolongement naturel (SECTION I) est aujourd'hui fondé sur la distance (SECTION II) grâce un remarquable travail de consécration auquel participa fortement la jurisprudence africaine.

---

608 *Plateau continental (Jamahiriya arabe libyenne/Malte), arrêt, C.I.J. Recueil 1985*, p. 30, para 28.
609 CISSE Y., *op cit*, p 89.
610 *Ibid*,
611 *Ibid*,

SECTION I : La sacralisation préalable du prolongement naturel

L'expression de « prolongement naturel du territoire terrestre », définie comme le « prolongement immergé de la masse terrestre », attribuant *de facto*, en vertu de la souveraineté de l'État sur ce territoire et par une extension de cette souveraineté, « l'exercice de droits souverains aux fins de l'exploration du lit de la mer et de l'exploitation de ses ressources naturelles » dans l'arrêt rendu par la CIJ dans les Affaires de la mer du Nord,[612] est née en même temps que celle du plateau continental.

Si le prolongement naturel continue de figurer dans la définition contemporaine du plateau continental, défini comme « les fonds marins et leur sous-sol au-delà de sa mer territoriale, sur toute l'étendue du prolongement naturel du territoire terrestre de cet État jusqu'au rebord externe de la marge continentale ou jusqu'à 200 milles marins des lignes de base à partir desquelles est mesurée la largeur de la mer territoriale, lorsque le rebord externe de la marge externe de la marge continentale se trouve à une distance inférieure »,[613] le rôle qu'il joue est aujourd'hui est marginal. On parle plutôt de prolongement naturel au sens juridique par opposition au prolongement naturel au sens physique. Or, c'est bien ce dernier qui, dès le commencement, a été consacré non seulement comme fondement du titre juridique de l'État sur le plateau continental mais aussi la plus fondamentale des règles en matière de délimitation. Cette œuvre de sacralisation du prolongement naturel – base du titre sur le plateau continental – fut rendue possible grâce à un processus politico-conventionnel en Amérique puis une consécration jurisprudentielle.

L'adoption de la thèse

Le prolongement naturel comme fondement du titre de l'État côtier sur le plateau continental est né avec la déclaration Truman du 28 septembre 1945. Le Président américain Harry Truman affirmait lors

[612] *Plateau continental de la mer du Nord (République fédérale d'Allemagne/Danemark; République fédérale d'Allemagne/Pays-Bas), arrêt, CIJ, Recueil 1969*, para. 19.
[613] Voir Article 76 alinéa 1 de la Convention des Nations unies sur le droit de la mer.

de cette proclamation que : « *the Government of the United States regards the natural resources of the subsoil and seabed of the continental shelf beneath the high seas but contiguous to the coasts of the United States, as appertaining to the United States, subject to its jurisdiction and control* »[614]. Par cette proclamation, le président américain utilisa pour la première fois la notion de plateau continental, initialement et ordinairement employée en géographie et en géologie pour traduire la volonté des États-Unis de s'approprier les ressources naturelles du plateau continental avoisinant ses côtes.

Le plateau continental a été, dès l'origine, étudié dans la géographie et la géologie car perçu comme un phénomène physique. Dans ce cadre, les spécialistes de ces disciplines considéraient le plateau continental comme une partie du continent qui a été couverte par la mer mais qui continue d'appartenir à la masse continentale adjacente. [615] La notion était donc liée, dès le départ, à l'idée de continuité et d'extension physique qui doit définir le plateau continental dans ses rapports avec le territoire terrestre de l'État côtier. Par la déclaration Truman, la continuité entre le plateau continental et les masses terrestres adjacentes, mise en lumière par les autres disciplines scientifiques, a fait son introduction dans le droit international. Ainsi, la première utilisation du terme même de plateau continental en tant que base d'une prétention juridique à l'exercice par un État côtier d'une juridiction sur le sol et le sous-sol au large de ses côtes, mais à l'extérieur de sa mer territoriale se trouve dans la proclamation faite par le président des États-Unis Harry S. Truman le 28 septembre 1945.

Non seulement la Proclamation Truman a eu le mérite de transformer la notion de plateau continental en un concept juridique mais elle l'a également défini : « Il est juste et raisonnable que la juridiction sur les ressources naturelles du sous-sol et du lit de la mer du plateau continental soit exercée par l'État adjacent ... ». Puisque, poursuit la Proclamation, « le plateau continental peut être considéré comme un

---

[614] Proclamation n° 2667. « Policy of the United States With Respect to the Natural Resources of the Subsoil and Seabed of the Continental Shelf ». 28 September 1945. 10 Fed. Reg. 12303: 3CFR. 1943-1948. comp. p. 67. XIII Bulletin. Dept of State. n° 327. 30 septembre 1945. p. 485. Traducton francaise « *Le Gouvernement des États-Unis considère que les ressources naturelles du sol et du sous-sol du plateau continental situé en haute mer mais contigu aux côtes des États-Unis appartiennent aux États-Unis, et sont donc sujettes à sa juridiction et à son contrôle.* ».

[615] *Plateau continental (Tunisie / Jamahiriya arabe libyenne), Recueil 1982*, mémoire Tunisie, p. 123.

prolongement de la masse terrestre de 1'Etat côtier lui appartenant ainsi tout naturellement puisque ces ressources forment souvent une extension vers la mer d'un gîte ou d'un dépôt situé sur le territoire ... ».[616] C'est ainsi qu'est née, en droit international de l'époque, la doctrine de prolongement naturel de l'État. À la charnière de la géologie et du droit, « le plateau continental est devenu aujourd'hui une notion plus juridique que géologique ».[617] Et le droit que l'État côtier est censé exercer sur son plateau continental est un droit inhérent : « Les droits de 1'Etat côtier concernant la zone du plateau continental qui constitue un prolongement naturel de son territoire sous la mer existant *ipso facto* et *ab initio* en vertu de la souveraineté de l'État sur ce territoire sous la forme de droits souverains etc. Il y a là un droit inhérent ».[618]

Par une première application de cette déclaration, les États-Unis se sont appropriés les ressources naturelles contenues dans le plateau continental adjacent à leurs côtes, cette mesure visait principalement les ressources pétrolières du golfe du Mexique.[619] La notion d'adjacence est depuis lors restée étroitement impliquée dans la théorie juridique du plateau continental (P.C.) et a fortement contribué à la reconnaissance du monopole d'exploitation de l'État côtier. En effet, l'idée d'adjacence a été retenue comme le « critère objectif de l'intégration et du rattachement à l'ordre étatique du pays côtier, de lui seul à l'exclusion de tout autre, d'espaces étendus sur lesquels, auparavant, aucune compétence nationale ne pesait »[620] affirmait Appolis G avant d'expliciter les deux acceptions du concept d'adjacence appliqué aux confins maritimes : premièrement l'adjacence signifierait « ... la proximité immédiate, précisément le voisinage ou la contiguïté géographique et deuxièmement ... l'analogie géologique, voire une identité entre le territoire terrestre et les régions

---

[616] Proclamation no 2667. « Policy of the United States With Respect to the Natural Resources of the Subsoil and Seabed of the Continental Shelf ». 28 September 1945. 10 Fed. Reg. 12303: 3CFR. 1943-1948. comp. p. 67. XIII Bulletin. Dept of State. n° 327. 30 septembre 1945. p. 485.

[617] CISSE Y, *op cit*, p 89.

[618] *Plateau continental de la mer du Nord (République fédérale d'Allemagne/Danemark; République fédérale d'Allemagne/Pays-Bas), arrêt, CIJ, Recueil 1969*, para 19.

[619] DENHEZ R., *La commission des limites du plateau continental des Nations Unies face aux enjeux contemporains*, Master Géopolitique, 2013-2014, p. 14.

[620] APPOLIS G., *op cit*, p.11.

sous-marines »[621], la seconde signification est celle qui correspond aux « rapports d'adjacence liant le territoire national émergé au P.C. qui le « prolongent ».[622]

En somme, l'innovation de la Proclamation Truman a été de créer le concept juridique de plateau continental en contribuant ainsi à l'élaboration de la doctrine de prolongement naturel de l'État, une doctrine restée pendant longtemps la base de titre de l'État sur le plateau continental. Les autres États ne resteront pas insensibles à la nouveauté qui venait de naître. Elle entraînera des revendications analogues.

La proclamation Truman a eu un très fort retentissement au plan international en entraînant une kyrielle de déclarations et de revendications analogues. En effet, plusieurs autres déclarations nationales ont suivi. La plupart de ces déclarations étaient libellées en des termes généraux. Dans ce cadre, il convient de citer les États d'Amérique latine notamment l'Argentine, le Chili et le Pérou. Par le décret n°14.708/46 du 11 octobre 1946, l'Argentine se fonda sur la doctrine du prolongement naturel de l'État énoncée par le président américain Harry Truman pour élargir sa souveraineté sur ce qu'elle désigne par la « mer épicontinentale » dans le but d'étendre son contrôle sur les ressources naturelles.[623] En ne définissant pas ce qu'elle appelle mer épicontinentale et ne définissant pas ses limites, il n'est pas exclu que la déclaration argentine était en lien direct avec la nouvelle doctrine proclamée par le Président Truman un an plus tôt.

Dans le même ordre d'idées, le Pérou, le Chili et l'Équateur adoptèrent en 1952 à Santiago la déclaration du nom de la même ville en vue de contrer l'extension de la souveraineté américaine de plus en plus croissante depuis la déclaration de 1945. Bien que cette déclaration aussi ne mentionne pas expressément le plateau continental, elle innove par l'extension de la longueur de la mer territoriale donc de leur souveraineté respective à 200 milles nautiques. En effet, « les bateaux de pêche ne pouvant plus exercer leur activité dans les nouvelles zones de pêche définies par les USA se sont dirigés

---

621 *Ibid.*

622 *Ibid.*

623 Voir *Délimitation maritime en mer Noire (Roumanie c. Ukraine), Recueil. 2009*, CIJ, 2009, Para 61.

plus au sud, le long des côtes de l'Amérique Latine ».[624] Le Pérou, le Chili et l'Équateur adoptèrent ladite déclaration conjointe en 1952 en vue de confirmer leurs revendications unilatérales antérieurement correspondant à une zone de souveraineté allant jusqu'à 200 milles nautiques.[625] Partie des déclarations individuelles ou unilatérales, cette politique fut officialisée sur le plan régional par la déclaration de Santiago du Chili (18 août 1952) par laquelle le Chili, l'Équateur et le Pérou ("*The C.E.P. States*" ou "The 200 miles States" proclamèrent leur "souveraineté et juridiction" sur la zone des 200 milles adjacente à leurs côtes. Entre temps, d'autres pays avaient suivi l'exemple : Costa- Rica en 1948, Salvador en 1950 et Honduras en 1951.[626]

Il est remarquable que certaines proclamations se référaient directement au plateau continental tel que proclamé par les États-Unis. Aussi, proclamation mexicaine du 29 octobre 1945 revendiquait-elle expressément le plateau continental situé en face de ses côtes et s'étendant jusqu'à la profondeur de 200 mètres. Mieux, en plus de « la totalité du plateau continental contigu aux côtes mexicaines », il était également revendiqué « l'intégralité des ressources qu'il renferme, qu'elles soient connues ou non ».[627] De son côté, le décret brésilien du 8 novembre 1950 était lui aussi explicite en identifiant les espaces sous-marins réclamés avec le territoire terrestre. II est expressément déclaré que la partie de la plate-forme sous-marine adjacente au territoire terrestre et insulaire du Brésil est intégrée à ce territoire et soumise à la compétence exclusive et à l'autorité de l'Union fédérale.

Qu'elles mentionnent directement le plateau continental ou qu'elles soient exprimées d'une manière générale, les revendications latino-américaines, qualifiées ultérieurement de mouvement territorialiste, ont influencé le développement de la doctrine du plateau continental. La conséquence a été que les États ont, de plus en plus, réclamé une juridiction sur des zones du fond des mers pour lesquelles n'existait pas encore un régime juridique bien défini en droit coutumier. Ainsi, la Proclamation de Truman fut la porte d'entrée d'un processus d'appropriation d'un plateau continental aux contours juridiques flous

---

624 DENHEZ R., *La commission des limites du plateau continental des Nations Unies face aux enjeux contemporains*, *op cit*, p14.
625 *Ibid*
626 APOLLIS G., *op cit*, p 32.
627 *Délimitation maritime en mer Noire (Roumanie c. Ukraine), Recueil. 2009,* CIJ, 2009, p.61.

que les États tenteront de clarifier dans la convention de 1958 sur le plateau continental.

Lors de la conférence de Genève qui s'est réunie du 24 février au 27 avril 1958 pour codifier les parties essentielles du droit de la mer, la question du plateau continental fut confiée à la quatrième des cinq commissions constituées pour la circonstance. Certes, la Convention des Nations Unies sur le plateau continental de 1958 qui fut adoptée pour la circonstance ne fait pas mention de la doctrine de prolongement naturel de l'État définie par la Proclamation de Truman. Cette dernière ayant disparu au profit de deux autres critères dans la définition du plateau continental.[628] Il faut néanmoins remarquer que depuis la proclamation Truman jusqu'à la conférence de Genève en passant par les travaux de la Commission du droit international et la conférence de Ciudad Trujillo, la conception géologique du plateau continental a été décisive aussi bien pour la définition du concept juridique de plateau continental que pour celle de la nature des droits de l'Etat côtier qui s'y rapportent. En effet, plusieurs étapes ont précédé l'adoption de ladite convention au cours de la conférence de Genève en 1958. La première fut celle des travaux de la Commission du droit international de 1950 à 1956 dont les solutions de compromis dégagées ont été pratiquement entérinées par la Conférence de 1958.

Le premier rapport de la Commission, déposé le 10 avril 1951, par le rapporteur spécial de la commission, retenait une base fondamentalement physique tiré de la proclamation Truman de 1945 pour la définition juridique du plateau continental et des droits que détient l'État côtier : « L'étendue de la région où un tel droit de contrôle et de juridiction peut être exercé devra être limitée mais là où la profondeur de la mer permet l'exploitation le droit ne doit pas dépendre nécessairement de l'existence du plateau continental ».[629] Les discussions au sein de la commission ayant montré une nette préférence à une définition du plateau continental en rapport avec la limite normale du rebord du plateau continental au sens physique estimé à l'époque à la profondeur de 200 mètres, il a été retenu que la proposition précédente soit réécrite de la manière suivante :

628 La Convention définit le plateau continental à partir d'un critère de profondeur et d'un critère d'exploitabilité.

629 FRANÇOIS J. P. A., « Deuxième rapport sur le régime de la haute mer », *Annuaire de la CDI*. 1951. t. II. p. 101.

« 1. Le plateau continental au point de vue juridique est constitué par le sol et le sous-sol des régions sous-marines situées devant les voies ou la profondeur des eaux ne dépasse pas 200 mètres.

2. Le plateau continental en dehors des eaux territoriales est soumis à l'exercice par l'État riverain d'un droit de contrôle et de juridiction aux fins de son exploitation. »

Mais, cette version était loin d'être la dernière. La commission étant tenue par l'exigence d'une définition qui tenait à la fois compte d'une « limite pratique » valable pour un avenir prévisible tel que défendu par le professeur Manley Hudson[630] et la nécessité d'un lien entre le concept géographique et la définition juridique du plateau continental[631] arrêta la définition suivante : « *Article 1. As used in these articles, the term "continental shelf' refers to the seabed and subsoil of the submarine areas contiguous to the Coast, but outside the area of the territorial sea to the depth of two hundred metres.* »[632] Cette dernière définition tient compte à la fois de la contiguïté ressortant de la théorie du prolongement naturel et de la limite des 200 mètres. [633]

Alors que la commission en était à cette étape de la définition, un événement s'est produit et n'est pas restée sans conséquence sur la suite des travaux. Il s'agit de la conférence interaméricaine sur « la conservation des ressources naturelles, le plateau continental et les eaux océaniques » tenue à Ciudad Trujillo en République Dominicaine en mars 1956 dont la résolution finale stipulait que : « le lit de la mer et le sous-sol du plateau continental de la marge continentale ou insulaire et d'autres régions sous-marines adjacentes à l'État riverain situées au-delà de la mer territoriale jusqu'à la profondeur de 200 mètres ou au-delà de cette limite » et ce, « jusqu'où la profondeur des eaux subjacentes permet l'exploitation des ressources naturelles du lit de la mer et de son sous-sol relèvent

[630] *Annuaire de la CDI.* 1951. p. 270.

[631] Cette nécessité venait des exigences de certains Etats attachés à la théorie du prolongement naturel. Par exemple, le professeur Kozhevnikov de l'URSS affirmait que : « As here used the term continental shelf means the seabed and subsoil of the submarine area of the territorial waters, up to the line where the steep slope of the seabed begins» Voir *Annuaire de la CDI*, 1953, p. 74.

[632] *Annuaire de la CDI.* 1951. 1. p. 270.

[633] *Annuaire de la CDI*, 1953, 1, p. 271.

exclusivement dudit État et sont soumis à sa juridiction et à son contrôle. »[634]. Par ailleurs, la même Conférence formule une définition du plateau continental relative au prolongement naturel du territoire terrestre de l'État côtier. A cet effet, il a été retenu que « Le plateau continental au point de vue géologique est dans sa structure et ses caractéristiques minéralogiques, une partie intégrante bien que submergée, des continents et des îles » et que « le terme « plateau continental » s'entend scientifiquement comme la portion du continent ou de l'île recouverte par les eaux jusqu'au point de déclivité de la pente ou jusqu'au rebord du plateau. ».[635] Quant à sa limite extérieure, elle devait correspondre au « point de déclivité de la pente ou rebord, et varie en fonction de la profondeur où il apparaît (de 120 à 365 mètres) ».[636]

A la suite de cette conférence et après une série de volte-face successives, la commission s'est finalement résolue à ne pas opter pour l'un des deux principes mis en balance dans ses discussions et décida de retenir à la fois le critère bathymétrique et le critère de l'exploitabilité[637] Le projet d'article suivant fut voté dans une grande division[638] des membres et soumis à la conférence de 1958 : « Aux fins des présents articles, l'expression « (plateau continental b) est utilisée pour désigner le lit de la mer et le sous-sol des régions sous-marines adjacentes a la côte mais situées en dehors de la mer territoriale jusqu'à une profondeur de 200 mètres (100 *fathoms* environ) ou au-delà de cette limite, jusqu'à la profondeur des eaux surjacentes permet l'exploitation des ressources naturelles desdites régions. ».

Lorsque les États membres des Nations Unies se réunirent à Genève dans le cadre de la première conférence des Nations Unies sur le droit de la mer, ils adoptèrent la Convention sur le plateau continental en avril 1958. La définition du plateau continental, tel qu'elle fut proposée par la Commission de droit international, apparaît dans l'article 1 de ladite convention sans une modification de fond : « Le lit de la mer et le sous-sol des régions sous-marines adjacentes aux côtes,

---

[634] Conference de Ciudad Trujillo. acte final, p. 13.

[635] Conférence de Ciudad Trujillo. Doc. 90

[636] *Ibid*

[637] Voir pour plus de détails les rapports de : 1951, Doc. A.G, 6è session, suppl. 9, Al1858. p. 23 ; de 1953 A.G, 2è session, suppl. 9, A12456 ; de 1956. A.G. 11è session, suppl. 9. Al3159, p. 43. Soit les travaux des 3'. 5' et 8' sessions de la C.D.I.

[638] L'adoption fut faite avec seulement une majorité de 7 voix pour. 5 contre et 3 abstentions.

mais situées en dehors de la mer territoriale, jusqu'à une profondeur de 200 mètres ou, au-delà de cette limite, jusqu'au point où la profondeur des eaux subjacentes permet l'exploitation des ressources naturelles desdites régions ».[639]

Tout ce développement démontre à suffisance combien la conception géologique du plateau continental issu de la proclamation Truman a été décisive aussi bien pour la définition du concept juridique de plateau continental que pour celle de la nature des droits de l'Etat côtier qui s'y rapportent lors des diverses étapes ayant conduit à la conférence de Genève et donc à l'adoption de la Convention de Genève de 1958 sur le Plateau Continental. Alors que la commission puis la Convention définissent le plateau continental à partir d'un critère de profondeur et d'un critère d'exploitabilité, ces derniers ne manqueront pas de susciter de vives critiques.

Juste après l'adoption de la Convention de 1958 sur le plateau continental, des voies se sont levées pour souligner ses imperfections. C'est le critère d'exploitabilité qui suscita, le premier, de vives critiques de la part de certains État côtiers. Deux reproches lui avaient été adressés.

D'une part, il a été reproché à ce critère de prévaloir sur le second critère, c'est-à-dire le critère ''naturel'' de l'isobathe 200 mètres. En effet, la limite extérieure a été fixée à une profondeur de 200 mètres ou, au-delà de cette limite, jusqu'au point où la profondeur des eaux subjacentes permet l'exploitation des ressources naturelles desdites régions.[640] Il se posa des problèmes à propos de la combinaison des critères de profondeur et d'exploitabilité. La première compréhension de cette assertion consiste à choisir simplement le critère favorable à l'État ; la deuxième consiste à subordonner le dépassement de la distance de de l'isobathe 200 mètres s'il existe des possibilités d'exploitation des ressources naturelles desdites régions, lequel cas le dépassement peut être subordonné au « au développement effectif des possibilités d'exploitation » ou à la continuité d'une exploitation déjà entreprise dans la zone précédente et qui peut se poursuivre à une profondeur plus importante ; la troisième consiste à appliquer critère l'isobathe 200 mètres aux zones disposant d'un plateau continental au

[639] Convention des Nations Unies sur le plateau continental, 1958, article 1.
[640] Article 1er sur la Convention de Genève de 1958 sur le plateau continental.

sens géologique et le test d'exploitabilité aux zones qui n'en disposent pas.[641] Dans la pratique, c'est la première compréhension qui a triomphé. Ainsi, le critère de l'isobathe fut relégué au second rang face au critère d'exploitabilité qui était par définition imprécis et changeant.[642] Cette évolution pratique a été critiquée parce qu'elle fait prévaloir un critère qualifié d'imprécis et changeant sur le critère ''naturel'' de l'isobathe 200 mètres.

D'autre part, il a été reproché au critère d'exploitabilité d'être sujet à plusieurs interprétations. La convention ne fournit en réalité aucune définition au mot exploitabilité, elle se contente de limiter le plateau continental en dehors du critère de barymétrie au point où la profondeur des eaux subjacentes permet l'exploitation des ressources naturelles.[643] La difficulté qui s'est posée au sein de la doctrine est de savoir s'il s'agissait d'une exploitabilité théorique ou d'une exploitabilité pratique.

La thèse de la possibilité théorique avait été soutenue à l'époque par les professeurs Colliard et ODA[644] et bien plus tard par Appolis G. Par exemple, le Professeur Colliard définit le critère d'exploitabilité par « une possibilité potentielle d'exploitation de conclure qu'il suffit qu'existent des techniques d'exploitation d'une certaine profondeur pour que la notion joue d'une manière extensive, sans que soit exigée l'exploitation effective ».[645] Dans son rapport sur les frontières maritimes en droit international, Appolis G, constate en référence aux travaux de la commission du droit international,[646] que le critère d'une exploitabilité « techniquement réalisable semble conforme aux vœux »[647] de la même commission avant de remarquer que « c'est la position la plus favorable à l'État côtier si l'on considère que la capacité technique d'exploiter doit s'apprécier globalement en

[641] COLLIARD C.-A., *Le fond des mers*, Armand Colin. 1971. pp. 73-75.
[642] DENHEZ R, *op cit,* p. 14.
[643] Article 1er de la Convention.
[644] « *Ainsi entendu, le concept d'exploitabilité peut être interprété chaque fois selon les données les plus avancées de la technologie dans le monde* » (ODA S., "International control of sea resources". *Leyden*, 1963. p. 168).
[645] COLLIARD C.-A., *op cit*, p. 75.
[646] Rapport C.D.I. 1956, A.G. 11è session, suppl. 9. Al3159. p. 4
[647] APPOLIS G, *op cit*, p. 52

fonction des progrès connus et expérimentés de la science mondiale ».[648]

Pour d'autres, l'exploitabilité ne correspond pas à une possibilité théorique d'exploitation, dont la mise en œuvre serait ruineuse ou de nul profit pour son promoteur mais nécessite soit que l'opération se traduise en termes de véritable rentabilité soit qu'il existe un rapport d'équilibre relatif entre le coût et le profit de l'entreprise. De toutes les manières, le critère fut qualifié de discriminatoire car, il défavorisait les États sous-développés qui ne possédaient pas les moyens de mobiliser les technologies nécessaires pour cette exploitation sous-marine et avantageait les États développés qui pouvaient se permettre d'accéder à une technologie avancée pour exploiter les fonds marins.

La deuxième difficulté qui se posait est liée à l'interprétation de l'adjacence dans l'article premier de la Convention de 1958. Il faut rappeler, à cet égard, que la convention ne mentionne pas dans sa définition du plateau continental l'élément géologique ou une référence au prolongement naturel. Le plateau continental fut simplement défini comme « le lit de la mer et le sous-sol des régions sous-marines adjacentes aux côtes » sans une autre précision. La question s'était posée de savoir si la convention devrait être interprétée comme n'autorisant pas une juridiction nationale à englober le rebord ou même la pente continentale, à la seule condition que ces points soient situés "près" du rivage ou si, au contraire, les États étaient habilités à établir leur emprise sur tout leur Plateau Continental ou même sur l'ensemble de la marge continentale immergée, sur la base du seul argument géologique. Cette incertitude était liée à l'absence d'unanimité sur la signification exacte de la notion d'adjacence.

Pour les partisans de la première approche, la définition du plateau continental est intimement liée à l'idée de proximité. Ainsi, la France ne manqua pas d'affirmer que les droits de l'État côtier ne pouvaient s'exercer que sur des zones de fonds "raisonnablement proches".[649] Aussi, Louis HENKIN considérait-il que « de nombreuses positions de la commission de ses membres et de représentants

---

[648] *Ibid*

[649] DE HARTINGH Ch., « La position française à l'égard de la Convention de Genève sur le plateau continental », *A.F.D.I.*, 1965, pp. 725-734.

gouvernementaux, aux différents stades de la préparation de la Convention imposent l'idée que par adjacent ils entendaient signifier "près" et qu'ils incorporaient dans le mot un élément de distance par rapport à la côte ».[650] Il conclut « que la contiguïté n'est pas suffisante, qu'adjacent veut dire "proche" et que 1'Etat côtier n'a aucun droit spécial sur le fond de la mer sur la base du critère géologique en l'absence de proximité »[651].

Pour les partisans de cette thèse dite restrictive, il faut s'en tenir à une interprétation "*stricto sensu*" de l'article premier de la Convention de 1958, considéré comme la codification des principes de coutume en la matière. Par ailleurs, il ne faut admettre l'élément "prolongement naturel" que dans la mesure où il reflète les mêmes règles coutumières telles que le respect du test d'exploitabilité et la notion de "plateau continental" au sens juridique.[652]

Les partisans de la thèse de l'interprétation extensive se réfèrent globalement à la notion de prolongement naturelle proclamée par le Président TRUMAN, aux travaux préparatoires de la Convention de 1958 et aux principes dégagés par la Conférence interaméricaine de Cuidad Trujillo de 1956[653]. Ce point de vue fut adopté globalement aux Etats-Unis par le National Petroleum Council[654], le sénat américain,[655] 1'American Bar Association[656] et la branche américaine de l'Association du Droit International.[657] Certains États tels que la Grange Bretagne et l'Australie n'ont pas manqué de suivre cette attitude.[658]

---

[650] HENKIN L., "The extent of the legal continental self", in *Pacem in Maribus*, vol. 2, Malte, 1971. p. 16.
[651] *Ibid*
[652] APPOLIS G., *op cit*, p 56.
[653] Voir la définition précédemment citée, contenue dans l'Acte final de la conférence à la p. 13.
[654] N.P.C, report: "Petroleurn Resources under the ocean floor". (Washington. D.C., 1969). p. 57.
[655] In "Hearings on issues related to establishment of seaward boundary of U.S. outer continental shelf". Senate, 91st congress 2nd session (1970). p. 28 cité par APPOLIS G, *op cit*, p. 54
[656] *Ibid*

[657] *Ibid*
[658] *Ibid*, p 58.

En somme, les critères établis par la Convention sur le plateau continental de 1958 n'ont pas créé l'engouement souhaité auprès des États parties. Cela conduit la jurisprudence à ramener la théorie du prolongement naturel au centre de la définition du plateau continental.

La confirmation de la thèse

En 1969, la C.I. J. a consacré la théorie du droit inhérent en réaffirmant que les droits de l'État côtier sur le plateau continental sont des droits qui tirent leur fondement juridique de la masse terrestre.[659] L'arrêt de 1969 fut le premier arrêt relatif à une délimitation maritime rendu par la CIJ. Le vrai examen de la CIJ dans cette affaire concernait en fait plus la délimitation du plateau continental que la délimitation maritime elle-même.[660] L'affaire opposait la République fédérale d'Allemagne au Royaume du Danemark d'une part, et au Royaume des Pays-Bas d'autre part, au sujet de la délimitation de leurs plateaux continentaux respectifs, dérogation faite des zones situées à voisinage immédiat de la côte, lesquelles zones ont déjà fait l'objet de deux accords de délimitation, l'un signé entre la République fédérale et le Royaume des Pays-Bas le 1er décembre 1964, l'autre conclu entre la République fédérale et le Royaume du Danemark le 9 juin 1965.

La Cour était appelée à déterminer les principes et les règles de droit international applicables à la délimitation des zones de plateau continental. Mais, avant d'y arriver, la juridiction de la Haye devrait déterminer la base du titre de l'État sur le plateau continental. Ainsi, comme les principes et règles du droit international qui peuvent être appliqués pour la délimitation des zones du plateau continental découlent nécessairement de la notion même de plateau continental, telle qu'elle est comprise en droit international, les Parties elles-mêmes se sont vues dans la nécessité d'approfondir cette notion quand elles ont développé leurs argumentations. Ce qui a amené la Cour à clarifier la définition du titre de l'État sur le plateau continental.

Comme précédemment souligné, la question du titre et celle de la délimitation, sans se confonde sont intimement liées. La Cour attestait que : « [. . .] Le titre que le droit international attribue *ipso jure* à l'État

---

[659] CISSE Y., *op cit,* p.91.
[660] WEIL P., *op cit*, p.25.

riverain sur son plateau continental procède de ce que les zones sous-marines en cause peuvent être considérées comme faisant véritablement partie du territoire sur lequel l'État riverain exerce déjà son autorité ; on peut dire que, tout en étant recouvertes d'eau, elles sont un prolongement, une continuation, une extension de ce territoire sous la mer. »[661]. La Cour considéra ainsi que le plateau continental d'un État constituait son prolongement naturel sous la mer. Subséquemment, la CIJ jugea le plateau continental, bien qu'il soit sous la mer, comme une zone terrestre sur lequel l'État possède une pleine souveraineté. Cette thèse (Celle du prolongement naturel comme base du titre de l'État sur le plateau continental) n'avait pourtant été défendue par aucune des parties à l'instance.

La thèse allemande est fondée sur la théorie selon laquelle « le plateau continental appartient à la communauté des riverains ».[662] En effet, les États riverains de la Mer du Nord constitueraient « une communauté dont l'intérêt commun est que le potentiel et les ressources de la Mer du Nord soient exploités de façon rationnelle».[663] Selon cette théorie, étant donné que des biens sont détenus en commun par plusieurs parties selon un même droit, ces biens doivent être attribués à chacun selon le principe de la part juste et équitable. Il s'agit là d'une demande d'application de la justice distributive.[664] Certes, l'Allemagne ne revendique pas une part égale à celle de chacun des autres États. Néanmoins, elle réclame une zone qui n'apparaisse pas trop disproportionnée par rapport aux autres.

Pour la CIJ, le titre de l'État sur le plateau continental ne saurait être tiré de la théorie de la part juste et équitable. En effet, « l'idée de répartir une zone non encore délimitée considérée comme un tout, idée sous-jacente à la doctrine de la part juste et équitable, est absolument étrangère et opposée à la conception fondamentale du régime du plateau continental, suivant laquelle l'opération de délimitation consiste essentiellement à tracer une ligne de démarcation entre des

[661] C.I.J, Recueil 1969, p.3 1, paragraphe 43.

[662] Selon les expressions du Professeur Monconduit François. Voir MONCONDUIT F. « Affaires du Plateau continental de la Mer du Nord : République fédérale d'Allemagne c./ Danemark et République fédérale d'Allemagne c./Pays-Bas, arrêt du 20 février 1969. » In: *Annuaire français de droit international*, volume 15, 1969. p. 219

[663] Mémoire de la République Fédérale d'Allemagne 67/98, p. 75.

[664] Mémoire de la République Fédérale d'Allemagne 67/98, p. 20.

zones relevant déjà de l'un ou de l'autre des États intéressés. ».[665] Il est vrai que la délimitation doit s'effectuer équitablement, mais l'équité ne suppose pas la justice distributive selon la formule *ex aquo et bono* car, la délimitation « ne saurait avoir pour objet d'attribuer une part équitable ni même simplement une part, car la conception fondamentale en la matière exclut qu'il y ait quoi que ce soit d'indivis à partager. ».[666]

Le Danemark et les Pays-Bas défendaient la théorie de la « plus grande proximité » qui suppose que le critère du rattachement doit être la « proximité ». Dans ce cas, « toutes les parties du plateau continental plus proches d'un État riverain déterminé que de tout point situé sur la côte d'un autre État - mais ces parties-là seulement - relèvent du premier État ».[667] Il va sans dire que, selon cette théorie de la proximité, seule une ligne attribuant à chacun des États toutes les zones qui sont plus proches de sa propre côte que d'aucune autre, peut être valable car, elle seule serait compatible avec la conception fondamentale du plateau continental.[668]

Comme il fallait s'y attendre, épousant la thèse du prolongement naturel, la haute juridiction ne crut pouvoir s'aligner sur l'idée de proximité. Certes, la proximité peut être l'un des critères applicables - et un critère important quand les conditions s'y prêtent - mais il n'est pas moins vrai que « ce n'est pas nécessairement le seul ni toujours le plus approprié »[669]. Après avoir relevé le caractère imprécis des expressions analogues comme « près, proche de ses côtes, au large de ses côtes, faisant face, devant la côte, au voisinage de, avoisinant la côte, adjacent, contigu », etc et une analyse particulière de celle d'adjacence, la Cour de la Haye conclut que « la notion d'adjacence, ..., n'implique la proximité qu'en un sens général, sans postuler une règle fondamentale ou inhérente dont l'effet serait en définitive d'interdire à tout État d'exercer, sauf par voie d'accord, ses

[665] *Plateau continental de la mer du Nord (République fédérale d'Allemagne/Danemark; République fédérale d'Allemagne/Pays-Bas), arrêt, CIJ, Recueil 1969*, para 20.
[666] *Ibid*
[667] *Ibid*, para 39.
[668] *Ibid*
[669] *Ibid*, para 42.

droits relatifs au plateau continental sur des zones plus proches de la côte d'un autre État que de la sienne. »[670].

Ayant rejeté toutes les thèses en présence, la C.I. J. va élaborer sa théorie du prolongement naturel en le hissant comme « le principe dur de la délimitation du plateau continental ».[671] D'après cette théorie, le titre que le droit international attribue *ipso jure* à l'État riverain sur son plateau continental procède de ce que les zones sous-marines en cause peuvent être considérées comme faisant véritablement partie du territoire sur lequel l'État riverain exerce déjà son autorité : on peut dire que, tout en étant recouvertes d'eau, elles sont un prolongement, une continuation, une extension de ce territoire sous la mer. Autrement dit, pour qu'une zone du plateau continental puisse relever d'un État, il faut qu'elle constitue l'extension naturelle, ou l'extension la plus naturelle, de son domaine terrestre. La décision de la C.I.J. en 1969 ne faisait que consacrer la déclaration du Président Truman qui disait en substance : « [. . .] Having concern for urgency of cons-g and prudently utilizing its natural resources, the Government of the United States regards the natural resources of the subsoil and seabed of the continental shelf beneath the high seas but contiguous to the coasts of the United States as appertaining to the United States, subject to its jurisdiction and control [. . .] The character of the high seas of the waters above the continental shelf and the right to their free use and unimpeded navigation are in no way thus affected »[672].

En résumé, les zones du plateau continental relèvent ab initio de la souveraineté de chaque État riverain, la Cour n'a pas à les répartir entre eux, mais seulement à les délimiter, c'est-à-dire à « tracer une ligne de démarcation entre des zones relevant déjà de l'un ou l'autre des États intéressés »[673]. Il ne s'agit pas de partager les espaces maritimes au nom d'une justice distributive. Il s'agit seulement d'opérer une délimitation, qui n'aura qu'un effet déclaratoire, consistant à constater la situation existante.[674] Il est simplement question pour elle d'attribuer à chaque État côtier les zones du plateau

[670] *Ibid*
[671] CISSE Y., *op cit*, p. 94
[672] CJ (1946) 40 A.J.I.L. supplément, pp.45-47
[673] *Plateau continental de la mer du Nord (République fédérale d'Allemagne/Danemark; République fédérale d'Allemagne/Pays-Bas), arrêt, CIJ, Recueil 1969*, p. 22.
[674] Cf. MORELLI. *Op. diss*. Arrêt, p. 211.

continental qui lui appartiennent déjà. Ces zones appartiennent déjà auxdits États en vertu de la théorie du prolongement naturel. Car, c'est parce que le plateau continental est le prolongement du territoire physique de l'État que celui-ci peut étendre sa souveraineté sur lui. C'est alors que la théorie reçut une consécration jurisprudentielle avant d'être confirmée dans la sentence rendue en 1977 entre la France et la Grande Bretagne.

La deuxième affaire de délimitation maritime a opposé la France et le Royaume-Uni à propos de la mer d'Iroise[675] et devrait, à son tour, se prononcer sur le fondement du titre de l'État sur le plateau continental. Après que les deux États aient tenté en vain, par un échange de correspondance et des contacts officieux, de résoudre le problème de la délimitation de leurs plateaux continentaux respectifs dans la Manche, ils ont dû se résoudre à signer un compromis en vue de soumettre leur différend à l'arbitrage.[676] Le différend trouvait son nœud dans le fait que le Royaume-Uni fondait principalement ses prétentions sur l'application de la méthode de l'équidistance, l'objectif étant de pouvoir donner plein effet aux îles dans le tracé de la « ligne divisoire ». Alors que, la République française n'entendait accepter le principe de l'équidistance, à moins que son application aboutisse à des résultats équitables. Le compromis d'arbitrage signé à Paris le 10 juillet 1975 habilitait le Tribunal à statuer, conformément aux normes du droit international applicables en la matière, entre les Parties, sur la question suivante : Quel est le tracé de la ligne (ou des lignes) délimitant les parties du plateau continental qui relèvent respectivement du Royaume-Uni ainsi que des Iles Anglo-Normandes

[675] Selon Charles Rousseau et Zoller Elisabeth, cet arbitrage ne peut pas, à proprement parler, être qualifié d'arbitrage de la mer d'Iroise. En effet selon eux, la mer d'Iroise n'est stricto sensu qu'une partie de la mer au large de Brest. C'est donc à tort que certains ont utilisé ce terme pour qualifier l'ensemble du différend qui opposait la France et le Royaume-Uni. .362. Voir aussi ZOLLER E., « L'affaire de la délimitation du plateau continental entre la République française et le Royaume-Uni de Grande- Bretagne et d'Irlande du Nord - Décision du 30 juin 1977. » In: *Annuaire français de droit international*, volume 23, 1977. P. 367, note 7. Voir aussi ROUSSEAU Ch., « Chronique des faits internationaux », *R.G.D.I.P.*, 1975, pp. 491-494.

[676] Pour le texte du compromis, voir R.G.D.I.P., 1976, pp. 677-681. Voir aussi décret n° 76-165, du 11 février 1976, Journal Officiel de la République française (Lois et Décrets), 19 février 1976, p. 1157.

et de la République Française, à l'ouest de la longitude 30 minutes ouest du méridien de Greenwich et jusqu'à l'isobathe 1000 mètres ?[677]

La question posée au tribunal étant claire, il ne lui est possible de répondre qu'avoir préalablement identifié quels sont les principes et règles du droit international applicables à la délimitation du plateau continental. Ces principes et règles qui ont trait tant au fondement du titre juridique sur le plateau continental qu'à la méthode pratique à employer ne pouvaient être identifiés qu'après avoir clarifié le droit applicable.

C'est à ce premier exercice que se livra le tribunal d'abord dans le droit conventionnel puis dans le droit coutumier. Il devrait dans un premier temps identifier si la Convention de Genève de 1958 sur le plateau continental constituait un traité en vigueur entre les Parties. Il répondit à la question par la positive notant que la France, en déposant son instrument d'adhésion à ladite Convention, le 14 juin 1965, y joignit une déclaration dont certaines dispositions ont été considérées dans le litige[678] et que le 14 janvier 1966, le Royaume-Uni devait réagir aux réserves françaises et adressa au Secrétaire Général, en sa qualité de dépositaire de la Convention, une déclaration.[679]

Étant donné que le Tribunal atteste la Convention de Genève de 1958 sur le plateau continental comme un instrument conventionnel en vigueur entre les deux États, il n'avait qu'à préciser l'effet des réserves françaises et de la déclaration britannique sur les dispositions de la Convention applicable entre les deux États notamment sur l'article 6 relative à la délimitation du plateau continental afin de circonscrire le droit applicable. En vertu de cette réserve, la République française n'acceptera pas que lui soit opposée, sans un accord exprès, une délimitation entre des plateaux continentaux appliquant le principe de l'équidistance :

---

677 Voir l'article 2 du compromis qui donne la mission du tribunal.

678 *ZOLLER E, « L'affaire de la délimitation du plateau continental entre la République française et le Royaume-Uni de Grande- Bretagne et d'Irlande du Nord - Décision du 30 juin 1977. », op cit*, p. 365.

679 ZOLLER E., « L'affaire de la délimitation du plateau continental entre la République française et le Royaume-Uni de Grande- Bretagne et d'Irlande du Nord - Décision du 30 juin 1977. », *In: Annuaire français de droit international, volume 23, 1977. pp. 365-366.*

- si celle-ci est calculée à partir des lignes de base instituées postérieurement au 29 avril 1958;
- si elle est prolongée au-delà de l'isobathe de 200 mètres de profondeur;
- si elle se situe dans des zones où il considère qu'il existe des « circonstances spéciales », au sens des alinéas 1 et 2 de l'article 6, à savoir : le golfe de Gascogne, la baie de Granville et les espaces maritimes du Pas-de-Calais et de la mer du Nord au large des côtes françaises.[680]

Le tribunal parvient à la conclusion que l'article 6 de la Convention de Genève de 1958 sur le plateau continental n'est pas applicable entre les Parties, mais seulement dans la mesure où une telle application est exclue par les réserves françaises. Dans ce cas, les domaines non couverts seront régis par « des règles et principes de droit à appliquer» du droit international coutumier[681] tel que défini par l'affaire du Plateau continental de la Mer du Nord. Cette complémentarité voire cette application simultanée fut exprimée en ces termes : « Tout d'abord (...), l'effet combiné des réserves et de leur rejet par le Royaume-Uni est de rendre les règles du droit coutumier applicables lorsque l'application du principe de l'équidistance conformément à l'article 6 est exclue par l'une des réserves françaises.» En second lieu, le tribunal affirme que « dans les circonstances de la présente affaire, les règles du droit coutumier conduisent à peu près au même résultat que les dispositions de l'article 6 ».[682] Ainsi, que le droit applicable soit conventionnel ou coutumier, le résultat serait le même.

L'arrêt rendu par la Cour internationale de Justice dans l'affaire du Plateau continental de la Mer du Nord ayant été au cœur des mémoires et des plaidoiries des deux parties, c'est naturellement que le Tribunal s'est invité à préciser quelques notions abordées dans ladite affaire, commençant par la notion de prolongement naturel comme la base du titre juridique de l'État sur le plateau continental. Alors, parmi ce qu'il qualifie de « grand nombre de déclarations faites par la Cour » ayant

[680] ZOLLER E., « L'affaire de la délimitation du plateau continental entre la République française et le Royaume-Uni de Grande- Bretagne et d'Irlande du Nord - Décision du 30 juin 1977. », *op cit*, p.365.

[681] *Affaire de la délimitation du plateau continental entre la République française et le Royaume-Uni de Grande-*
Bretagne et d'Irlande du Nord - Décision du 30 juin 1977, para 62.

[682] *Ibid*, para 65.

« de toute évidence un caractère général et se référaient aux délimitations en vertu de l'article 6 aussi bien qu'à celles basées sur le droit coutumier »,[683] le tribunal reconnaîtra que le plateau continental d'un État devrait être nécessairement le prolongement de son territoire, lequel prolongement ne doit pas empiéter sur ce qui constitue le prolongement naturel du territoire d'un autre État.[684] C'est une reconnaissance du prolongement naturel que la juridiction onusienne avait qualifiée en 1969 de « la règle (...) la plus fondamentale de toutes les règles de droit relatives au plateau continental ».[685]

Par application de la règle et alors que les débats tournaient autour de la question de savoir si les Iles Anglo-Normandes ont droit à un plateau continental c'est-à-dire s'il fallait leur reconnaître un plein effet en vertu d'un titre qui leur serait propre en tant qu'îles distinctes du Royaume-Uni, le Tribunal avait fait savoir que :

« La continuité physique du plateau continental de la Manche permet de dire qu'il est géographiquement le prolongement naturel de chacun des territoires qui le bordent ».[686]

Toutefois, si le tribunal reprend et atteste le principe de prolongement naturel, elle jugera nécessaire de lui apporter quelques précisons en termes d'aménagement en diminuant sa portée purement géographique. A cet effet, il précisera :

« Le fait même qu'en droit international le plateau continental est un concept juridique signifie que son étendue et ses modalités d'application ne sont pas déterminées exclusivement par les facteurs physiques de la géographie mais aussi par des règles juridiques. ».[687] En outre, il ressort clairement de l'insertion de la clause des « circonstances spéciales » à l'article 6 et de l'importance attachée aux

683 *Plateau continental de la mer du Nord (République fédérale d'Allemagne/Danemark; République fédérale d'Allemagne/Pays-Bas), arrêt, CIJ Recueil 1969*, p. 22.

684 ZOLLER E., « L'affaire de la délimitation du plateau continental entre la République française et le Royaume-Uni de Grande- Bretagne et d'Irlande du Nord - Décision du 30 juin 1977. », *op cit*, p.377.

685 *Plateau continental de la mer du Nord (République fédérale d'Allemagne/Danemark; République fédérale d'Allemagne/Pays-Bas), arrêt, CIJ, Recueil 1969*, p. 22.

686 *Affaire de la délimitation du plateau continental entre la République française et le Royaume-Uni de Grande-*
Bretagne et d'Irlande du Nord - Décision du 30 juin 1977, para 191.

687 *Ibid.*

« principes équitables » en droit coutumier que le principe fondamental du « prolongement naturel du territoire » n'a pas une valeur absolue, mais qu'il peut faire l'objet de « restrictions dans des circonstances particulières »[688]. Sans doute, en déclarant fermement que le principe du prolongement naturel n'a pas une valeur absolue, le Tribunal porte ainsi un coup décisif à une notion de base du régime juridique du plateau continental[689] mais il reste vrai que la CIJ n'entendait pas faire du prolongement naturel le seul principe du droit de la délimitation. Au contraire, elle s'est employée à un vaste développement sur les principes équitables et les circonstances géographiques de l'espèce entrant en ligne de compte pour la délimitation.

La vérité, précise le Tribunal, est que le principe du prolongement naturel du territoire ne doit être ni écarté, ni tenu pour un principe absolu, lorsque des îles appartenant à un État sont situées sur un plateau continental qui, en leur absence, constituerait le prolongement naturel du territoire d'un autre État.[690] Le fait que le principe ne peut être tenu pour absolu voudrait simplement dire que d'autres considérations entrent en compte pour la réelle détermination de la ligne de délimitation. Ce sont justement ces considérations qui permettront de décider des zones de plateau continental qui peuvent être considérées géologiquement comme le prolongement naturel des territoires des deux États qui relèvent de l'un plutôt que de l'autre.

In fine, tout en adoptant le principe qui reste fondamental, il peut être retenu avec le Tribunal que « l'effet à accorder au principe du prolongement naturel du territoire de l'État côtier dépend donc toujours non seulement des circonstances particulières, géographiques et autres, mais aussi des considérations pertinentes de droit et d'équité».[691] Le prolongement naturel reste la base du droit de la délimitation. Et les considérations d'équité et de géographie viennent préciser son étendue dans chaque circonstance particulière. C'est pourquoi Mme Zoller Elisabeth affirme que « si le Tribunal pose des

---

[688] *Ibid.*

[689] ZOLLER E., « L'affaire de la délimitation du plateau continental entre la République française et le Royaume-Uni de Grande- Bretagne et d'Irlande du Nord - Décision du 30 juin 1977. », *op cit*, p. 392.

[690] *Affaire de la délimitation du plateau continental entre la République française et le Royaume-Uni de Grande-*
Bretagne et d'Irlande du Nord - Décision du 30 juin 1977, para 194.

[691] *Ibid*

limites à une application automatique du principe fondamental du prolongement naturel, il n'en résulte pas pour autant que celui-ci en devienne négligeable ».[692] C'est aussi pour cette raison que les plaidoiries dans les affaires postérieures vont s'appesantir sur cette notion de prolongement naturel entendu comme la base du titre de l'État sur le plateau continental.

Le compromis signé à Tunis le 10 juin 1977 entre la République tunisienne et la Jamahiriya arabe libyenne populaire et socialiste et par lequel les deux États décidèrent de saisir la CIJ demandait à la haute juridiction de déterminer « quels sont les principes et règles du droit international qui peuvent être appliqués pour la délimitation de la zone du plateau continental appartenant à la République tunisienne et de la zone du plateau continental appartenant à la Jamahiriya arabe libyenne populaire et socialiste. ».[693] L'idée que les parties avaient des principes et règles du droit international applicables pour la délimitation du plateau continental était intimement liée à la notion de prolongement naturel précédemment consacrée dans l'arrêt de 1969 sur la délimitation du plateau continental en Mer du Nord à savoir « la conception ... fondamentale du plateau continental envisagé comme prolongement naturel du territoire ».[694] Elles étaient donc unanimes que le prolongement naturel était le titre de l'État sur le plateau continental et que cette réalité devrait conditionner la méthode pratique de la délimitation du plateau continental.

Le fait que les Parties attribuaient la même importance à cette conception ressortait déjà des conclusions qu'elles ont adressées à la Cour. La République tunisienne demandait aux juges de la Haye de dire que la délimitation « doit s'opérer de manière que, compte tenu des données physiques et naturelles propres à la région, il soit attribué à chaque Partie la totalité des zones du plateau continental qui constituent le prolongement naturel de son territoire sous la mer et n'empiètent pas sur le prolongement naturel du territoire de l'autre

---

[692] ZOLLER E., « L'affaire de la délimitation du plateau continental entre la République française et le Royaume-Uni de Grande- Bretagne et d'Irlande du Nord - Décision du 30 juin 1977. », *op cit*, p. 392.

[693] Article premier du compromis.

[694] *Plateau continental de la mer du Nord (République fédérale d'Allemagne/Danemark; République fédérale d'Allemagne/Pays-Bas), arrêt, CIJ, Recueil 1969*, p. 30, para. 40.

Partie ».[695] De son côté, la Jamahiriya arabe libyenne populaire et socialiste insistait sur « la notion du plateau continental comme prolongement naturel du territoire terrestre dans et sous la mer est le fondement de la notion juridique du plateau continental et un État a droit *ipso facto et ab initio* au plateau continental qui est le prolongement naturel de son territoire terrestre dans et sous la mer. »[696]

Il s'agit d'une même référence au plateau continental lié directement à l'arrêt de 1969. Sans doute, l'idée est que le prolongement naturel, en tant que fondement du titre de l'État riverain, faisait déjà partie du droit international coutumier depuis la proclamation Truman. Mais l'expression « prolongement naturel » a reçu sa consécration dans cet arrêt. Aucun des deux n'étant partie aux conventions de Genève, les deux Parties ont pris comme référence essentielle la jurisprudence de la Cour dans les affaires du Plateau continental de la mer du Nord.

Néanmoins, les parties ne s'accordent pas sur la détermination pratique du prolongement naturel. La Libye fondait la détermination pratique du prolongement naturel par toute la structure physique de la masse terrestre indiquée principalement par la géologie. A cet titre, son argument peut être qualifié de géologique. La Libye soutenait que « le prolongement naturel de la Tunisie et de la Libye est en direction du nord parce que le mouvement de séparation des plaques continentales qui pour l'essentiel était dans le sens nord-sud a entraîné la création d'une marge continentale située au nord d'une côte orientée généralement d'est en ouest. ».[697] Ensuite, poursuit-elle, « les événements géologiques ultérieurs qui ont abouti à faire émerger ce qui constitue la plus grande partie de la Tunisie et à incliner légèrement le bloc pélagien n'ont pas modifié la position essentielle du bloc en tant que projection de la masse continentale vers le nord »[698]. Autrement dit, c'est la rupture dans l'unité fondamentale du plateau continental, des dorsales sous-marines sur le lit de la mer qui donne le

[695] Dernière conclusion de la Tunisie exprimée à l'audience au nom de la République tunisienne, à l'audience du 25 septembre 1981 et reprise dans l'arret; Voir le paragraphe 16 de l'arrêt.

[696] Dernière conclusion de la Tunisie exprimée au nom de la Jamahiriya arabe libyenne populaire et socialiste dans son contre mémoire et reprise dans l'arrêt; Voir paragraphe 15 de l'arrêt.

[697] CIJ, arrêt, 24 février 1982, *Plateau continental (Tunisie / Jamahiriya arabe libyenne), Recueil 1982*, p. 52, para 57.

[698] *Ibid*, p. 52, para 57.

fondement scientifique aux principes juridiques de délimitation. Face à une telle conception du prolongement naturel fondé sur de l'histoire géologique du continent africain, la Tunisie présente un argument beaucoup plus actuel fondé sur « la continuité géologique du bloc pélagien avec (son) territoire terrestre »[699]. Dans ce sens, la théorie du prolongement naturel serait appliquée en fonction des données géomorphologiques propres à la région. Il sera ainsi tenu compte de l'unité fondamentale entre le territoire terrestre tunisien et la zone sous-marine qui le borde, marquée par une faible déclivité et un caractère continu jusqu'à l'accident naturel. Ce critère appliqué, la Tunisie situait son prolongement naturel vers l'est, jusqu'aux zones comprises entre les isobathes des 250 et 300 mètres et, vers le sud-est, jusqu'à la zone constituée par les rides de Zira et de Zouara [700] Michel Virally qualifiait cette frontière d'« une véritable frontière naturelle sous-marine ».[701]

On note une appréciation diversifiée et contradictoire des deux parties quant à la notion de prolongement naturel. Le professeur Emmanuel Decaux remarque, par ailleurs, que ce sont les efforts faits par chaque partie pour identifier son prolongement naturel qui finissent par se neutraliser mutuellement.[702] Ce qui est remarquable dans l'affaire, n'est pas que l'adoption de la théorie ou le développement que fait chaque partie en fait mais aussi la surabondance de références scientifiques pour prouver les différentes thèses. La cour a dû se confondre dans les arguments, comme le souligne, en filigrane, M. Jiménez de Aréchaga, le juge ad hoc libyen : « De ces longs et instructifs débats, on retirait l'impression que les critiques opposées par chaque Partie aux arguments scientifiques de l'autre avaient beaucoup plus de poids et emportaient davantage la conviction que ses propres affirmations »[703]. Au professeur DECAUX de conclure que le caractère technique des arguments mis en avant de

[699] *Ibid*, p. 52, para 58.

[700] Dernière conclusion de la Tunisie exprimé à l'audience au nom de la République tunisienne, à l'audience du 25 septembre 1981 et repris dans l'arret; Voir le paragraphe 16 de l'arrêt.

[701] C.R. 81/12, p. 73.

[702] DECAUX E., « L'arrêt de la Cour internationale de Justice dans l'affaire du plateau continental (Tunisie c. Jamahiriya arabe libyenne), arrêt du 24 juin 1982. », In: *Annuaire français de droit international,* volume 28, 1982, 365.

[703] Op. ind., p. 110, para38.

part et d'autre a dû effrayer la Cour.[704] Les divergences d'opinion à propos du contenu du prolongement naturel ne se sont pas estompées avec l'arrêt de 1982. Elles se sont poursuivies avec celui de 1985 avec, en avant, la Libye encore.

Tout comme cela lui fut demandé dans l'affaire du plateau continental (Tunisie c. Jamahiriya arabe libyenne), la mission première de la CIJ dans l'affaire du Plateau continental (Libye/Malte) était de déterminer les principes et les règles de droit international qui sont applicables à la délimitation de la zone du plateau continental mais cette fois-ci relevant de la République de Malte et de la zone du plateau continental relevant de la République arabe libyenne [705]

Le compromis ne précisant pas le droit applicable quant au fond, la source du droit applicable était en substance le droit international coutumier car la Libye n'est pas partie à la convention de Genève sur le plateau continental de 1958 et, même si les deux Parties ont signé la convention des Nations Unies sur le droit de la mer de 1982, celle-ci n'était pas encore en vigueur et ne pouvait donc pas avoir force obligatoire en tant qu'instrument conventionnel. Il s'en suit que les dispositions de la convention de Genève de 1958 et de Montego Bay de 1982, et notamment celles des articles 6 et 76 respectivement relatives à la délimitation, n'étaient pas applicables en tant que telles dans leurs relations mutuelles. C'est donc logique que les États considèrent « la convention de 1982 comme dénuée de pertinence » bien que concédant que « certaines de ses dispositions expriment dans une certaine mesure le droit international coutumier en la matière ».[706]

La cour va alors procéder à une clarification des rapports entre sources coutumières et sources conventionnelles du droit : « II est bien évident que la substance du droit international coutumier doit être recherchée en premier lieu dans la pratique effective et l'*opinio juris* des États, même si les conventions multilatérales peuvent avoir un rôle important à jouer en enregistrant et définissant les règles dérivées de la coutume ou même en les développant (...). ». Il est néanmoins indéniable que, « ayant été adoptée par l'écrasante majorité des États, la convention de 1982 revêt une importance majeure de sorte que,

[704] DECAUX E., « L'arrêt de la Cour internationale de Justice dans l'affaire du plateau continental (Tunisie c. Jamahiriya arabe libyenne) », *op cit*, p. 365.
[705] Article 1 du compromis
[706] *Plateau continental* (Jamahiriya arabe libyenne/Malte), arrêt, C.I.J. Recueil 1985, p. 29 para 27.

même si les Parties ne l'invoquent pas, il incombe manifestement à la Cour d'examiner jusqu'à quel point l'une quelconque de ses dispositions pertinentes lie les Parties en tant que règle de droit international coutumier ».[707] Cette longue clarification n'est pas anodine ni inutile. Elle est liée au fait que les parties ne s'entendent pas sur les différentes dispositions qui seraient devenues coutumières, et c'est la base - on peut le dire - du différend.

Si les deux parties ne s'entendent pas sur la méthode pratique à utiliser pour la délimitation de leur plateau continental, c'est, comme l'arrêt le reconnaît, « au sujet de la base juridique du titre sur le plateau continental que les positions des Parties sont inconciliables ».[708] A cet égard, Malte est convaincue que les innovations de la convention de 1982 qui consacre le « le principe de distance » expriment la coutume internationale et sont revêtues de valeur obligatoire.

La Libye, de son côté, est restée attachée au prolongement naturel comme fondement du titre. Cette position libyenne est clairement libellée dans ses conclusions 2, 3 et 4[709] et résumée dans la phrase selon laquelle le prolongement du territoire d'un État en mer, mentionné par la Cour dans les affaires du Plateau continental de la mer du Nord,[710] est une « réalité géologique », et que le prolongement naturel entendu dans le même sens physique et comportant des aspects tant géographiques que géologiques et géomorphologiques reste la

---

[707] *Ibid*

[708] *Plateau continental* (Jamahiriya arabe libyenne/Malte), arrêt, C.I.J. Recueil 1985, para 30

[709] Telles sont libellées lesdites conclusions : « *2. Le prolongement naturel des territoires terrestres respectifs des Parties dans et sous la mer est la base du titre sur les zones de plateau continental qui relèvent de chacune desdites Parties.*

3. La délimitation doit être effectuée de façon à laisser autant que possible à chaque Partie toutes les zones de plateau continental qui constituent le prolongement naturel de son territoire terrestre dans et sous la mer, sans empiétement sur le prolongement naturel de l'autre Partie.

4. Voir la Conclusion de la Libye exprimée lors de la procédure écrite. *Plateau continental* (Jamahiriya arabe libyenne/Malte), arrêt, C.I.J. Recueil 1985, para 11.

[710] *Plateau continental de la mer du Nord (République fédérale d'Allemagne/Danemark; République fédérale d'Allemagne/Pays-Bas), arrêt, CIJ, Recueil 1969*, p. 31, para 43.

base essentielle du titre juridique sur des zones de plateau continental.[711]

La conception que la Libye se fait du prolongement naturel dans cette affaire n'est pas loin de celle de la Tunisie fondée sur la continuité dans la précédente affaire. Cette conception est basée sur la discontinuité marquée par la « zone d'effondrement » (the rift zone). Pour démontrer sa position, la Libye convoqua une kyrielle d'arguments scientifiques qui obligea M. Weil à dire que la Cour n'était un « collège scientifique » mais un « organe judiciaire ».[712] M. Lauterpacht dénonçait également cette portée scientifique de la position libyenne à laquelle il opposa le caractère juridique du raisonnement maltaise: « I can sincerely assure the Court that the last thing that I ever wanted was to get involved in a discussion of the geology and the geomorphology of the Mediterranean sea-bed. I should much prefer to argue solid points of law ».[713] Selon Malte, le principe est qu'il faut appliquer le « critère de distance » : les droits sur le plateau continental, qu'ils s'étendent sans limite en haute mer ou se trouvent confinés par la présence d'un autre État, sont régis par la notion de distance de la côte.[714] C'est d'ailleurs ce critère de distance qui va triompher.

SECTION II : La consécration du critère de distance

Compte tenu de son indépendance tardive, c'est-à-dire dans les années 60, l'Afrique a été absente des premières définitions des règles relatives au droit de la mer, limité à l'époque à la mer territoriale, à la zone contiguë et au plateau continental. Pour ce dernier spécifiquement, les règles ont été uniformisées dans la convention de Genève de 1958 pour le droit conventionnel et dans l'arrêt de la mer du Nord de 1969 pour ce qui concerne le droit coutumier de la délimitation. La Convention de Genève de 1958 définissait le plateau continental en partie suivant les données de la nature car utilisant deux critères, l'un lié à la barymétrie et l'autre à l'exploitabilité. L'arrêt de

[711] *Plateau continental* (Jamahiriya arabe libyenne/Malte), arrêt, C.I.J. Recueil 1985, para 30.
[712] CR 1984/25, p. 7 et p. 64.
[713] CR 1984/23, p. 63.
[714] *Plateau continental* (Jamahiriya arabe libyenne/Malte), arrêt, C.I.J. Recueil 1985, para 30.

1969 par contre ramena presque tout le droit de la délimitation au principe du prolongement naturel, qui seul suffirait à établir les frontières maritimes - tout au moins sur le plateau continental - puisque la délimitation doit attribuer à chaque partie la totalité des zones du plateau continental qui constitue la totalité des zones de plateau continental de son territoire sous la mer.[715]

L'entrée en scène de l'Afrique changera le cours des événements et du régime juridique. Initialement calquées sur le prolongement naturel au sens physique, les affaires relatives au plateau continental (Tunisie/ Libye) et (Libye / Malte) abandonneront progressivement le concept physique de prolongement naturel en tant que fondement du titre juridique de l'État sur le plateau continental pour le fonder désormais sur le concept juridique de distance . Les implications d'un tel revirement ne seront pas négligeables.

Le revirement jurisprudentiel dans les affaires libyennes

Dès le début de la deuxième conférence des NU sur le droit de la mer, des oppositions de thèses se sont avérées entre les conservateurs, c'est-à-dire les partisans du prolongement naturel et les modernistes partisans de la distance. Parmi les fervents défenseurs du prolongement naturel, se trouvaient les États d'Amérique latine. Ainsi, bien que M. Aguilar représentant le Venezuela exposait devant le C.F.M., « que la création d'une zone dénommée mer patrimoniale ou zone économique exclusive, sur les ressources de laquelle les États riverains auraient des droits exclusifs rendrait inutile l'institution du plateau continental et pourrait donc s'y substituer, surtout si la limite de cette zone est fixée à 200 milles marins, ce qui engloberait le plateau continental de la plupart des États riverains », il ne manqua pas de relever toutefois que cette solution « ne tient pas compte de ce que certains plateaux continentaux dépassent la limite des 200 milles ».[716] Il montrait ainsi l'intérêt de son pays par rapport au prolongement du plateau continental. Dans cet ordre d'idées, il est important de prendre en compte les plateaux continentaux qui s'étendent sur plus de 200 milles marins tel que le faisait déjà la convention de Genève. Comme l'affirme le même représentant, « le

[715] *Ibid*
[716] Doc. A/AC.138/SC.II/SR.74. p. 5.

critère de l'exploitabilité établi par la Convention de Genève de 1958 est peut-être imprécis, mais il n'en demeure pas moins que l'État a des droits indubitables sur son plateau continental et qu'il peut arriver que celui-ci s'étende, compte tenu d'une réalité géographique et géologique indiscutable au-delà des 200 milles ».[717]

Si donc le prolongement naturel est la base du titre de l'État sur le plateau continental, il est nécessaire que l'État ait droit à la totalité du plateau même dans la totalité de son prolongement naturel c'est-à-dire même lorsque celui dépasse les 200 milles. Telle était en substance, la position péruvienne. M. Arias Screiber n'a pas manqué de le souligner lorsqu'il rappela au nom de son État que : « La position du Pérou sur le droit de la mer est fondée sur le respect des droits souverains des autres États sur la mer adjacente à leurs côtes et sur le prolongement submergé de leur territoire, même s'il s'étend sur plus de 200 milles. ». En effet, dit-il, aucun pays n'a de droits supérieurs à « ceux de l'État côtier sur la totalité de son plateau continental puisque ce plateau fait naturellement partie de son territoire national et en est indissociable ».[718] Subséquemment prévenait-il, « l'erreur d'essayer d'imposer des limites arbitraires qui seraient contraires à la nature et inacceptables pour les pays intéressés ».[719]

La conférence jugea le critère d'exploitation trop discriminatoire pour les États peu développés et, peu à peu, les décisions s'orientaient vers une unanimité autour du critère de la distance ; les États parties voulurent de la sorte éviter les inégalités entre les États côtiers. Face aux pays conservateurs qui optaient pour le maintien du prolongement naturel, se trouvaient en effet, ceux qui militaient pour une limite fixe de 200 milles marins. En conséquence, le projet de traité sur l'espace marin soumis par Malte prévoyait que la juridiction nationale d'un État s'étende à une zone d'espace marin adjacente à ses côtes, dont la largeur est de 200 milles marins.[720] Au-delà de 200 milles marins des côtes, l'espace marin fait partie de ce qu'il appelle « l'espace marin international ». Ce dernier ne serait soumis « à une juridiction nationale de quelque nature que ce soit, sauf disposition expresse

[717] *Ibid*

[718] Doc. of. conf.. vol. 2. p. 161.

[719] *Ibid*

[720] "Projet de Traité sur l'espace marin", document de travail présenté par Malte. Doc. NAC.138153, in rapport C.F.M. 1971, Doc. N8421, p. 134

contraire de la présente Convention ».[721] Plusieurs États se rallièrent au souhait d'unification des frontières maritimes pour mettre fin aux multiples revendications. C'est alors que M. Arvid Pardo déclarait en 1971 devant le C.F.M que :

« Le moment est venu de refondre les multiples limites de juridiction des États riverains sur l'espace marin en une limite extérieure nettement précisée de la juridiction nationale, reconnaissant la totalité des intérêts des États riverains dans le milieu marin et y satisfaisant ».[722]

Progressivement, les pays conservateurs se sont ralliés, bon gré mal gré, à l'idée d'une distance fixe en lieu et place du principe vague de prolongement naturel. Les U.S.A., pays farouchement opposé à la distance et adhérent du prolongement naturel, à défaut de s'atteler au prolongement naturel, se sont tout au moins accolés à l'isobathe 200 tel que défini dans la convention de Genève. Ils proposaient en effet, le 3 août 1970, un projet de convention sur la « zone internationale des fonds marins », devant le C.F.M qui supprimait le critère d'exploitabilité. Cette convention « limitait la juridiction nationale au seul P.C. défini par l'isobathe 200 ».[723] Après cette zone, commencerait une "zone internationale" dont une partie serait « confiée à la gestion de l'État côtier "sous mandat international ». Cette « zone intermédiaire », entre le P.C. « national » et le « patrimoine commun de l'humanité », était comprise entre l'isobathe 200 et « une ligne située soit au-delà de la base de la pente continentale, soit au-delà de la base du talus d'une île située au-delà de la pente continentale, à l'endroit où la déclivité de la surface du lit de la mer n'atteint plus qu'un gradient de ... % ».[724]

Face au rejet quasi unanime de l'ensemble de la communauté internationale, les USA durent assouplir leur position. C'est ainsi que, proposant le 16 juillet 1973, un nouveau projet de convention intitulé : « Projet d'articles pour un chapitre traitant des droits et devoirs des États dans la zone côtière d'intérêt économique du fond des mers »,[725] ils se sont, non seulement, abstenus de donner une limitation « *ratione loci* » au plateau continental mais également informaient par la voix

---

[721] *Ibid*

[722] Doc. NAC.1381SR.57, C.F.M.. 23 mars 1971. 57. Séance, p. 176.

[723] Doc. A/AC.138/25, Article premier et 26.

[724] Doc. A/AC.138/25, Article premier et 26.

[725] Doc. AIAC.138lSC.II/L.35, in doc. A19021. vol. 3. pp. 90-92.

de leur représentant M. Stevenson que les U.S.A. étaient « disposés à négocier avec les pays qui réclament une limite extérieure de 200 milles, ou davantage, selon le facteur géologique ».[726] C'est à partir de là que, peu à peu, les USA se sont ralliés aux critères de distance.

L'U.R.S.S. de son côté, bien que ne s'étant pas opposée à un critère de distance, proposera que le P.C. s'étende jusqu'à une distance de 100 milles de la côte. En plus du critère de distance, il était également inséré un critère de profondeur de 500 mètres ; les États étant invités à choisir en fonction leurs intérêts. En conséquence, Appolis G. constate que le projet faisait œuvre conservatrice par son objectif de faire échec à l'idée d'une zone de 200 milles, dangereuse pour l'industrie halieutique soviétique et aux prétentions "excessives" sur les fonds marins, gênantes du point de vue stratégique [727] Finalement, l'URSS, ne pouvant plus résister aux revendications expansionnistes des emprises côtières, se rallia elle-aussi au principe de la limite des 200 milles[728], en apportant des amendements à son projet initial par substitution des 200 milles aux 100 milles originellement retenus comme alternative à la profondeur de 500 mètres lors de la 22' séance plénière de la Conférence.[729]

Si ces changements et ralliements se sont produits, c'est grâce en premier plan, aux actions des États en voie de développement notamment ceux africains. Ces derniers en effet, ont joué un rôle non négligeable en faveur de l'émergence du critère de distance en lieu et place des critères antérieurs.

L'Afrique a rencontré la mer, d'abord timidement en 1958 à la Première Conférence des Nations Unies sur le droit de la mer, et avec dynamisme lors de la Troisième Conférence des Nations Unies sur le droit de la mer.[730] Ce dynamisme a été favorisé par son appropriation du mouvement interventionniste né en Amérique quelques décennies plus tôt.

On le sait, la pratique des 200 milles pour la délimitation de la mer territoriale ou du plateau continental est née en Amérique latine avec

---

[726] APPOLIS G., *op cit*, p. 65.
[727] Voir BUTLER W.-E., "Union of Soviet Socialist Républics", in *New Directions in the law of the sea*. vol. 3.1973, pp. 271-280. Cite par APPOLIS G, *Ibid.*
[728] Doc. of, vol. 1. pp. 77-78. No 38.
[729] APPOLIS G., *op cit*, p. 65.
[730] *Ibid*, p. 32.

la Déclaration de la Conférence panaméricaine de Panama de 1939, la proclamation du Président Truman du 28 septembre 1945 sur le P.C., la proclamation du 28 septembre 1945 sur la conservation des pêcheries côtières et le Traité américain de Rio de Janeiro du 2 septembre 1947. Elle fut marquée par les multiples revendications interventionnistes de l'époque : emprise côtière sur le P.C., d'abord, l'exemple des U.S.A. (Mexique : 29 octobre 1945, Panama : 1er mars 1946. Brésil : 8 novembre 1950) ; emprise sur le P.C. et les eaux subjacentes, ensuite (Argentine : 11 octobre 1946, Panama : 17 décembre 1946. Équateur : 6 novembre 1950).[731] Cette pratique d'abord unilatérale puis officialisée sur le plan régional par la déclaration de Santiago du Chili (18 août 1952) par laquelle le Chili, l'Équateur et le Pérou ("*The C.E.P. States*" ou "*The 200 miles States*" proclamèrent leur "souveraineté et juridiction" sur la zone des 200 milles adjacente à leurs côtes[732], n'a pas manqué d'influencer les États Africains après leurs indépendances. Ainsi, en 1971, sur les 31 États dont la largeur de la M.T. est inférieure à 12 milles, il n'y avait que deux États africains, la Côte d'Ivoire et l'Afrique du sud qui avaient une mer territoriale inférieure à 12 milles marins soit 6 milles marins chacun.[733]

Mais, comme c'était de coutume déjà en Amérique latine[734], le Bénin, la Guinée, la Guinée-Bissau, le Liberia, la Sierra-Léone et la Somalie avaient proclamé une mer territoriale s'étendant sur une longueur de 200 milles marins.[735] Certains autres États, sans faire des revendications sur 200 milles marins, n'étaient pas non plus non loin de cet extrême. De ce fait, le Cap Vert fixait la longueur de sa mer territoriale à 100 milles et le Sénégal la sienne à 150 milles.[736] Ces revendications de 200 milles ou de distances proches, à la veille de la conférence concernant non seulement les eaux de la mer mais également le plateau continental couvert par elles, influenceront la position de ces États au cours de la Conférence. C'est ainsi que les pays africains déclarèrent considérer que les riverains ont un droit inhérent d'exploitation et de conservation des ressources naturelles de la haute mer adjacente à leurs eaux territoriales en raison du lien étroit

731 *Ibid*
732 *Ibid*
733 Doc. FID/C/127. rev. 2. 1975, p. 18.
734 Argentine, Brésil. El Salvador. Equateur, Panama, Pérou et Uruguay.
735 Doc. FID/C/127. rev. 2. 1975, p. 18.
736 *Ibid*

de nature géographique, économique et sociale existant entre les populations côtières et le milieu marin".[737]

En 1972, en effet, il fut organisé à Yaoundé une Conférence de l'O.U.A., conférence décisive dans l'ébauche d'une politique commune africaine sur la conservation des ressources biologiques adjacentes à leur mer territoriale et à la limite extérieure de celle-ci.[738] C'est alors que furent élaborés les textes officieux à soumettre à la Troisième Conférence des Nations Unies sur le droit de la mer.[739] Jusqu'alors, était en vogue la notion de mer patrimoniale sur laquelle l'État côtier exerçait une pleine et totale souveraineté mais sur la base d'un critère de distance équivalent à 200 milles. Ce qui était inacceptable pour les grandes puissances partisanes du principe ancien de la liberté des mers. Le triomphe du critère de la distance de 200 milles viendra de l'invention de la notion de zone économique exclusive par les États africains.

La conceptualisation de l'idée de zone économique exclusive est attribuée au juriste africain Frank N'jenga du Kenya ainsi que le souligne M. J. Warioba : « *Franck Njenga of Kenya and 1 talked about an « economic zone » fist at the Asian-African Consultative Committee in Lagos in 197 1. The 1960s had been concerned with human rights and political liberation, but in the 1970s we had ail begun to argue for a New International Economic Order.* ». Aussi, ajoute-t-il, que : « *Countries had claimed various sizes of territorial sea around Africa: Somalia 200 miles, Guinea 130, and Tanzania 50 miles, which was what we estimated the shelf to cover. We were not particularly concerned with security: the difference between 200 and 500 d e s is nothing to a missile. We were concerned about economic resources and pollution and scientific research. There was no way of reversing the claims of various States to resources up to 200 miles.* ». Enfin, il rapporte que : « *So we spoke of an "economic zone» of that width. Economic may have been a misnomer, because it went broader, but that was its basis. The concept was accepted at a regional seminar in Yaounde in June 1972, and we then canvassed the developed countries hard. Our agreement was that Njenga be our spokesman after 1972. The OAU Council of Ministers endorsed the concept in*

[737] PEYROUX E., « Les États africains face aux questions actuelles du droit de la mer » (1974) 78 *R. G.D.I. P.* 623, p.631.
[738] CISSE Y., *op cit,* p 245.
[739] *Ibid*

1973. It all resulted in a general acceptance of the 200-mile zone at Caracas in 1974. ».[740]

Indépendamment de sa soumission à la conférence, les États africains s'étaient appropriés la notion dans ces limites de 200 milles.[741] Très vite, la grande majorité des États d'Asie, ainsi que les pays d'Amérique latine, de façon générale, ont accueilli favorablement l'idée de zone économique exclusive.[742] Cette adoption tiendrait au fait que la notion a été perçue soit comme une variante de la notion de " mer patrimoniale " figurant dans la déclaration adoptée à Saint-Domingue le 7 juin 1972 par la Conférence des pays des caraïbes ainsi que dans le projet présenté au comité des fonds marins en avril 1973 par la Colombie, le Mexique a le Venezuela soit comme une généralisation de la limite des 200 milles, qu'ils avaient eux-mêmes adoptée unilatéralement pour leur mer territoriale ou leur zone de pêche, à savoir l'Argentine, le Brésil, le Chili, l'Équateur, le Nicaragua, le Panama, le Pérou, le Salvador à l'Uruguay.[743]

---

[740] C. SANGER., *Ordering the oceans: The Making of the law of the Sea*, United Kingdom, Zed Book Ltd, 1986, pp.62-63.

[741] Guinée-Bissau : Loi no 3/85 du 17 mai 1985 (zone économique exclusive de 200 milles). Kenya : Proclamation présidentielle du 23 février 1979 (zone économique exclusive 200 milles). Madagascar : Ordonnance n085/013 du 1 6 septembre 1985 amendée le 1 1 décembre 1 985 (zone économique exclusive de 200 milles). Côte-d'Ivoire : Loi no 77/926 du 17 novembre 1977 (zone économique exclusive de 200 milles) ; Djibouti : Loi no 52/AN/78 (zone économique exclusive de 200 milles) ; Egypte: Déclaration du 26 Août 1983 ratifiant le droit de la mer. Gabon Loi n09/84 (zone économique exclusive de 200 milles) ; Sao Tomé and Principe : Décret-Loi n015/78 du 16 juin 1978 (zone économique exclusive de 200 milles). Sénégal : Loi n087/27 du 1 8 Août 1987 (zone économique de 200 milles). Tanzanie : Loi de 1989 (zone économique exclusive de 200 milles).Togo : Ordonnance no 24 du 16 août 1977 (zone maritime économique de 200 milles) ; Guinée équatoriale : h i n015/1984 (zone économique de 200 milles) ; Cap-Vert : Décret-loi no 126/77 du 3 1 décembre 1977 (zone économique exclusive de 200 milles). Ghana : Ratifie la Convention le 20 mars 1983 (zone économique exclusive de 200 milles). Guinée : Décret no 336/PRG/ du 30 juillet 1980 (zone économique exclusive de 200 milles).Mauritanie : Ordonnance no 88/120 du3 1 d t 1988 (zone économique exclusive de 200 milles). Maurice : Loi no l3/& 3 juin 1977 (ZEE de 200 milles). Maroc : Lai no l/8 1 du 18 décembre 1980 promulguée par le Dahir n01/81/179 du 8 avril 198 1 (zone économique exclusive de 200 milles). Mozambique : MU-Lai n031/76 du 19 d t 1976. Namibie : Lai n03 du 30 juin 1990, amendée en 199 1. Nigéria : loi n0 28 du 5 octobre 1978 (zone économique exclusive de 200 milles).

[742] CISSE Y., *op cit,* p 252-253.

[743] QUÉNEUDEC J-P, cité par BURETTE P., *in La participation du tiers monde à l 'élaboration du droit international*, Paris, L G. D.J., 1983. p. 120.

C'est bien de l'association du critère de distance à la zone économique exclusive qu'est né le triomphe de critère de distance tant pour cette zone que pour le plateau continental. L'Arrêt de la CIJ dans l'affaire Libye-Malte traduit cette réalité exprimée par Malte. En effet, Malte voyait « dans la genèse du concept de zone économique exclusive et sa consécration dans la convention de 1982 la confirmation de l'importance du « principe de distance »[744] dans le droit du plateau continental et la preuve que la notion de plateau est désormais dissociée de tout critère de prolongement physique. Alors que les règles définies par l'article 76 ne concernent que la délimitation du plateau continental, l'État maltais concluait que cet article de la convention doit être appliqué « à la lumière de ses dispositions relatives à la zone économique exclusive ».[745] Une fois entamée, l'émergence de la distance sera effective dans les affaires postérieures.

Il est important de rappeler que dans l'affaire du plateau continental opposant la Tunisie à la Libye, les deux parties étaient convaincues que le fondement du titre juridique de l'État sur le plateau continental était uniquement le prolongement naturel. Seulement, elles n'étaient pas unanimes sur la définition pratique de ce prolongement naturel, l'une, la Tunisie la définissant par la continuité à laquelle elle avançait des critères géomorphologiques et l'autre, la Libye, le définissant par un « processus de déchirement » avec un ensemble d'arguments géologiques.[746]

Curieusement, ni l'une ni l'autre des deux conceptions n'emporta la Conviction de la Haute juridiction. Contre les définitions géologiques libyennes, elle avança qu'il « n'est pas possible de définir juridiquement les zones du plateau continental relevant soit de la Tunisie soit de la Libye en tenant compte uniquement ou principalement de considérations géologiques. Le rôle de la Cour consiste à ne recourir à la géologie que dans la mesure où l'application du droit international l'exige »[747]. Cela ne veut pas dire qu'elle valide la théorie de la continuité avancée par la Tunisie puisqu'elle dira, plus

[744] Plateau continental (Jamahiriya arabe libyenne/Malte), arrêt, C.I.J. Recueil 1985, p 23, para 31.
[745] *Ibid.*
[746] Voir *Supra*, Première partie, Titre II, Chapitre I, Section I, para II, B, 1.
[747] CIJ, arrêt, 24 février 1982, *Plateau continental (Tunisie / Jamahiriya arabe libyenne), Recueil 1982*, p. 53, para 61.

tard, quant aux particularités dont la Tunisie fait état, qu'elle « ne saurait souscrire à l'idée que l'une de ces caractéristiques marquerait une rupture ou une solution de continuité telle qu'elle constituerait indiscutablement la limite de deux plateaux continentaux ou prolongements naturels distincts »[748].

Dans la mesure où le prolongement naturel serait la base du titre, il revenait à la CIJ, dès lors qu'elle refusa toutes les thèses en présence, de définir son exacte quintessence, afin de déduire la méthode de délimitation appropriée. Mais, elle n'a pas entendu procéder de cette façon. Au contraire, elle entreprit de s'écarter du prolongement naturel comme base essentielle ou unique des droits de l'État côtier sur le plateau continental pour constater voire consacrer un autre critère : la distance. Pour ce faire, elle fit un raisonnement en plusieurs étapes.

D'abord, la Cour de la Haye montre qu'une évolution ou transformation s'est produite dans la conception du plateau continental, la faisant passer d'une conception physique à une conception juridique. Cette transformation a déjà été constatée dans l'arrêt de 1969 lorsque qu'elle fit savoir que c'est le plateau continental, en tant que « zone prolongeant physiquement le territoire de la plupart des États maritimes par [une] espèce de socle » qui « a appelé en premier lieu l'attention des géographes et hydrographes, puis celle des juristes ».[749] En 1982, elle compte faire une précision à ce sujet en notant que, « très tôt dans l'évolution de la notion juridique de plateau continental, son acception s'est élargie, au point de comprendre pour finir toute étendue du fond des mers se trouvant dans un rapport particulier avec la côte d'un État voisin, qu'elle présente ou non les caractéristiques exactes qu'un géographe attribuerait à un plateau continental » [750]. Dès lors, la nouvelle conception juridique faisait que des espaces qui, au sens physique, n'appartenaient pas au même plateau pouvaient lui être rattachés. Pour elle, les critères retenus pour la définition du

[748] *Ibid.*
[749] *Plateau continental de la mer du Nord (République fédérale d'Allemagne/Danemark; République fédérale d'Allemagne/Pays-Bas), arrêt, CIJ, Recueil 1969*, p. 51, para 95.
[750] CIJ, arrêt, 24 février 1982, *Plateau continental (Tunisie / Jamahiriya arabe libyenne), Recueil 1982*, para 41.

plateau continental par la convention de 1958 ne faisaient que témoigner de la même évolution.[751]

Passé le cap de 1958, c'est la même Cour qui a introduit en 1969 dans le droit international de la mer, le concept de prolongement naturel, lorsqu'elle était appelé à procéder à une délimitation du plateau continental entre trois États à l'égard desquels la Convention de 1958 n'était pas tous obligatoires.[752] En 1982, elle relativise la portée de sa décision : *primo*, le prolongement naturel ne joue qu'« un certain rôle dans la délimitation de zones de plateau, lorsque la situation géographique s'y prêtait » et *secundo*, « alors que l'idée de prolongement naturel du territoire terrestre définissait, en termes généraux, l'objet physique ou l'assise des droits de 1'Etat côtier, elle ne serait pas forcément suffisante ni même appropriée en elle-même pour préciser l'étendue exacte des droits d'un État par rapport à ceux d'un État voisin. ».[753] La première limite paraît surprenante alors que la seconde logique. En effet, la cour n'avait pas précisé en 1969 que la notion qu'elle consacre ne devrait s'appliquer que lorsque la situation géographique s'y prêtait. Le prolongement naturel était, au contraire, présenté comme une règle coutumière commandant toute opération de délimitation du plateau continental et ayant ses sources dans la proclamation Truman. La réalité selon laquelle le prolongement naturel n'était pas suffisant en elle-même pour préciser l'étendue exacte des droits d'un État par rapport à ceux d'un État voisin est une évidence dans la formule générale de l'arrêt de 1969. C'est d'ailleurs pourquoi les parties tentent de lui donner une signification pour la rendre plus précise. Cependant, la cour ne rappelle pas cette insuffisance dans le même objectif que les parties mais pour asseoir le titre sur une seconde base qui finira par dominer la première.

La haute juridiction, pour ce faire, fait intervenir les « nouvelles tendances acceptées » à la troisième conférence des Nations Unies sur

---

[751] L'article premier de la convention de 1958 disait : « *Aux fins des présents articles, l'expression « plateau continental M est utilisée pour désigner : a) le lit de la mer et le sous-sol des régions sous-marines adjacentes aux côtes, mais situées en dehors de la mer territoriale, jusqu'à une profondeur de 200 mètres ou, au-delà de cette limite, jusqu'au point où la profondeur des eaux surjacentes permet l'exploitation des ressources naturelles desdites régions ; b) le lit de la mer et le sous-sol des régions sous-marines analogues qui sont adjacentes aux côtes des îles.* ».

[752] L'Allemagne pour être précis.

[753] CIJ, arrêt, 24 février 1982, *Plateau continental (Tunisie / Jamahiriya arabe libyenne)*, *Recueil 1982*, para 43.

le droit de la mer, notamment, celles consacrées à l'article 76 du projet de convention sur le droit de la mer non encore entré en vigueur à l'époque. L'art. 76 paragraphe 1, du projet de la convention dit que « Le plateau continental d'un État côtier comprend les fonds marins et leur sous-sol au-delà de sa mer territoriale, sur toute l'étendue du prolongement naturel du territoire terrestre de cet État » et ce, « jusqu'au rebord externe de la marge continentale, ou jusqu'à 200 milles marins des lignes de base à partir desquelles est mesurée la largeur de la mer territoriale, lorsque le rebord externe de la marge se trouve à une distance inférieure ». Pour combler les insuffisances du prolongement naturel tel que consacré en 1969, il est remarquable que l'article 76 introduit un nouveau critère de distance de 200 milles marins en plus de maintenir l'expression « prolongement naturel ».

Comme le souligne le Professeur DECAUX qui rappelle la difficulté soulevée par le juge Mosler,[754] tout le problème est de savoir comment s'articulent les deux éléments hétérogènes de la « nouvelle » définition.[755] Mais, la haute juridiction, consciente du problème, semble faire du prolongement naturel du territoire le critère principal.[756] Elle revient encore annuler toute primauté à ce critère qui, de son avis, ne fait que répéter le principe général : « Ainsi qu'il a été exposé le principe suivant lequel le prolongement naturel de l'État côtier est la base de son titre juridique au plateau continental ne fournit pas nécessairement en l'espèce de critères applicables à la délimitation des zones relevant d'États limitrophes. ». Ainsi, « dans la mesure où la première partie de l'art. 76, § 1 du projet de convention ne fait que répéter ce principe, elle n'apporte aucun élément nouveau et n'appelle donc pas d'examen plus approfondi »[757].

Il ne fait donc pas de doute que c'est le critère de distance qui est devenu le principal. C'est en effet, ce critère qui permet de fixer l'étendue des droits de l'État côtier. Le prolongement naturel ne serait applicable que si le plateau continental devrait exceptionnellement dépasser 200 milles marins. C'est ce que le Professeur Emmanuel DECAUX exprime en ces termes : « En fait, c'est le recours à la limite

[754] C.R. 81/23, p. 47.
[755] DECAUX E., « L'arrêt de la Cour internationale de Justice dans l'affaire du plateau continental (Tunisie c. Jamahiriya arabe libyenne) », *op cit*, p. 369.
[756] Voir CIJ, arrêt, 24 février 1982, *Plateau continental (Tunisie / Jamahiriya arabe libyenne), Recueil 1982,* p. 48, para 47.
[757] *Ibid*, p. 48, para 48.

forfaitaire de 200 milles qui vient réduire l'importance de la notion de prolongement naturel. Il faut inverser l'ordre des facteurs établis par la Cour : le « critère principal » est la distance de 200 milles, tandis que la référence au prolongement naturel ne vaut que pour dépasser cette distance « dans certaines circonstances ».[758] C'est donc clair que la cour semble faire cohabiter deux titres mais c'est la distance qui a la primauté. C'est une donnée que la juridiction elle-même confirmera plus tard dans l'affaire qui opposera la Libye à Malte.

Il semble que la Libye n'ait pas bien reçu la leçon de 1982 sur le rejet de toutes ses prétentions fondées sur la théorie du prolongement naturel considérée comme seule base du titre juridique de l'État sur le plateau continental et la redéfinition qu'a faite la Cour en 1982. Raison pour laquelle, elle est revenue sur la théorie du prolongement naturel dans l'affaire du plateau continental (Libye c. Malte).[759] Malte est bien consciente de ce changement radical et c'est à juste titre que M. Weil disait que le développement libyen est renvoyé à la « préhistoire du plateau continental ».[760]

Néanmoins, le raisonnement qui conduit Malte à réclamer la constatation de la distance comme devant désormais être le fondement du titre de l'État sur le plateau continental et celui de la Cour ne sont pas les mêmes. Malte se référerait en priorité à l'article 76 de la Convention des Nations unies sur le droit de la mer[761] qui n'était pas encore en vigueur puis, accessoirement, au lien existant entre le concept de plateau continental et celui de zone économique exclusive, institution nouvelle à l'époque pour fonder ses prétentions sur le principe de la distance. Elle considère que l'article 76 et la délimitation de la zone économique exclusive ont fait apparaître le principe de distance dans la convention de 1982 qui prime désormais sur celui du prolongement naturel. La Cour a d'emblée écarté ce raisonnement qui n'est rien d'autre que ce que Sette-Camara appelle « digressions » sur

---

[758] *Ibid*, p. 370.

[759] Voir *supra*, développement précédent au 1.

[760] CR 1984/25, p. 55.

[761] L'article 76 dispose que : « *Le plateau continental d'un Etat côtier comprend les fonds marins et leur*
sous-sol au-delà de la mer territoriale, sur toute l'étendue du prolongement naturel du territoire terrestre de cet Etat jusqu'au rebord externe de la marge continentale, ou jusqu'à 200 milles marins des lignes de base à partir desquelles est mesurée la largeur de la mer territoriale, lorsque le rebord externe de la marge continentale se trouve à une distance inférieure ».

la zone économique exclusive et qui, de son avis, n'avait pas sa place dans l'arrêt.[762] La haute juridiction précisera que : « Étant donné que les droits dont jouit un État sur son plateau continental seraient également possédés par lui sur le sol et le sous-sol de la zone économique exclusive qu'il aurait proclamée, l'une des circonstances pertinentes à prendre en compte pour la délimitation du plateau continental d'un État est l'étendue légalement autorisée de la zone économique exclusive relevant de ce même État. ». Aussi, souligne-t-il, « cela ne veut pas dire que la notion de zone économique exclusive recouvre désormais celle de plateau continental. ».[763] Néanmoins, le raisonnement maltais a amené la Cour à concéder que « cela signifie bel et bien qu'il convient d'attribuer plus d'importance aux éléments, tels que la distance de la côte, qui sont communs à l'une et à l'autre notion ».[764]

S'en tenant au plan juridique, la Cour tire la consécration du critère de distance du droit coutumier, indépendamment de la Convention de 1982 et de son article 76. Elle déclara, pour ce faire, que : « Par suite, pour des raisons tant juridiques que pratiques, le critère de distance doit dorénavant s'appliquer au plateau continental comme à la zone économique exclusive-et cela indépendamment de la disposition relative à la distance que l'on trouve au paragraphe I de l'article 76 ».[765] La cour semble être catégorique sur sa consécration mais aussitôt, elle apporte une nuance en soulignant qu'il n'est pas à dire que l'idée de prolongement naturel soit maintenant remplacée par celle de distance. Simplement, « lorsque la marge continentale elle-même n'atteint pas les 200 milles, le prolongement naturel qui, malgré son origine physique, a acquis tout au long de son évolution le caractère d'une notion juridique de plus en plus complexe, se définit en partie par la distance du rivage, quelle que soit la nature physique du fond et du sous-sol de la mer en deçà de cette distance. ».[766]

Le juge Oda critiqua cette idée de complémentarité qui, selon lui, « n'est à coup sûr, du moins dans le contexte des 200 milles qu'une façon de maintenir en vie le « prolongement naturel » en lui

---

[762] *Plateau continental (Jamahiriya arabe libyenne/Malte),* arrêt, C.I.J. Recueil 1985, op id., O.D. p. 71.
[763] *Ibid,* p. 33 para 33.
[764] *Ibid.*
[765] *Ibid,* p. 33 para 34.
[766]*Ibid,* p. 33 para 34.

appliquant la respiration artificielle »[767]. Mais, il ne s'agirait que d'une survie superficielle. A la réalité, elle dénie toute pertinence aux facteurs géologiques ou géophysiques. Ces facteurs ne sont plus à considérer devant le critère de distance : « il n'existe aucune raison de faire jouer un rôle aux facteurs géologiques ou géophysiques jusqu'à cette distance, que ce soit au stade de la vérification du titre juridique des États intéressés ou à celui de la délimitation de leurs prétentions »[768]. Elle ne nie pas avoir fondé le titre sur des facteurs géophysiques dans l'arrêt de 1969. D'ailleurs, elle légitime l'attitude qu'elle a eu à adopter par « par référence à une réglementation du titre lui-même qui faisait à ces facteurs une place appartenant désormais au passé »[769]. C'est désormais la distance qui fonde le titre. Désormais ces facteurs ne jouent aucun rôle pour la définition du titre juridique encore moins pour la prise en compte comme circonstance pertinente aux fins de la délimitation. Le changement est donc radical, et la Cour est claire là-dessus : « Quant à faire jouer un rôle comme circonstance pertinente aux fins de la délimitation à un facteur qui n'en joue aucun pour la validité du titre juridique, on ne voit à cela aucune raison non plus ».[770]

On pourrait, à ce stade, se demander si ce changement s'inscrit dans la droite ligne de continuité de la jurisprudence ou doit être considéré comme un véritable revirement jurisprudentiel ayant rendu irrémédiablement inopérant, le titre du prolongement naturel. Le Professeur CISSE Yacouba considère qu'il ne s'agit que d'une évolution du droit, le principe de la distance est valable dans les situations ou le rebord extérieur du plateau continental s'étend sur une distance inférieure ou égale à 200 milles marins et, c'est dans cette hypothèse et seulement dans celle-ci, que le juge n'entend plus faire jouer de rôle à la géologie et à la géomorphologie.[771] Ce qui voudrait dire, selon lui, « que le prolongement naturel reste toujours applicable puisque l'article 76 de la Convention sur le droit de la mer reconnaît l'extension du plateau continental jusqu'à 350 milles marins des lignes de base. ». [772]

---

[767] *Ibid,* O.D. p. 129
[768] *Ibid,* p. 35 para 39.
[769] *Ibid,* p. 36 para 40.
[770] *Ibid,* p. 35 para 40.
[771] CISSE Y., *op cit,* p. 98.
[772] *Ibid,* p. 99.

Il est à remarquer que l'extension du plateau continental jusqu'à 350 milles marins se mesure sur la base du critère de distance pour les États qui, non seulement, en disposent mais en font la demande sur une période déterminée. Il s'agit d'une situation exceptionnelle qui n'annule pas la règle établie. Passé cette courte période, les demandes d'extension ne sont plus possibles. C'est une situation qui n'annule pas la règle générale. Il faut alors considérer qu'il s'agit d'une révolution et non d'une évolution. Cette révolution est constatée par le Professeur Emmanuel DECAUX pour qui, alors que la Convention n'était pas encore en vigueur, l'insistance mise par la Cour à écarter le « passé », au profit du droit « moderne » est d'autant plus frappante qu'elle est fondée sur des considérations objectives, presque absolues, qui ne tiennent pas compte du relativisme de la codification ou de la pratique étatique, comme si la Cour voulait à l'avance forcer la main aux États les plus réticents à l'égard de la convention de Montego Bay.[773] Au demeurant, il a raison de conclure que « la jurisprudence de 1969, déjà bien malmenée en 1982, se trouve ainsi singulièrement datée »[774] avec la jurisprudence de 1985. Reste à évaluer les conséquences de cette mutation.

Les implications du critère de la distance

L'adoption du prolongement eut pour conséquence de permettre d'abord aux États-Unis de revendiquer des espaces maritimes qui échappaient jusque-là à la souveraineté des États. En réponse, les États latino-américains en ont usé pour justifier la revendication de leur souveraineté tant sur la mer territoriale que sur le plateau continental jusqu'à une distance d'au moins 200 milles marins, parfois moins, parfois plus, entraînant une dynamisation des frontières caractérisée par leur pluralisme. Appolis G. remarquera, à cet effet, que « le pluralisme des limites externes de l'emprise côtière est la manifestation concrète du développement continu de la souveraineté de l'État côtier sur la mer adjacente à son territoire. ».[775] Au lieu de fixer des bornes au nationalisme maritime, il lui a permis de mieux se

---

773 DECAUX E., « L'arrêt de la Cour internationale de Justice dans l'affaire du Plateau continental (Libye/Malte). Arrêt du 3 juin 1985. », In: *Annuaire français de droit international*, volume 31, 1985. p.305

774 *Ibid.*

775 APPOLIS G, *op cit*, p 62.

propager. A cet effet, M. Castaneda qui parlait au nom du Mexique au cours de la conférence des Nations Unies sur le droit de la mer reconnut, quant à l'exploitabilité, que cette règle ne fixe aucune limite en termes numériques.[776] Il faut différencier l'exploitabilité du prolongement naturel. Néanmoins, le même constat est valable pour les deux critères. La Cour internationale de justice en avalisant dans son affaire sur la Mer du Nord en 1969 le principe du prolongement naturel, n'a fait que favoriser davantage l'expansionnisme liant l'adjacence à la continuité géologique et géomorphologique - ce qui permettait déjà aux pays expansionnistes de trouver gain de cause - grâce à la proclamation Truman et ensuite grâce à l'exploitabilité. C'est pourquoi la défense de l'exploitabilité par les pays sud-américains a été perçue non pour une plaidoirie en faveur du maintien de ce critère mais pour la conservation des droits, la plupart du temps, potentiels qu'il leur a permis d'acquérir.[777]

L'adoption du critère de distance comme fondement du titre de l'État sur le plateau continental vient sonner la fin des instabilités, du pluralisme des limites et surtout de l'expansionnisme à outrance. Les 200 milles constituent, en effet, une limite stable satisfaisant aux impératifs « de simplicité et d'équité ».[778] Bien que cette solution, qui a l'avantage de la simplicité, ne tient pas compte de ce que certains plateaux continentaux dépassent la limite des 200 milles,[779] il n'en demeure pas moins vrai qu'elle a le mérite d'imposer l'unicité dans la définition des frontières, même si des aménagements sont prévus pour les États dont la marge continentale dépassent 200 milles marins. Nul doute qu'une telle solution présentait et continue de présenter aujourd'hui en elle-même de sérieux avantages théoriques et pratiques : uniformité, simplicité, égalité, fixité.[780] Autre que de fixer une limite unique pour l'exercice des droits économiques des États côtiers, la redéfinition du titre permet d'accroître la juridicité des règles de délimitation.

Le rôle de toute juridiction est de dire le droit. Il ne suffit pas de trancher des litiges par des décisions obligatoires mais également que ces litiges soient tranchés par application de règles juridiques

---

[776] C.F.M. 24 mars 1971. doc. AIAC.1381SR.58. p. 197.
[777] APPOLIS G., *op cit*, p 62.
[778] JEANNEL M. (France). 37'séance plénière. Vol. 1. p. 174.
[779] Doc. A/AC.138/SC.II/SR.74. p. 5.
[780] APPOLIS G., *op cit*, p 62.

préalablement établies. Force est de constater qu'en présence des délimitations fondées uniquement sur des théories d'ordre géologique ou géomorphologique, le rôle des juges ou arbitres est moins d'appliquer le droit que de trancher des désaccords d'ordre scientifique. Dans l'affaire Libye/Malte, par exemple, les parties avaient fait intervenir des « distingués savants »[781] qui avaient, chacun, son hypothèse. La juridiction onusienne, exaspérée par les différents développements scientifiques, s'est vue obliger de rappeler les exigences de « l'instance judiciaire » : « La Cour ne peut accepter l'idée que, pour statuer en l'espèce, elle devrait d'abord trancher un désaccord entre des hommes de science réputés sur l'interprétation plus ou moins plausible de données apparemment incomplètes ».[782]

L'implication du choix du titre sur la délimitation fait qu'en définissant le plateau continental sur une base de la barymétrie ou de la technologie, la Convention de 1958 se dégageait des contingences géologiques alors que l'arrêt de la Mer du Nord, en le fondant sur le prolongement naturel, impliquait une délimitation sur la base de critères géologiques et géomorphologiques.[783] C'est alors que le prétoire de la CIJ deviendra, au cours des affaires de plateau continental d'abord entre la Tunisie et la Libye et ensuite entre la Libye et Malte, le terrain d'opposition entre les scientifiques les plus chevronnés de la géologie. Dans la seconde affaire, par exemple, « la thèse libyenne visait à convaincre la Cour de l'existence d'une discontinuité si fondamentale d'un point de vue scientifique qu'elle devait constituer aussi une rupture du prolongement naturel au sens juridique : et affirmait-on une discontinuité de cette nature résultait de la présence d'une limite de plaques tectoniques que les éminents experts de la Libye détectaient dans la zone d'effondrement, ou, à tout le moins, de l'existence d'une caractéristique géomorphologique notable »[784] alors que « les spécialistes non moins éminents que Malte a fait comparaître ont affirmé pour leur part que cette prétendue limite

[781] DECAUX E., « L'arrêt de la Cour internationale de Justice dans l'affaire du Plateau continental (Libye/Malte). Arrêt du 3 juin 1985. », *op cit*, p.303.
[782] Rec. 1985, p. 36 para 41.
[783] PERRIN D., *op cit*, p. 434.
[784] *Plateau continental (Jamahiriya arabe libyenne/Malte)*, arrêt, C.I.J. Recueil 1985, p. 36 para 41.

secondaire de plaque tectonique ne reposait que sur une hypothèse... »,[785] renseignait l'arrêt.

A juste titre, M. Weil faisait remarquer que la Cour était un « organe judiciaire » et non un « collège scientifique ».[786] Toutefois, Malte qui était favorable au principe de la distance y voyait la formulation d'arguments juridiques par opposition à la Libye dont il qualifiait l'argument de scientifique : « *I can sincerely assure the Court that the last thing that I ever wanted was to get involved in a discussion of the geology and the geomorphology of the Mediterranean sea-bed. I should much prefer to argue solid points of law* ».[787]

Au demeurant, avec l'abandon du prolongement naturel au sens physique comme base du titre juridique de l'État sur le plateau continental, les critères géologiques et géomorphologues n'ont plus droit d'intervenir dans la délimitation. Le juge de la délimitation avait noté cette implication lorsqu'elle affirma que : « Du fait que la zone de plateau continental qui se trouvera relever de chaque partie ne s'étend pas à plus de deux cents milles de la côte de la partie concernée, aucun critère de délimitation des zones de plateau ne saurait être tiré du principe de prolongement naturel au sens physique. ».[788] Si la Haute juridiction emploie le terme de prolongement naturel au sens physique, c'est parce qu'il a été reconnu que le prolongement naturel demeure non pas au sens physique mais en tant que « notion purement juridique »[789] et donc n'est plus celui qu'inventa la proclamation Truman puis consacré en 1969.

Malte invoquait la distance en tant que fondement du titre de l'État sur le plateau continental en vue de justifier le recours impératif à l'équidistance puisqu'en récusant le prolongement naturel, les facteurs géophysiques ne sont plus à prendre en compte dans la délimitation.[790] Cependant, la Cour n'entendait fixer la règle de cette façon. Aucune méthode ne prévalait de droit sur les autres en matière de délimitation.

---

785. *Ibid*

786 CR 1984/25, p. 7 et p. 64.

787 *Ibid*, p. 63.

788 *Plateau continental (Jamahiriya arabe libyenne/Malte)*, arrêt, C.I.J. Recueil 1985, p.57 para 79.

789 PERRIN D., *op cit*, p. 435.

790 *Plateau continental (Jamahiriya arabe libyenne/Malte)*, arrêt, C.I.J. Recueil 1985, p.35 para 40.

Chaque situation est particulière. Mais, par la suite, elle entamera une vaste opération de rationalisation des règles de la délimitation.

CHAPITRE II : L'objectivation des règles de la délimitation

La fonction du juge se complique énormément en droit de la délimitation maritime en raison de la trop grande généralité des dispositions des conventions de 1958 et de 1982 qui n'imposent aux États que des obligations d'entamer des négociations de bonne foi, en tenant compte de toutes les circonstances pertinentes en vue d'une délimitation équitable. Seule la délimitation de la mer territoriale est régie par des règles précises et non équivoques.[791] Selon la Convention de 1982, les règles et principes qui régissent la délimitation du plateau continental et de la ZEE sont les mêmes : la délimitation doit se faire conformément au droit international en vue d'aboutir à un résultat équitable.[792] Alors que la règle ne fixe que la finalité de l'opération, l'objectivation progressive des règles de délimitation va devenir la préoccupation principale des juridictions dans les décisions qu'elles rendront. Dans un tel environnement et aussi bien que le Professeur Keith Highet en fait cas, « les précédents se forment peu à peu et [se] croisent, tout en s'inspirant des précédents plus anciens et plus généraux qui peuvent servir de modèle mais qui sont, eux, moins précis et moins sûrs que leurs successeurs [. . .]. »[793] Une telle tâche est salutaire car « elle est une forme de transition juridique du vide à la précision, de la généralité à la particularité, de l'ancien au moderne, et des principes équitables aux règles de droit. ».[794] Cette mission dont la réussite tient en grande partie aux contentieux impliquant des frontières maritimes africaines s'est d'abord consacrée à la recherche d'une équité normative (SECTION I) qui a abouti à la détermination de l'équidistance comme méthode de délimitation par défaut avant de s'appesantir sur la détermination des règles d'application pratique de l'équidistance (SECTION II).

---

[791] Voir Article 15 de la Convention de 1982.

[792] Voir Article 76 et 83 de la Convention de 1982.

[793] KEITH H, *op cit*, p.289.

[794] *Ibid*

SECTION I : La recherche d'une équité normative

La première codification du droit de la délimitation fut intervenue dans le cadre de l'adoption des Conventions de Genève de 1958. Ces instruments préconisaient ou privilégiaient la méthode de l'équidistance comme méthode par défaut en matière de délimitation tant pour la mer territoriale que pour le plateau continental. Le paragraphe 2 de l'article 6 de la Convention de Genève sur le plateau continental prévoit tant pour la délimitation d'un même plateau continental adjacent aux territoires de deux ou plusieurs États dont les côtes se font face que pour celle d'un plateau continental adjacent aux territoires de deux États limitrophes, que la délimitation soit déterminée par accord entre ces États ou à défaut d'accord, et à moins que des circonstances spéciales ne justifient une autre délimitation, que la méthode de l'équidistance soit utilisée. Il s'agissait d'une règle générale qui s'applique à tous les cas de délimitation quelques soient les circonstances géographiques particulières. En faisant le choix du rejet de l'équidistance en tant que règle générale de la délimitation, le juge a dans un premier temps, fait le choix d'accorder une place prépondérante aux circonstances factuelles de chaque affaire pour guider le choix de la méthode de délimitation. Ainsi, fut née la règle selon laquelle chaque affaire est unique et ce sont les circonstances qu'elle convoque qui dictent la règle de la délimitation. Finalement, conscientes, de l'absence de normativité de la nouvelle règle, les juridictions feront un retour progressif vers l'équidistance comme méthode de délimitation par défaut. Toute cette évolution est peu concevable sans la participation effective des affaires africaines.

L'adoption initiale de l'*unicum*

Dans l'affaire de la mer du Nord, pendant que la République fédérale d'Allemagne ait signé la Convention ci-dessus citée mais ne l'a jamais ratifiée et donc n'y est pas partie, le Danemark et les Pays-Bas admettaient que, dans ces conditions, la Convention ne saurait, en tant que telle, être conventionnellement obligatoire pour la République fédérale et qu'il revenait à la Cour de décider si le principe de l'équidistance-Circonstances spéciales doit désormais être considéré comme relevant - d'une règle de droit international général qui, de même que les autres règles de droit international général ou coutumier, lie la République fédérale automatiquement et indépendamment de tout consentement spécial direct ou indirect. Comme la Haute juridiction la présenta elle-même, répondre positivement à cette préoccupation revient à épouser une thèse présentant deux aspects, « l'un de droit positif, l'autre plus fondamentaliste ».[795] L'aspect fondamentaliste suppose que la règle de l'équidistance est intrinsèquement liée à celle du plateau continental et que celle-ci ne saurait être délimitée sans recours à ladite méthode. D'un point de vue positif, il s'agirait d'une prévision du droit positif tel que par exemple, le droit coutumier. Pour la Cour en effet, il « est inexact de considérer la notion d'équidistance comme logiquement nécessaire, en ce sens qu'elle serait liée de façon inévitable et a priori à la conception fondamentale du plateau continental. ».[796] De ce fait, l'équidistance ne s'imposerait pas *erga omnès* en raison du caractère fondamental du plateau continental. Bien plus, la « Convention n'a ni consacré ni cristallisé une règle de droit coutumier préexistante ou en voie de formation selon laquelle la délimitation du plateau continental entre États limitrophes devrait s'opérer sauf accord sur la base de la règle de l'équidistance-circonstances spéciales ».[797]

La Haute juridiction rejetait ainsi, toute primauté à la méthode de l'équidistance. La règle principale de la délimitation étant désormais l'équité, l'énoncée de la CIJ selon laquelle l'emploi de cette méthode [l'équidistance] « peut dans certains cas aboutir à des résultats de prime abord extraordinaires, anormaux ou déraisonnables » [798] lui permet de rejeter toute primauté de l'équidistance sur les autres méthodes. Cet énoncé a fait l'objet de multiples remises en cause dans le cadre de ce que Prosper Weil appelle une « croisade menée contre l'équidistance ».[799] Tout en reconnaissant qu'« il est probablement exact qu'aucune autre méthode de délimitation ne combine au même degré les avantages de la commodité pratique et de la certitude dans l'application »[800], la juridiction onusienne observa que « cela ne suffit

[795]*Plateau continental de la mer du Nord* (République fédérale d'Allemagne c. Danemark ; République fédérale d'Allemagne c. Pays-Bas), arrêt, 20 février 1969, CIJ, Recueil 1969, p. 26 para 37.
[796] *Ibid,* p 32 para 46.
[797] *Ibid, p.* 37 para 60.
[798] *Ibid,* pp. 24-25, para 24.
[799] WEIL P., *Perspectives du droit de la délimitation maritime, op. cit.*, p. 216.
[800] *Plateau continental de la mer du Nord* (République fédérale d'Allemagne c. Danemark ; République fédérale d'Allemagne c. Pays-Bas), *op. cit.*, p. 24, para 23.

pas à transformer une méthode en règle de droit et à rendre obligatoire l'acceptation de ses résultats chaque fois que les parties ne se sont pas mises d'accord sur d'autres dispositions ou que l'existence de circonstances spéciales ne peut être établie. »[801].

Cette croisade contre l'équidistance trouvera sa consécration dans la Convention des Nations Unies sur le droit de la Mer. L'article 83 relatif à la délimitation du plateau continental analysé comme un compromis entre les partisans et les opposants se trouve être l'antithèse de l'article 6 de la Convention de Genève de 1958 comme le dit Professeur KARAGIANNIS.[802] En indiquant aucun critère de délimitation, l'article 83 comme l'article 76 semblent vouloir rallier toutes les thèses, mais renvoient seulement au droit international et donc à l'art 38 du statut de la CIJ.[803] Mais, à quel droit international ? Conventionnel ou coutumier ? La question a été déjà analysée par la CIJ et le verdict a été sans équivoque : l'équidistance n'a pas une priorité. Cette jurisprudence a été reprise dans diverses affaires de délimitation dont la Cour connaîtra.

C'est en vertu de sa propre jurisprudence de 1969 [804] que la CIJ refusa dans l'affaire Tunisie/Libye d'admettre que la méthode de l'équidistance ne doit pas forcément être utilisée comme étape préliminaire et provisoire du tracé d'une ligne de délimitation et qu'il n'incombe non plus à la Cour « d'examiner en premier lieu les effets que pourrait avoir une délimitation selon la méthode de l'équidistance ».[805] Dans son arrêt dans l'affaire Libye/Malte, elle confirme que l'établissement d'une ligne d'équidistance provisoire ne constitue pas en tout cas une opération mécanique. Au paragraphe 43 de l'arrêt, il est observé : « Qu'un État côtier puisse avoir des droits sur le plateau continental en vertu de la distance de la côte et indépendamment des caractéristiques physiques du fond et du sous-sol de la mer en deçà de cette distance ne signifie pas que l'équidistance soit la seule méthode de délimitation appropriée, ni même le seul point

---

[801] *Ibid*, p. 24, para 23.

[802] KARAGIANNIS S., « Y a-t-il une norme dans les articles 74 et 83 de la Convention des Nations Unies sur le droit de la mer ? », *Espaces et ressources maritimes*, 1997, n°11, p.82.

[803] Dupuy R.J., « l'espace océanique », *op cit*, p.202.

[804] *Plateau continental de la mer du Nord* (République fédérale d'Allemagne c. Danemark ; République fédérale d'Allemagne c. Pays-Bas), *op. cit.* p. 30, para. 41

[805] CIJ, arrêt, 24 février 1982, *Plateau continental (Tunisie / Jamahiriya arabe libyenne), Recueil 1982*, p. 79, para. 110.

de départ possible, fût-ce entre des côtes se trouvant dans une relation d'opposition ou de quasi-opposition. »[806] Dans l'affaire de la Délimitation maritime en mer Noire (Roumanie c. Ukraine), elle fait observer que le premier pas dans le cadre de la délimitation n'est pas l'établissement d'une ligne d'équidistance provisoire, mais l'établissement d'une « ligne de délimitation provisoire en utilisant des méthodes objectives d'un point de vue géométrique et adaptées à la géographie de la zone dans laquelle la délimitation doit être effectuée ».[807]

En résumé, la méthode de l'équidistance ne devrait pas avoir automatiquement la priorité sur les autres méthodes de délimitation et, dans certaines circonstances, des facteurs peuvent rendre son application inappropriée. Abandonnant le principe de l'équité-règle consacrée par la Convention de 1958, l'on se trouve en face d'une équité autonome. C'est alors que le juge bénéficiera d'une plus grande autonomie, par défaut.

L'absence de présomption en faveur de la ligne d'équidistance à cette étape de la jurisprudence est incontestable. Les juridictions, en conséquence, devaient définir les règles applicables à la délimitation du moment où l'équidistance ne pouvait être retenu comme méthode par défaut. Elles trouvaient dans l'*opinio juris* des États que la règle en matière de délimitation est l'équité. La majorité de 1969 indiquait en effet que « quel que soit le raisonnement juridique du juge, ses décisions doivent par définition être justes, donc en ce sens équitables ». Il va sans dire que seul le résultat importe. L'essentiel est que la délimitation aboutisse à un résultat équitable. Il n'existe pas de méthode qui ait plus de primauté ni qui ait valeur de règle. Le résultat équitable de l'opération de délimitation constitue un absolu que toute méthode doit permettre d'atteindre.[808] On pourrait y voir une absence

---

806 *Plateau continental (Jamahiriya arabe libyenne/Malte), arrêt, C.I.J. Recueil 1985*, p. 48, para. 64.

807 *Affaire de la délimitation du plateau continental entre Royaume-Uni de Grande-Bretagne et d'Irlande du*
Nord et République française, décision du 30 juin 1977, RSA, vol. XVIII, p. 37, para. 116.

808 CAZALA J., « Retour sur les méthodes de délimitation juridictionnelle d'espaces maritimes mises en œuvre dans quelques affaires récentes. », *op cit*, p. 413. Voir aussi *Plateau continental de la mer du Nord* (République fédérale d'Allemagne c. Danemark ; République fédérale d'Allemagne c. Pays-Bas), arrêt, 20 février 1969, CIJ, Recueil 1969, p. 50, para 92.

de droit lorsqu'on se réfère au Professeur Virally qui compare la situation à celle dans laquelle « la règle de droit est imprécise ou incertaine, est insuffisante, ou inadaptée, *a foriori* lorsqu'aucune règle n'existe, et dans laquelle l'équité peut … devenir un système alternatif de traitement juridique de la situation particulière »[809].

Se trouverait-on alors dans un cas de décision *ex aequo et bono* ? La juridiction onusienne s'en défend et ne trouve pas dans l'équité une absence de règle. Il n'est, par conséquent, pas question, précise-t-elle, d'une décision *ex aequo et bono* ; ce qui ne serait possible que dans les conditions prescrites à l'article 38, paragraphe 2, du Statut de la Cour.[810] En fait, la décision doit être objectivement justifiée : il s'agit « d'une justification objective de ses décisions non pas au-delà des textes mais selon les textes et dans ce domaine c'est précisément une règle de droit qui appelle l'application de principes équitables ».[811] Ces principes équitables apparaissent comme de véritables règles de droit. La règle comporte donc deux axiomes : les moyens de la décision que sont les principes équitables et la finalité de la décision qui doit être équitable.[812]

Elle effet, la délimitation devraient aboutir à un résultat équitable par l'emploi des principes équitables. Déjà en 1969, la Cour mondiale expliquait que « l'équité interdit l'emploi de l'équidistance dans le cas présent comme l'unique méthode de délimitation » et le droit international de la délimitation du plateau continental « ne comporte pas de règle impérative et autorise le recours à divers principes ou méthodes, selon le cas, ainsi qu'à leur combinaison, pourvu qu'on aboutisse par application de principes équitables à un résultat raisonnable ».[813] Ainsi, la règle générale de délimitation dont il s'agit est l'emploi des principes équitables en vue d'aboutir à un résultat équitable.

---

809 VIRALLY M., « L'équité dans le droit – A propos des problèmes de délimitation maritime », in Le droit international à l'heure de sa codification, *op cit*, p.525.

810 *Plateau continental de la mer du Nord (République fédérale d'Allemagne/Danemark; République fédérale d'Allemagne/Pays-Bas), arrêt, CIJ, Recueil 1969*, p. 49, para 88.

811 *Ibid.*

812 Voir à cet effet, PERRIN D., *op cit*, p.441.

813 *Plateau continental de la mer du Nord (République fédérale d'Allemagne/Danemark; République fédérale d'Allemagne/Pays-Bas), arrêt, CIJ, Recueil 1969*, p. 49 para 90.

Malheureusement, la Cour n'eut pas l'intention d'élaborer une construction abstraite des principes équitables qui gouvernent le régime juridique du plateau continental. Elle trouva en effet, qu'il « n'y a pas de limites juridiques aux considérations que les États peuvent examiner afin de s'assurer qu'ils vont appliquer des procédés équitables et c'est le plus souvent la balance entre toutes ces considérations qui créera l'équitable plutôt que l'adoption d'une seule considération en excluant toutes les autres. ».[814] Les principes à appliquer ne sont donc ni exhaustifs ni connus d'avance et c'est dans chaque situation de l'espèce que le juge appréciera les éléments et les facteurs à prendre en compte en vue de parvenir à un résultat équitable. C'est ce qu'il est convenu d'appeler l'adoption de l'*unicum* par le juge international. Pour le juge de 1969, ces critères, dont les uns tiennent à l'aspect géologique, d'autres à l'aspect géographique de la situation, d'autres encore à l'idée d'unité de gisement, à défaut de précision rigoureuse, fournissent des bases de décisions adaptées aux situations de fait.[815] Il revient à conclure que les principes ou facteurs devant commander la délimitation sont illimités et sont à rechercher dans les circonstances de chaque affaire.

De ce fait, les juridictions ont successivement reconnu que la question de savoir si le principe de l'équidistance ou quelque autre méthode permettant d'aboutir à une délimitation équitable est très largement une question d'appréciation qui doit être résolue à la lumière des circonstances géographiques et autres. L'équité censée être fondée sur le droit devient une équité autonome parce que fondée essentiellement sur le résultat ; les principes équitables ne jouant qu'un rôle limité. Le juge de 1982 appuya cette conception lorsqu'il affirmait qu'il n'est pas question « de procéder dans l'abstrait à une énumération plus ou moins complète des principes qui sont en théorie concevables, ni à une évaluation, toujours dans l'abstrait, de leur caractère plus ou moins équitable ».[816] Autrement, « ce sont les circonstances géographiques et autres qui, dans chaque espèce, indiquent et justifient le recours à la méthode de l'équidistance comme étant le moyen de parvenir à une solution équitable, plutôt que la vertu propre de cette méthode qui ferait d'elle une règle juridique de

[814] *Ibid*, p. 50, para 93.
[815] *Ibid*, p. 51, para 94.
[816] CIJ, arrêt, 24 février 1982, *Plateau continental (Tunisie / Jamahiriya arabe libyenne), Recueil 1982*, p. 92, para 132.

délimitation. ».[817] Le plus important c'est que, note CAZALA, « le résultat équitable de l'opération de délimitation constitue un absolu que toute méthode doit permettre d'atteindre ».[818]

Il se trouve également que c'est dans ce sens que les articles 74 (zone économique exclusive) et 83 (plateau continental) de la convention des Nations Unies sur le droit de la mer ont été adoptés comme cela a été déjà mentionné.[819] Au demeurant, toutes les affaires de délimitation juridictionnelle d'espaces maritimes mettent l'accent sur ce critère finaliste et la méthode permettant d'obtenir un tel résultat semble donc être laissée à la discrétion des organes juridictionnels auxquels la mission est confiée. [820] C'est alors que fut consacrée une équité autonome qui est, à la limite, très peu normative. Dans ce cas, en effet, où l'équité voulue devrait être *infra legem*, les principes équitables qui constituent le *legem* ne devraient être ni vides ni imprécis. Or comme le remarque PERRIN, « aucune méthode initiale n'a été adoptée et, si les faits à la base de la délimitation peuvent paraître objectifs - ce qui est très discutable -, leur sélection et leur poids ne relèvent d'aucune règle. »[821]. Parfois, pour anticiper les critiques[822] et souvent pour y répondre, la Cour Internationale de Justice principal acteur de cet affaiblissement normatif de l'équité va essayer de rechercher une liste de principes équitables qui, sans prétendre à l'exhaustivité, était censés encadrer l'autonomie de cette équité. Toutefois, le résultat sera vain.

Il est inadmissible que le droit de la délimitation soit une absence de droit. C'est néanmoins à une absence de droit qu'on est confronté dans

[817] *Affaire de la délimitation du plateau continental entre Royaume-Uni de Grande-Bretagne et d'Irlande du*
Nord et République française, décision du 30 juin 1977, RSA, vol. XVIII, p. 175, para 70.

[818] CAZALA J., « Retour sur les méthodes de délimitation juridictionnelle d'espaces maritimes mises en oeuvre dans quelques affaires récentes. », *op cit*, p. 413.

[819] NANDAN S. N., ROSENNE Sh., *United Nations Convention on the Law of the Sea 1982. A commentary*, *op cit*, pp. 796-816 et pp. 948-985.

[820] CAZALA J., « Retour sur les méthodes de délimitation juridictionnelle d'espaces maritimes mises en œuvre dans quelques affaires récentes. », *op cit,* p. 413.

[821] PERRIN D., *op cit,* p.443.

[822] Pour les critiques, voir par exemple, WEIL P., « L'équité dans la jurisprudence de la Cour Internationale de Justice. Un mystère en voie de dissipation? », in *Fifty years of ICJ*, Essays in honour of R. Jennings, Cambridge University Press, 1996, p. 133.

le cas où l'équité en tant que règle de délimitation se trouve être une équité autonome donc une équité libre sans un contenu normatif. Il reviendrait, dans ce cas, à toute juridiction saisie d'un différend à statuer *ex aequo et bono*. Or, la CIJ ne put tolérer une telle conception de l'équité. Elle s'emploie donc à répéter chaque fois qu'il faut distinguer l'application de principes équitables du fait de rendre une décision *ex aequo et bono* avant de conclure qu'il n'est question de rendre une décision *ex aequo et bono* ; ce qui ne serait possible que dans les conditions prescrites à l'article 38, paragraphe 2, du Statut de la Cour.[823]

Comme relevé ci-dessus, ce sont les principes équitables qui sont censés rendre objective l'opération de délimitation et leur imprécision ou leur méconnaissance ne fait qu'accroître l'absence de normativité recherchée de l'équité. Autrement dit, les juridictions étant unanimes pour dire que la règle principale ordonne que la délimitation se fasse par application de principes équitables afin d'aboutir à un résultat équitable - règle jugée « pas entièrement satisfaisante, puisque l'adjectif équitable qualifie à la fois le résultat à atteindre et les moyens à employer pour y parvenir »,[824] il faudrait que soient dégagés ces principes d'équité ayant « une dimension normative, sécuritaire et prévisible ».[825] Cela apparaît non seulement comme un moyen de parvenir à un résultat équitable dans une instance particulière, mais aussi comme ayant une validité plus globale et donc exprimable en termes généraux. C'est alors que la CIJ tentera, dans une approche normativiste, de procéder à une identification des principes équitables.

L'objectif est de démontrer l'existence de règles générales et objectives gouvernant la délimitation équitable. Sur ce plan, on sait qu'un grand palier n'a pas été franchi en 1982 ; la Haute juridiction, consciente de ce qu'elle doit appliquer les principes équitables comme partie intégrante du droit international et peser soigneusement les diverses considérations qu'elle juge pertinentes, de manière à aboutir à un résultat équitable, n'a pas jugé nécessaire « d'élaborer toute une

---

823 *Plateau continental de la mer du Nord (République fédérale d'Allemagne/Danemark; République fédérale d'Allemagne/Pays-Bas), arrêt, CIJ, Recueil 1969*, pp. 49, para 88.

824 CIJ, arrêt, 24 février 1982, *Plateau continental (Tunisie / Jamahiriya arabe libyenne), Recueil 1982*, p. 59, para. 70.

825 BEDJAOUI M., cité par MALJEAN-DUBOIS S., *op cit*, p. 175.

construction abstraite au sujet de l'application des principes et règles relatifs au plateau continental. ».[826]

Elle eut, néanmoins, l'occasion de rappeler le principe selon lequel « la terre domine la mer ».[827] Elle faisait en effet observer que « Ainsi que la Cour l'a énoncé dans les affaires du Plateau continental de la mer du Nord le plateau continental est un concept juridique à propos duquel on applique le principe que la terre domine la mer ».[828] Ledit principe qui signifie que c'est la côte du territoire de l'État qui est déterminante pour créer le titre sur les étendues sous-marines bordant cette côte. Il avait non seulement été énoncé dans l'affaire de la mer du Nord mais aussi expliqué dans l'affaire du Plateau continental de la mer Égée en ces termes : « ce n'est qu'en raison de la souveraineté de l'État riverain sur la terre que des droits d'exploration et d'exploitation sur le plateau continental peuvent s'attacher à celui-ci *ipso jure* en vertu du droit international. Bref, les droits sur le plateau continental sont, du point de vue juridique, à la fois une émanation de la souveraineté territoriale de l'Etat riverain et un accessoire automatique de celle-ci. ».[829]

La Chambre statuant dans l'affaire du Golfe du Maine, en plus de rappeler le même critère compléta quatre autres : le principe de non-empiètement de la projection en mer de la côte d'un État sur des étendues trop proches de la côte de l'un des États concernés déjà énoncé en 1969 ; le principe de la division par parts égales sauf en cas de circonstances spéciales de zones de chevauchement entre les zones maritimes et sous-maritimes relevant respectivement des côtes d'États voisins ; le principe de la nécessité d'éviter un effet d'amputation de la projection maritime de la côte ou d'une partie de la côte de l'un des États concernés ; et le principe commandant de tenir compte de l'utilité de tirer, dans certaines circonstances, les conséquences appropriées d'éventuelles inégalités dans l'extension des deux côtes de deux États dans la même aire de délimitation.[830] Cette œuvre

---

[826] *Ibid*, p. 92, para 132.
[827] *Ibid*, p. 61, para 73.
[828] *Plateau continental de la mer du Nord (République fédérale d'Allemagne/Danemark; République fédérale d'Allemagne/Pays-Bas), arrêt, CIJ Recueil 1969*, p. 51, para. 96.
[829] *Affaire du Plateau continental de la mer Egée*, C.I.J. Recueil 1978, p. 36, para. 86.
[830] CIJ, arrêt, 12 octobre 1984, *Délimitation de la frontière maritime dans la région du golfe du Maine, Recueil*

louable d'identification des principes équitables a connu sa plus grande consécration avec l'arrêt de 1985 qui voulut reléguer au rang de correcteur le principe de l'équité en accordant une place prépondérante aux principes équitables.

Contrairement à son arrêt de 1982 en l'affaire du plateau continental, la Cour Internationale de Justice s'est livrée en 1985 à l'identification des principes équitables devant guider toute opération de délimitation. Comme, dans l'arrêt de 1984, cinq principes ont été identifiés : le principe selon lequel il ne saurait être question de refaire complètement la géographie ni de rectifier les inégalités de la nature ; le principe voisin du non-empiétement d'une partie sur le prolongement naturel de l'autre, qui n'est que l'expression négative de la règle positive selon laquelle l'État côtier jouit de droits souverains sur le plateau continental bordant sa côte dans toute la mesure qu'autorise le droit international selon les circonstances pertinentes ; le principe du respect dû à toutes les circonstances pertinentes ; le principe suivant lequel, bien que tous les États soient égaux en droit et puissent prétendre à un traitement égal, « l'équité n'implique pas nécessairement l'égalité » et ne vise non plus à rendre égal ce que la nature a fait inégal déjà cité en 1969[831] et le principe qu'il ne saurait être question de justice distributive.[832]

Par cette opération, elle voulut que la justice, dont l'équité est une émanation, ne soit pas une « justice abstraite » mais plutôt une « justice selon la règle de droit ». Elle ne se détache pas pour autant du caractère finaliste de l'équité. Nonobstant, son application doit être marquée par une certaine « cohérence et une certaine prévisibilité ». Elle voulut, par-là, renforcer le contenu normatif des principes équitables et, subséquemment de l'équité. Sans qu'il soit exclu que l'équité s'attache plus particulièrement aux circonstances d'une affaire donnée, elle voulut qu'elle (l'équité) fasse intervenir un ensemble de règles ou principes « d'une application plus générale »[833] découlant du droit international et qui jouant un rôle primordial dans

---

1984, para. 312-313.

831 *Plateau continental de la mer du Nord (République fédérale d'Allemagne/Danemark; République fédérale d'Allemagne/Pays-Bas), arrêt, CIJ Recueil 1969*, p. 49, para. 91.

832 Plateau continental (Jamahiriya arabe libyenne/Malte), arrêt, C.I.J. Recueil 1985, pp.29-30, para 45.

833 *Ibid.*

la « confrontation et la valorisation des circonstances jugées pertinentes »[834] dans la zones de délimitation en question.

L'objectif recherché par la juridiction sera-t-il atteint ? Pour le Professeur MELEDJE DJEDJRO[835], la distinction des principes équitables est un effort d'énonciation de véritables règles de droit. Cet effort participe à faire de l'équité une véritable règle de droit et non, une simple conciliation d'intérêts divergents.

Pour d'autres, en effet, ces principes ne se caractérisent pas par leur nature juridique mais demeurent en dessous de la règle de droit et présentent une grande souplesse, une adaptabilité aux circonstances.[836] Cette dernière conception paraît plus réelle. Les principes équitables ont un contenu tellement général qu'ils influencent peu chaque situation concrète. De plus, leur discontinuité n'est pas favorable à l'instauration des règles permanentes et tangibles devant objectiver la délimitation. Bien plus, l'échec des principes équitables s'est concrétisé par leur abandon progressif dans la jurisprudence internationale. Alors qu'ils ont joué un rôle négligeable dans l'affaire de délimitation des espaces maritimes entre la France et le Canada et dans l'affaire Jan Mayen, aucun principe équitable ne fut annoncé ni appliqué dans l'affaire de la Frontière terrestre et maritime entre le Cameroun et le Nigeria. On assista plutôt à un retour en force de méthode de l'équidistance.

Le retour à l'automaticité de l'équidistance

Face à l'échec des principes équitables, il fallait trouver un autre moyen de rationaliser la délimitation. Comme pour donner raison au Professeur WEIL qui prophétisa que seule « une norme générale d'application automatique » peut rendre la délimitation objective, la jurisprudence va revenir progressivement à une consécration de la méthode de l'équidistance.

Pendant longtemps, les juridictions ont unanimement rejeté l'automaticité de l'équidistance privilégiant les principes équitables.

---

[834] PERRIN D., *op cit*, 446.

[835] MELEDJE DJEDJRO F., «L'équité dans les délimitations maritimes », », *Espaces et ressources maritimes,* n° 10, 1996, p. 182.

[836] PERRIN D., *op cit*, 446. WEIL P., « L'équité dans la jurisprudence de la Cour Internationale de Justice. Un mystère en voie de dissipation? », *op cit*, p. 133.

En conséquence, c'est le concours ou la mise en balance de ces circonstances géographiques qui devra déterminer la méthode pratique à employer. Dans le même temps, un constat global se fait : les juridictions, en pratique, recourent presqu'exclusivement et automatiquement à l'équidistance pour le tracé de la ligne provisoire, sans doute, en raison des avantages pratiques de la méthode. Ces avantages du recours à l'équidistance ont été décrit par le professeur Weil lorsqu'il rappelle qu'à la simplicité et l'objectivité de la méthode, on doit ajouter le fait que, même si elle ne conduit pas toujours en soi à un résultat équitable, elle aboutit néanmoins à une ligne qui est à première vue équitable.[837] Ainsi, la méthode d'équidistance en ce qu'il divise les zones de chevauchement de manière plus ou moins équitable paraît, à première vue, respecter le droit égal des deux pays à un certain espace physique de juridiction maritime et donc, toujours à première vue, évite un empiétement non raisonnable d'un État sur l'autre.[838] Sur ce, il ne put manquer de conclure que la ligne d'équidistance doit spécialement être recommandée comme point de départ en raison du fait qu'elle se prête particulièrement bien aux ajustements pouvant se révéler nécessaires pour respecter la prescription du résultat équitable.[839]

A l'épreuve des faits, cette nécessité pratique amènera les grandes juridictions à, en même temps qu'elles réfutent le caractère obligatoire de l'équidistance, y recourir en pratique. Ce constat est d'abord plus palpable lorsque les côtes se font face. La préférence pour l'équidistance en ce qui concerne les côtes se faisant face apparaît déjà en filigrane dans l'arrêt de la CIJ dans l'affaire de la Mer du Nord lorsqu'elle remarqua que : « La plus grande partie des difficultés éprouvées par la Commission du droit international concernaient comme ici le cas de la ligne latérale de délimitation entre États limitrophes. Les difficultés ont été moindres pour ce qui est de la ligne médiane de délimitation entre États dont les côtes se font face, bien qu'il s'agisse là aussi d'une ligne d'équidistance. »[840] Elle attestait que la ligne médiane pose en pratique moins voire peu de problème en

[837] WEIL P., *The Law of Maritime Delimitation – Reflections,* Grotius Publications, Cambridge, 1989, p. 206.
[838] *Ibid.*
[839] *Ibid*
[840] *Plateau continental de la mer du Nord* (République fédérale d'Allemagne/Danemark) (République fédérale d'Allemagne/Pays-Bas), arrêt, C.I.J. Recueil 1969, p. 36, para. 57.

cas de délimitation entre États dont les côtes se font face. Ayant consacré dans cette affaire le principe du prolongement naturel selon lequel chaque État doit obtenir, à l'issue de la délimitation, les zones qui constituent le prolongement naturel du territoire de chacun d'eux, elle consentit que « qu'une ligne médiane tracée entre deux pays se faisant face divise également des zones qui peuvent être considérées comme le prolongement naturel du territoire de chacun d'eux ».[841] Ce faisant, La Haute juridiction semble reconnaître que l'équidistance est, en pratique, la méthode la plus adaptée en cas de délimitation entre deux pays se faisant face.

Plus tard, lorsqu'elle rencontra pour la première fois une situation dans laquelle les côtes se faisaient face, elle employa directement la méthode de l'équidistance. La juridiction onusienne avait alors déclaré devoir « effectuer d'abord une délimitation provisoire selon un critère et une méthode visiblement appelés à jouer dans la production du résultat final un rôle important »[842]. Ce critère ou méthode n'est rien d'autre que l'équidistance à travers la ligne médiane qui, selon la même Cour, était le plus « cohérent avec les concepts à la base de l'attribution du titre juridique ».[843] De plus, elle trouva dans cette démarche celle qui est « la plus judicieuse en vue de parvenir, finalement, à un résultat équitable».[844] C'était le début des recours automatiques et uniques à l'équidistance en matière de côtes se faisant face.

Bien plus tard encore, la même démarche fût adoptée dans les affaires Jan Mayen et Qatar c. Bahreïn où elle renvoyait à son arrêt rendu dans l'affaire Libye c. Malte. Dans l'affaire Jan Mayen, la CIJ débuta par le tracé d'une ligne médiane provisoire entre Jan Mayen et le Groenland en affirmant que : « C'est évidemment ce caractère à première vue équitable qui constitue la raison pour laquelle la méthode de l'équidistance, consacrée par l'article 6 de la convention de 1958, a joué un rôle important dans la pratique des États. L'application de cette méthode aux délimitations entre des côtes qui se font face aboutit, dans la plupart des circonstances géographiques, à

[841] *Ibid*, p. 38, para. 58.
[842] *Plateau continental* (Jamahiriya arabe libyenne/Malte), arrêt, C.I.J. Recueil 1985, p. 46, para. 60.
[843] *Ibid*, p. 46-47, para. 61.
[844] *Ibid*, p. 47, para. 62.

un résultat équitable. ».[845] Dans cette affaire, elle justifiait son recours automatique à la ligne médiane en affirmant que « *Prima facie*, une ligne médiane de délimitation, dans le cas de côtes qui se font face, donne une solution en général équitable, surtout lorsque lesdites côtes sont quasi parallèles. ». Sans s'arrêter à cela, elle complète en disant que : « Lorsque, comme en l'espèce, il faut effectuer une délimitation entre des côtes qui se font face alors que l'intervalle qui les sépare ne suffit pas pour permettre à chacune de bénéficier, sur l'entière distance de 200 milles, du plateau continental et des autres droits sur les espaces maritimes reconnus par le droit international, la ligne médiane se trouve aussi à égale distance des deux limites des 200 milles. ». En somme, elle conclut en ces termes : « à première vue, elle peut être considérée comme réalisant une division équitable de la zone de chevauchement. ».[846]

Dans la deuxième affaire également, la CIJ est partie du principe qu'il faudrait d'abord tracer une ligne d'équidistance puis vérifier ensuite si cette dernière nécessitait un ajustement.[847] Même dans l'affaire Roumanie/Ukraine dans laquelle la Cour n'a pas commencé par établir une « ligne d'équidistance provisoire», mais a préférablement établi « une ligne de délimitation provisoire en utilisant des méthodes objectives d'un point de vue géométrique et adaptées à la géographie de la zone dans laquelle la délimitation doit être effectuée »[848], elle ajouta que « dans l'hypothèse de côtes se faisant face, la ligne provisoire de délimitation est une ligne médiane. ».[849] Dans la jurisprudence arbitrale, la même pratique s'est observée. Ce fut notamment le cas du deuxième secteur de la délimitation entre l'Érythrée et le Yémen.

Il s'en suit que la pratique même des juridictions internationales est le premier facteur contredisant la non-automaticité de l'équidistance. Une chose est pour les juridictions d'affirmer l'autonomie de l'équité mais une autre est de la pratiquer. Seulement dans la pratique, c'est la même automaticité qui s'est établie. Initialement établie lorsque les

---

[845] *Délimitation maritime dans la région située entre le Groenland et Jan Mayen*, arrêt, C.I.J. Recueil 1993, p. 67, para. 65.
[846] *Ibid*, p. 66, para. 64.
[847] *Délimitation maritime et questions territoriales entre Qatar et Bahreïn* (Qatar c. Bahreïn), fond, arrêt, C.I.J. Recueil 2001, p. 111, para. 230.
[848] *Délimitation maritime en mer Noire (Roumanie c. Ukraine), arrêt, CIJ, Recueil 2009,* p. 37, para. 116.
[849] *Ibid*

côtes se font face, elle s'est poursuivie lorsque les côtes sont adjacentes.

La magie du répétiteur observée dans les délimitations maritimes entre États dont les côtes se font face en ce qui concerne l'emploi de l'équidistance s'est progressivement poursuivie dans le cas des délimitations entre États dont les côtes sont opposées, surtout à partir des années 1990. On peut, en effet, remarquer que les premières affaires de délimitation maritime n'ont pas connu une aussi parfaite application automatique de la méthode de l'équidistance. Dans la jurisprudence africaine par exemple, quatre affaires de délimitation maritime ont opposé des États africains ayant des côtes adjacentes qui appelaient à une nouvelle délimitation. Il en est résulté deux décisions avant les années 1990, en 1982 et en 1985, dans lesquelles les juridictions n'eurent pas recours à l'équidistance et deux d'après 1990, notamment à partir des années 2000, et précisément en 2002 et 2017 dans lesquelles la CIJ et le TIDM ont eu systématiquement recours à l'équidistance. On peut dire que les deux premières affaires se trouvaient dans la période de contestation de l'équidistance ayant conduit en 1982 à l'adoption d'une équité autonome dans la nouvelle convention sur le droit de la mer sauf pour ce qui concerne la mer territoriale.

Une fois cette période passée, la tendance à l'automaticité s'est accentuée notamment avec les décisions de 2002 et 2017 ci-dessous évoquées. Ce constat est fait par le Pr CAZALA qui affirme « que depuis le règlement de l'affaire de Jan Mayen en 1993, la Cour internationale de Justice avait constamment, dans sa pratique, favorisé l'application de la méthode de l'équidistance corrigée en fonction des circonstances pertinentes. ».[850] L'objectif selon les partisans de cette méthode est de s'assurer que « ce n'est pas en ouvrant la carte et en y traçant des lignes qu'il inclinerait, modifierait ou déplacerait à loisir dans la recherche tâtonnante d'une solution satisfaisante que le juge peut obtenir un tracé fondé sur le droit ».[851]

Alors qu'elle s'apprêtait à avoir recours à l'équidistance en 2002 dans l'affaire Cameroun/Nigeria, la Cour employa un argument qu'elle avait déjà employé un an plus tôt dans l'affaire de Délimitation

---

CAZALA J., « Retour sur les méthodes de délimitation juridictionnelle d'espaces maritimes mises en œuvre dans quelques affaires récentes. », *op cit*, p. 418.
[851] WEIL P., *op. cit*, p. 195.

maritime et questions territoriales entre Qatar et Bahreïn pour justifier son recours à la ligne médiane. En 2001, la Haute juridiction faisait observer que « la règle de l'équidistance/circonstances spéciales, qui est applicable en particulier à la délimitation de la mer territoriale, et la règle des principes équitables/circonstances pertinentes, telle qu'elle s'est développée depuis 1958 dans la jurisprudence et la pratique des États quand il s'agit de délimiter le plateau continental et la zone économique exclusive, sont étroitement liées l'une à l'autre. »[852]. Elle fit à l'époque un rattachement entre la règle des principes équitables/circonstances pertinentes et celle de l'équidistance/circonstances spéciales contenue dans l'article 15 de la Convention de 1982. Ce rattachement justifierait à son avis son recours automatique à l'équidistance comme première étape de la délimitation. Quoi qu'il en soit, c'est un fait logique, lorsqu'on considère que la quasi-totalité des délimitations de cette nature, c'est-à-dire lorsque les côtes se font face, la méthode d'équidistance a été systématiquement employée.

La nouveauté intervenue dans l'affaire de la Frontière terrestre et maritime entre le Cameroun et le Nigeria est que le même rapprochement a été entre l'équidistance/circonstances spéciales et principes équitables/circonstances pertinentes pour justifier le recours automatique à l'équidistance comme première étape de la délimitation alors qu'on se trouve en présence d'une délimitation entre des côtes adjacentes. La Cour avançait, à cet effet, qu'elle a eu l'occasion de préciser à diverses reprises les critères, principes et règles de délimitation applicables à la détermination d'une ligne unique couvrant plusieurs zones de juridiction qui coïncident et que ces derniers trouvent leur expression dans la méthode dite des principes équitables/circonstances pertinentes.[853] Cependant, poursuit-elle, « cette méthode, très proche de celle de l'équidistance/circonstances spéciales applicable en matière de délimitation de la mer territoriale, consiste à tracer d'abord une ligne d'équidistance puis à examiner s'il

---

[852] *Délimitation maritime et questions territoriales entre Qatar et Bahreïn* (Qatar c. Bahreïn), fond, arrêt,
C.I.J. Recueil 2001, p. 111, para. 231.

[853] *Frontière terrestre et maritime entre le Cameroun et le Nigéria (Cameroun c. Nigéria ; Guinée équatoriale (intervenant)), arrêt, C.I.J. Recueil 2002*, p. 441, para. 288.

existe des facteurs appelant un ajustement ou un déplacement de cette ligne afin de parvenir à un résultat équitable ».[854]

A la réalité, Il ressort clairement du libellé de l'article 15 de la convention de 1982 qu'en matière de délimitation de la mer territoriale, il existe une présomption en faveur de la délimitation selon la ligne d'équidistance ou médiane en l'absence de preuve d'un titre historique ou d'autres circonstances spéciales justifiant le fait de s'écarter de l'équidistance. Le rattachement fait par la Cour lui permit ainsi, de commencer par tracer une ligne d'équidistance bien qu'elle continue d'affirmer contre vents et marrées que cette méthode ne s'impose ni ne bénéfice d'une présomption en matière du tracé de la ligne provisoire.

L'automaticité de l'équidistance ne s'est pas estompée là. Le même phénomène s'est observé tant dans le cadre de l'arbitrage entre la Barbade et Trinité-et-Tobago,[855] dans le cadre de l'arbitrage entre le Guyana et le Suriname,[856] et dans l'arrêt de la Chambre du Tribunal International du Droit de la Mer dans l'affaire du différend relatif à la délimitation de la frontière maritime entre le Ghana et la Côte d'Ivoire dans l'océan atlantique.[857] Dans cette dernière affaire, la Chambre est allée au-delà de la simple application de la méthode en reconnaissant sa primauté sur les autres méthodes.

Le droit de la délimitation qui prévoyait que l'équidistance n'est qu'une méthode comme les autres et qu'elle n'est ni obligatoire ni prioritaire, déjà fragilisé par le recours automatique et unique des juridictions à l'équidistance dans la grande majorité des cas de délimitations, sera contraint de reconnaître la primauté de l'équidistance sur les autres méthodes.

Implicitement, cette reconnaissance étant déjà effective pour les délimitations impliquant des côtes opposées de l'affaire Jan Mayen. La C.I.J. consacra en effet, le caractère coutumier de la méthode de l'équidistance pour les côtes opposées en ces termes : «même s'il convenait d'appliquer ... le droit coutumier du plateau continental tel

[854] *Ibid.*

[855] *Sentence arbitrale rendue dans le cadre de l'arbitrage entre la Barbade et la République de Trinité-et-Tobago, 11 avril 2006*, para. 242.

[856] *Sentence du 17 décembre 2007 rendue dans le cadre de l'arbitrage entre le Guyana et le Suriname*, para. 342.

[857] *Différend relatif à la délimitation de la frontière maritime entre le Ghana et la Côte d'ivoire dans l'océan atlantique*, arrêt, TIDM, 2017, p.91, para 289.

qu'il s'est développé dans la jurisprudence, ce serait se conformer aux précédents que de commencer par la ligne médiane à titre de ligne provisoire, puis de rechercher si des « circonstances spéciales» obligent à ajuster ou déplacer cette ligne ».[858] Elle reconnut alors légitime que, tant pour le plateau continental que pour les zones de pêche, il est approprié d'entamer le processus de délimitation par une ligne médiane tracée à titre provisoire.[859] Par cette assertion, la Cour mondiale attestait du caractère obligatoire du recours à la ligne médiane dans la première phase de la délimitation lorsque les côtes se font face, en vertu du droit coutumier de la délimitation du plateau continental. Il s'agit de la première reconnaissance officielle de la primauté de l'équidistance lorsque les côtes se font face. Cette primauté déjà visible en pratique a reçu juste une consécration.

L'extension de la reconnaissance de la primauté de l'équidistance dans les délimitations impliquant des États ayant des frontières adjacentes est récente. Elle apparaissait déjà implicitement dans les affaires de la Frontière terrestre et maritime entre le Cameroun et le Nigeria et de la Délimitation en mer Noire (Roumanie c. Ukraine) avant d'être plus explicitée par le TIDM dans l'affaire du différend relatif à la délimitation de la frontière maritime entre le Ghana et la Côte d'Ivoire dans l'océan atlantique.

En considérant, en 2002, que la méthode des principes équitables/ circonstances pertinentes[860] est « très proche de celle de l'équidistance/circonstances spéciales applicable en matière de délimitation de la mer territoriale, consiste à tracer d'abord une ligne d'équidistance puis à examiner s'il existe des facteurs appelant un ajustement ou un déplacement de cette ligne afin de parvenir à un résultat équitable »,[861] il est sans ambiguïté que la Haute juridiction attestait l'équidistance comme la méthode de délimitation répondant mieux à la règle des principes équitables/circonstances pertinentes. Le juge Ranjeva, farouche partisan de l'équidistance observera, plus tard, dans son opinion individuelle jointe à l'arrêt Nicaragua/ Honduras,

---

[858] *Délimitation maritime dans la région située entre le Groenland et Jan Mayen*, arrêt, C.I.J. Recueil 1993, p. 61, para. 51.

[859] *Ibid*, p. 62, para. 53.

[860] *Frontière terrestre et maritime entre le Cameroun et le Nigéria (Cameroun c. Nigéria ; Guinée équatoriale (intervenant)), arrêt, C.I.J. Recueil 2002*, p. 441, para. 288.

[861] *Ibid.*

que « [l] es couples traditionnels, c'est-à-dire, d'une part, équidistance/ circonstances spéciales et, d'autre part, circonstances pertinentes/ principes équitables, apparemment parallèles, s'inscrivent directement depuis 1993 dans une dynamique unitaire ; ils convergent vers l'obtention de résultat équitable dans la délimitation maritime. ».[862]

Néanmoins, on ne peut véritablement affirmer que l'intention de la Cour était de rendre obligatoire l'équidistance pour toute sorte de délimitation maritime puisque quelques années plus tard elle écarta la méthode de l'équidistance dans l'affaire de la Délimitation en mer Noire. Elle concéda, néanmoins, une certaine primauté à l'équidistance. Pourtant, même lorsqu'elle consentit d'écarter l'équidistance, elle ne manqua pas de reconnaître sa primauté. L'arrêt rendu à l'unanimité des membres de la Cour en février 2009 attestait que « lorsqu'il s'agit de procéder à une délimitation entre côtes adjacentes, une ligne d'équidistance est tracée, à moins que des raisons impérieuses propres au cas d'espèce ne le permettent pas »[863]. Julien CAZALA remarquera que « la Cour insiste sur le caractère impérieux des raisons pouvant l'amener à écarter la méthode de l'équidistance/ circonstances pertinentes ».[864] Son assertion revient en fait à constater que tant que des « raisons impérieuses » ne l'exigent, l'équidistance est la méthode par défaut en matière de délimitation. Mais la Haute juridiction a probablement du mal à l'admettre explicitement.

Le TIDM, à travers la Chambre spéciale de l'affaire du différend relatif à la délimitation de la frontière maritime entre le Ghana et la Côte d'Ivoire dans l'océan atlantique ne ménagera aucun effort pour l'admettre ou l'attester : la « jurisprudence internationale confirme que, en l'absence de toutes raisons impérieuses qui rendent impossible ou inapproprié de tracer une ligne d'équidistance provisoire, la méthode équidistance/circonstances pertinentes devrait être choisie pour la

---

[862] *Différend territorial et maritime entre le Nicaragua et le Honduras dans la mer des Caraïbes*, CIJ, arrêt, 8 octobre 2007, op. ind. Ranjeva, para 15. Voir également, *Délimitation maritime dans la région située entre le Groenland et Jan Mayen* (Danemark c. Norvège), arrêt, 14 juin 1993, déclaration de M. Ranjeva, CIJ, Recueil 1993, p. 88.

[863] *Délimitation maritime en mer Noire* (Roumanie c. Ukraine), CIJ, arrêt, 3 février 2009, para 116.

[864] CAZALA J., « Retour sur les méthodes de délimitation juridictionnelle d'espaces maritimes mises en œuvre dans quelques affaires récentes. », *op cit*, p. 419.

délimitation maritime. ».[865] Plus loin elle dira « que s'écarter, en l'espèce, d'une méthode de délimitation qui a été la pratique presque exclusive suivie par les cours et tribunaux internationaux ces dernières décennies serait en contradiction avec le principe de transparence et de prévisibilité… ».[866] Par conséquent, l'assertion selon laquelle l'équidistance ne bénéficierait pas d'une présomption d'application est conjuguée au passée. Tant dans les faits qu'en droit, il existe une méthode par défaut en droit de délimitation maritime : l'équidistance. Elle s'applique automatiquement lorsque la délimitation implique des côtes se faisant face ou sont adjacentes. La Sentence arbitrale rendue dans le cadre de l'arbitrage entre la Barbade et la République de Trinité-et-Tobago atteste la primauté en affirmant que : « La ligne de délimitation est donc normalement déterminée suivant une approche à deux étapes. Premièrement, une ligne d'équidistance provisoire est prise comme hypothèse et point de départ pratique. Or, tout en convenant comme point de départ, l'équidistance à elle seule ne permettra pas, dans de nombreux cas, de parvenir à un résultat équitable à la lumière des particularités de chaque espèce. ». Il poursuit en observant qu' « Il est donc nécessaire, lors d'une deuxième étape, d'examiner cette ligne provisoire à la lumière des circonstances pertinentes, qui sont spécifiques à chaque affaire, afin de déterminer s'il est nécessaire d'ajuster la ligne d'équidistance provisoire pour parvenir à un résultat équitable (...). Cette approche est couramment dénommée principe de l'équidistance/circonstances pertinentes ».[867]

Dans le cadre de l'arbitrage entre le Guyana et le Suriname, le Tribunal arbitral confirmait l'état actuel du droit de la délimitation dans les termes suivants :

« la jurisprudence de la Cour internationale de justice et la jurisprudence arbitrale, tout comme la pratique des États, sont unanimes à considérer que le processus de délimitation devrait, lorsqu'il y a lieu, commencer par une ligne d'équidistance provisoire

---

[865] *Différend relatif à la délimitation de la frontière maritime entre le Ghana et la Côte d'ivoire dans l'océan atlantique*, arrêt, TIDM, 2017, p.91, para 289.

[866] *Ibid*

[867] *Sentence arbitrale rendue dans le cadre de l'arbitrage entre la Barbade et la République de Trinité-et-Tobago*, 11 avril 2006, para 242.

qui pourra être ajustée à la lumière des circonstances pertinentes afin de parvenir à une solution équitable ».[868]

Il sera ainsi à moins que d'impérieuses nécessités ne commandent de s'en écarter pour reprendre l'expression de la CIJ. Il est en effet admis que la primauté n'exclut pas qu'on s'écarte si, objectivement, les circonstances obligent le juge ou l'arbitre.

Le 8 octobre 2007, la CIJ rendait son arrêt dans l'affaire du Différend territorial et maritime entre le Nicaragua et le Honduras dans la mer des Caraïbes dans lequel il jugea bon de s'écarter de la méthode d'équidistance pour la première phase de la délimitation. Le juge Torres Bernardez exprimait sa déception dans les termes suivants : « [d]u coup, les efforts déployés ces dernières années pour rendre plus objectives les décisions judiciaires relatives à des délimitations maritimes moyennant le tracé, dans une première étape, d'une ligne d'équidistance provisoire, quitte, dans un deuxième temps, à l'ajuster à la lumière de " circonstances spéciales" ou de " circonstances pertinentes", se trouvent écartés. »[869] Pire, il trouve que l'on revient donc à l'idée que « chaque délimitation est un *unicum*, c'est-à-dire que l'on retombe dans le pragmatisme et la subjectivité ».[870]

Mais, il ne s'agit nécessairement d'une remise en cause de l'emploi de l'équidistance dans la première phase de la délimitation mais de l'exploitation de la possibilité offerte de s'en écarter si les conditions l'exigent. Cette possibilité est reconnue et attestée par la jurisprudence internationale. Alors que la CIJ considérait que « la méthode équidistance/circonstances pertinentes devrait être choisie pour la délimitation maritime »[871] pour la première partie de la délimitation, elle reconnaît néanmoins que la méthode peut être écartée lorsqu'on se trouve en présence des « raisons impérieuses qui rendent impossible ou inapproprié de tracer une ligne d'équidistance provisoire » pour reprendre les termes du TIDM[872] et de la CIJ.[873]

---

[868] *Sentence du 17 décembre 2007 rendue dans le cadre de l'arbitrage entre le Guyana et le Suriname*, para 342.

[869] *Différend territorial et maritime entre le Nicaragua et le Honduras dans la mer des Caraïbes*, CIJ, arrêt, 8 octobre 2007, *op. diss.* Torres Bernardez, para 122.

[870] *Ibid*

[871] *Différend relatif à la délimitation de la frontière maritime entre le Ghana et la Côte d'ivoire dans l'océan atlantique*, arrêt, TIDM, 2017, p.91, para 289.

[872] *Ibid*

Seulement, elle ne précise pas de quelles natures peuvent être lesdites raisons impérieuses.

Le changement de méthode serait-il commandé par le résultat inéquitable de l'emploi de la méthode de l'équidistance ? Si oui, la juridiction qui décide de ce changement devrait d'abord justifier que l'emploi de l'équidistance aboutit à un résultat déraisonnable. Serait-il commandé par d'autres considérations telles que par exemple la configuration géographique de la côte ? Il semble que c'est la pratique suivie par les juridictions. Ainsi, dans l'examen de celle qu'elle appelle les « circonstances particulières » susceptibles d'obliger à s'écarter de la ligne d'équidistance, la Chambre spéciale opina uniquement sur des facteurs géographiques soulevés par la Côte d'Ivoire : Emplacement des points de base,[874] Emplacement des points de base sur Jomoro,[875] Instabilité du littoral,[876] les intérêts des États voisins.[877]

Dans l'Affaire de la délimitation de la frontière maritime entre la Guinée et la Guinée-Bissau, le caractère inapproprié de l'équidistance est lié aux circonstances géographiques de l'espèce.[878] Le tribunal a choisi « l'avantage de donner plus d'importance à l'orientation générale du littoral »[879]. La Cour internationale de Justice dans l'affaire opposant le Nicaragua au Honduras va écarter la méthode de l'équidistance/ circonstances spéciales au motif que le profil de la côte est instable du fait de l'existence d'un phénomène d'accrétion.[880] A la lumière de cette série de décisions, il est sûr et certain que les juridictions n'ont pas obligation de vérifier le résultat inéquitable avant d'écarter la méthode. Il suffit de démontrer que la configuration géographique n'est pas adaptée à l'équidistance. Ainsi, le Professeur

---

873 *Délimitation maritime en mer Noire* (Roumanie c. Ukraine), CIJ, arrêt, 3 février 2009, para 116.

874 *Différend relatif à la délimitation de la frontière maritime entre le Ghana et la Côte d'ivoire dans l'océan atlantique*, arrêt, TIDM, 2017, pp.92-94, paras 292-302.

875 *Ibid*, paras 303-310.

876 *Ibid*, pp.96-98 et paras 311-318.

877 *Ibid*, pp.98-99 et paras 319-325.

878 Sentence du 14 février 1985, *Affaire de la délimitation de la frontière maritime entre la Guinée et la Guinée-Bissau*, RSA, vol. XIX, p. 149-196.

879 *Ibid*, p. 190.

880 CIJ, arrêt, 8 octobre 2007, *Différend territorial et maritime entre le Nicaragua et le Honduras dans la mer des Caraïbes, Recueil 2007*, paras 280-281.

CAZALA commentant la même logique suivie dans l'affaire Guyana/ Suriname, va aboutir à la même conclusion :

« Il n'est pas en effet, nécessaire de recourir à une ligne d'équidistance provisoire pour rechercher si elle est à même de produire un résultat équitable ; c'est la configuration côtière qui dicte la méthode »[881].

Au demeurant, l'équidistance est la méthode de délimitation applicable à toute opération de délimitation. Elle ne peut être écartée que si les circonstances impérieuses l'exigent. Il n'est pas pour autant que ce soit le résultat inéquitable de la délimitation fondée sur la ligne d'équidistance qui amène la juridiction concernée à écarter cette méthode mais des éléments de géographie côtière. Si elle convient de l'appliquer, elle doit suivre les étapes progressivement établies, à cet effet, grâce à une grande contribution des affaires africaines.

SECTION II : Les étapes d'application de l'équidistance

L'Afrique a joué un grand rôle dans la définition et l'application des méthodes de délimitations maritimes en particulier la méthode de l'équidistance. Dans les six affaires où le juge ou l'arbitre a été appelé à procéder à une nouvelle délimitation, quatre fois la méthode de l'équidistance a été employée contre une seule fois pour la méthode de la perpendiculaire à la côte et une seule fois pour celle de la bissectrice. Ceci a permis de contribuer significativement à la définition et aux modes d'application pratique de la méthode. La définition théorique et ordinaire de l'équidistance est que celle-ci est la ligne dont chaque point est équidistant des points les plus proches des lignes de base à partir desquels la largeur de la mer territoriale de chacun des deux États est mesurée. Dans la pratique des juridictions internationales, plusieurs étapes ont été distinguées pour l'application de cette méthode. Ces étapes sont au nombre de trois, à savoir, 1) construction d'une ligne d'équidistance provisoire, 2) le cas échéant, ajustement de la ligne en fonction des circonstances pertinentes, et 3) vérification de la ligne pour s'assurer que le résultat obtenu ne crée pas de disproportion marquée entre les côtes pertinentes et les espaces maritimes des Parties. Que ce soit dans la construction d'une ligne

[881] CAZALA J., « Retour sur les méthodes de délimitation juridictionnelle d'espaces maritimes mises en oeuvre dans quelques affaires récentes. », *op cit*, p. 419.

d'équidistance provisoire ou dans sa correction , l'apport des contentieux africains n'est pas négligeable.

La construction de la ligne provisoire

Le processus de délimitation commence généralement par le choix de la carte marine devant servir à la délimitation. Il est la première étape après le choix de la méthode de délimitation la plus adaptée pour les États ou pour la juridiction de la délimitation. Le choix de la carte doit se faire dans l'objectif de parvenir à un résultat équitable. Puisque le processus de délimitation est une opération éminemment politique au départ et juridique à la fin, les gouvernements et les juges peuvent, lorsque certaines circonstances spéciales sont susceptibles de produire un résultat inéquitable, en atténuer la portée.[882] Il en est de même pour le choix de la carte. En fonction des cartes choisies en réalité, on obtient différentes lignes de délimitation. Dans l'affaire opposant le Ghana à la Côte d'Ivoire, la Chambre spéciale a reconnu que l'emploi des cartes BA 1383/SHOM 7786 et 001AEM de 2016, comme le proposent les parties, aboutirait à des résultats différents en matière de délimitation.[883] De ce fait, la Chambre spéciale doit décider sur quelle(s) carte(s) elle se fondera pour les besoins de son analyse et de sa décision finale. Cet exercice de départ n'obéit en principe à aucune règle spéciale dictée par le droit international ni en ce qui concerne le type ni l'échelle de la carte.

Le choix de l'échelle de la carte dépend en grande partie de la nature de la délimitation. Il existe alors deux cas de figure : la délimitation peut être de nature macro-géographique ou de nature micro-géographique. La délimitation maritime à effectuer peut être de nature macro-géographique lorsque l'opération prend en compte une longue façade côtière.[884] Elle est, par contre, dite micro-géographique lorsqu'elle ne considère que quelques caractéristiques ou ne prend en compte qu'une courte façade maritime.[885] Dans la première situation, la délimitation s'effectue en partant d'une carte à petite échelle, alors

[882] CISSE Y., *op cit*, p.107.
[883] *Différend relatif à la délimitation de la frontière maritime entre le Ghana et la Côte d'ivoire dans l'océan atlantique*, arrêt, TIDM, 2017, p.102 para 339.
[884] CISSE Y., *op cit*, p.107.
[885] *Ibid*

que dans la seconde, l'opération se fait suivant une carte à grande échelle.

Dans la sentence arbitrale Guinée/Guinée-Bissau, par exemple, le Tribunal a considéré, pour sa part, que la carte à choisir devait comprendre le littoral de l'Afrique occidentale au moins depuis le cap Roxo jusqu'à la pointe Sallatouk et qu'elle devait s'étendre suffisamment à l'ouest pour indiquer la plus grande partie du territoire maritime des deux États au voisinage de la ligne de délimitation.[886] Elle a donc opté du fait de la nature macro-géographique pour le choix d'une carte à relativement petite échelle. C'est pourquoi, il a choisi d'utiliser la carte n° 5979 du service hydrographique de la marine française, qui lui paraîtrait répondre le mieux aux critères ainsi définis.[887]

Enfin, dans une plus large mesure, des caractéristiques géographiques (régularité, irrégularité, concavité, convexité etc...) dépendront de l'échelle de carte utilisée. [888] Il arrive en effet, que les juridictions optent pour une solution de consensus en choisissant les cartes reconnues par les deux parties. C'est le cas de la Chambre spéciale du TIDM, qui après avoir remarqué que les cartes BA 1383 et SHOM 7786 ont été utilisées par les deux Parties au moins jusqu'en 2014, a vu dans cette pratique que les Parties étaient toutes deux convaincues que ces cartes étaient fiables. A partir de ce constat, elle utilisa les cartes BA 1383/SHOM 7786 pour procéder à son examen et statuer sur la délimitation de la mer territoriale, de la zone économique exclusive et du plateau continental, tant en deçà qu'au-delà des 200 milles marins, des deux Parties.[889]

Il convient aussi de noter que les tracés des lignes de délimitations n'ont pas la même importance dans les arrêts et sentences selon qu'ils sont intégrés à la décision ou qu'ils soient faits à titre illustratif. Dans l'arrêt de 1982 dans l'affaire du Plateau continental Tunisie/Libye, la Cour a précisé que la « carte no 3, qui traduit graphiquement l'approche de la Cour, est jointe à des fins purement illustratives et sans préjudice du rôle des experts à qui il reviendra de déterminer la

[886] Sentence du 14 février 1985, *Affaire de la délimitation de la frontière maritime entre la Guinée et la Guinée-Bissau,* p. 195, para 127.
[887] *Ibid*, p. 195, para 127.
[888] CISSE Y., *op cit*, p.107.
[889] *Différend relatif à la délimitation de la frontière maritime entre le Ghana et la Côte d'ivoire dans l'océan atlantique*, arrêt, TIDM, 2017, p.102 para 339.

ligne avec exactitude. »[890]. Plus tard, en 1985 lorsqu'elle était appelée à procéder à la délimitation du plateau entre la Libye et Malte, elle a répété que le « tracé de la ligne de délimitation résultant de la méthode adoptée est indiqué, à des fins purement illustratives, sur la carte no 3 jointe au présent arrêt. ».[891] Par contre, le compromis d'arbitrage du 18 février 1983 entre la Guinée et la Guinée-Bissau, stipulait que la décision du Tribunal « doit comprendre le tracé de la ligne frontière sur une carte ».[892] Dans ce cas précis, le tracé fait partie intégrante de la décision. La juridiction doit donc faire attention au choix de la carte avant d'entamer l'étape suivante qui est la définition du point de départ de la frontière maritime.

L'opération de délimitation étant essentiellement géographique, cette dernière est prise en compte déjà au début de l'opération c'est-à-dire à partir de l'*inshore* (la côte).

Il faut rappeler que la géographie dont il s'agit de respecter concerne les aspects de la situation concrète qui sont liés de plus près à l'institution juridique du plateau continental et des autres surfaces maritimes et que ce n'est qu'en « raison de la souveraineté de l'État riverain sur la terre que des droits d'exploration et d'exploitation sur le plateau continental peuvent s'attacher à celui-ci *ipso jure* en vertu du droit international ».[893] Il en est de même pour la mer territoriale et la zone économique exclusive puisque c'est « (...) en partant de la côte des Parties qu'il faut rechercher jusqu'où les espaces sous-marins relevant de chacune d'elles s'étendent vers le large, ainsi que par rapport aux États qui leur sont limitrophes ou leur font face », avertissait la CIJ.[894]

Autrement, les droits sur les espaces maritimes sont, du point de vue juridique, à la fois une émanation de la souveraineté territoriale de

[890] CIJ, arrêt, 24 février 1982, *Plateau continental (Tunisie / Jamahiriya arabe libyenne), Recueil 1982*, p.75, para 129.
[891] *Plateau continental (Jamahiriya arabe libyenne/Malte)*, arrêt, C.I.J. Recueil 1985, p. 43, para 73.
[892] Voir article 9, paragraphe 2, du compromis d'arbitrage du 18 février 1983 entre la Guinée et la Guinée-Bissau.
[893] *Affaire de la délimitation du plateau continental entre le Royaume-Uni de Grande-Bretagne et d'Irlande du Nord et la République française* (*Royaume-Uni c. France*), décision du 30 juin 1977, Recueil des sentences arbitrales, vol. XVIII, 1978, p. 36, para 86.
[894] *Plateau continental (Jamahiriya arabe libyenne/Malte),* arrêt, C.I.J. Recueil 1985, p. 40, para 47

l'Etat riverain et un accessoire automatique de celle-ci. C'est ce qui justifie l'assertion selon laquelle la terre domine la mer. C'est aussi ce qui justifie l'influence de l'emplacement de la frontière terrestre sur le point de départ de la frontière maritime. La jurisprudence est unanime sur le fait que le point de départ de la frontière maritime est le point d'intersection de la frontière terrestre avec la côte. Cette règle a été exprimée par la Cour internationale de justice dans son arrêt de 1982 (Tunisie/Libye) en ces termes : « Il importe de ne pas perdre de vue l'emplacement de la frontière terrestre, ou plus précisément de son intersection avec la côte, en tant qu'élément à prendre en compte ».[895] Elle justifiait à l'époque sa décision d'abord par le fait que les deux Parties s'accordent pour reconnaître la pertinence du point de départ de la frontière terrestre,[896] ensuite par le fait que cette localité a servi de point de départ dans le passé lorsque les deux Parties se sont efforcées d'établir unilatéralement certaines délimitations maritimes partielles,[897] et enfin par le fait qu'elle est aussi le point de départ de la perpendiculaire à la côte proposée par l'Italie en 1914 et de la ligne des 26" vers le nord-est à laquelle les Parties se sont tenues en octroyant des permis et concessions de recherche et d'exploitation de ressources minérales de 1964 à 1972.[898] Cette circonstance pertinente va être reprise dans les délimitations postérieures et érigée en règle générale.[899]

Bien que la règle soit claire, il est possible que la détermination du point de départ soit sujette à des complications de diverses natures. Par exemple, les parties s'accordaient dans l'affaire Ghana/Côte d'Ivoire à dire que la dernière borne de la frontière terrestre (le point terminal de la frontière terrestre) devrait déterminer le point de départ de la frontière maritime entre les deux Parties mais puisque ce point n'est pas situé sur la laisse de basse mer, elles divergent sur la manière

---

[895] CIJ, arrêt, 24 février 1982, *Plateau continental (Tunisie / Jamahiriya arabe libyenne), Recueil 1982*, p. 64, para. 81.

[896] *Ibid,* p.66, para 85.

[897] *Ibid,* p.66, para 86.

[898] *Ibid.*

[899] *Ibid*, pp.64-65, paragraphe 81; C.I.J., *Plateau continental (Jamahiriya arabe libyenne/Malte),* arrêt, C.I.J. Recueil 1985, p.318, paragraphe 176; Sentence du 14 février 1985, *Affaire de la délimitation de la frontière maritime entre la Guinée et la Guinée-Bissau*, 1985, pp.295-296, paragraphe 106. *Différend relatif à la délimitation de la frontière maritime entre le Ghana et la Côte d'ivoire dans l'océan atlantique*, arrêt, TIDM, 2017, pp. 104-106 paras 344-357.

de relier ce point terminal de la frontière terrestre à un point sur la laisse de basse mer. La solution proposée par la Chambre spéciale a été de poursuivre le tracé de la frontière terrestre passant par la borne 55 correspondant au point terminal de la frontière terrestre et se poursuivant jusqu'à la laisse de basse mer. Une fois le point de départ identifié, les juridictions peuvent entamer les étapes décisives conduisant au véritable tracé de la ligne provisoire.

La détermination des côtes pertinentes dans une délimitation maritime illustre fortement l'axiome selon laquelle la terre domine la mer en raison de la projection de la côte.[900] La terre est, en effet, « la source juridique du pouvoir qu'un État peut exercer dans les prolongements maritimes. ».[901] La première étape dans la construction d'une ligne d'équidistance provisoire consiste à déterminer les côtes des Parties dont les projections en mer se chevauchent.[902] L'aspect préliminaire de cette opération juridique est souligné par la CIJ dans l'affaire de la Frontière terrestre et maritime entre le Cameroun et le Nigeria : « Avant de pouvoir tracer une ligne d'équidistance et d'examiner s'il existe des circonstances pertinentes qui pourraient rendre nécessaire d'ajuster celle-ci, la Cour doit néanmoins déterminer quelles sont les côtes pertinentes des Parties à partir desquelles seront fixés les points de base qui serviront à la construction de la ligne d'équidistance. »[903].

Le rôle des côtes pertinentes peut revêtir deux aspects juridiques distincts quoique étroitement liés, dans le cadre d'une délimitation du plateau continental et de la zone économique exclusive. Il est nécessaire d'identifier les côtes pertinentes d'une part « afin de déterminer quelles sont dans le contexte spécifique de l'affaire, les revendications qui se chevauchent dans ces zones » et d'autre part « aux fins de vérifier dans le cadre de la troisième et dernière étape du

---

[900] Voir *Délimitation maritime en mer Noire (Roumanie c. Ukraine),* arrêt du 3 février 2009, p. 26, para. 77.

[901] *Affaires du plateau continental de la mer du Nord (République fédérale d'Allemagne/Danemark; République fédérale d'Allemagne/Pays-Bas),* arrêt, C.I.J. Recueil 1969, p. 51, para 96.

[902] *Voir Délimitation maritime en mer Noire (Roumanie c. Ukraine),* arrêt, C.I.J. Recueil 2009, p. 89, para 78 ; *Différend relatif à la délimitation de la frontière maritime entre le Ghana et la Côte d'ivoire dans l'océan atlantique*, arrêt, TIDM, 2017, p. 107, para 361.

[903] *Frontière terrestre et maritime entre le Cameroun et le Nigéria (Cameroun* c. *Nigéria: Guinée équatoriale intervenant), arrêt, CIJ Recueil 2002*, p.143, para 290.

processus de la délimitation, s'il existe une quelconque disproportion entre le rapport des longueurs des côtes de chaque partie et celui des espaces maritimes situés de part et d'autres de la ligne de délimitation. »[904]. Ainsi, les côtes pertinentes correspondant aux côtes qui produisent des droits concurrents dans la zone contestée ont pour un premier objectif de fixer les points de base servant à la construction de la ligne d'équidistance provisoire. Il s'avère donc important de « déterminer les côtes [des parties] qui génèrent les droits de ces pays à un plateau continental et à une zone économique exclusive, à savoir celles dont les projections se chevauchent, car la délimitation consiste à résoudre le problème du chevauchement des revendications en traçant une ligne de séparation entre les espaces maritimes concernés. »[905].

Pour que la côte d'une partie soit considérée «pertinente», il faut qu'elle soit susceptible de générer des droits maritimes qui se chevauchent avec les droits engendrés par la côte de l'autre partie tel que qu'exprimé par la CIJ dans l'affaire Tunisie/Libye : « Néanmoins, pour délimiter le plateau entre les Parties il n'y a pas à tenir compte de la totalité des côtes de chacune d'elles ; tout segment du littoral d'une Partie dont, en raison de sa situation géographique, le prolongement ne pourrait rencontrer celui du littoral de l'autre Partie est à écarter de la suite du présent examen. ».[906] Cet arrêt a eu le mérite de créer et de fournir pour la première fois une définition à la côte pertinente.

Explicitée plus tard, pour qu'une côte soit considérée pertinente dans une délimitation maritime, elle doit générer des projections qui chevauchent celles de la côte d'une autre partie.[907] Une précision a été apportée à cette définition dans l'affaire du différend relatif à la délimitation de la frontière maritime entre le Ghana et la Côte d'ivoire dans l'océan atlantique. Une partie occidentale de la côte ivoirienne située à plus de 200 milles des zones maritimes revendiquées par le Ghana ne peut pas, selon ce dernier être pertinente pour la délimitation

---

[904] *Délimitation maritime en mer Noire (Roumanie c. Ukraine),* arrêt, C.I.J. Recueil 2009, p. 61, et p. 96-97, para 99, *Sentence arbitrale entre le Bengladesh et l'Inde concernant la délimitation de la frontière maritime du golfe de Bengale*, para 278.

[905] *Délimitation maritime en mer Noire (Roumanie c. Ukraine),* CIJ, arrêt du 3 février 2009, p. 26, para. 77.

[906] *Plateau continental (Tunisie/Jamahiriya arabe libyenne),* arrêt, C.I.J. Recueil 1982, p. 61, para. 75.

[907] *Délimitation de la frontière maritime dans le golfe du Bengale (Bangladesh/Myanmar),* arrêt, TIDM Recueil 2012, p. 4, para. 198.

alors que la Côte d'Ivoire était d'avis que même si la rencontre entre les projections des côtes ivoiriennes situées entre Sassandra et la frontière avec le Liberia d'une part et celles du Ghana d'autre part s'opère au-delà de 200 milles marins, les côtes restent pertinentes. La chambre faisait observer que : « puisqu'il n'y a qu'un seul plateau continental, il n'y a pas de raison de faire de distinction entre les projections en deçà des 200 milles marins et au-delà de cette limite. En conséquence, les côtes des deux Parties sont pertinentes, qu'il y ait ou non chevauchement en deçà des 200 milles marins pour les deux côtes, au-delà des 200 milles marins pour les deux côtes ou en deçà pour l'une et au-delà pour l'autre. ».[908]

Il convient d'ajouter que les revendications d'État tiers ne font pas obstacle à la détermination des côtes pertinentes. C'est alors que dans l'affaire Libye/Malte, l'incidence, au sud de Malte, de revendications de l'Italie n'a pas empêché la Cour de déterminer lesquelles des côtes de Libye faisaient face à Malte et constituaient donc des côtes pertinentes aux fins de la délimitation.[909]

Bien que tout soit si clair en matière de définition du principe, la détermination pratique de ces côtes ne semblait obéir à aucune règle rigide. Dans une situation d'adjacence, la détermination des prétentions chevauchantes peut s'avérer très complexes. Techniquement, le chevauchement peut être illustré par une projection frontale ou une projection radiale.[910] Il suffirait, pour la juridiction d'observer les côtes en présence et de dire les côtes qui, à son avis, ont une influence sur la délimitation.

Pour la fixation des côtes pertinentes dans l'affaire du plateau continental Tunisie/Libye par exemple, il a suffi pour la haute juridiction de considérer que « les cartes mettent en évidence, sur la côte de chacune des deux Parties, l'existence d'un point au-delà duquel ladite côte ne peut plus avoir de lien avec les côtes de l'autre Partie

---

[908] *Différend relatif à la délimitation de la frontière maritime entre le Ghana et la Côte d'ivoire dans l'océan atlantique*, arrêt, TIDM, 2017, p. 110, para 373.

[909] *Plateau continental (Jamahiriya arabe libyenne/Malte),* arrêt, C.I.J. Recueil 1985, p. 50 para 68.

[910] *Arbitrage entre la Barbade et la République de Trinité-et-Tobago relatif à la délimitation de la zone économique exclusive et du plateau continentale*, RSA, Vol. XXVII, 11 avril 2006, p. 235, para 331. Cité par *Sentence arbitrale entre le Bengladesh et l'Inde concernant la délimitation de la frontière maritime du golfe de Bengale*, para 300.

aux fins de la délimitation des fonds marins » pour conclure qu' « au-delà de ce point, les fonds marins au large de la côte ne peuvent donc pas constituer une zone de chevauchement des extensions du territoire des deux Parties et, de ce fait, n'ont aucun rôle à jouer dans la délimitation. ».[911] Il y a là une liberté évidente du juge dans la détermination des côtes pertinentes.

Le même constat peut être fait dans l'affaire du plateau continental Libye/Malte. Dans cette affaire, la cour, après avoir considéré que « (…) la question d'une limitation des côtes pertinentes de Malte à prendre en considération … ne se pose pas »,[912] s'est contenté d'affirmer, sans autre justification, en ce qui concerne les côtes pertinentes libyennes que « du côté libyen, Ras Ajdir, point d'aboutissement de la frontière terrestre avec la Tunisie, doit à l'évidence constituer le point de départ ; le méridien 15" 10' E qui, selon la Cour, définit les limites de la zone dans laquelle l'arrêt peut s'appliquer, coupe la côte libyenne non loin de Ras Zarrouk, point considéré par la Libye comme marquant l'extrémité de sa côte pertinente ».[913]

Une certaine rationalisation s'est construite dans l'affaire de la Frontière terrestre et maritime entre le Cameroun et le Nigeria et dans l'affaire de la délimitation maritime entre le Ghana et la côte d'Ivoire devant le TIDM. Dans la première, la CIJ justifiait l'exclusion de la partie de la côte du Cameroun située au-delà de Debundsha de la côte pertinente par le fait qu'elle fasse face à Bioko, une composante d'un État tiers, la Guinée équatoriale.[914] Elle ajouta qu' « elle ne saurait, par conséquent, être considérée comme faisant face au Nigeria de manière à être pertinente pour la délimitation maritime entre ces deux États. ».[915] La détermination pratique de la côte pertinente consiste alors à exclure dans ce cas, les parties de la côte qui font face aux États tiers et à prendre en compte celle qui fait face au second État en litige.

---

[911] CIJ, arrêt, 24 février 1982, *Plateau continental (Tunisie / Jamahiriya arabe libyenne)*, *Recueil 1982*, pp.61-62, para 75.

[912] *Plateau continental (Jamahiriya arabe libyenne/Malte),* arrêt, C.I.J. Recueil 1985, p 50 para 68.

[913] *Ibid,* p. 50 para 68.

[914] *Frontière terrestre et maritime entre le Cameroun et le Nigéria (Cameroun* c. *Nigéria: Guinée équatoriale intervenant), arrêt, CIJ Recueil 2002*, p.443, para 291.

[915] *Ibid.*

Presque la même démarche a été suivie par le TIDM dans la seconde affaire suscitée. Seulement, il s'est agi ici de prendre en considération les parties des côtes de l'une des parties faisant face à la zone contestée et de rechercher les parties des côtes de l'autre partie dont les projections coupent la première. Ainsi, commençant par le Ghana, la Chambre spéciale put relever « qu'entre le point 55+ et le cap des Trois-Pointes, où la côte s'infléchit brusquement vers le nord-est, cette côte fait directement face à la zone contestée. En conséquence, cette zone est pertinente. Plus à l'est, la côte ne fait plus face à la zone à délimiter et n'est donc plus pertinente. ».[916] De l'autre côté, elle prit seulement en considération la partie de la côte ivoirienne dont « les projections chevauchent les projections de la côte ghanéenne ».[917]

En résumé, le principe est clair : les côtes pertinentes sont celles dont, en raison de leur situation géographique, le prolongement pourrait rencontrer celui du littoral de l'autre Partie. Sa détermination pratique peut suivre plusieurs procédés et en fonction du procédé suivi par la juridiction onusienne, une ou plusieurs étapes peuvent être nécessaires. La détermination de ces côtes est importante pour l'étape suivante du tracé de ligne d'équidistance provisoire qu'est la fixation des points de base. Une fois, les points de base fixés, le tracé n'est qu'une simple opération de géométrie que n'importe qui peut faire s'il a les notions de base de la géométrie.

La ligne d'équidistance étant la ligne dont chaque point est équidistant des points les plus proches des lignes de base à partir desquels la largeur de la mer territoriale de chacun des deux États est mesurée,[918] il est évident que le tracé de la ligne d'équidistance résulte incontestablement de l'identification des points de base pertinents des lignes de base des parties. C'est bien ce qui ressort de l'article 15 de la convention de 1982 dont la première phrase se lit comme suit : « Lorsque les côtes de deux États sont adjacentes ou se font face, ni l'un ni l'autre de ces États n'est en droit, sauf accord contraire entre eux, d'étendre sa mer territoriale au-delà de la ligne médiane dont tous

916 *Différend relatif à la délimitation de la frontière maritime entre le Ghana et la Côte d'ivoire dans l'océan atlantique*, arrêt, TIDM, 2017, p. 110, para 375.
917 *Ibid*, p. 110, para 376.
918 *Délimitation maritime et questions territoriales entre Qatar et Bahreïn (Qatar c. Bahreïn), fond, arrêt,*
C.I.J. Recueil 2001, p. 94, para. 177. Voir également *Frontière terrestre et maritime entre le Cameroun et le Nigéria (Cameroun c. Nigéria ; Guinée équatoriale (intervenant)), arrêt, C.I.J. Recueil 2002*, p. 442, para. 290.

les points sont équidistants des points les plus proches des lignes de base à partir desquelles est mesurée la largeur de la mer territoriale de chacun des deux États. ».

Il va sans dire que l'identification précise des points de base pertinents aux fins de l'établissement de la ligne d'équidistance oblige à être informé des lignes de base des parties. Selon la jurisprudence bien établie, les lignes de base correspondent à la laisse de basse mer le long de la côte et donc, les points de base utilisés pour la construction d'une ligne d'équidistance provisoire doivent être situés sur la laisse de basse mer.[919] Cette pratique est d'ailleurs consacrée par la Convention des Nations Unies sur le Droit de la Mer tel que l'a souligné la Sentence du Tribunal arbitral rendue au terme de la seconde étape de la procédure entre l'Érythrée et la République du Yémen (Délimitation maritime) : « L'utilisation de la laisse de basse mer est consacrée par une règle internationale générale à l'article 5 de la Convention, et que les deux Parties étaient convenues que le Tribunal devait prendre en compte les dispositions de la Convention pour statuer en l'affaire. »[920].

Le long de la côte pertinente, les points de base en question sont ceux qui marquent une modification significative de la direction générale de la côte de sorte que la figure géométrique formée par la ligne qui relie l'ensemble de ces points reflète la direction générale de la ligne des côtes. Les points ainsi retenus sur chaque côte auront, sur la ligne d'équidistance provisoire, un effet tenant dûment compte de la géographie. [921] Il faut donc tracer la ligne d'équidistance et la ligne médiane à partir des points les plus pertinents des côtes des deux États concernés, en prêtant une attention particulière aux points saillants les plus proches de la zone à délimiter.[922]

Il n'existe en droit de la délimitation maritime une règle sur le nombre de points de base à établir aux fins de la délimitation. La jurisprudence tant africaine qu'internationale le prouve à suffisance.

---

[919] *Arbitrage sur la Délimitation de la frontière maritime entre le Bangladesh et l'Inde dans le golfe du Bengale*, sentence du 7 juillet 2014, para. 223.

[920] *Sentence du Tribunal arbitral rendue au terme de la seconde étape de la procédure entre l'Erythrée et la République du Yémen (Délimitation maritime),* 17 décembre 1999, RSA, vol. XXII, p. 366, para. 135.

[921] *Délimitation maritime en mer Noire (Roumanie c. Ukraine)*, arrêt, C.I.J. Recueil 2009, p. 105, para 127.

[922] *Ibid*, p. 101, para 117.

Dans l'affaire Cameroun c. Nigeria, la Cour a construit une ligne d'équidistance à partir de deux points de base.[923] Dans l'affaire de la mer Noire, la Cour a estimé suffisant qu'il y ait deux points de base du côté roumain et trois du côté ukrainien.[924] Dans l'arbitrage des Îles anglo-normandes ayant opposé le Royaume-Uni à la France), trois points de base ont été utilisés pour tracer 170 milles de la section occidentale de la frontière dans l'arbitrage des Îles anglo-normandes (Royaume-Uni c. France).[925] De plus, dans l'affaire Bangladesh c. Myanmar, le TIDM s'est contenté de deux points de base du côté bangladais (dont l'un n'avait aucune incidence sur la ligne d'équidistance en deçà de 200 milles) et quatre du côté myanmarais.[926]

En fait, le choix du nombre de points est lié à la situation géographique en présence. La Haute juridiction ayant choisi de se limiter à deux points de base affirmait qu'« étant donné la configuration des côtes et l'espace circonscrit dans lequel la Cour a compétence pour opérer la délimitation, aucun autre point de base n'a été nécessaire à la Cour pour procéder à cette opération ».[927] Il y a là une liberté reconnue au juge de la délimitation de choisir les points appropriés en fonction de la géographie des États en litige. C'est ce qu'a exprimé le TIDM dans l'affaire opposant le Ghana à la Côte d'Ivoire : « La Chambre spéciale relève que, bien que les États côtiers soient en droit de déterminer des points de base aux fins de la délimitation, elle n'est aucunement tenue d'accepter les points de base identifiés par l'un ou l'autre. Elle peut choisir ceux qu'elle souhaite en fonction des particularités géographiques de la côte en question ».[928]

---

[923]*Frontière terrestre et maritime entre le Cameroun et le Nigéria (Cameroun c. Nigéria ; Guinée équatoriale (intervenant)), arrêt, C.I.J. Recueil 2002*, p. 443, para 292.

[924] *Affaire de la Délimitation maritime en mer Noire (Roumanie c. Ukraine),* C.I.J. Recueil 2009, paras. 141 et 148.

[925] *Affaire de la délimitation du plateau continental entre le Royaume-Uni de Grande-Bretagne et d'Irlande du Nord et la République française* (*Royaume-Uni c. France*), décision du 30 juin 1977, Recueil des sentences arbitrales, vol. XVIII, 1978, p. 128-129.

[926] *Délimitation de la frontière maritime dans le golfe du Bengale (Bangladesh/Myanmar),* arrêt, TIDM, Recueil 2012, para. 266.

[927] *Frontière terrestre et maritime entre le Cameroun et le Nigéria (Cameroun c. Nigéria ; Guinée équatoriale (intervenant)), arrêt, C.I.J. Recueil 2002*, p. 443, para. 292.

[928] Voir également *Délimitation de la frontière maritime dans le golfe du Bengale (Bangladesh/Myanmar),* arrêt, TIDM, Recueil 2012, p. 72, para 264, citant l'arrêt de

Il faut aussi remarquer qu'aucune proportionnalité n'est établie ou exigée entre la longueur de la ligne de délimitation et le nombre de point de base. Alors que les deux points de base utilisés par la CIJ dans Cameroun c. Nigeria étaient situés à environ 25 kilomètres l'un de l'autre, les premiers 190 milles de la frontière fondée sur l'équidistance ont été déterminés à partir d'un seul point de base situé au Bangladesh à seulement 4,6 kilomètres du point terminal, dans l'affaire opposant le Bangladesh au Myanmar. Dans la sentence arbitrale rendue dans l'affaire Barbade c. Trinité-et-Tobago, les arbitres ont rejeté les objections émises par la Trinité quant à l'utilisation par la Barbade de points de base qui font qu'« une côte de cinq milles de part et d'autre de la frontière sert à déterminer le tracé de la frontière maritime sur des centaines de milles ».[929]

La correction de la ligne provisoire

L'équidistance n'est pas une méthode parfaite. Même dans les cas où elle a été érigée en méthode par défaut, comme ce fut le cas de la convention sur le plateau continental de 1958, il était prévu que des circonstances spéciales puissent justifier une autre délimitation.[930] Dans le même sens, lorsque les circonstances spéciales ne justifient pas une méthode, il est admis que la ligne d'équidistance puisse être modifiée tenant compte des circonstances particulières de l'espèce. C'est pourquoi le texte initial de la Convention de 1982 qui prévoyait l'équidistance comme méthode par défaut suggérait que cette méthode puisse être employée « le cas échéant et compte tenu de tous les aspects de la situation dans la zone concernée ».[931] Il faut donc pour aboutir à un résultat équitable, que toutes les circonstances pertinentes soient examinées car, dans l'appréciation de l'équité, elles peuvent être d'un poids tel que leur prise en compte se justifie et impose un ajustement de la ligne d'équidistance.[932] De telles circonstances sont avant tout géographiques puisque c'est la géographie qui « commande

la CIJ dans l'affaire relative à la *Délimitation maritime en mer Noire (Roumanie c. Ukraine),* C.I.J. Recueil 2009, p. 108, para. 137.

[929] *Sentence arbitrale rendue dans le cadre de l'arbitrage entre la Barbade et la République de Trinité-et-Tobago,* 11 avril 2006, para. 326.

[930] Voir article 6 de la convention sur le plateau continental de 1958.

[931] A/CONF.62/WP.lO/Rev.2.

[932] *Plateau continental (Jamahiriya arabe libyenne/ Malte)*, arrêt, 3 juin 1985, CIJ Recueil 1985, p. 39, para 66.

tout le processus de délimitation maritime »[933]. La primauté des considérations géographiques a été exprimée par le Professeur Prosper WEIL en ces termes : « [. . .] *The primacy of geographic considerations is found in each and every maritime delimitation regardless of whether it concerns Territorial Sea, Continental Shelf, Fishery Zone, or Exclusive Economic Zone; or whether it is negotiated and agreed by the interested parties or decided by a third party in judicial or arbitrage proceedings* ? ».

Si les considérations géographiques sont l'alpha et l'oméga de la délimitation, c'est qu'elles sont également au cœur de la détermination des circonstances pertinentes. Dans les contentieux de délimitation des frontières maritimes africaines, seule la ligne provisoire tracée dans l'affaire du plateau continental entre la Libye et Malte a connu un ajustement du fait d'une circonstance pertinente qu'est la présence des îles. Néanmoins, il a été admis dans l'arrêt de la Chambre spéciale du TIDM rendu dans le cadre du différend opposant le Ghana et la Côte d'Ivoire que l'effet d'amputation peut également constituer une circonstance pertinente.

Dans l'affaire du différend relatif à la délimitation de la frontière maritime entre le Ghana et la Côte d'Ivoire dans l'océan atlantique, il a été attesté que l'effet d'amputation entraînée par la configuration des côtes, en particulier leur concavité ou leur convexité pouvait constituer une circonstance pertinente pour l'ajustement de la ligne de délimitation provisoire. Pendant que les États ont habituellement invoqué la configuration des côtes comme étant une circonstance pertinente et c'est le cas de la Côte d'Ivoire dans ladite affaire, la Chambre spéciale releva que, d'une manière générale, la jurisprudence internationale considère que la concavité, en soi, ne constitue pas nécessairement une circonstance pertinente entraînant l'ajustement d'une ligne d'équidistance provisoire. [934] Citant par la suite la jurisprudence du Tribunal arbitral constitué dans l'affaire de la Délimitation de la frontière maritime dans le golfe du Bengale (Bangladesh/Myanmar), elle compléta que : « lorsqu'une ligne d'équidistance tracée entre deux États produit, en raison de la concavité de sa côte, un effet d'amputation sur l'espace maritime

---

[933] CISSE Y., *op cit*, p.102.

[934] *Différend relatif à la délimitation de la frontière maritime entre le Ghana et la Côte d'ivoire dans l'océan atlantique*, arrêt, TIDM, 2017, p. 127, para 421.

auquel un de ces États a droit, l'ajustement de cette ligne peut être nécessaire de façon à aboutir à une solution équitable ».[935]

Tel qu'appliquer dans la sentence rendue dans l'arbitrage sur la Délimitation de la frontière maritime entre le Bangladesh et l'Inde dans le golfe du Bengale,[936] c'est l'effet d'amputation entraîné par la configuration de la côte et non cette configuration qui peut entraîner un ajustement de la ligne. Il faudrait pour que l'effet d'amputation soit pris en compte qu'il soit établi sur un fondement objectif, et que la décision, quant à son existence, tienne compte de la zone pertinente.[937] Néanmoins, le constat de l'existence de l'effet ne suffit pas pour l'ajustement de la ligne. Il faudra aussi que l'effet d'amputation soit relativement grand pour, d'une part, empêcher l'État d'étendre sa frontière maritime aussi loin que le lui permettrait le droit international et, d'autre part, faire obstacle à une solution équitable.[938] Appliquant ces conditions, la Chambre spéciale dans l'Affaire Ghana/Côte d'Ivoire a décidé, pour justifier son refus d'ajustement de la ligne d'équidistance provisoire, que l'effet d'amputation au détriment de la Côte d'Ivoire n'est pas, en soi, grave au point de nécessiter l'ajustement de la ligne d'équidistance provisoire.[939]

Pour ce qui est des îles, leur rôle peut varier en fonction du niveau où on se trouve dans le processus de la délimitation. Puisque ce sont les considérations géographiques particulières de l'espèce qui dictent la méthode de délimitation à choisir, la présence des îles peut commander l'abandon de la méthode d'équidistance au profit d'une autre méthode.

Dans certains exemples de délimitation, les îles proches de la côte peuvent non seulement guider dans le choix de la méthode de délimitation mais également se voient reconnaître un effet partiel ou total. Ainsi, dans l'arbitrage Guinée-Guinée Bissau, le tribunal, après

---

935 *Délimitation de la frontière maritime dans le golfe du Bengale (Bangladesh/Myanmar)*, arrêt, TIDM Recueil 2012, p. 81, para. 292.

936 *Délimitation de la frontière maritime entre le Bangladesh et l'Inde dans le golfe du Bengale,* sentence du 7 juillet 2014, para. 417.

937 *Différend relatif à la délimitation de la frontière maritime entre le Ghana et la Côte d'ivoire dans l'océan atlantique*, arrêt, TIDM, 2017, pp. 127-128, para 423.

938 *Délimitation de la frontière maritime entre le Bangladesh et l'Inde dans le golfe du Bengale,* sentence du 7 juillet 2014, para 417

939 *Différend relatif à la délimitation de la frontière maritime entre le Ghana et la Côte d'ivoire dans l'océan atlantique*, arrêt, TIDM, 2017, p. 128, para 425.

avoir regroupé les îles en trois groupes a, b, et c ;[940] a décidé par la suite de donner plein effet aux îles côtières et de l'archipel des Bijagos correspondant aux îles des groupes a et b dans la définition des lignes de base.[941] De plus, dans l'Affaire Tunisie/Libye, la CIJ a décidé d'attribuer aux îles Kerkennah et aux hauts-fonds découvrants qui les entourent, un demi-effet.[942]

De même, la présence d'une île peut commander l'ajustement de la ligne de délimitation provisoire. Elle devient une circonstance pertinente pouvant intervenir dans la deuxième étape de la délimitation. C'est d'ailleurs le seul cas d'ajustement d'une ligne d'équidistance provisoire qu'a connu l'Afrique. En effet, dans l'affaire Jamahiriya arabe libyenne/Malte, la CIJ a déclaré que : « l'effet équitable d'une ligne d'équidistance dépend de la précaution que l'on aura prise d'éliminer l'effet exagéré de certains îlots, rochers ou légers saillants des côtes, pour reprendre les termes utilisés par la Cour dans le passage précité de son arrêt de 1969 [(affaire du Plateau continental de la mer du Nord)] ».[943] Exécutant son propre verdict, la Haute juridiction décidera de l'ajustement de la ligne d'équidistance provisoire compte tenu du cadre géographique d'ensemble dans lequel les îles maltaises apparaissent comme un accident relativement modeste dans une mer semi-fermée[944]

Grosso modo, l'ajustement de la ligne de délimitation provisoire est fondé sur des considérations géographiques. Néanmoins, toutes les considérations géographiques ne sont pas admises. Les deux retenues et employées dans les affaires africaines sont l'effet d'amputation engendré par la configuration et la présence des îles. Les juridictions internationales refusent catégoriquement plusieurs autres circonstances régulièrement invoquées par les États, que celles-ci soient géographiques ou non.

---

[940] Sentence Guinée/Guinée-Bissau, pp. 183-184, para 95.
[941] Sentence du 14 février 1985, *Affaire de la délimitation de la frontière maritime entre la Guinée et la Guinée-*
Bissau, p. 184, para 97.
[942] Voir CIJ, arrêt, 24 février 1982, *Plateau continental (Tunisie / Jamahiriya arabe libyenne), Recueil 1982*, p. 89, para 129.
[943] C.I.J. Recueil 1985, p. 48, para. 64.
[944] *Plateau continental (Jamahiriya arabe libyenne/Malte), arrêt, CIJ Recueil 1985*, p. 32, para 73.

La jurisprudence maritime internationale commande une délimitation de zones maritimes fondée objectivement sur la configuration géographique des côtes pertinentes. Tel que précédemment démontré, ce sont les mêmes considérations notamment la présence des îles qui sont généralement retenues comme circonstances pertinentes. Cependant, les États confondent généralement les mobiles subjectifs qui soutiennent leurs revendications aux critères raisonnables et objectifs qui doivent commander la délimitation. Ces mobiles sont, sans se limiter à ceux-ci, d'ordre économique et sécuritaire comme le souligne LP. Beurier : « la juxtaposition de ces deux intérêts, politique et économique, a expliqué la dissension des États sur le problème de la largeur de la mer territoriale, du moins jusqu'en 1960 et d'ajouter que l'analyse des revendications étatiques postérieures à cette date permet de penser que l'intérêt économique a très largement supplanté les préoccupations stratégiques [. . .]. ».[945] C'est donc légitimement que les États avancent des motifs de ces ordres, motifs généralement rejetés par le juge de la délimitation.

Au départ, la jurisprudence internationale semblait accorder une grande importance aux considérations économiques. Ainsi, la C.I.J. admettait en 1972 « qu'il ne faut pas oublier que la nation islandaise est exceptionnellement tributaire de ses pêcheries côtières pour sa subsistance et son développement économique. »[946] ; et plus tard dans l'Affaire des pêcheries en 1974, elle dit que « lorsqu'il devient nécessaire, dans l'intérêt de la conservation de limiter la prise totale d'un ou de plusieurs stocks de poisson dans une région de la haute mer adjacente à la mer territoriale d'un État riverain, tous les autres États qui pratiquent la pêche dans cette région collaborent avec l'État riverain à la solution équitable de cette situation » et que « en établissant d'un commun accord des mesures qui reconnaîtront tous besoins prioritaires de l'État riverain résultant de sa dépendance à l'égard de la pêcherie en cause, compte tenu des intérêts des autres États. »[947].

Toutefois, à partir de l'Affaire Tunisie/Libye la Haute juridiction a dénué le critère de toute pertinence. Elle disait que « [...] Ces considérations économiques ne sauraient être retenues pour la

[945] BEURIER J-P., CADENAT P., « Le contenu économique des normes juridiques dans le droit de la mer contemporain », 1974, 78, *R.G.D.I.P*, 575 p. 585.
[946] C.I.J., Recueil 1972, p. 16, para 23.
[947] *Affaire des pêcheries*, C.I.J, Recueil 1974, para 56.

délimitation des zones de plateau continental relevant de chaque partie.». Ceci est d'autant vrai que, poursuit-elle « Il s'agit de facteurs quasiment extrinsèques, puisque variables et pouvant à tout moment faire pencher la balance d'un côté ou de l'autre de façon imprévisible, selon les heurs ou les malheurs des pays en cause. Un pays peut être pauvre aujourd'hui et devenir prospère demain à la suite d'un événement tel que la découverte d'une nouvelle richesse économique ».[948] Cette jurisprudence a été confirmée dans l'Affaire Libye/Malte et dans les affaires postérieures, les juridictions ayant toujours reconnu qu'une délimitation maritime ne doit être influencée par la situation économique relative des deux États concernés, de sorte que le moins riche des deux verrait quelque peu augmentée, pour compenser son infériorité en ressources économiques, la zone de plateau continental réputée lui appartenir[949].

Sur le plan de la jurisprudence arbitrale, la tendance est la même, le Tribunal d'arbitrage dans l'Affaire Guinée/Guinée-Bissau concluait sur le sujet en affirmant « qu'il n'a pas compétence pour compenser les inégalités économiques des États intéressés en modifiant une délimitation qui lui semble s'imposer par le jeu de considérations objectives et certaines ».[950] Néanmoins, il a été admis que les circonstances économiques peuvent être pertinentes dans des situations extrêmes c'est-à-dire si la délimitation envisagée était « susceptible d'entraîner des répercussions catastrophiques pour la subsistance et le développement économique des populations des pays intéressés ».[951]

---

[948] CIJ, arrêt, 24 février 1982, *Plateau continental (Tunisie / Jamahiriya arabe libyenne), Recueil 1982*, p.77, para 107.

[949] Affaire du *Plateau continental (Jamahiriya arabe libyenne/Malte)* repris par l'affaire de la *Délimitation maritime dans la région située entre le Groenland et Jan Mayen (Danemark* c. *Norvège) (arrêt, C.I.J. Recueil 1993*, p. 73 et 74, para. 79 et 80.

[950] Sentence du 14 février 1985, *Affaire de la délimitation de la frontière maritime entre la Guinée et la Guinée-Bissau,* p. 194, para 123.

[951] *Affaire des Grisbadarna (Norvège/Suède*), sentence du 23 octobre 1909, RSA, vol. XI, para 147 ; *Délimitation de la frontière maritime dans la région du golfe du Maine (Canada/Etats-Unis d'Amérique),* arrêt, C.I.J. Recueil 1984, p. 342, para. 237). *Différend territorial et maritime (Nicaragua c. Colombie*), arrêt, C.I.J. Recueil 2012, p. 706, para. 223, *Arbitrage entre la Barbade et la République de Trinité-et-Tobago relatif à la délimitation de la zone économique exclusive et du plateau continental entre ces deux pays* (décision du 11 avril 2006, RSA, vol. XXVII, p. 214, para 241), sentence à laquelle la CIJ s'est à nouveau référée dans l'affaire de la

Pour ce qui est de l'aspect sécuritaire, la jurisprudence a constamment reconnu l'importance des enjeux sécuritaires et stratégiques pour les États. Elle a, de la même manière, rejeté son influence sur la ligne de délimitation. Dans l'arbitrage dans l'Affaire Guinée/Guinée-Bissau, le tribunal, bien qu'admettant que les circonstances tirées de la sécurité ne sont pas « sans intérêt » et que cette préoccupation a constamment guidé le tribunal dans sa recherche d'une solution équitable, son objectif premier étant d'éviter que, pour une raison ou pour une autre, une des Parties voit s'exercer en face de ses côtes et dans leur voisinage immédiat des droits qui pourraient porter atteinte à son droit au développement ou compromettre sa sécurité, concluait, cependant que les implications que cette circonstance aurait pu avoir sont déjà résolues par le fait que, dans la solution qu'il a dégagée, le tribunal a tenu à ce que chaque État contrôle les territoires maritimes situés en face de ses côtes et dans leur voisinage.[952] Il s'en suit que le tribunal, ayant attribué à chaque État la part qui lui revenait, est convaincu que cette part est suffisante pour garantir sa sécurité.

Parallèlement, la méthode de l'équidistance fournit un alignement qui garantit effectivement « que chaque État contrôle les territoires maritimes situés en face de ses côtes et dans leur voisinage ».[953] Cette même approche a été suivie par la CIJ dans l'arrêt Libye/Malte et confirmée dans l'affaire Jan Mayen.

Dans les deux affaires, la Cour a reconnu que « les considérations de sécurité ne sont pas sans rapport avec le concept de plateau continental ».[954] Cette position de la juridiction fut qualifiée d'une remarque de portée générale concernant tous les espaces maritimes[955] puisque subséquemment, la même Cour disait qu'elle était convaincue que « la limite qui résultera du présent arrêt ... ne sera pas proche de la côte de l'une ou l'autre Partie au point que les questions de sécurité

Délimitation maritime en mer Noire (Roumanie c. Ukraine) (arrêt, C.I.J. Recueil 2009, p. 125-16, para. 198).

952 Sentence du 14 février 1985, *Affaire de la délimitation de la frontière maritime entre la Guinée et la Guinée-Bissau*, para. 124.

953 *Ibid,* para. 121-124.

954 *Plateau continental (Jamahiriya arabe libyenne/Malte), arrêt, CIJ Recueil 1985,*p. 42, para 51 ; *Délimitation maritime dans la région située entre le Groenland et Jan Mayen (Danemark c. Norvège), arrêt, CIJ Recueil 1993*, p. 74 et 75, para. 81.

955 *Délimitation maritime dans la région située entre le Groenland et Jan Mayen (Danemark c. Norvège), arrêt, CIJ Recueil 1993*, p. 74 et 75, para. 81.

entrent particulièrement en ligne de compte en l'espèce ».[956] Ce mode de raisonnement rejoint celui du Tribunal d'arbitrage dans l'Affaire Guinée/Guinée-Bissau pour qui les considérations de sécurité ne sont pas sans importance mais ne peuvent provoquer l'ajustement de la ligne.

Outre les considérations économiques et sécuritaires, la conduite des parties et l'intérêt des États tiers ont, quelquefois, été évoqués pour l'ajustement de la ligne provisoire mais ne sont admis. En effet, pour ce qui concerne la conduite des parties, la CIJ l'a reconnue comme facteur pouvant commander une ligne de délimitation *de facto* en indiquant que l'une des circonstances pertinentes dont la CIJ a tenu compte pour définir la ligne de délimitation était l'attitude adoptée par elles avant 1974 en matière d'octroi de concessions et permis pétroliers, qui s'est traduite par l'utilisation d'une ligne partant de Ras Ajdir et se dirigeant vers le large selon un angle d'approximativement 26° à l'Est du Méridien, laquelle ligne correspond à la ligne perpendiculaire à la côte au point frontière observée dans le passé comme limite maritime *de facto*.[957] Cependant, les circonstances sont différentes par rapport à celles des circonstances pertinentes. La pratique des États a fondé ici le tracé de la ligne et non son ajustement. Il n'existe quasiment pas de cas dans lesquels la pratique des États a conduit à l'ajustement de la ligne provisoire.

Lorsque le Ghana a essayé, sans succès, de prouver l'existence d'une ligne coutumière fondée sur l'équidistance dans le contentieux qui l'opposait à la Côte d'Ivoire devant le TIDM, elle avança une dernière cartouche selon laquelle la pratique des États devrait commander l'ajustement de la ligne. La Chambre spéciale lui répondit que son argument apparaît comme une tentative visant à faire revivre une frontière maritime tacite, qui avait été rejetée par la Chambre spéciale, en contournant le standard de preuve élevé exigé pour établir l'existence d'un accord tacite.[958] Elle n'a pas voulu aller plus loin dans l'analyse considérant qu'accepter cet argument, dans les faits, réduirait à néant sa conclusion précédente sur l'existence d'un accord

---

[956] *Ibid,* p. 74 et 75, para 81 ; *Plateau continental (Jamahiriya arabe libyenne/Malte), arrêt, CIJ Recueil 1985,* p. 42, para. 51.

[957] *Plateau continental (Tunisie/Jamahiriya arabe libyenne),* arrêt, C.I.J. Recueil 1982, p. 93, para. 133 B (4)

[958] *Différend relatif à la délimitation de la frontière maritime entre le Ghana et la Côte d'ivoire dans l'océan atlantique*, arrêt, TIDM, 2017, p.144, para 478.

tacite. [959] Ce moyen ne suffit donc pas à le qualifier de pertinent tout comme ce sera le cas de l'intérêt des États tiers.

La position du droit international relatif aux intérêts des États tiers et le rapport qu'il convient d'en faire avec les circonstances pertinentes ont été résumés par Prosper Weil. Il remarque que « La prise en compte de délimitations concernant des États tiers met en présence deux concepts et deux approches qu'il faut rigoureusement distinguer. Par ailleurs, elle peut amener le tribunal à limiter sa décision de façon à ne pas empiéter sur les délimitations futures affectant les États qui ne sont pas parties à l'affaire. ». En outre, précise le Professeur, « elle peut amener le tribunal à étendre ses investigations à des faits géographiques qui ne relèvent pas du différend qu'il lui est demandé de trancher. »[960]. Nonobstant, les intérêts d'autres États dans la région ne constituent pas à proprement parler une circonstance pertinente. Il remarqua en fait que : dans le premier cas, l'étendue de la fonction judiciaire qui est en jeu et dans le second, c'est la détermination des côtes pertinentes et de l'aire de délimitation ; mais dans un cas comme dans l'autre, le but n'est pas de prendre en compte d'autres délimitations pour déterminer la ligne d'équidistance.[961] Bref, il ne s'agit pas d'une circonstance pertinente au sens propre du terme.[962] Qu'il existe ou non de circonstance pertinente, la ligne de délimitation ne devient valide qu'après l'emploi du critère de proportionnalité.

A la réalité, la prise en considération de l'extension des côtes respectives des parties intéressées ne constitue en soi ni un critère dont on puisse directement s'inspirer aux fins d'une délimitation, ni une méthode utilisable pour effectuer en pratique cette délimitation.[963] Au contraire, toute application du critère de la proportionnalité dépend d'une évaluation générale au point de savoir si une ligne de délimitation tracée selon le principe de l'équidistance aboutit à un résultat manifestement disproportionné. Comme le souligne Prosper WEIL, la pratique en matière judiciaire a été d'utiliser la proportionnalité en tant que facteur, dont la fonction consiste à vérifier a posteriori si une délimitation basée sur le critère habituel de l'équité

---

959 *Ibid.*

960 WEIL P., *The Law of Maritime Delimitation – Reflections, op cit*, p. 256.

961 *Ibid*

962 *Ibid*

963 Plateau continental (Jamahiriya arabe libyenne/Malte), C.I.J Recueil 1985, p. 45 et 46, para. 58.

n'entraîne pas un déséquilibre déraisonnable entre les zones.[964] Le cas échéant, le caractère équitable d'une ligne de délimitation particulière peut être vérifié en recourant au critère de la proportionnalité.

La vérification ne peut avoir comme objectif de découper les secteurs en parts égales ainsi que le disent la Cour internationale de Justice et le TIDM : « La délimitation ne vise pas à découper un secteur en parts égales, ni même en parts proportionnelles, et cette vérification de l'absence de disproportion n'est pas une méthode de délimitation en elle-même. ». Il s'agit plutôt, poursuit le tribunal, « d'un moyen de déterminer si la ligne de délimitation obtenue par d'autres moyens doit être ajustée afin d'éviter qu'elle ne donne lieu à une disproportion significative entre les espaces maritimes attribués à chacune des parties et la longueur de leurs côtes respectives ».[965]

La CIJ a eu à faire la différence entre les deux rôles que peut jouer ce principe.[966] Dans la troisième étape de la délimitation, la proportionnalité permet de s'assurer que la ligne de délimitation qui résulte de l'application des deux premières étapes de cette méthode n'aboutisse pas à un résultat inéquitable du fait d'une disproportion marquée entre le rapport des longueurs respectives des côtes et le rapport des zones maritimes pertinentes.[967]

Le critère de la proportionnalité, en tant que moyen d'ajustement de la ligne, est né de l'affaire Plateau continental de la mer du Nord sous l'appellation de facteur de la délimitation avant d'être repris et précisé

---

964 WEIL P., *The Law of Maritime Delimitation – Reflections, op cit*, pp. 79, 237 et 238.

965 CIJ, arrêt, 3 février 2009, *Délimitation maritime en mer Noire (Roumanie c. Ukraine), Recueil. 2009*, pp. 99-
100, para 110. V. aussi TIDM, arrêt, 14 mars 2012, *Différend relatif à la délimitation de la frontière maritime entre le Bangladesh et le Myanmar dans le Golfe du Bengale*, para. 499.

966 *C.I.J. Recueil 1985*, p. 49, para 67. Voir aussi, *Délimitation de la frontière maritime dans la région du golfe du Maine, arrêt, C.I.J. Recueil 1984*, p. 323, para 185.

967 *Différend relatif à la délimitation de la frontière maritime entre le Ghana et la Côte d'ivoire dans l'océan atlantique*, arrêt, TIDM, 2017, p.155, para 533. Voir aussi *Délimitation maritime en mer Noire (Roumanie* c. *Ukraine)* (*arrêt, C.I.J. Recueil 2009*, p. 103, para 122) *Délimitation de la frontière maritime dans le golfe du Bengale (Bangladesh/ Myanmar)* (*arrêt, TIDM Recueil 2012*, p. 123, para 477 et p. 125, para 493) ; *Arbitrage relatif à la frontière maritime entre le Bangladesh et l'Inde dans le golfe du Bengale*, sentence du 7 juillet 2014, para. 490.

dans les affaires postérieures notamment africaines, d'abord, en tant que circonstance pertinente puis ensuite en tant que troisième et dernière étape de la délimitation. Dans les affaires Plateau continental de la mer du Nord, alors que la Cour était appelée à déterminer quels sont les principes et les règles de droit international applicables à la délimitation des zones de plateau continental, elle consacra le « facteur » de la proportionnalité de la façon suivante : « Un dernier élément à prendre en considération est le rapport raisonnable qu'une délimitation effectuée selon des principes équitables devrait faire apparaître entre l'étendue du plateau continental relevant des États intéressés et la longueur de leurs côtes. »[968]. Elle se montra très explicite en expliquant la manière pratique dont on devrait l'appliquer : « On mesurerait ces côtes d'après leur direction générale afin d'établir l'équilibre nécessaire entre les États ayant des côtes droites et les États ayant des côtes fortement concaves ou convexes ou afin de ramener des côtes très irrégulières à des proportions plus exactes. ».[969] Le poids que la Cour mondiale donnait à ce dernier principe l'obligea à le rappeler dans le dispositif de l'arrêt : « le rapport raisonnable qu'une délimitation opérée conformément à des principes équitables devrait faire apparaître entre l'étendue des zones de plateau continental relevant de l'État riverain et la longueur de son littoral mesurée suivant la direction générale de celui-ci, compte tenu à cette fin des effets actuels ou éventuels de toute autre délimitation du plateau continental effectuée entre États limitrophes dans la même région ».[970]

L'application de la proportionnalité ne consiste pas à « égaliser la situation d'un État dont les côtes sont étendues et celle d'un État dont les côtes sont réduites »[971] ou à déterminer le caractère équitable d'une délimitation en fonction du rapport entre les longueurs des côtes et de celui des surfaces générées par la projection maritime des points de la côte.[972] Elle consiste à vérifier si l'existence d'une disparité entre les longueurs des côtes aboutit à des résultats manifestement inéquitables au point de nécessiter une « correction » de la ligne d'équidistance

---

[968] *Plateau continental de la mer du Nord (République fédérale d'Allemagne/Danemark; République fédérale d'Allemagne/Pays-Bas), arrêt, CIJ Recueil 1969*, p. 52, para. 98.
[969] *Ibid.*
[970] *Ibid*
[971] *Ibid*, p. 49, para. 91
[972] Voir *Plateau continental (Jamahiriya arabe libyenne/Malte),* C.I.J. Recueil 1985, p. 46, para 59

provisoire. L'affaire du Plateau continental Tunisie/Libye dans laquelle la Haute juridiction appliqua, pour la première fois, le critère de proportionnalité a montré qu'une « grande disparité » des longueurs des côtes est nécessaire pour l'ajustement de la ligne. Elle jugea en effet que la délimitation provisoire « paraît satisfaire au critère de proportionnalité en tant qu'aspect de l'équité » au point qu'il n'était plus nécessaire de l'ajuster.[973] Le droit international ne précise pas le pourcentage de disparité à partir duquel l'ajustement est nécessaire.

Dans la pratique jurisprudentielle récente, il suffit de déterminer la zone pertinente à partir de la côte pertinente pour, après comparaison des zones situées de part et d'autre de la ligne provisoire, la juridiction puisse conclure à la nécessité ou non d'ajuster la ligne.

L'application du critère de proportionnalité consiste à identifier dans un premier temps les côtes pertinentes et la zone pertinente et à vérifier ensuite la proportion entre leurs ratios respectifs. C'est ce que traduit la CIJ en ces termes : « La question de savoir quelles côtes des deux États en cause sont à retenir à cette fin doit sans nul doute finir par recevoir une réponse assez précise au moment où le test de proportionnalité est appliqué en vue de vérifier l'équité du résultat. Cette vérification n'aurait aucun sens si les « côtes pertinentes » et la « zone pertinente » n'étaient pas définies avec précision, ainsi que la Cour l'a fait dans l'affaire Tunisie/Libye. ».[974] La détermination des côtes pertinentes est un préalable à la définition de la zone pertinente. Il en est ainsi puisque c'est en partant de la côte des Parties qu'il faut rechercher jusqu'où les espaces sous-marins relevant de chacune d'elles s'étendent vers le large, ainsi que par rapport aux États qui leur sont limitrophes où leur font face.[975] Ce n'est donc pas toutes les surfaces maritimes des parties qui sont prises en compte dans l'ajustement de la ligne.

La zone litigieuse où les prétentions s'entrecroisent est la partie de cette région globale qui peut être considérée comme étant à la fois au

---

[973] CIJ, arrêt, 24 février 1982, *Plateau continental (Tunisie / Jamahiriya arabe libyenne), Recueil 1982*, p. 91, para. 131.
[974] *Plateau continental (Jamahiriya arabe libyenne/Malte), arrêt, CIJ Recueil 1985*, p. 49 para 63.
[975] CIJ, arrêt, 24 février 1982, *Plateau continental (Tunisie / Jamahiriya arabe libyenne), Recueil 1982*, p 47 para 74.

large de la côte libyenne et au large de la côte tunisienne.[976] Ramené au cas de la Libye et de la Tunisie, La Cour observait que « les seules zones qui puissent intervenir dans la décision sur les prétentions de la Libye et de la Tunisie au plateau continental bordant leurs côtes respectives sont celles qui peuvent être considérées comme étant au large, soit de la côte tunisienne, soit de la côte libyenne ».[977] Prises ensemble, elles représentent la région à prendre en compte pour la décision. Ce n'est que là où les droits engendrés par les côtes d'un État se rencontrent et se chevauchent avec les droits d'un État voisin qu'une telle zone de chevauchement doit être délimitée. C'est cette zone, déterminée à partir des côtes pertinentes, qui permet le calcul du test de proportionnalité. Ce calcul peut conduire le juge de la délimitation à modifier ou s'abstenir de modifier la ligne initiale.

Dans l'affaire Tunisie/Libye la Cour a calculé d'abord le rapport entre les longueurs des côtes libyenne et tunisienne pertinentes, ensuite le rapport entre la façade maritime libyenne et la longueur totale des deux façades maritimes tunisiennes et enfin le rapport entre des surfaces de fonds marins afin de conclure à une absence de disproportionnalité devant conduire à un ajustement de la ligne. Elle affirma qu'étant donné « le rapport entre les longueurs des côtes libyenne et tunisienne pertinentes est approximativement de 31 à 69 », et « qu'il existe un rapport de 34 à 66 environ entre la façade maritime libyenne représentée par une ligne droite reliant Ras Tadjoura à Ras Ajdir et la longueur totale des deux façades maritimes tunisiennes représentées respectivement par une ligne droite reliant Ras Kapoudia au point le plus occidental du golfe de Gabès et une seconde ligne droite tracée entre ce point et Ras Ajdir » et enfin que « pour ce qui est des surfaces de fonds marins, elle note que, dans la région considérée aux fins d'une délimitation effectuée sur la méthode indiquée, les zones de plateau relevant de l'un et de l'autre État au-delà de la laisse de basse mer sont approximativement dans le rapport suivant : Libye, 40; Tunisie, 60 » elle était d'avis que « ce résultat, qui tient compte de toutes les circonstances pertinentes, paraît satisfaire au critère de proportionnalité en tant qu'aspect de l'équité. »[978].

De même, le TIDM, après le calcul du test de proportionnalité, est parvenu à la conclusion qu'il n'y a pas lieu d'ajuster la ligne. Il faisait

[976] *Ibid*
[977] *Ibid*
[978] *Ibid*, p. 91, para. 131.

remarquer que « la longueur de la côte ghanéenne pertinente est de 139 kilomètres et celle de la Côte d'Ivoire de 352 kilomètres » entraînant un rapport des longueurs des côtes pertinentes des Parties d' « environ de 1 à 2,53 en faveur de la Côte d'Ivoire »,[979] d'une part, et que la ligne de délimitation attribuant « environ 65 881 kilomètres carrés au Ghana et 132 842 kilomètres carrés à la Côte d'Ivoire » entraînant un rapport des zones affectées d' « environ de 1 à 2,02 en faveur de la Côte d'Ivoire »,[980]d'autre part, il était évident que ce rapport ne cause « aucune disproportion marquée »[981]

Néanmoins, la juridiction n'est pas tenue d'effectuer le test de proportionnalité. Il est aussi possible qu'elle rencontre des complications à « définir avec suffisamment de précision les côtes et les zones qu'il convient de considérer comme pertinentes »[982], ou qu'elle ne juge pas le calcul nécessaire. En pareil cas, elle procède à une « évaluation globale de la proportionnalité ».[983] Ce cas de l'espèce s'est présenté dans l'affaire Libye/ Malte et dans l'affaire du Cameroun c. Nigeria.[984] Dans la première affaire, la côte libyenne de Ras Ajdir à Ras Zarrouk mesure selon sa direction générale une longueur de 192 milles et la côte maltaise de Ras il-Wardija à la pointe Delimara, en suivant les lignes de base droites à l'exclusion de l'îlot de Filfla, mesure une longueur de 24 milles. La CIJ sans procéder à un calcul de proportionnalité observait qu' « il est évident qu'il existe entre leurs longueurs une disparité considérable, et constituant, selon la Cour, une circonstance pertinente que devrait refléter le tracé de la ligne de délimitation ».[985] Cette disparité apparente est, selon la cour, « si grande qu'elle appelle un ajustement de la ligne médiane, afin d'attribuer à la Libye une plus grande étendue de plateau ; cependant l'ampleur de cet ajustement ne résulte

[979] *Différend relatif à la délimitation de la frontière maritime entre le Ghana et la Côte d'ivoire dans l'océan atlantique*, arrêt, TIDM, 2017, p. 156 para. 536.
[980] *Ibid*, p. 156 para.537.
[981] *Ibid.*
[982] CIJ, arrêt, 27 janvier 2014, *Différend maritime (Pérou c. Chili)*, *Recueil 2014*, p. 69, para 193.
[983] *Ibid*
[984] Voir *Frontière terrestre et maritime entre le Cameroun et le Nigéria* (Cameroun c. Nigéria ; Guinée Équatoriale intervenant), arrêt, C.I.J. Recueil 2002, p.446-447, para 301.
[985] Plateau continental (Jamahiriya arabe libyenne/Malte), arrêt, C.I.J. Recueil 1985, p. 49-50, para. 68.

pas d’une opération mathématique ; elle reste à déterminer. ».[986] C’est alors qu’elle procéda à un ajustement de la ligne provisoire. Dans la seconde affaire, opposant le Cameroun au Nigeria, la Cour relève qu’en l’espèce, quelles que soient les côtes du Nigeria à prendre en considération comme pertinentes, les côtes pertinentes du Cameroun ne sont pas plus longues que celles du Nigeria.[987] Par voie de conséquence, elle décida qu’il n'y avait pas lieu de déplacer la ligne d'équidistance en faveur du Cameroun.[988]

Somme toute, une disparité importante entre le ratio des côtes pertinentes et des zones pertinentes peut conduire à ajuster ou déplacer la ligne provisoire. La juridiction peut, le cas échéant, effectuer le test de proportionnalité par calcul ou par une observation générale.

---

[986] *Ibid*

[987] *Frontière terrestre et maritime entre le Cameroun et le Nigéria* (Cameroun c. Nigéria ; Guinée Équatoriale intervenant), arrêt, C.I.J. Recueil 2002, pp.446-447, para 301.

[988] *Ibid*,

PARTIE III : Le droit du contentieux de la délimitation

Le droit du contentieux international est le droit qui organise le règlement des différends internationaux. Contrairement aux modes alternatifs de règlement des différends qui sont liés principalement à la négociation, la médiation, les bons offices, l'enquête internationale, le droit du contentieux international se caractérise par la présence fondamentale d'une juridiction internationale. Cette dernière au sens organique est « l'organe dont la fonction est de mettre fin à un différend par une décision obligatoire résultant de l'application du droit ».[989] Certes, la fonction d'application du droit des juridictions internationales s'analyse d'abord en une interdiction pour la juridiction de se transformer en un amiable compositeur, devenant un simple organe diplomatique qui peut établir en équité. Mais, plus encore, la juridiction se caractérise, avant tout, par l'application d'un cumul de principes et de règles issus à la fois du droit international général mais aussi et surtout de son propre règlement de procédure que l'on regroupe sous le vocable procédure juridictionnelle.

La procédure juridictionnelle est celle qui relève du règlement juridictionnel c'est-à-dire celle qui aboutit à la confection d'un acte juridictionnel. Ce dernier est revêtu de l'autorité de la chose jugée. L'autorité de la chose jugée est une caractéristique nécessaire à l'identification d'une juridiction, qu'elle soit interne ou internationale. Les juridictions internationales ne peuvent, par conséquent, jouer leur rôle de réalisatrices du droit international si leurs décisions ne sont pas revêtues d'un caractère obligatoire et ne sont pas respectées.

Dans le domaine spécifique des contentieux de frontières maritimes africaines, il faudrait analyser le statu quo procédural (CHAPITRE I) et la protection de la chose jugée (CHAPITRE II) dont ont fait preuve les juridictions internationales dans les affaires en étude.

[989] SANTULLI C., *op cit,* p.4.

CHAPITRE I : Les règles de la procédure juridictionnelle

La procédure juridictionnelle qui régit l'instance portée devant une juridiction concerne l'introduction de l'instance, son déroulement et l'adoption de la décision. Les règles relatives à la procédure sont exposées en principe dans le statut et le règlement de procédure de chaque juridiction. Pour la CIJ, il s'agit du règlement initial de 1946, amendé en 1972 et en 1978. A cet effet, il existe des règles gouvernant l'instance initiale et les instances supplémentaires notamment incidentes. Les deux phases de l'instance initiales, l'instruction écrite et les débats oraux sont réglés avec une grande minutie afin d'assurer pleinement l'égalité des plaideurs et la libre discussion de leurs argumentations principales.[990] Elle n'appelle pas, par conséquent, à une analyse particulière en matière des contentieux de frontières maritimes africaines. En dehors de la fréquence de la saisine des juridictions internationales soit par voie de compromis soit par requête unilatérale, c'est dans les incidents de procédure que les contentieux de frontières maritimes africaines vont s'illustrer par leur activisme. Les incidents de procédures, institution traditionnelle du procès international, désignent en réalité l'ensemble des conclusions autres que la demande et son rejet au fond. Le concept d'incidents de procédure tient à ses deux propositions : ils font l'objet d'une décision de la juridiction sans préjudice du fond et deviennent sans objet si la procédure sur le fond prend fin.[991]

Tant dans les incidents telles que les exceptions préliminaires (SECTION I) et dans les autres incidents de procédure qui n'ont pas un caractère à proprement dit préliminaire (SECTION II) l'activisme dont a fait preuve les contentieux de frontières maritimes africaines s'est heurté à un conservatisme des juridictions internationales.

---

[990] Malgré tout, les parties ne sont pas toujours dans une situation équilibrée quant à la charge de la preuve, en particulier lorsque la Cour est saisie par voie de requête. Voir NGYUEN QUOC D., DAILLIER P., FORTEAU M., PELLET A., *Droit international public*, *op cit*, p.1000.
[991] SANTULLI C., *op cit*, p. 426.

SECTION I : Les exceptions préliminaires

Le pouvoir qu'a une juridiction de juger un litige est attribué par l'engagement juridictionnel. C'est cet engagement juridictionnel qui délimite la compétence de la juridiction et fixe certaines conditions de recevabilité. Bien que les deux concepts soient étroitement liés, il convient de les distinguer en notant que la compétence est la catégorie des différends dont tout le tribunal peut connaître alors que la recevabilité détermine la possibilité d'exercer ses pouvoirs juridictionnels sur le différend qui lui est soumis.[992] Le caractère préliminaire de la compétence et de la recevabilité traduit l'idée que la juridiction doit apprécier sa compétence et sa recevabilité avant l'examen au fond de l'affaire sauf dans les cas soit l'exception n'est pas exclusivement préliminaire[993] ou soit dans l'administration d'une bonne justice, elle procède à un rejet au fond sans l'examen des exceptions préliminaires. Certes, la répartition matérielle entre la compétence et la recevabilité n'est pas stable surtout lorsqu'une exigence de recevabilité est employée pour identifier l'étendue de la juridiction.[994] Il est toutefois remarquable que les contentieux de frontières maritimes africaines ont permis aux États impliqués de mettre en œuvre la procédure des exceptions préliminaires de sorte qu'on puisse distinguer l'application des exceptions de compétence des exceptions de recevabilité.

Les exceptions de compétence

Présenté comme portant, au départ, essentiellement sur « la question de la souveraineté de la presqu'île de Bakassi » et, accessoirement, sur la délimitation, demeurée partielle, de la frontière maritime[995], l'objet du différend opposant le Cameroun à la République fédérale du Nigeria s'est, par la suite, élargi à la « question de la souveraineté sur une partie du territoire camerounais dans la zone du lac Tchad » et à la délimitation précise de la frontière terrestre entre les deux pays, du lac

[992] *Ibid*

[993] *Successors of William Webster* (Etats-Unis c. Grande Bretagne) 12 décembre 1992, RSA, Vol. VI, p 168.

[994] SANTULLI C., *op cit,* p. 145.

[995] Voir *Frontiére terrestre et maritime entre le Cameroun et le Nigéria (Cameroun c. Nigéria; Guinée équatoriale (intervenant)), arrêt, C. I. J. Recueil 2002,* para 1.

Tchad à la mer.[996] De plus, le Nigeria est aussi accusé d'actes illicites, pour lesquels le Cameroun sollicite un constat de responsabilité et se réserve le droit de présenter plus tard une demande chiffrée de réparation. Si le point crucial du différend soumis à la Cour, celui qui en constituait l'enjeu territorial majeur, est la souveraineté sur Bakassi,[997] c'est finalement l'ensemble du différend frontalier entre les deux États qui a été soumis à la Cour internationale de Justice.

De multiples instruments de l'époque coloniale[998] ainsi que le traité de Versailles[999] qui priva l'Allemagne de ses possessions coloniales et celles relevant du litige les faisant placées sous mandats britannique et français par accords avec la Société des Nations, forment le cadre juridique du différend soumis à la Cour. Mais, comme l'affirme Mohamed Salah Mohamed Mahmoud, il s'agit d'un différend multidimensionnel qui fait entrer en ligne de compte, au-delà des paramètres proprement juridiques concernant la délimitation de la frontière lacustre, terrestre et maritime, des données historiques, sociologiques et symboliques, tant il est vrai que, comme pour d'autres litiges territoriaux impliquant des pays africains, les problèmes de frontière se compliquent, ici, du fait de l'enchevêtrement entre les questions d'ethnies et de nationalités.[1000] Ainsi, l'instance nouée est composite en substance et complexe quant à la procédure.[1001]

---

[996] Voir *Ibid,* para 3.

[997] Pour des raisons politiques mais aussi économiques vu la richesse en hydrocarbures de la presqu'île et de ses eaux explique le Professeur Pierre D'Argent. Voir D'ARGENT P., « Des frontières et des peuples : l'affaire de la Frontière terrestre et maritime entre le Cameroun et le Nigeria, arrêt sur le fond. », *op cit*, pp. 287

[998] *Frontiére terrestre et maritime entre le Cameroun et le Nigéria (Cameroun c. Nigéria; Guinée équatoriale (intervenant)), arrêt, C. I. J. Recueil 2002,* paras 30 à 38 ; D'ARGENT P., « Des frontières et des peuples : l'affaire de la Frontière terrestre et maritime entre le Cameroun et le Nigeria, arrêt sur le fond. », *op cit*, pp. 283 ; BROWNLIE I., *African Boundaries, A legal and diplomatie encyclopaedia*, London, C. Hurst & Cy, pp. 553-587.

[999] D'ARGENT P., « Des frontières et des peuples : l'affaire de la Frontière terrestre et maritime entre le Cameroun et le Nigeria, arrêt sur le fond. », *op cit*, p. 283

[1000] MOHAMED SALAH M M., « La Commission mixte Cameroun/Nigeria, un mécanisme original de règlement des différends interétatiques. », *Annuaire français de droit international*, volume 51, 2005. p. 162.

[1001] HOMAYOUN B., « Frontière terrestre et maritime (Cameroun c. Nigeria). Exceptions préliminaires, interprétation, intervention. », *Annuaire français de droit international*, volume 45, 1999. p. 371.

Dans la requête, le Cameroun formula huit demandes tout en priant la Cour de bien vouloir l'autoriser à présenter une évaluation du montant de l'indemnité qui lui est due en réparation des préjudices qu'elle a subis en conséquence des faits internationalement illicites attribuables à la République fédérale du Nigeria, dans une phase ultérieure de la procédure[1002]

Étant donné que la requête invoquait, pour fonder la compétence de la Cour, les déclarations par lesquelles les deux Parties avaient accepté la juridiction de la Cour au titre du paragraphe 2 de l'article 36 du Statut de la Cour, la requête additionnelle se référait, pour fonder la compétence de la Cour, sur la même « base de ... compétence ... déjà ... indiquée » dans la requête introductive d'instance du 29 mars 1994. Ces déclarations reconnaissent la juridiction obligatoire de la Cour sans réserve - celle du Nigeria le fait « sous la seule condition de réciprocité ». C'est de cette condition de réciprocité que va naître l'une des exceptions de compétence soulevées par le Nigeria. En effet, dans le délai fixé pour le dépôt du contre-mémoire, le Nigeria présente huit exceptions préliminaires soulevant à la fois l'incompétence de la Cour et l'irrecevabilité[1003] de la requête sonnant ainsi le début d'un long feuilleton judiciaire qui ne se terminera que le 10 octobre 2002, date à laquelle, la Cour internationale de Justice a prononcé un long arrêt sur l'affaire. Avant tout, la CIJ a simplement rejeté les exceptions d'incompétence soulignées en se basant sur ses propres décisions antérieures.

La particularité des exceptions soulevées par le Nigeria dans l'affaire de la Frontière terrestre et maritime entre le Cameroun et le Nigeria est leur nature mixte. Chaque exception conteste à la fois la compétence de la Cour et la recevabilité de la requête. Néanmoins, il existe une prépondérance dans la contestation soit de la compétence soit de la recevabilité selon chaque cas. Ainsi que le rappelle le professeur Homayoun Barati, les cinq dernières fondées, les 4e et 8e sur les intérêts des tiers ; les 5e et 7e sur l'absence de litige ; la 6e sur l'imprécision des faits - visent avant tout la recevabilité mais postulent parfois l'incompétence. Et les trois autres, qui visent en principe la

---

1002 *Frontière terrestre et maritime entre le Cameroun et le Nigéria (Cameroun c. Nigéria; Guinée équatoriale (intervenant)), arrêt, C. I. J. Recueil 2002,* paras 17 à 18.

1003 Voir *Infra,* Partie II, Titre I, Chapitre I, Section I, Paragraphe II, A.

compétence, se dirigent parfois contre la recevabilité : ainsi, la première, visant à renverser la doctrine de Droit de passage quant au moment et effet du lien de juridiction, met en œuvre des moyens à cheval sur les deux terrains ; la deuxième, construite autour des principes d'accord et de l'estoppel et destinée à prendre le relais de la première, ne va pas sans toucher la recevabilité et la troisième prête à la Commission du Bassin du Lac Tchad une compétence censée tantôt dirimer celle de la Cour, tantôt inciter celle-ci à ne pas exercer la sienne. De ce fait, les trois premières exceptions seront traitées sous l'angle de la compétence tandis que les cinq dernières exceptions seront traitées sous l'angle de l'irrecevabilité.[1004]

Dans la première exception, le Nigeria affirme que la Cour n'a pas compétence pour connaître de la requête du Cameroun[1005]. Il évoque à l'appui trois arguments. D'abord, selon lui, le Cameroun ayant accepté la juridiction de la Cour par déclaration remise au Secrétaire général le 3 mars 1994 et introduit une requête le 29 mars 1994 « aurait violé son obligation d'agir de bonne foi », « abusé du système institué par l'article 36, paragraphe 2, du Statut » et méconnu « la condition de réciprocité » prévue par cet article ainsi que par la déclaration du Nigeria.[1006] Ensuite, il prétend que le Cameroun a omis de l'informer du fait qu'il entendait accepter la juridiction de la Cour, puis du fait qu'il avait accepté cette juridiction et enfin qu'il avait l'intention de déposer une requête.[1007] Enfin, le fait qu'à la date d'introduction de la requête du Cameroun, il (le Nigeria) ignorait que ce dernier (le Cameroun) avait accepté la juridiction obligatoire de la Cour est avancé comme argument. Il n'aurait donc pu présenter une requête contre le Cameroun. Il y avait dès lors absence de réciprocité à cette date.[1008]

Évidemment, le Cameroun se défend de long en large contre chacun des trois arguments en invoquant le précédent de Droit de passage[1009]

[1004] Pour l'irrecevabilité, voir *infra* Partie II, Titre I, Chapitre I, Section II, Paragraphe I, B, 1.
[1005] Voir *Frontière terrestre et maritime entre le Cameroun et le Nigéria, exceptions préliminaires, arrêt, C.I. J. Recueil 1998,* p. 288.
[1006] *Ibid,* p. 290 para 21.
[1007] *Ibid,* p. 296 para 36.
[1008] *Ibid,* p. 298 para 41.
[1009] Il rappelle que, dans l'affaire du *Droit de passage sur territoire indien,* la Cour avait jugé que *«Le Statut ne prescrit aucun délai entre le dépôt par un Etat d'une*

que le Nigeria estime caduque et que la Cour reconduit quand même en évoquant à l'appui, soit la même affaire[1010] soit d'autres précédents[1011] ou d'autres sources[1012].

La Haute juridiction observe premièrement que « tout État partie au Statut, en acceptant la juridiction de la Cour conformément au paragraphe 2 de l'article 36, accepte cette juridiction dans ses relations avec les États ayant antérieurement souscrit à la même clause » de sorte que « le jour où l'un de ces États accepte cette offre en déposant à son tour sa déclaration d'acceptation, le lien consensuel est établi et aucune autre condition n'a besoin d'être remplie »[1013] ; deuxièmement « le Cameroun n'était pas davantage tenu d'informer le Nigeria de son intention de saisir la Cour. En l'absence de telles obligations et de

déclaration d'acceptation et d'une requête, et que le principe de réciprocité n'est pas affecté par un délai dans la réception par les Parties au Statut des copies de la déclaration » (Droit de passage sur territoire indien, exceptions préliminaires, arrêt, C.I.J. Recueil 1957, p. 147).

[1010] Sur le premier moyen, la cour rappelle que 1'Etat déclarant «*n'a à s'occuper ni du devoir du Secrétaire général ni de la manière dont ce devoir est rempli. L'effet juridique de la déclaration ne dépend pas de l'action ou de l'inaction ultérieure du Secrétaire général. Au surplus, contrairement à d'autres instruments, l'article 36 n'énonce aucune exigence supplémentaire, par exemple celle que la communication du Secrétaire général ait été reçue par les parties au Statut, ou qu'un intervalle doit s'écouler après le dépôt de la déclaration, avant que celle-ci ne puisse prendre effet. Toute condition de ce genre introduirait un élément d'incertitude dans le jeu du système de la disposition facultative. La Cour ne peut introduire dans la disposition facultative aucune condition de ce genre.* » (C.I.J. Recueil 1957, p. 146-147.) . Sur le second, la cour rappelle que «*Un Etat qui accepte la compétence de la Cour doit prévoir qu'une requête puisse être introduite contre lui devant la Cour par un nouvel Etat déclarant le jour même où ce dernier dépose une déclaration d'acceptation entre les mains du Secrétaire général.* » (Droit de passage sur territoire indien, exceptions préliminaires, arrêt, C.I.J. Recueil 1957, p. 146.). Enfin, sur le troisième la cour rappelle que la notion de réciprocité, comme celle d'égalité, «*ne sont pas des conceptions abstraites. Elles doivent être rattachées à des dispositions du Statut ou des déclarations» (Droit de passage sur territoire indien, exceptions préliminaires, arrêt, C.I. J. Recueil* 1957, p. 145). Par voie de conséquence, «*le principe de réciprocité n'est pas affecté par un délai dans la réception par les parties au Statut des copies de la déclaration » (ibid.,* p. 147).

[1011] Sur le troisième moyen par exemple, la cour cite l'affaire de l'Interhandel (C.I. J. Recueil 1959, p. 23.)

[1012] Voir *Frontière terrestre et maritime entre le Cameroun et le Nigéria, exceptions préliminaires, arrêt, C.I. J. Recueil 1998,* p. 294, para 31.

[1013] *Ibid,* p. 291, para 25. De ce fait, qu'imposer l'écoulement d'un délai raisonnable avant qu'une déclaration puisse prendre effet serait introduire un élément d'incertitude dans le jeu du système de la clause facultative.

toute atteinte aux droits correspondants du Nigeria, ce dernier n'est pas fondé à se prévaloir du principe de la bonne foi à l'appui de ses conclusions. »[1014] ; troisièmement que la condition de réciprocité pour l'application du paragraphe 2 de l'article 36 du Statut « conduit seulement la Cour à vérifier si, au moment du dépôt de la requête introductive d'instance, « les deux États ont accepté « la même obligation » par rapport à l'objet du procès »[1015] exploitant ainsi sa jurisprudence dans l'affaire des Activités militaires et paramilitaires au Nicaragua et contre celui-ci.[1016]

Sur la base de ces constatations, la Cour a rejeté la première exception préliminaire du Nigeria. Après avoir jugé des deuxième et troisième exceptions qui ont également trait à la compétence, elle se déclare en tout état de cause compétente pour connaître de la requête du Cameroun.

Dans la deuxième exception, le Nigeria affirme qu'il y a entre les Parties un pacte implicite de régler les problèmes de frontière hors de la CIJ et au sein de mécanismes bilatéraux; à titre subsidiaire, il se prévaut d'une situation d'estoppel privant le Cameroun du droit de recourir à la Cour; et à titre très subsidiaire, il invoque le principe de bonne foi mais ne l'intègre pas dans ses conclusions.[1017] Ce que conteste le Cameroun.[1018] Le dernier moyen n'est pas repris dans les conclusions et n'est donc pas, strictement, une troisième branche de l'exception ; la cour retint alors pour la deuxième exception nigériane, deux branches qu'elle examina : pacte implicite de non-recours à juridiction et l'existence de l'estoppel.

Sur la question du pacte implicite de non-recours à juridiction, La Haute juridiction a basé son argumentation sur la charte, son statut, sa jurisprudence dans les affaires du Plateau continental de la mer Egée et du Différend frontalier (Jamahiriya arabe Libyenne/Tchad). En résumé, elle estime qu'il n'existe nulle part en droit international une

---

[1014] *Ibid,* p. 297, Para 39.
[1015] *Ibid,* p. 299, Para 43.
[1016] *Activités militaires et paramilitaires au Nicaragua et contre celui-ci (Nicaragua c. Etats-Unis d'Amérique), compétence et recevabilité, arrêt, C. I. J. Recueil* 1984, p. 420-421, para 64.
[1017] Voir *Frontière terrestre et maritime entre le Cameroun et le Nigéria, exceptions préliminaires, arrêt, C.I. J. Recueil 1998,* p. 301, para 48.
[1018] Voir *Ibid,* p. 301, para 49.

règle générale qui exige l'épuisement de négociations avant sa propre saisine car un tel préalable « est souvent inséré dans les clauses compromissoires figurant dans les traités » mais on ne peut en déduire une règle ; les États sont libres d'assortir leurs déclarations de réserves à cet effet, mais les Parties ne l'ont pas fait ; qu'elles aient tenté de résoudre certaines questions frontalières dans le cadre des contacts bilatéraux n'implique pas que l'une ou l'autre ait renoncé au droit de saisir la Cour d'un différend frontalier.[1019] Cette conclusion de la CIJ renforce la jurisprudence antérieure de la CPJI et de la cour elle-même en ce qu'il était déjà établi que le recours judiciaire est en règle dès lors qu'on est à « un point mort, [...] à un non possumus ou à un non volumus péremptoire de l'une des Parties [...] de nature à rendre superflue une discussion nouvelle des points de vue »[1020] ou qu'une partie « insiste sur sa propre position sans envisager aucune modification »[1021].

Passant à la seconde branche de l'exception, la cour rappelle les conditions d'existence de l'estoppel[1022] avant de conclure que ces conditions ne sont pas remplies en l'espèce[1023].

Il ne reste que la question de la compétence exclusive de la Commission du Bassin du Lac Tchad en matière de litiges frontaliers dans la région du lac soulevée par la troisième et dernière exception liée à la compétence. Pour le Nigéria en effet, « le rôle et le statut de la commission » doit être compris « dans le cadre du système des organisations régionales » auquel se réfère l'article 52 de la Charte des Nations Unies. Il en conclut que « la commission exerce un pouvoir exclusif pour les questions de sécurité et d'ordre public dans la région du lac Tchad et que ces questions incluent à juste titre les affaires de délimitation frontalière ». Partant des textes conventionnels et de la

---

[1019] Voir *Ibid*, p. 303, para 56.

[1020] *Mavrommatis*, CPJI, série A n° 2, p. 13.

[1021] *Plateau continental de la mer du Nord (République fédérale d'Allemagne/Danemark; République fédérale d'Allemagne/Pays-Bas), arrêt, CIJ Recueil 1969*, p. 47, para 85.

[1022] *Frontière terrestre et maritime entre le Cameroun et le Nigéria, exceptions préliminaires, arrêt, C.I. J. Recueil 1998*, p. 303, para 56.

[1023] Voir *Ibid*, p. 303, Para 57. Voir également *Plateau continental de la mer du Nord, arrêt, C. I. J. Recueil 1969*, p. 26, para 30; *Différend frontalier, terrestre, insulaire et maritime*
(El SalvadorlHonduras), requête afin d'intervention, arrêt, C.I. J. Recueil 1990, p. 118, para. 63.

pratique relatifs à la Commission et de la Charte des Nations Unies, la CIJ conclut que la commission du bassin du lac Tchad « constitue une organisation internationale exerçant ses compétences dans une zone géographique déterminée ; qu'elle n'a toutefois pas pour fin de régler au niveau régional des affaires qui touchent au maintien de la paix et de la sécurité internationales. Elle n'entre donc pas dans les prévisions du chapitre VIII de la Charte »[1024] et à la commission en matière de règlement des différends frontaliers. Une telle compétence ne saurait notamment être déduite du paragraphe g) de l'article IX de la convention[1025]. D'ailleurs, la Cour estime que la commission du bassin du lac Tchad ne saurait être regardée comme un organe arbitral ni un organe judiciaire en ce qu'elle « ne rend ni sentence arbitrale, ni jugement ».[1026] Sur ces motifs, la Cour rejette également les deuxième et troisième exceptions.

On retient globalement que la CIJ s'est alignée sur ses précédents jurisprudentiels pour réfuter chacune des thèses nigérianes. Il n'y a pas eu une grande innovation ou leçon. Ce sont plutôt les principes dégagés dans les affaires de Droit de passage, des Activités militaires et paramilitaires au Nicaragua et contre celui-ci, du Plateau continental de la mer Egée, du Différend frontalier (Jamahiriya arabe Libyenne/Tchad) et dans l'affaire des concessions Mavrommatis, qui ont été rigoureusement appliqués par la haute juridiction. La même analyse peut être faite de l'arrêt sur les exceptions préliminaires dans le cadre du différend maritime entre la Somalie et le Kenya.

La Somalie, dans sa requête du 28 août 2014, avait fondé la compétence de la Cour sur les déclarations facultatives faites par les deux Parties en vertu du paragraphe 2 de l'article 36 du Statut de la Cour[1027]. Mais, tout comme dans le cas de l'affaire de la Frontière terrestre et maritime entre le Cameroun et le Nigeria, les relations tendues entre les deux parties ont conduit le Kenya à soulever des exceptions de compétence que la cour a également rejetées.

[1024] *Frontière terrestre et maritime entre le Cameroun et le Nigéria, exceptions préliminaires, arrêt, C.I. J. Recueil 1998,* p. 307, Para 67.
[1025] *Ibid,* p. 308, para 70.
[1026] *Ibid,* p. 307, para 69.
[1027] Les déclarations ont été faites le 11 avril 1963 pour la Somalie et le 19 avril 1965 pour le Kenya.

Le Kenya et la Somalie ont accepté tous deux la compétence de la Cour de manière générale en souscrivant à une déclaration de juridiction obligatoire conformément au paragraphe 2 de l'article 36 du Statut de la Cour. La déclaration du Kenya est cependant assortie d'une réserve.[1028] Le 7 octobre 2015, dans le délai fixé au paragraphe 1 de l'article 79 du Règlement, le Kenya a soulevé des exceptions préliminaires à la compétence de la Cour et à la recevabilité de la requête. La seconde exception étant consacrée à la recevabilité de la requête, elle sera analysée plus loin.[1029]

Dans la première exception préliminaire qu'il a soulevée le 7 octobre 2015 relativement à la compétence de la Cour, le Kenya a considéré, d'une part, que l'une des réserves dont est assorti sa déclaration d'acceptation de la juridiction de la Cour devrait s'appliquer dans le cas d'espèce et, d'autre part, que la Somalie et lui étant tous deux parties à la CNUDM, ils sont soumis à sa partie XV, dans laquelle figure une disposition - le paragraphe 1 de l'article 287 de la CNUDM - permettant de choisir, par voie de déclaration écrite, entre quatre moyens « pour le règlement des différends relatifs à l'interprétation ou à l'application de la Convention »[1030] ; aucun des deux États n'ayant formulé une telle déclaration, ils sont, en application du paragraphe 3 de l'article 287, « réputé[s] avoir accepté la procédure d'arbitrage prévue à l'annexe VII » de la CNUDM.[1031]

La cour a commencé par traiter le premier moyen évoqué par le Kenya au soutien de son exception d'incompétence. Pour rappel, Le Kenya a reconnu la compétence de la Cour à l'égard de tous les différends autres que - et il s'agit là de la réserve qu'il invoque en l'espèce - « [l]es différends au sujet desquels les parties en cause auraient convenu ou conviendraient d'avoir recours à un autre mode

---

[1028] Cette réserve exclut la compétence de la Cour en ce qui concerne « *[l]es différends au sujet desquels les Parties en cause auraient convenu ou conviendraient d'avoir recours à un autre mode ou à d'autres modes de règlement*».

[1029] Voir *Infra*, *Deuxième* partie, Titre I, Chapitre I, Section I, para II, B.

[1030] Les quatre juridictions énumérées à l'article 287 sont le Tribunal international du droit de la mer ; la Cour internationale de Justice ; *«un tribunal arbitral constitué conformément à l'annexe VII» ; et «un tribunal arbitral spécial, constitué conformément à l'annexe VIII, pour une ou plusieurs des catégories de différends qui y sont spécifiés»*.

[1031] *Délimitation maritime dans l'océan Indien (Somalie c. Kenya) Exceptions préliminaires, arrêt, C.I. J. 2 février 2017*, p. 44, para 108.

ou à d'autres modes de règlement »[1032]. La réserve du Kenya n'a rien d'original puisqu'elle figure dans plus d'une quarantaine de déclarations facultatives d'acceptation de la juridiction de la CIJ. Le Kenya soutient que cette réserve est applicable en l'espèce et se prévaut notamment d'un mémorandum d'accord conclu entre les deux États en 2009.[1033] Il est d'avis que, dans le mémorandum d'accord, les Parties sont convenues de régler leur différend relatif à leur frontière maritime autrement qu'en estant devant la Cour[1034] alors que pour la Somalie, le mémorandum d'accord ne prescrit pas de mode de règlement du différend existant entre les Parties en matière de délimitation.[1035]

Bien que la Somalie n'invoque pas expressément la nullité du mémorandum d'accord comme un motif de rejet de l'exception préliminaire soulevée par le Kenya, la CIJ, avant d'entreprendre l'interprétation du mémorandum puis en préciser les effets éventuels sur sa compétence en l'espèce, a jugé utile de trancher la nature juridique du mémorandum.[1036] Livrée à cet exercice, la Haute juridiction, après avoir tranché l'épineuse question de la qualité du ministre somalien pour conclure un traité[1037] ainsi que celle de la violation du droit interne somalien discutée par les parties[1038], conclut que le mémorandum d'accord est un traité valide qui est entré en vigueur à sa signature et lie les Parties en droit international eu égard

---

1032 Nations Unies, Recueil des traités, vol. 531, p. 115.

1033 Il s'agit d'un Le mémorandum d'accord a été enregistré par le Secrétariat de l'Organisation des Nations Unies le 11 juin 2009, à la demande du Kenya. Le 19 août 2009, dans une lettre adressée au Secrétaire général de l'Organisation, le premier ministre somalien s'est référé au mémorandum d'accord et a réaffirmé le consentement de la Somalie à ce que la Commission des limites examine la communication kényane. Ce mémorandum avait pour objet principal de permettre à la Commission des limites du plateau continental d'examiner les demandes des Parties concernant les limites extérieures de leur plateau continental au-delà de 200 milles marins. Le mémorandum d'accord se compose de sept paragraphes non numérotés.

1034 *Délimitation maritime dans l'océan Indien (Somalie c. Kenya) Exceptions préliminaires, arrêt, C.I. J. 2 février 2017,* p. 17, para 32.

1035 *Ibid*, p. 17, para 34.

1036 *Ibid*, p. 22, para 41.

1037 *Ibid*, p. 22, para 42.

1037 *Ibid*, p. 22, para 43.

1038 *Ibid*, p. 23, para 45.

au droit international coutumier[1039] au moyen de trois constatations.[1040]

La Cour, ayant tranché la nature juridique du mémorandum, en tant que « traité qui est entré en vigueur à sa signature et lie les Parties », s'est attachée à l'interpréter afin de se prononcer sur sa propre compétence en l'espèce. Par le mémorandum d'accord du 7 avril 2009, le Kenya et la Somalie donnaient leur consentement préalable à l'examen de la demande de l'autre État par la Commission de délimitation du plateau continental. Si le mémorandum d'accord prévoit un mode de règlement qui entre manifestement dans les prévisions de la réserve, la requête de la Somalie se rapporterait à un différend à l'égard duquel le Kenya n'a pas accepté la compétence de la Cour. Ce dernier estime que le mémorandum définit le différend en matière de délimitation lorsqu'il dispose (deuxième paragraphe) que cette question non encore résolue de la délimitation entre les deux États côtiers doit être considérée comme un « différend maritime ». Les revendications des deux États côtiers couvrent une zone de chevauchement du plateau continental qui constitue « la zone en litige ». Le Kenya ajoute que le paragraphe 6 du mémorandum prévoit une procédure de règlement du différend qui écarte la compétence de la Cour.[1041]

La CIJ a estimé que ce texte « traduit le fait que les Parties s'attendaient à conclure un accord sur la délimitation de leur plateau continental après réception des recommandations de la Commission des limites » et que le « paragraphe n'impose cependant pas un mode particulier de règlement ».[1042] Dès lors, le mémorandum ne constitue pas un accord par lequel les Parties seraient convenues « d'avoir recours à un autre mode ou à d'autres modes de règlement »[1043], au sens de la réserve à la déclaration d'acceptation du Kenya. La Cour en a conclu que « la présente affaire ne se trouve pas exclue, du fait de cet instrument, du champ de l'acceptation par cet État de la juridiction de la Cour ».[1044]

[1039] *Ibid*, p. 25, para 50.
[1040] *Ibid*, p. 24, paras 46-49.
[1041] *Ibid*, p. 36, para 83.
[1042] *Ibid*, p. 43, para 106.
[1043] *Ibid.*
[1044] *Ibid.*

L'analyse faite par la CIJ dans cette affaire appelle à une observation. Le différend lié à la compétence de la Cour est un différend classique d'interprétation des traités internationaux. La question est réglée depuis 1969 à travers la Convention de Vienne sur le droit des traités à travers ses articles 31 et 32. Ce sont ces articles qui ont été appliqués par la Cour en vue de déterminer le sens de l'article querellé. Elle permit juste à la Haute juridiction de conclure que les Parties n'avaient à l'esprit de convenir d'un mode unique de règlement de leur différend.

Les exceptions de recevabilité

La quatrième exception nigériane porte sur les intérêts de tiers au tripoint. Selon le Nigeria, « La Cour ne devrait pas déterminer en l'espèce l'emplacement de la frontière dans le lac Tchad dans la mesure où cette frontière constitue le tripoint dans le lac ou est constituée par celui-ci. ».[1045] En effet, la question de tripoint s'est déjà posée dans l'affaire du Différend frontalier Burkina Faso/Mali, dans El Salvador/Honduras et dans Libye/Tchad, et la cour a été constante dans sa position : un tripoint n'empêche pas la Cour de délimiter en matière terrestre.

Dans l'affaire du Différend frontalier (Burkina Faso/République du Mali), la chambre a affirmé que sa compétence « ne se trouve pas limitée du seul fait que le point terminal de la frontière se situe sur la frontière d'un État tiers non partie à l'instance. En effet les droits de l'État voisin, le Niger, sont sauvegardés en tout état de cause par le jeu de l'article 59 du Statut... ». Comme ce fut déjà le cas lors des exceptions de compétence, le Nigeria reconnaît l'existence de cette jurisprudence mais invite la cour à ne pas l'appliquer car, selon elle, la présente affaire se distingue de celle du Différend frontalier de 1986 en trois : sur le mode de saisine[1046], sur la nature du tiers en ce qu'il

---

[1045] Le Nigéria soutient que la localisation du tripoint dans le lac Tchad affecte directement un Etat tiers, la République du Tchad, et que la Cour ne saurait dès lors déterminer l'emplacement de ce tripoint. Voir *Frontière terrestre et maritime entre le Cameroun et le Nigéria, exceptions préliminaires, arrêt, C.I. J. Recueil 1998,* p. 310, Para 74 et 75.

[1046] Dans l'affaire du *Différend frontalier*, la requête avait été introduite par un compromis traduisant l'accord des Parties de faire procéder à la délimitation de

existerait une différence entre tiers et entièrement tiers[1047] et la nature de la délimitation.[1048] La CIJ ne trouve pas ces raisons suffisantes pour modifier sa jurisprudence.

L'élément clé de l'argumentation du Nigeria, était l'affirmation selon laquelle la détermination du tripoint porterait atteinte aux intérêts juridiques du Tchad et que la Cour ne pouvant par suite procéder à cette détermination, doit rejeter la demande. Conformément à sa jurisprudence dans les affaires de l'Or monétaire pris à Rome en 1943[1049], de Certaines terres à phosphates à Nauru et de Timor oriental dans lesquelles elle a indiqué que « la Cour n'a refusé d'exercer sa compétence que lorsque les intérêts d'un État tiers constituent ... l'objet même de la décision à rendre sur le fond »[1050], et « qu'elle n'est pas nécessairement empêchée de statuer lorsque la décision qu'il lui est demandé de rendre est susceptible d'avoir des incidences sur les intérêts juridiques. », elle démontre que les intérêts juridiques du

---

l'ensemble de la frontière alors qu'il s'agit d'une requête unilatérale dans la présente affaire.

1047 Le Nigeria ne cite aucun précédent [...]. Il serait du reste bien en mal de le faire, tant la jurisprudence est établie en sens contraire ». Voir (El Salvador / Honduras; Libye/Tchad ; Guinée-Bissau / Sénégal).

1048 Il soutient que « les règles applicables à la délimitation et à la démarcation de frontières dans les grands lacs, comme le lac Tchad, ne sont pas nécessairement identiques à celles qui s'appliquent aux frontières terrestres ordinaires », que « des critères d'équidistance, de proportionnalité et d'équité, de navigabilité et d'accès aux ressources ont été appliqués à des délimitations lacustres, notamment de grands lacs », critères « dont la pertinence s'amoindrit dès lors qu'il s'agit de frontières terrestres stricto sensu » . Le Cameroun soutient : « La jurisprudence a expressément rejeté le principe d'une distinction du régime juridique en fonction de la nature de la zone à délimiter » et « consacre l'unité de régime de la délimitation » (OC, 4.23, 4.25). Il invoque Guinée-Bissau /Sénégal (sentence, 1989, para 63; RGDIP 1990, p. 253) et Mer Egée (CIJ, Recueil 1978, pp. 35-36, para 85). Ni l'un ni l'autre n'étaye sa thèse. Les passages qu'il cite définissent d'abord ce que c'est qu'une frontière « la ligne formée par la succession des points extrêmes du domaine de validité spatial des normes de l'ordre juridique d'un Etat » (Guinée-Bissau I Sénégal) ; « la ligne exacte où les lignes exactes de rencontre des espaces où s'exercent respectivement les pouvoirs et droits souverains de la Grèce et de la Turquie » (Mer Egée). Certes, « [q]u'il s'agisse d'une frontière terrestre ou d'une limite de plateau continental, l'opération est essentiellement la même »
(Mer Egée).

1049 *Or monétaire pris* à *Rome en* 1943, *arrêt, C.I.J. Recueil* 1954, p. 32.

1050 *Certaines terres à phosphates à Nauru* (Nauru c. Australie), exceptions préliminaires, arrêt, C.I.J. Recueil 1992, p. 261, para 55; *Timor oriental* (Portugal c. Australie), arrêt, C.I.J. Recueil 1995, p. 104-105, para 34.

Tchad, en tant qu'État tiers non partie à l'instance, ne constituent pas l'objet de la décision à rendre sur le fond de la requête du Cameroun.[1051] C'est sur la base de ce raisonnement, que la quatrième exception préliminaire a été rejetée.

La différence entre les quatrième et huitième exceptions est que la première porte sur l'intérêt des tiers sur la frontière terrestre alors la seconde porte sur l'intérêt des tiers au niveau de la frontière maritime. Pour ce qui concerne la frontière maritime, la CIJ a distingué la section de frontière allant du « Point G » vers la côte de celle allant vers le large. Pour la section allant du « Point G » vers la côte, il est évident que le différend ne met pas en cause les droits et intérêts d'États tiers, et si la haute juridiction de l'ONU doit examiner la huitième exception préliminaire, c'est seulement sur le point de savoir en quoi le fait de prolonger la frontière maritime au-delà du point G mettrait en cause les droits et intérêts d'États tiers, et si cela aurait pour effet de l'empêcher de procéder à un tel prolongement.[1052]

Sur cette question, la Cour reconnaît que les droits et intérêts d'États tiers seront, semble-t-il, touchés si la Cour fait droit à la demande du Cameroun.[1053] Mais comme elle l'avait déjà attesté dans sa jurisprudence établie dans les affaires du Timor oriental[1054] et de Certaines terres à phosphates à Nauru[1055], elle reconnaît son pouvoir de statuer même si l'arrêt qu'il lui est demandé de rendre est susceptible d'avoir des incidences sur les intérêts juridiques d'un État qui n'est pas partie à l'instance. D'ailleurs, la cour retient que la huitième exception préliminaire du Nigeria n'a pas, dans les circonstances de l'espèce, un caractère exclusivement préliminaire pour deux raisons qu'elle a soulevées.[1056].

A l'analyse, on remarque qu'une fois encore, le Nigeria a invité la haute juridiction à fléchir sa jurisprudence mais cette dernière s'y est

---

[1051] Voir *Frontière terrestre et maritime entre le Cameroun et le Nigéria, exceptions préliminaires, arrêt, C.I. J. Recueil 1998,* p. 41, Para 79.

[1052] *Frontière terrestre et maritime entre le Cameroun et le Nigéria, exceptions préliminaires, arrêt, C.I. J. Recueil 1998,* p. 53, para 116.

[1053] *Ibid,* p. 54, para 118.

[1054] *Timor oriental* (Portugal c. Australie), arrêt, C.I. J. Recueil 1995, p. 101, para 26 et p. 104, para 34.

[1055] *Certaines terres à phosphates à Nauru,* C.I.J. *Recueil 1992,* p. 261-262, para 55.

[1056] *Frontière terrestre et maritime entre le Cameroun et le Nigéria, exceptions préliminaires, arrêt, C.I. J. Recueil 1998,* p. 53, para 116.

accrochée. Les principes employés sont, en quelque sorte, élémentaires et constantes dans la jurisprudence de la Cour notamment dans les affaires d'El Salvador/Honduras, de Libye/Tchad, du Différend frontalier (Burkina Faso/République du Mali), de l'Or monétaire pris à Rome en 1943, du Timor oriental et de Certaines terres à phosphates à Nauru. La Cour n'aura innové en rien et s'attache à sa jurisprudence y compris dans le traitement des autres exceptions.

Trois des exceptions soulevées par la demanderesse à l'instance porte sur le litige. Les 5e et 7e portent sur l'absence de litige et la 6e vise l'imprécision des faits. Dans la Cinquième exception, le Nigeria « fait valoir qu'il n'existe pas de différend concernant la délimitation de la frontière en tant que telle sur toute sa longueur entre le tripoint du lac Tchad et la mer sous réserve, dans le lac Tchad, de la question du titre sur Darak et sur des îles avoisinantes et sous réserve de la question du titre sur la presqu'île de Bakassi »[1057] alors que dans sa septième exception préliminaire, il soutient « qu'il n'existe pas de différend juridique concernant la délimitation de la frontière maritime entre les deux Parties, qui se prêterait actuellement à une décision de la Cour. ». Donc, une fois encore, l'une a rapport à la frontière terrestre et l'autre à la frontière maritime mais toutes deux portent sur l'absence de différend.

La définition du différend est connue de tous comme étant « un désaccord sur un point de droit ou de fait, un conflit, une opposition de thèses juridiques ou d'intérêts entre des parties ».[1058] D'autres précisions ont été dans plusieurs affaires dont les affaires Sud-Ouest africain[1059] et Interprétation des traités de paix conclus avec la

---

[1057] *Frontière terrestre et maritime entre le Cameroun et le Nigéria, exceptions préliminaires, arrêt, C.I. J. Recueil 1998,* p. 313, Para 83.

[1058] *Concessions Mavrommatis en Palestine, arrêt no 2, 1924, C. P. J. I. série A no 2,* p. *11* ; *Cameroun septentrional, arrêt, C.I. J. Recueil 1963,* p. *27,* et *Applicabilité de l'obligation d'arbitrage en vertu de la section 21 de l'accord du 26 juin 1947 relatif au siège de 1' Organisation des Nations Unies, avis consultatif* C. I. J. *Recueil 1988,* p. *27,* para *35 (Timor oriental (Portugal c. Australie), arrêt, C. I. J. Recueil 1995,* p. 99-100, para *22*

[1059] « *Pour établir l'existence d'un différend : «Il faut démontrer que la réclamation de l'une des parties se heurte à l'opposition manifeste de l'autre » (Sud-Ouest africain, exceptions préliminaires, arrêt, C.I.J. Recueil 1962, p. 328).*

Bulgarie.[1060] De plus, le « désaccord sur un point de droit ou de fait, un conflit, une opposition de thèses juridiques ou d'intérêts ou le fait que la réclamation de l'une des parties se heurte à l'opposition manifeste de l'autre ne doivent pas nécessairement être énoncés *expressis verbis.* ».

Pour ce qui a trait à la frontière terrestre, la Cour remarque, d'une part, que le Nigeria « n'a pas marqué son accord avec le Cameroun sur le tracé de cette frontière ou sur sa base juridique »[1061] et, d'autre part, « n'a pas fait connaître à la Cour la position qu'il adoptera ultérieurement sur les revendications du Cameroun ». Ainsi, la Cour estime qu'elle « se trouve dans une situation telle qu'elle ne saurait se refuser à examiner les conclusions du Cameroun par le motif qu'il n'existerait pas de différend entre les deux États. »[1062] et que « l'étendue exacte de ce différend ne saurait être déterminée à l'heure actuelle; un différend n'en existe pas moins entre les deux Parties, à tout le moins en ce qui concerne les bases juridiques de la frontière et il appartient à la Cour d'en connaître. »[1063].

Pour ce qui est de la frontière maritime, le Nigeria a soutenu qu'il n'existe pas de différend juridique concernant la délimitation de la frontière maritime entre les deux Parties, qui se prêterait actuellement à une décision de la Cour mais, en réalité, l'exception porte sur l'ordre de traitement des questions soulevées[1064] et l'absence de négociation préalable. Sur le premier moyen,[1065] la Cour reconnaît qu'il serait difficile, sinon impossible, de déterminer quelle est la délimitation de la frontière maritime entre les Parties aussi longtemps que la question du titre concernant la presqu'île de Bakassi n'aura pas été réglée. Mais elle affirme que les deux questions étant ainsi soumises à la Cour, c'est

---

[1060] *« L'existence d'un différend international demande à être établie objectivement » (Interprétation des traités de paix conclus avec la Bulgarie, la Hongrie et la Roumanie, première phase, avis consultatif ; C.I. J. Recueil 1950,* p. 74 » *C. I. J. Recueil 1995,* p. 100.

[1061] *Frontière terrestre et maritime entre le Cameroun et le Nigéria, exceptions préliminaires, arrêt, C.I. J. Recueil 1998,* p. 316, Para 92.

[1062] *Frontière terrestre et maritime entre le Cameroun et le Nigéria, exceptions préliminaires, arrêt, C.I. J. Recueil 1998,* p. 317, Para 83.

[1063] *Ibid,* p. 317, Para 83.

[1064] Selon lui, « *il n'est pas possible de déterminer la frontière maritime avant de se prononcer sur le titre concernant la presqu'île de Bakassi.* ».

[1065] La question de l'impossibilité de la détermination de la frontière maritime avant la décision sur le titre concernant la presqu'île de Bakassi.

à elle qu'il appartient de régler l'ordre dans lequel elle examinera ces questions, de telle sorte qu'elle puisse traiter au fond chacune d'entre elles.[1066] En ce qui concerne le second moyen[1067], la Cour remarque que le Cameroun et le Nigeria se réfèrent à la convention des Nations Unies sur le droit de la mer[1068] alors qu'en l'espèce elle n'a pas été saisie sur la base du paragraphe 1 de l'article 36 du Statut mais plutôt sur la base de déclarations faites en vertu du paragraphe 2 de l'article 36 du Statut[1069], déclarations qui ne contiennent aucune condition relative à des négociations préalables à mener dans un délai raisonnable.[1070] A partir de ces deux moyens écartés, la cour rejette la septième exception.

Il ne reste donc que la sixième exception qui a rapport à l'imprécision des faits allégués. Selon le Nigeria, aucun élément ne permet au juge de décider que la responsabilité internationale du Nigeria est engagée en raison de prétendues incursions frontalières.[1071] De plus, les conclusions du Cameroun ne satisfont pas aux exigences de l'article 38 du Règlement de la Cour et des principes généraux du droit qui prescrivent que soient clairement présentés les faits sur lesquels repose la requête du Cameroun, y compris les dates, les circonstances et les lieux précis des incursions et incidents allégués sur le territoire camerounais et qu'il découle du paragraphe 2 de l'article 38 que la latitude dont dispose 1'Etat demandeur de développer ce qu'il a exposé dans sa requête soit strictement limitée.[1072]

La Cour commence par écarter ce dernier moyen en invoquant l'affaire du Cameroun septentrional[1073] et plusieurs autres[1074] pour

---

[1066] *Ibid,* p. 320, Para 106.

[1067] La question de savoir si l'absence alléguée d'efforts suffisants pour négocier empêche la Cour de déclarer ou non recevable la demande du Cameroun.

[1068] *Ibid,* p. 331, Para 908.

[1069] Voir *Supra*, Deuxième partie, Titre I, Chapitre I, Section I, para I, A, 2.

[1070] *Ibid,* p. 332, Para 109.

[1071] *Ibid,* p. 317, Para 96.

[1072] *Ibid,* p. 317, Para 96.

[1073] *Cameroun septentrional (Cameroun c. Royaume- Uni), exceptions préliminaires, arrêt, C.I. J. Recueil 1963,* p. 28.

[1074] *Questions d'interprétation et d'application de la convention de Montréal de 1971 résultant de l'incident aérien de Lockerbie (Jamahiriya arabe libyenne c. Royaume-Uni), exceptions préliminaires, arrêt, C. I. J. Recueil 1998,* p. *26,* para 44, et *Questions d'interprétation et d'application de la convention de Montréal de 1971*

parvenir à la conclusion que les États qui déposent une requête à la Cour se réservent le droit de présenter ultérieurement des éléments de fait et de droit supplémentaires.[1075] Sur les deux premiers moyens, la CIJ estime que le Nigeria ne devrait pas se trouver dans l'impossibilité de répondre utilement aux allégations présentées du fait que la requête du Cameroun ne serait pas suffisamment claire et complète et serait inadéquate et que c'est au demandeur de subir les conséquences d'une requête qui ne contiendrait pas un exposé satisfaisant des faits et motifs sur lesquels repose sa demande.[1076] De ce fait, la cour rejette cette énième exception et déclare la requête recevable.

A l'analyse, les questions soulevées par le Nigeria dans ses exceptions d'irrecevabilité sont déjà réglées dans des affaires précédentes. Pour les exceptions relatives à l'existence du différend, la définition classique du différend donné par la cour permanente de justice internationale et les précisions postérieures suffisent à identifier l'existence ou non du différend. Certes, ce n'est pas l'unique fois qu'un différend préliminaire oppose les parties sur l'existence d'un tel différend. Néanmoins, le Nigeria n'a pas apporté la preuve qu'elle est d'avis sur le tracé de la frontière et les bases juridiques y afférentes proposés par le Cameroun. Il est évident que la cour ne pouvait conclure à une absence de différend. De plus, l'exception relative à l'imprécision des faits et leur caractère postérieur est semblable au cas qu'a connu la cour dans plusieurs autres affaires. Il ressort de ses affaires que le caractère complémentaire desdites demandes ainsi que leurs imprécisions ne font en aucun cas obstacle à leur recevabilité.

Dans l'affaire de la délimitation maritime dans l'océan indien rentre la Somalie et le Kenya également, l'exception soulevée par le Kenya a été rejetée suivant la même démarche.

Dans l'affaire de la Délimitation maritime dans l'océan indien entre la Somalie et le Kenya, ce dernier avait soulevé à la fois une exception de compétence et une exception d'irrecevabilité. La Cour, ayant

---

résultant de l'incident aérien de Lockerbie (Jamahiriya arabe libyenne c. Etats-Unis d'Amérique), exceptions préliminaires, arrêt, C.I. J. Recueil 1998, p. 130, para 43).

1075 *Frontière terrestre et maritime entre le Cameroun et le Nigéria, exceptions préliminaires, arrêt, C.I. J. Recueil 1998,* p. 318, Para 99.

1076 *Ibid,* p. 319, Para 101.

décidé que la Somalie était pleinement fondée à la saisir rejetant l'exception d'incompétence kényane[1077], s'est ensuite penchée sur l'exception d'irrecevabilité qui repose principalement sur le principe des « mains sales » et subsidiairement sur la thèse selon laquelle le mémorandum contient un accord en vue de régler le différend des Parties relatif à leur frontière maritime par la négociation et seulement après la conclusion des travaux de la Commission[1078].

Sur le premier moyen, le Kenya avance que la requête de la Somalie devrait être jugée irrecevable.[1079] Comme, selon lui, la partie « qui demande justice à la Cour doit avoir les « mains propres » » et que tel n'est pas le cas de la Somalie, la requête de la Somalie est en conséquence irrecevable[1080]. C'est ce qu'elle appelle principe des mains sales, principe que la Somalie juge incertain.[1081] Pour prouver l'existence de ce principe, le Kenya cite la CPJI en l'affaire des Prises d'eau à la Meuse[1082] (Pays-Bas c. Belgique) et la CIJ en l'affaire du Projet Gabčíkovo-Nagymaros[1083] (Hongrie/Slovaquie), mais également des auteurs comme J. Crawford[1084] et G. Fitzmaurice[1085].

1077 *Délimitation maritime dans l'océan Indien (Somalie c. Kenya) Exceptions préliminaires, arrêt, C.I. J. 2 février 2017,* p 44, para 134.

1078 Ce moyen est déduit par la cour mais ne figure ni dans les exceptions préliminaires du Kenya ni dans les exposés écrits de la Somalie contenant ses observations et conclusions sur les exceptions préliminaires du Kenya.

1079 Pour les motifs de la demande, voir *Délimitation maritime dans l'océan Indien (Somalie c. Kenya) Exceptions préliminaires, arrêt, C.I. J. 2 février 2017, p. 45, para 139.*

1080 *Ibid,* p 45, para 139.

1081 *Délimitation maritime dans l'océan Indien (Somalie c. Kenya),* Exposé écrit de la Somalie contenant ses observations et conclusions sur les exceptions préliminaires du Kenya ; volume I, 5 février 2016, p. 66.

1082 *La Prises d'eau à la Meuse* (Pays-Bas c. Belgique), arrêt, 1937, C.P.J.I. série A/B no 70.

1083 Projet Gabčíkovo-Nagymaros (Hongrie/Slovaquie), arrêt, C.I.J. Recueil 1997, para 133.

1084 CRAWFORD J., *Brownlie's Principles of Public International Law,* 8e éd., Oxford University Press, 2012, p. 701.

1085 FITZMAURICE G., «General Principles of International Law», *Recueil des cours de l'Académie de droit international de La Haye*, t. 92 (1957-II), p. 119.

La défenderesse pour qui, les allégations kényanes - qu'elle considère comme fallacieuses pour diverses raisons[1086] - se rapportent toutes à des questions relatives au tracé de la limite extérieure du plateau continental au-delà de 200 milles marins et non à la délimitation de la frontière maritime jusqu'à cette distance et au-delà.[1087] L'argumentation de la Somalie consiste à démontrer qu'il ne s'agit pas d'une affaire dans laquelle elle chercherait à faire exécuter un accord dont elle aurait enfreint les dispositions.[1088] Ainsi, « même si elle avait violé le mémorandum cela … ne l'empêcherait pas de se prévaloir des droits totalement distincts qui sont les siens au titre du paragraphe 2 de l'article 36 du Statut ».[1089] Elle ajoute avoir levé son objection à l'examen de la demande du Kenya, dont « la Commission est maintenant saisie et dont l'examen n'a pas été sensiblement retardé ».[1090] Tout cela pour prouver que la doctrine des « mains sales » n'a jamais été reconnue par la Cour ; sa jurisprudence confirme que les accusations de mauvaise foi du type de celles qui sont portées [à son encontre] ne sauraient faire obstacle à la recevabilité d'une requête.

La CIJ, à son tour, évoque, pour commencer, trois lettres de la Somalie, la première adressée au Secrétaire général de l'Organisation des Nations Unies datée du 10 octobre 2009 et transmise à celui-ci sous le couvert d'une lettre en date du 2 mars 2010, dans laquelle elle demande que le mémorandum d'accord soit considéré comme «non opposable »[1091], la deuxième datée du 4 février 2014 dans laquelle elle a objecté à l'examen, par la Commission des limites, de la demande du Kenya et la troisième par laquelle elle a levé cette objection par une lettre datée du 7 juillet 2015[1092].

Se refusant de se pencher sur la question plus générale de savoir s'il est des situations dans lesquelles le comportement d'un demandeur

---

[1086] Voir *Délimitation maritime dans l'océan Indien (Somalie c. Kenya),* Exposé écrit de la Somalie contenant ses observations et conclusions sur les exceptions préliminaires du Kenya ; volume I, 5 février 2016, p 66.

[1087] *Ibid,* p 67.

[1088] *Ibid.*

[1089] *Délimitation maritime dans l'océan Indien (Somalie c. Kenya) Exceptions préliminaires, arrêt, C.I. J. 2 février 2017, p. 45, para 140.*

[1090] *Ibid.*

[1091] Lettre citée au paragraphe 18 de l'arrêt.

[1092] Pour plus de détails, voir les paragraphes 19 et 26 de l'arrêt.

serait d'une nature telle qu'il rendrait la requête de ce dernier irrecevable[1093], la Cour rejette l'exception kényane pour deux motifs : d'une part, le fait qu'un demandeur puisse avoir violé un traité en cause dans une affaire n'affecte pas en soi la recevabilité de sa requête et, d'autre part, la Somalie n'invoque le mémorandum d'accord ni en tant qu'instrument lui conférant compétence, ni en tant que source de droit matériel régissant au fond la présente espèce[1094].

Bien que la CIJ refuse de se pencher sur la question plus générale relative à la validité du principe des mains sales, il convient de noter qu'elle l'a toujours rejeté, que ce soit expressément ou implicitement, lorsqu'il était évoqué devant elle. Ce fut le cas notamment, dans les affaires Activités militaires et paramilitaires au Nicaragua et contre celui-ci (Nicaragua c. États-Unis d'Amérique)[1095], Projet Gabčíkovo-Nagymaros (Hongrie/Slovaquie)[1096], Mandat d'arrêt du 11 avril 2000 (République démocratique du Congo c. Belgique)[1097], Plates-formes pétrolières (République islamique d'Iran c. États-Unis d'Amérique)[1098], Conséquences juridiques de l'édification d'un mur dans le territoire palestinien occupé[1099], l'affaire Avena[1100]. Dans cette dernière affaire par exemple, la Cour a affirmé que, « même s'il était démontré que la pratique du Mexique en ce qui concerne l'application de l'article 36 n'était pas exempte de critique, les États-Unis ne pourraient s'en prévaloir comme exception à la recevabilité de la demande mexicaine »[1101]. En refusant de régler la question de la validité du principe des mains sales devant elle, la cour rate une occasion de trancher définitivement la question. Mais, la refusant pour

---

1093 *Ibid, p. 47, para 143.*

1094 *Ibid, p. 47, para 142.*

1095 *Activités militaires et paramilitaires au Nicaragua et contre celui-ci* (Nicaragua c. Etats-Unis d'Amérique), fond, arrêt, C.I.J. Recueil 1986, p. 134, para 268.

1096 *Projet Gabčíkovo-Nagymaros* (Hongrie/Slovaquie), arrêt, C.I.J. Recueil 1997, p. 76, para 133.

1097 *Mandat d'arrêt du 11 avril 2000* (République démocratique du Congo c. Belgique), arrêt, C.I.J. Recueil 2002, p. 16, para 35.

1098 *Plates-formes pétrolières* (République islamique d'Iran c. Etats-Unis d'Amérique), arrêt, C.I.J. Recueil 2003, p. 177-178, para 28-30.

1099 Conséquences juridiques de l'édification d'un mur dans le territoire palestinien occupé, avis consultatif du 9 juillet 2004, C.I.J. Recueil 2004 (I), p. 163, para 63.

1100 *Avena et autres ressortissants mexicains (Mexique c. Etats-Unis d'Amérique), arrêt, C.I.J. Recueil 2004 (I),*
p. 38, para 47.

1101 *Ibid*

le cas qui lui est soumis, la Cour mondiale confirme l'attitude qu'elle a tenue jusque-là lorsque le principe est évoqué devant elle. C'est le signe le plus apparent de son conservatisme sur le plan procédural en ce qui concerne les différends maritimes africains.

Sur le deuxième moyen évoqué au soutien de l'exception d'irrecevabilité kényane, moyen dans lequel le Kenya soutient que la requête est irrecevable au motif que les Parties sont convenues dans le mémorandum de délimiter la frontière contestée par voie de négociation et de ne le faire qu'une fois achevé l'examen par la Commission des limites de leurs demandes respectives[1102], la Cour, ayant rejeté plus haut la thèse du Kenya selon laquelle le mémorandum contient un accord en vue de régler le différend des Parties relatif à leur frontière maritime par la négociation et seulement après la conclusion des travaux de la Commission[1103], a également rejeté cet aspect de la seconde exception préliminaire du Kenya[1104]. Ce n'est en réalité qu'une reprise de l'argumentation relative à son exception d'incompétence.

Partant de tout ce qui précède, la cour rejette l'exception d'irrecevabilité kényane. Ce qui est tout de même remarquable, c'est l'absence d'innovation remarquée dans le traitement dans les exceptons africaines. Cette absence d'innovation est encore plus remarquable dans les incidents de procédure autres que les exceptions d'incompétence et d'irrecevabilité.

SECTION II : Autres incidents de procédure

La caractéristique fondamentale des incidents de procédure est de modifier le cours ordinaire de la procédure principale et ainsi d'aboutir à une décision de la juridiction n'ayant pas pour objet de trancher le fond de la réclamation.

Il existe une variété d'incidents de procédure en dehors des exceptions préliminaires : la demande d'intervention et les

[1102] *Délimitation maritime dans l'océan Indien (Somalie c. Kenya) Exceptions préliminaires, arrêt, C.I. J. 2 février 2017, p. 44, para* 137.
[1103] *Ibid, paras* 98 et 106.
[1104] *Ibid, p. 45, para* 138.

conclusions reconventionnelles, la demande d'une mesure d'instruction, de jonction de plusieurs affaires ou de délais supplémentaires, la demande d'un renvoi préjudiciel, d'un sursis à statuer ou d'une décision de non-lieu, etc. Dans les contentieux en étude, plusieurs incidents de procédure autres que les exceptions préliminaires ont été examinés par les différentes juridictions mais deux méritent une attention particulière malgré leur faible enrichissement jurisprudentiel : il s'agit de l'intervention dans le procès international et des demandes en indication de mesures conservatoires.

L'intervention du tiers dans le procès international

Dans l'intervention dans l'affaire Tunisie/Libye,[1105] l'intérêt d'ordre juridique évoqué par Malte est longuement développé dans sa plaidoirie et rappelé par la cour dans son arrêt du 14 avril 1981. Pour lui, l'intérêt d'ordre juridique qu'il possède et qui serait pour lui en cause dans l'affaire Tunisie/Libye « est celui que présentent de son point de vue les principes et règles de droit régissant la détermination des limites de son plateau continental. ».[1106] De plus, les titres des États sur le plateau continental dérivent du droit, de même que les principes et règles d'après lesquels les zones dont il s'agit sont définies et délimitées et il estime avoir un intérêt spécial et unique en l'instance, parce qu'il serait concernée par les faits de l'affaire Tunisie/Libye. [1107].

M. Mizzi souligne que « tous les États sont intéressés aux questions de plateau continental et aux décisions judiciaires que la Cour pourra prendre dans ce domaine ».[1108] Il s'agit d'un intérêt juridique qui peut être évoqué par tout État disposant de plateau continental. Il serait étonnant que ce seul intérêt suffise. Autrement, on ne verrait pas

---

[1105] Par une lettre du 18 août 1980 l'Etat de Malte demande *« d'avoir communication des pièces de procédure en l'affaire »*, tel que prévu à l'article 53-1 du Règlement. Par une lettre du 18 août 1980, le Président de la Cour décide de ne pas mettre ces pièces «à *la disposition d'Etats autres que les Parties à l'affaire»*. C'est face à ce refus que Malte se fonde sur l'article 62 du Statut pour soumettre à la Cour sa requête à fin d'intervention.

[1106] *Plateau continental* (Tunisie/Jamahiriya arabe libyenne), requête à fin d'intervention, arrêt, C.I.J. Recueil 1981, p 10, para 13.

[1107] *Ibid*

[1108] CR 81/1, p. 11.

l'importance d'une telle condition. Et pourtant, à Malte de préciser qu'il ne veut pas « écarter entièrement la possibilité que ce facteur à lui seul puisse suffire à habiliter un État à intervenir ».[1109] Ce n'est donc qu'à titre subsidiaire que M. Mizzi ajoute un intérêt spécifique lié au fait que Malte « se trouve dans la région même qui est en cause entre la Libye et la Tunisie, si bien (...) que tout prononcé de la Cour dans le contexte Libye -Tunisie se révèle pertinent, d'une manière ou d'une autre, et dans une mesure appréciable, par rapport à la situation juridique de Malte ».[1110] Compris dans ce sens, la seule exigence du Statut serait que l'intérêt puisse être en cause, sans qu'il y ait lieu de démontrer qu'il serait négativement affecté ou compromis. C'est dans cet ordre d'idées que les conseils de Malte ont indiqué de quelles façons l'intérêt de Malte pourrait se trouver en cause.[1111]

La Cour, ne montrant pas convaincue par cet intérêt juridique évoqué par Malte, se borne à constater qu'il s'agit d'un intérêt qui ne se rattache à aucun intérêt juridique lui appartenant en propre qui serait directement en cause. L'intérêt soulevé par Malte ne concernerait, selon la Haute juridiction, que l'effet que les considérations que la Cour pourrait formuler dans sa décision aurait éventuellement sur la délimitation ultérieure du plateau continental de Malte[1112]. Il est vrai que la Cour reconnaît que Malte possède, « quant à la manière dont la Cour traitera les facteurs physiques et les considérations juridiques concernant la délimitation du plateau continental des États dans la région de la Méditerranée centrale, un certain intérêt qui est sensiblement plus spécifique et plus direct que celui des États étrangers à cette région. »[1113] Mais elle estime qu'il « reste que cet

---

[1109] *Ibid*
[1110] *Ibid*
[1111] Ils citent comme exemples l'effet qu'aurait, sur une ligne d'équidistance qui pourrait être tracée entre Malte et le continent nord-africain, l'adoption dans la délimitation entre la Libye et la Tunisie de toute ligne de base spéciale le long des côtes de ces deux Etats, ou l'identification, lors de cette délimitation, de tous facteurs géographiques ou autres considérés comme pertinents, soit à titre de « *circonstances spéciales* », soit par application de principes équitables. Voir *Plateau continental* (Tunisie/Jamahiriya arabe libyenne), requête à fin d'intervention, arrêt, C.I.J. Recueil 1981, pp 10, para 13.
[1112] *Ibid*, p. 12, para 19.
[1113] *Ibid*, p. 19, para 33.

intérêt n'est pas par nature différent des intérêts d'autres États de la région »[1114].

Dans la demande en interprétation suivante,[1115] l'Italie a dû se montrer plus spécifique dans la démonstration de son intérêt juridique sans toutefois emporter la conviction de la Cour. En effet, les agents de l'Italie avaient tenu compte de l'échec de Malte pour présenter leur requête. Avertis des écueils à éviter, « ils semblaient avoir présenté une intervention-type ».[1116] Ce que souligne aussi le juge Ago dans son opinion dissidente : « Je reste convaincu que la demande actuelle de l'Italie cadrait exactement avec les prévisions de l'article 62 et y entrait presque comme dans un vêtement taillé sur mesure »[1117].

Certes, dans la détermination de l'intérêt d'ordre juridique qui serait en cause, la requête italienne évoque simplement la région méditerranéenne constituée par « des zones de chevauchement des droits de ces États »[1118]. Ce n'est que dans les plaidoiries que l'Italie sera amenée à expliciter sa position. Ainsi, Sir Francis Vallat, au nom de la Libye put-il souligner les divergences entre la requête et les plaidoiries lorsqu'il affirma que: « le prétendu intérêt de l'Italie et l'objet de son intervention ont été présentés de façon différente au cours de la présente audience »[1119] et que « l'Italie ne devrait pas être autorisée, en audience, à tirer profit de cette imprécision et de cette ambiguïté pour essayer de remédier aux défauts de sa requête ».[1120] En plaidoirie, M. Arangio-Ruiz, conseil de l'Italie affirmera que : « Dans les zones dont il s'agit, les droits italiens seraient inévitablement affectés de jure et éventuellement *de facto* par le règlement même de l'affaire entre la Libye et Malte »[1121].

La Cour retiendra que l'Italie revendique que « les zones de plateau continental à délimiter entre les Parties appartiennent toutes à une

---

[1114] *Ibid*, p. 19, para 33.
[1115] DECAUX E., « L'arrêt de la Cour internationale de Justice sur la requête de l'Italie-Intervention dans l'Affaire du plateau continental entre la Libye et Malte Arrêt du 21 mars 1984. » In: *Annuaire français de droit international*, volume 30, 1984, p 283.
[1116] *Ibid.*
[1117] Rec. 1984, O.D. Ago, p. 121 para 11.
[1118] Voir la requête, p. 4 para 6.
[1119] C.R. 1984/4 trad. p. 47 et 48.
[1120] *Ibid*
[1121] C.R. 1984/1, p. 50.

même région de la Méditerranée centrale, dont l'Italie est riveraine et où, par conséquent, se situent certaines des zones de plateau continental sur lesquelles elle estime avoir des droits »[1122] et que « certaines des zones de plateau continental contestées entre Malte et la Libye dans la présente instance sont des zones sur lesquelles l'Italie estime avoir des droits indéniables. »[1123]. Alors, la principale attente est de savoir le contenu de l'intérêt juridique. La Cour n'indique pas si cet intérêt est suffisant ou valable. Elle n'en profite pas non plus pour donner une position de principe sur ce que doit être l'intérêt dans le cadre d'une intervention, se contentant de rejeter la demande par un autre motif.

Ce n'est que dans l'affaire de la Frontière terrestre et maritime entre le Cameroun et le Nigeria que la Cour acceptera l'intérêt juridique soulevé par la Guinée-Équatoriale. Cette dernière mentionne en effet, au titre de l'intérêt, « les droits souverains et la compétence » qu'elle « revendique » et que « lui confère le droit international jusqu'à la ligne médiane » entre elle et chacune des Parties ; et que « si la Cour en venait à déterminer une frontière maritime entre le Cameroun et le Nigeria qui se prolongeait jusque dans les eaux de la Guinée équatoriale, telles que définies par la ligne médiane, il serait porté atteinte aux droits et aux intérêts de la Guinée équatoriale ». Il est fort regrettable que la Cour bien qu'ayant connue trois affaires africaines différentes n'ait pas indiqué précisément en quoi consiste l'intérêt juridique exigé pour l'intervention. Heureusement, bien qu'ayant adopté la même position dans la détermination de l'objet de l'intervention, une autre affaire extra-africaine permit de résoudre la question.

La demande en intervention de Malte est la première devant la Cour. Malte devrait donc être le premier État à donner l'objet d'une intervention. Définissant l'objet précis de son intervention, Malte affirme vouloir « exposer ses vues à la Cour sur les points soulevés dans l'instance avant que la Cour ne se soit prononcée »[1124] tout en

[1122] Plateau continental (Jamahiriya arabe libyenne/ Malte), requête à fin d'intervention, arrêt, C. I.J. Recueil 1984, p. 11 para16.

[1123] DECAUX E., « L'arrêt de la Cour internationale de Justice sur la requête de l'Italie-Intervention dans l'Affaire du plateau continental entre la Libye et Malte Arrêt du 21 mars 1984. », *op cit,* p 283.

[1124] Plateau continental (Tunisie/Jamahiriya arabe libyenne), requête à fin d'intervention, arrêt, C.I.J. Recueil 1981, pp 10, para 14.

précisant que son souhait « était de pouvoir exposer ses vues sur les questions en jeu dans l'affaire qui, après examen ultérieur des pièces de procédure, paraîtraient de nature à mettre en cause ses intérêts. ».[1125] Cependant la demanderesse s'est longtemps défendue de vouloir obtenir, sous couvert ou au cours d'une intervention, un prononcé sur ses revendications au sujet des limites de son plateau continental avec les deux États en litige et précisant qu'elle n'accepte pas d'être liée par sa décision, Malte déclare être « prêt à se soumettre à toutes les conséquences et à tous les effets de l'intervention, quels qu'ils puissent être ».[1126]

Mais à force d'insister sur cet aspect, Malte se prend au piège et voit sa demande rejetée. La Cour, relève en effet que « Malte demande à entrer dans le procès mais sans assumer les obligations d'une partie au sens du Statut et en particulier de l'article 59, en vertu duquel la décision rendue en l'espèce serait par la suite obligatoire pour Malte dans ses relations avec la Libye et la Tunisie »[1127]. Ainsi, faute d'accepter les conséquences de l'intervention, Malte se place elle-même en porte-à-faux.[1128]Le rejet de la demande a, on peut le dire, probablement été influencé par la double opposition de la Libye[1129] et de la Tunisie[1130] ainsi que de leurs clarifications respectives. Sur la base de ces clarifications, la Cour conclut que la requête de Malte ne peut être admise. Néanmoins, le contenu exact de la notion d'intérêt juridique et de l'objet n'a pas été clarifié. Ce qui amènera l'Italie à essuyer, à son tour, un refus lors de la suivante tentative d'intervention malgré la qualité de sa requête.

Dans la détermination de l'objet de son intervention, l'Italie se place aux antipodes des arguments maltais de 1981. En effet, sa participation à l'instance aurait pour but de défendre les droits qu'elle revendique sur certaines des zones revendiquées par les Parties et de préciser la localisation de ces zones. L'Italie avait tenu à préciser

---

[1125] *Ibid.*
[1126] *Ibid*, pp 10-11, para 14.
[1127] *Plateau continental* (Tunisie/Jamahiriya arabe libyenne), requête à fin d'intervention, arrêt, C.I.J. Recueil 1981, p. 19, para 34.
[1128] DECAUX E., « L'arrêt de la Cour internationale de Justice sur la requête à fin d'intervention de Malte dans l'affaire du Plateau continental entre la Tunisie et la Libye. », *op cit,* p 194.
[1129] Voir C.I.J. Recueil 1981, p.11, para 15 et p.11, para 15.
[1130] *Ibid,* p.12, para 16.

qu'elle « ne demandait pas à intervenir seulement pour informer la Cour de ses prétentions, mais afin que la Cour donne aux Parties toutes indications utiles pour que celles-ci veillent à ne pas empiéter sur les zones sur lesquelles l'Italie a des droits. »[1131]. L'Instance mondiale remarque qu'il ne s'agit pas d'un cas d'intervention véritablement incidente mais d'un cas où, sous couvert d'intervention, un État tente d'introduire une autre « demande principale ». Comme le rappelle le juge Schwebel « la Cour a conclu que l'Italie demandait en réalité une décision sur les droits qu'elle revendiquait contre les Parties principales, et par conséquent un titre de compétence spécifique était nécessaire ».[1132] Ainsi, manifestement, l'Italie demande clairement à la Cour de se prononcer sur ses prétentions dans la zone en litige sans pour autant devenir une partie principale dans l'affaire.

Paradoxalement, la cour avait rejeté l'intervention de Malte au motif que ce dernier demande à entrer dans le procès mais sans assumer les obligations d'une partie au sens du Statut et en particulier de l'article 59,[1133] mais rejette la demande de l'Italie alors que cette dernière avait indiqué être prêt à se soumettre, une fois admise à intervenir, à la décision de la Cour voudra au sujet ses droits, en pleine conformité avec les termes de l'article 59 du Statut de la Cour.[1134] Plusieurs auteurs avaient pourtant vu dans cette demande, l'exemple parfait d'une intervention.

Ainsi, le Professeur Emmanuel DECAUX soutenait que la Cour, au lieu d'accueillir une intervention typique, tranchant enfin les ambiguïtés du nouveau Règlement, a-t-elle préféré, une fois de plus, différer la solution en déplaçant le problème.[1135] M. Roberto Ago ne

---

[1131] *Plateau continental* (Jamahiriya arabe libyenne/ Malte), requête à fin d'intervention, arrêt, C.I.J. Recueil 1984, p. 12 para 17.

[1132] *Ibid*, p. 146 para 37.

[1133] *Plateau continental* (Tunisie/Jamahiriya arabe libyenne), requête à fin d'intervention, arrêt, C.I.J. Recueil 1981, p. 19, para 34.

[1134] *Plateau continental* (Jamahiriya arabe libyenne/ Malte), requête à fin d'intervention, arrêt, C.I.J. Recueil 1984, p. 12 para17

[1135] DECAUX E., « L'arrêt de la Cour internationale de Justice sur la requête de l'Italie-Intervention dans l'Affaire du plateau continental entre la Libye et Malte Arrêt du 21 mars 1984. », *op cit, p.* 290.

manqua pas de faire la même remarque[1136]. Finalement, quel devrait être l'objet d'une intervention ?

Le différend de la Frontière terrestre et maritime entre le Cameroun et le Nigeria, à défaut de fournir le contenu exact de l'objet d'une intervention, aura le mérite d'en donner une illustration. La Cour a, en effet, accepté l'objet de l'intervention de la Guinée équatoriale puis déclarer la demande recevable. Dans cette demande en intervention, la Guinée Équatoriale souligne, d'entrée, le fait qu'elle « ne demande pas à la Cour de déterminer ses frontières »[1137] avec les Parties. Cette précision est sûrement inspirée par l'exemple de l'échec italien. La demanderesse, après cette précision, donne l'objet selon elle : elle voudrait d'abord « protéger [s] es droits [...] dans le golfe de Guinée par tous les moyens juridiques dont elle dispose et [...] faire usage à cette fin de la procédure prévue à l'article 62 [...] » et enfin, « informer la Cour de la nature [... de ses] droits [...] et intérêts [...] qui pourraient être touchés par la décision de la Cour, compte tenu de la frontière maritime revendiquée par les parties »[1138]. Seulement, elle voudrait protéger ses droits et ses intérêts [...] en faisant connaître à la Cour mondiale « ses vues quant à la manière dont les revendications [des Parties ...] concernant leur frontière maritime pourraient ou non porter atteinte » à ses droits et intérêts[1139]. L'acception de cet objet ne traduit pas un cadre théorique précis et prévisible de l'intérêt juridique comme cela a été le cas, progressivement, du lien juridictionnel.

Le débat relatif au lien juridictionnel entre intervenant et parties est resté longtemps sans issu. Elle devrait être abordée depuis l'affaire du Vapeur Wimbledon par la Cour Permanente de Justice Internationale mais la requête polonaise pour intervenir sur la base de l'article 62 n'est finalement admise que sur celle de l'article 63[1140]. La requête de Fidji dans les Essais nucléaires est restée sans suite du fait que les demandes principales sont déclarées caduques[1141], mais plusieurs

[1136] Rec. 1984, O.D. Ago, p. 121 para 11.

[1137] CIJ, *Frontière terrestre et maritime entre le Cameroun et le Nigeria (Cameroun c. Nigeria),* Ordonnance 3

[1138] CIJ, *Frontière terrestre et maritime entre le Cameroun et le Nigeria (Cameroun c. Nigeria),* Ordonnance 4

[1139] CIJ, *Frontière terrestre et maritime entre le Cameroun et le Nigeria (Cameroun c. Nigeria),* Ordonnance 3

[1140] Série A n° 1, 1923, pp. 12-13 ; série C n° 3, pp. 118-122.

[1141] Recueil 1974, pp. 530-531, 535-536.

juges estiment qu'un lien juridictionnel aurait été requis si le problème n'avait pas été évacué[1142].

Dans l'affaire du plateau continental Tunisie/Libye, la CIJ a usé du principe selon lequel le défaut d'une condition suffit à entraîner le rejet de la demande d'intervention. Elle ne s'est pas, par conséquent, sentie tenue d'expliciter la portée de la troisième condition sur le « lien juridictionnel ». Certes, la Cour est en droit de s'interdire de se prononcer sur la portée de condition du lien juridictionnel. Cependant, étant donné que la question divisait les parties, la cour aurait pu se prononcer une fois de bon pour éviter les mêmes discussions dans les demandes postérieures.

Malte affirme en effet, que l'article 62 ne fait aucune mention de l'existence d'une base de compétence entre 1'Etat demandant à intervenir et les parties à l'instance comme condition de l'intervention.[1143] Il est vrai que le Règlement stipule que la requête à fin d'intervention doit spécifier toute base de compétence qui, selon 1'Etat demandant à intervenir, existerait entre lui et les parties.[1144] Tout en s'y conformant, Malte souligne que cette disposition, qui ne figurait dans aucune version antérieure du Règlement, ne saurait avoir imposé une nouvelle condition de fond pour l'octroi de l'autorisation d'intervenir.[1145] D'après Malte, le pouvoir réglementaire de la Cour ne peut être utilisé pour introduire une prescription ne figurant pas à l'article 62 du Statut et ne pouvant être déduite comme conséquence nécessaire de cet article, lequel, estime-t-elle, doit prévaloir en la matière.[1146]

A l'opposé, les deux États à l'instance principale exigent que Malte démontre l'existence d'une base de compétence entre elle-même et les Parties à l'affaire. Dans ses observations, « la Libye s'oppose à la requête de Malte pour la raison que la compétence de la Cour est régie par l'article 36 du Statut et elle soutient que Malte ne peut se prévaloir

---

[1142] ONYEAMA, *op. cit*, pp. 531-532, 536-537; DILLARD ET WALDOCK, pp. 532, 537; JIMENEZ DE ARECHAGA, pp. 533, 538 ;

[1143] *Plateau continental* (Tunisie/Jamahiriya arabe libyenne), requête à fin d'intervention, arrêt, C.I.J. Recueil 1981, p 9, para 12.

[1144] Voir l'article 8 1, paragraphe 2 c), du Règlement de la CIJ.

[1145] *Plateau continental* (Tunisie/Jamahiriya arabe libyenne), requête à fin d'intervention, arrêt, C.I.J. Recueil 1981, p 9, para 12.

[1146] *Ibid.*

d'aucun lien juridictionnel avec l'une ou l'autre des Parties au sens de cet article »[1147] et affirme que « l'article 62 du Statut ne confère pas de titre de juridiction indépendant à un État demandant à intervenir, qu'une intervention ne peut être admise que si la Cour s'est assurée qu'il existe un lien juridictionnel valable entre les Parties et 1'Etat intervenant, et que l'article 8 1, paragraphe 2 c), du Règlement ne fait qu'interpréter exactement le sens et la portée de l'article 62 du Statut pour ce qui est de la compétence. ».[1148] La Tunisie considère que l'article 62 du Statut doit « s'entendre sous réserve des dispositions de l'article 36 qui régit la compétence de la Cour » et il découlerait, à son avis, « du principe suprême suivant lequel, en droit international, la juridiction repose sur le consentement que l'existence d'une base de compétence est nécessairement et dans tous les cas une condition préalable de l'intervention, au moins quand 1'Etat demandant à intervenir souhaite, à quelque degré que ce soit, agir comme une partie. »[1149].

Il est à noter que la procédure était sous le Règlement de 1972, dont l'article 69, remplacé depuis par l'article 81 du Règlement de 1978, ne fait pas mention de base de compétence, bien qu'il prescrive un « exposé des raisons de droit et de fait justifiant l'intervention ».[1150] Au lieu de trancher définitivement le problème, la cour mondiale l'esquive en l'affaire Tunisie/Libye au motif que, lors de l'analyse de la précédente condition, elle avait conclu que le constat selon lequel la requête de Malte « n'est pas de celles auxquelles elle puisse accéder »[1151]. Cette conclusion la dispense, dit-elle, « de décider si l'existence d'un lien juridictionnel » est « une condition essentielle ».[1152]

Une petite avancée a été obtenue dans l'affaire du plateau continental Libye/Malte lorsque la Cour affirme qu'elle « ne peut se prononcer sur les relations juridiques entre l'Italie et la Libye sans le consentement de la Libye, et sur celles entre l'Italie et Malte sans le

1147 *Ibid,* p 11, para 15.
1148 *Ibid*
1149 *Ibid,* p 12, para 16.
1150 HOMAYOUN B., «Frontière terrestre et maritime (Cameroun c. Nigeria). Exceptions préliminaires, interprétation, intervention.», *op cit,* pp. 409.
1151 CIJ, Recueil 1981, p. 20, para 36.
1152 *Ibid*

consentement de Malte »[1153]. Il y est décidé qu'un lien juridictionnel est nécessaire pour admettre une requête qui entraînerait devant la Cour un différend entre le requérant et une partie principale.[1154] En effet, la cour ne s'est pas attardée sur les discussions entre l'Italie,[1155] Malte[1156] et la Libye[1157] sur la question de la nécessité d'un lien juridictionnel. Après avoir noté que « si l'Italie était admise à intervenir dans la présente procédure en vue de poursuivre l'objet qu'elle-même a dit vouloir rechercher, la Cour serait appelée, pour donner effet à l'intervention, à trancher un différend, ou un élément de différend, entre l'Italie et l'une ou l'autre des Parties principales, ou les deux »,[1158] la Cour décide que l'intervention de l'Italie porterait devant elle un nouveau différend et qu'elle n'a donc « pas à décider si, en règle générale » un lien juridictionnel est requis, et que, partant, il lui est « possible [...] de se prononcer sur la présente requête sans résoudre la question délicate du lien de compétence valable ».[1159].

On peut constater ici que la Cour semble répondre en partie à la question : si un litige vient se greffer sur celui qui est déjà pendant, un lien juridictionnel est indispensable, sinon, non. Malheureusement, elle précise qu'elle n'entend pas en faire une réponse de principe. C'est juste une solution au cas de l'espèce. C'est dans l'affaire El Salvador/Honduras que la solution de principe sera dégagée et appliquée postérieurement.

C'est dans une affaire extra africaine à savoir El Salvador/Honduras que la question sera finalement résolue. Dans cette affaire, le Nicaragua, demandant à intervenir, « ne prétend pas qu'il existe une base de compétence autre que le Statut lui-même »[1160]. La Cour

---

[1153] CIJ, Recueil 1984, p. 20, para 31.

[1154] HOMAYOUN B., «Frontière terrestre et maritime (Cameroun c. Nigeria). Exceptions préliminaires, interprétation, intervention.», *op cit,* p. 409

[1155] *« L'Italie estime que le jeu de l'article 62 lui-même est suffisant pour créer la base de la compétence de la Cour dans la mesure où celle-ci serait nécessaire pour l'admission d'une requête à fin d'intervention ». Plateau continental* (Jamahiriya arabe libyenne/ Malte), requête à fin d'intervention, arrêt, C. I.J. Recueil 1984, p. 14 para 18.

[1156] *Ibid,* p. 16 para 24.

[1157] *Ibid,* p. 18 para 21.

[1158] *Ibid,* p. 20 para 31.

[1159] *Plateau continental* (Jamahiriya arabe libyenne/ Malte), requête à fin d'intervention, arrêt, C. I.J. Recueil 1984, pp. 27-28, para 45.

[1160] CIJ, Recueil 1990, p. 109, para 39.

distingue ce qu'elle appelle un intervenant non-partie d'un intervenant partie pour leur appliquer des régimes différents. Pour l'intervenant non-partie, un lien juridictionnel « n'est pas une condition du succès » de la requête[1161]. En effet, la cour affirme que « En matière d'intervention, la compétence de la Cour ne découle pas du consentement des parties à l'instance, [...] ». Mais, du fait qu'en devenant parties au Statut, « [...] elles ont consenti à ce que celle-ci exerce les pouvoirs que lui confère le Statut. [...] La Cour est donc compétente pour admettre une demande d'intervention même si l'une des parties, ou les deux, s'y oppose ; [...] La nature de la compétence [...] créée par l'article 62 [...] se définit par référence au but et à l'objet de l'intervention »[1162].

Cette position de la Cour tient au fait que l'intervenant non-partie « n'acquiert pas les droits et n'est pas soumis aux obligations qui s'attachent à la qualité de partie en vertu du Statut et du Règlement [...] ou des principes généraux [...] de procédure », et le « compromis conclu entre les Parties » est pour lui « une *res inter alios acta* »[1163]. Ainsi que précise le Professeur Barati Homayoun, les droits procéduraux de l'intervenant non-partie sont limités. Il ne peut donc en débattre ni s'en prévaloir, ni par analogie, faire l'une ou l'autre de ces choses à l'égard des déclarations de la clause facultative. N'étant ni demandeur ni défendeur, l'intervenant non-partie qui aurait fait une telle déclaration ne peut la faire valoir, ni par invocation directe ni par voie de réciprocité, pour débattre de la compétence de la Cour, ni ne peut soulever des exceptions préliminaires. Par contre, la route n'est pas ainsi barrée à la tierce partie intervenante.[1164]

Par opposition à l'intervenant non-partie, la cour distingue la tierce partie intervenante classique. S'il y a litige impulsé devant la Cour, il faut un lien de juridiction avec chaque partie contre laquelle l'intervention est dirigée.[1165] Cette exigence, contingente sous l'article 62, est exclue sous l'article 63. L'existence préalable, ou l'émergence *in foro*, d'un litige entre intervenant et parties est une éventualité de fait sous le premier régime ; elle est devenue une impossibilité de droit

[1161] *Ibid.* p. 135, para 100.
[1162] *Ibid*, p. 133, para 96.
[1163] *Ibid*, p. 136, paras 102, 103.
[1164] HOMAYOUN B., «Frontière terrestre et maritime (Cameroun c. Nigeria). Exceptions préliminaires, interprétation, intervention.», *op cit*, p. 409.
[1165] *Ibid*

sous le second, ce qui fait qu'aucun lien n'y soit exigible[1166]. En effet, bien que l'issue de l'interprétation n'est guère indifférente à l'intervenant sous l'article 63 ; « intérêt d'ordre juridique est présumé », alors que sous l'autre régime, il « doit [en] faire la preuve [...] et il appartient à la Cour d'[en] décider »[1167]. Néanmoins, l'intervenant sous 63 n'est pas davantage partie à l'instance que n'est la non-partie sous 62, et celle-ci n'est pas davantage en mesure de soulever des moyens propres, demande ou défense, que ne l'est celui-là.[1168]

Après avoir clarifié ses concepts d'intervenant partie et d'intervenant non partie, la Cour en a fait l'application dans l'affaire de la Frontière terrestre et maritime entre le Cameroun et le Nigeria. D'entrée, la demanderesse n'omet pas de rassurer qu'elle ne désire pas agir comme partie et qu'elle « n'a présenté aucune demande », ce qui montre l'objet de l'intervention n'appartient pas à la catégorie des intervenants partie. Par ailleurs, il est ajouté, que « la Guinée équatoriale [...] souhaite continuer à chercher à déterminer ses frontières maritimes avec ses voisins par la voie de négociations », tout en étant aimable, n'est pas indispensable au succès de la requête.[1169] Elle « ne demande pas à la Cour de déterminer ses frontières » avec les Parties mais désire « protéger ses droits et ses intérêts [...] en soulignant qu'aucune frontière maritime entre le Cameroun et le Nigeria que la Cour pourrait déterminer ne doit couper la ligne médiane avec la Guinée équatoriale »[1170] et « faire connaître ses vues quant à la manière dont les revendications [des Parties ...] concernant leur frontière maritime pourraient ou non porter atteinte » à ses droits et intérêts[1171].

La cour, ayant elle-même décidé que l'intervenant non-partie rend inutile toute base de compétence consensuelle en dehors du Statut[1172] et après avoir noté l'absence d'objection du Cameroun[1173] et du

---

[1166] Juge Oda, Tunisie /Libye, CIJ, Recueil 1981, p. 28, para 11; Juge Schwebel, CIJ, Recueil 1981, p. 40; Juge Jennings, Libye/Malte, CIJ, Recueil 1984, p. 154, para 19; Juge Jiménez de Aréchaga, Recueil 1984, p. 58

[1167] Juge Mbaye, Libye/Malte, CIJ, Recueil 1984, p. 40

[1168] HOMAYOUN B., «Frontière terrestre et maritime (Cameroun c. Nigeria). Exceptions préliminaires, interprétation, intervention.», *op cit*, p. 409

[1169] *Frontière terrestre et maritime (Cameroun c. Nigeria),* CIJ, Ordonnance 5

[1170] *Ibid,* Ordonnance, 3.

[1171] *Ibid.*

[1172] Recueil CIJ 1990, p. 133, para 96.

[1173] Le Cameroun affirme qu'il « *n'a pas d'objection de principe à l'encontre » d'une intervention « limitée à la délimitation maritime »*. Observations écrites du Cameroun (*Frontière terrestre et maritime (Cameroun c. Nigeria),* Ordonnance 9).

Nigeria[1174], déclare que la Guinée équatoriale est autorisée à intervenir dans l'instance, conformément à l'article 62 du Statut, dans les limites, de la manière et aux fins spécifiées dans sa requête.[1175]

Il s'agit d'une simple application de sa décision prise en 1990. Dans la résolution des complexes débats relatifs à l'intervention du tiers dans le procès international, les contentieux de frontières maritimes africaines n'ont finalement pas joué un rôle déterminant. Un constat similaire se fera dans le traitement des mesures conservatoires.

Les mesures conservatoires

Le 18 janvier 1990 la Guinée-Bissau sollicita l'indication des mesures conservatoires dans l'affaire relative à la Sentence arbitrale du 31 juillet 1989 dont la question posée aux juges de La Haye concerne la validité d'une sentence arbitrale. La demande en indication des mesures conservatoires est liée à la survenance, avant et après la procédure orale, d'événements particuliers dans la zone qui, pour la Guinée-Bissau, reste en litige, alors que le Sénégal la considère comme sienne de façon certaine depuis le prononcé de la sentence.Dans sa demande en indication de mesures conservatoires, la Guinée-Bissau explique que ladite demande a été motivée par « des actes de souveraineté [du Sénégal] préjugeant de la décision qui doit être rendue au fond par la Cour et de la délimitation maritime qui interviendra par la suite entre les États » et sollicite de ce fait, l'indication de mesures conservatoires.

La CIJ a considéré depuis l'ordonnance rendue le 17 août dans les affaires relatives à la compétence en matière de pêcheries que « lorsqu'elle est saisie d'une demande en indication de mesures conservatoires », elle « n'a pas besoin, avant d'indiquer ces mesures de s'assurer de manière concluante de sa compétence quant au fond de l'affaire, mais qu'elle ne doit cependant pas appliquer l'article 41 du

---

1174 Le Nigeria partant du fait que « *la Guinée équatoriale ne cherche pas à intervenir en qualité de partie à l'instance* » *note que l'admission ou le rejet de la requête « ne change rien ... à la position du Nigeria ... ni la compétence de la Cour* ». Observations écrites du Nigeria (*Frontière terrestre et maritime (Cameroun c. Nigeria),* Ordonnance 10).
1175 *Frontière terrestre et maritime (Cameroun c. Nigeria),* CIJ, Ordonnance 16.

Statut lorsque son incompétence au fond est manifeste ».[1176] Elle s'est alignée sur cette jurisprudence en affirmant qu'en présence d'une demande en indication de mesures conservatoires, point besoin pour elle, avant de décider d'indiquer ou non de telles mesures, de s'assurer de manière définitive qu'elle a compétence quant au fond de l'affaire, mais qu'elle ne peut indiquer ces mesures que si les dispositions évoquées par le demandeur semblent *prima facie* constituer une base sur laquelle la compétence de la Cour pourrait être fondée[1177].

Par ces affirmations, la Cour se conforme à sa formulation habituelle et s'écarte de sa démarche dans l'affaire du Plateau Continental de la Mer Egée. Dans cette dernière, refusant d'indiquer des mesures conservatoires, elle avait évité l'allusion à la compétence *prima facie* en se contentant d'énoncer à l'époque : « que pour se prononcer sur la présente demande en indication de mesures conservatoires, la Cour n'est appelée à statuer sur aucune question relative à sa compétence pour connaître du fond »[1178]. Cette absence de mention de la compétence *prima facie* même pour une ordonnance renonçant à indiquer des mesures avait été sérieusement critiquée par des juges.[1179]

Dans l'affaire de la sentence arbitrale, elle s'est donc employée, à juste titre, de vérifier sa compétence *prima facie*[1180] pour se conformer à la démarche suivie depuis les affaires relatives à la Compétence en matière de pêcheries. *Primo*, la République de Guinée-Bissau soutenait que la Cour détient sa compétence des déclarations d'acceptation de la juridiction obligatoire de la Cour faites par les Parties conformément à l'article 36, paragraphe 2, du Statut de la Cour. *Secundo*, elle soutenait que la déclaration de la République du Sénégal a été faite le 22 octobre 1985 et déposée auprès du Secrétaire général de l'Organisation des Nations Unies le 2 décembre 1985, et que celle

---

[1176] CIJ Recueil, 1972, p. 15 et 33.

[1177] *Sentence arbitrale du 31 juillet 1989,* Guinée-Bissau c. Sénégal, Demande en indication de mesures conservatoires du 18 janvier 1990, CIJ, Ordonnance du 2 mars 1990 mesures conservatoires, para 20.

[1178] C.I.J. Rec. 1976, p. 13. Voir BETTATI M., «L'affaire du plateau continental de la Mer Egée devant la Cour Internationale de Justice, demande en indication de mesures conservatoires, ordonnance du 11 septembre 1976», *A.F.D.I.*, 1976, p. 105

[1179]Voir *Ibid,* p. 105, 106.

[1180] Sur la notion de compétence *prima facie*, voir entre autres PESCATORE P., « Les mesures conservatoires et les référés » in SFDI, *Colloque de Lyon, La juridiction internationale permanente*, Paris, Pedone,
1987, en particulier pp. 329-335.

de la République de Guinée-Bissau a été faite le 7 août 1989 et déposée le même jour auprès du Secrétaire général de l'Organisation des Nations Unies. *Tertio*, elle défendait que la déclaration de la Guinée-Bissau est sans réserves, alors que celle du Sénégal est assortie de réserves, dont la Guinée-Bissau affirme qu'aucune n'est pertinente au regard du présent différend[1181]. Le Sénégal fait toute réserve à ce stade sur la compétence de la Cour en ce qui concerne la demande au fond, et se déclare n'être pas convaincu que la Cour a compétence pour connaître de la demande principale mais qu'il ne souhaite pas, à ce stade, soulever la question de la compétence pour connaître de la demande principale, et qu'ainsi il ne se fonde pas à cet effet sur l'incompétence de la Cour quant au fond de l'affaire.[1182]

La Cour n'a pas bénéficié ici, comme dans l'affaire du Différend frontalier d'une saisine par compromis et de « demandes parallèles en indications de mesures conservatoires » lui permettant alors de tenir « pour manifestement acquise sa compétence pour indiquer de telles mesures ».[1183] Faisant son traditionnel rappel selon lequel, la décision rendue dans la procédure ne préjuge en rien la compétence de la Cour pour connaître du fond de l'affaire ni aucune question relative au fond lui-même, la Haute juridiction affirme détenir sa compétence *prima facie* eu égard aux deux déclarations faites conformément à l'article 36, paragraphe 2[1184].

Cette démarche n'est pas nouvelle. En effet, la Cour a choisi la formule moyenne qu'elle retient actuellement dans ce genre de circonstances notamment employée dans l'affaire des Activités militaires[1185] Elle ne s'est pas pour autant livrée à un examen, même sommaire, du contenu des déclarations se contentant de relever leur existence. Sans doute, « ces deux déclarations à elles seules ne pouvant suffire à assurer *prima facie* la compétence de la Cour sans aucune réticence, la combinaison de celles-ci avec l'absence

---

[1181] *Sentence arbitrale du 31 juillet 1989,* Guinée-Bissau c. Sénégal, Demande en indication de mesures conservatoires du 18 janvier 1990, CIJ, Ordonnance du 2 mars 1990 mesures conservatoires, para 19

[1182] *Ibid*, para 23.

[1183] *Différend frontalier* C.I.J. 1990 Rec. p. 8.

[1184] *Sentence arbitrale du 31 juillet 1989,* Guinée-Bissau c. Sénégal, Demande en indication de mesures conservatoires du 18 janvier 1990, CIJ, Ordonnance du 2 mars 1990 mesures conservatoires, para 22.

[1185] *Activités militaires*. CIJ, Rec. 1984, p. 180.

d'opposition du Sénégal a joué un rôle déterminant », constatait le Prof Gilles Cottereau.[1186]

Six ans environs après sa dernière ordonnance en indication des mesures conservatoires, le 2 mars 1990, dans l'affaire relative à la sentence arbitrale du 31 juillet 1989 (GUINÉE-BISSAU C. SÉNÉGAL), la Cour internationale de Justice (CIJ) s'est encore servie de cette procédure[1187] dans le litige frontalier opposant de nouveau deux États africains, le Cameroun et le Nigeria. En effet, par une lettre datée du 10 février 1996, l'agent du Cameroun, faisant référence aux graves incidents qui opposent les forces armées des deux Parties dans la péninsule de Bakassi depuis le 3 février 1996[1188], a envoyé à la Cour le texte d'une demande en indication de mesures conservatoires fondée sur les articles 41 du Statut et 73 du Règlement de la Cour[1189].

La particularité de cette nouvelle affaire par rapport à la précédente est la présentation des exceptions préliminaires par le Nigeria. Quelle devrait être l'attitude de la Cour onusienne dans de telles circonstances ? Une situation pareille avait déjà été portée devant la Haute juridiction dans l'ordonnance du 8 avril 1993, Application de la convention sur le génocide. A la réalité, avait précisé la CIJ, lorsque sont présentées des exceptions préliminaires, en présence d'une demande en indication de mesures conservatoires, la Cour doit vérifier

---

1186 COTTEREAU G., « *La sentence arbitrale du 31 juillet 1989 (Guinée-Bissau c. Sénégal). Demande en indication de mesures conservatoires. Ordonnance du 2 mars 1990.* », *Annuaire français de droit international*, volume 36, 1990. p. 379.

1187 A cette date, la CIJ a été saisie de dix-huit demandes en indication de mesures conservatoires depuis sa création. Sur ce nombre, une demande a fait l'objet d'un désistement (affaire du *Procès de prisonniers de guerre pakistanais*), une autre a été retirée (affaire des *Actions armées frontalières et transfrontalières* (Nicaragua c./Honduras)). Dans les seize autres affaires, la Cour a indiqué des mesures conservatoires dans neuf cas et a jugé que cela lui était impossible dans les sept autres.

1188 Les incidents se sont poursuivis dans le temps. Déjà le 8 février 1996, le ministre des relations extérieures de cet Etat a envoyé, un communiqué à la suite d'un incident armé survenu le 3 février 1996 dans la presqu'île de Bakassi.

1189 Dans sa requête, le Cameroun a prié la Cour d'indiquer les mesures conservatoires suivantes :« *1. les forces armées des Parties se retireront à l'emplacement qu'elles occupaient avant l'attaque armée nigériane du 3 février 1996 ;*

2. les Parties s'abstiendront de toute activité militaire le long de la frontière jusqu'à l'intervention de l'arrêt de la Cour ;

3. les Parties s'abstiendront de tout acte ou action qui pourrait entraver la réunion des éléments de preuve dans la présente instance».

si elles sont de nature à exclure sa compétence *prima facie* avant de décider d'indiquer ou non de telles mesures.[1190] On s'attendrait donc à ce que la CIJ examine si les huit exceptions préliminaires présentées par le Nigeria sont de nature à exclure *prima facie*, c'est-à-dire de manière provisoire et conjecturale, sa compétence. En conséquence, les observations et plaidoiries se sont focalisées principalement sur le respect de la condition de réciprocité et la bonne foi des deux Parties en ce qui concerne les exceptions de compétence[1191]. Sur ce point, la Cour internationale de Justice, va sans chercher à reprendre l'argument des parties, déclarer dans son ordonnance du 15 mars 1996 que « les déclarations faites par les Parties conformément au paragraphe 2 de l'article 36 de son Statut constituent *prima facie* une base sur laquelle sa compétence pourrait être fondée en l'espèce. ».[1192] Elle rejoint alors l'attitude adoptée dans l'affaire des Activités militaires et précédemment dans l'affaire de la Sentence arbitrale sans que dans ces dernières il n'a pas été question d'exception préliminaire.

De plus, dans ses exceptions préliminaires, le Nigeria a soutenu que la requête amendée du Cameroun, déposée le 6 juin 1994, est irrecevable pour deux raisons essentielles : le différend soumis par le Cameroun ne relèverait pas de la compétence de la Cour et la demande de mesures conservatoires du Cameroun ne serait pas incidente par rapport au fond du litige.[1193] Une fois encore, la Cour va donner raison au Cameroun en considérant que « la requête consolidée du Cameroun n'apparaît pas *prima facie* irrecevable au regard des exceptions préliminaires soulevées par le Nigeria » tout en s'abstenant d'opiner sur la question de savoir si, en présence d'une demande en indication de mesures conservatoires, la Cour doit, avant de décider d'indiquer ou non de telles mesures, s'assurer que la requête dont elle est saisie est *prima facie* recevable.[1194] Il est regrettable qu'elle n'a donné une position de principe sur la nécessité ou non de vérifier la

[1190] CIJ Recueil, 1993, pp. 11-12.

[1191] Pour plus de détails, voir *Supra*, Deuxième partie, Titre I, Chapitre I, Section I, para II, A.

[1192] *Frontière terrestre et maritime entre le Cameroun et le Nigéria*, mesures conservatoires, ordonnance du 15 mars 1996, C.I. J. Recueil 1996, para 28, p. 11.

[1193] Pour le résumé des plaidoiries en la matière, voir GARCIA T., « Les mesures conservatoires rendues par la Cour Internationale de Justice, le 15 mars 1996, dans le différend frontalier entre le Cameroun et le Nigeria. » In: *Annuaire français de droit international*, volume 42, 1996. pp. 414 à 418.

[1194] *Frontière terrestre et maritime entre le Cameroun et le Nigéria*, mesures conservatoires, ordonnance du 15 mars 1996, C.I. J. Recueil 1996, Para 33, p. 12.

recevabilité *prima facie* de la requête. Même dans les vérifications de compétence *prima facie* qu'elle a effectué, il n'eut pas d'évolution jurisprudentielle. Seuls les précédents ont été reconduits. Le TIDM ne fera pas exception. Elle adoptera la même attitude.

La dernière mesure conservatoire d'une affaire maritime purement africaine a été rendue par le Tribunal international du droit de la mer. Dans le cas de l'espèce, le pouvoir qu'a le Tribunal de rendre des mesures conservatoires lui vient de l'article 288 de la CNUDM. Ce dernier prévoit en effet qu' « [u]ne cour ou un tribunal visé à l'article 287 a compétence pour connaître de tout différend relatif à l'interprétation ou à l'application de la Convention qui lui est soumis conformément à la [partie XV] ».[1195]

La République du Ghana a introduit une instance contre la République de Côte d'Ivoire le 22 septembre 2014.[1196] A cette date, le Ghana et la Côte d'Ivoire n'étaient pas liés par une déclaration visée à l'article 287, paragraphe 1, de la Convention et étaient donc réputés, par le jeu du paragraphe 3 du même article, avoir accepté la procédure d'arbitrage prévue à l'annexe VII[1197]. Les consultations du 3 décembre 2014 entre la République du Ghana et la République de Côte d'Ivoire ont abouti à la conclusion d'un compromis soumettant la totalité du différend à une chambre spéciale du Tribunal international du droit de la mer sur le fondement de l'article 15, paragraphe 2, du Statut du Tribunal.[1198] Ce compromis, résultat d'un demi-siècle de négociation, d'abord sur la question de la délimitation de la frontière terrestre, ensuite sur celle de la frontière maritime, a été conclu suite aux oppositions des revendications entre les parties.

Pour le Ghana, pendant un demi-siècle, les deux Parties ont mutuellement reconnu et accepté une frontière maritime tracée par application de la règle de l'équidistance et ont ainsi donné effet à une frontière fondée sur l'équidistance dans leur pratique et par leur conduite. L'objet de la réunion ne serait donc que la matérialisation de

---

[1195] Article 288, paragraphe 1, de la CNUDM.

[1196] Ladite notification a été présentée sur le fondement des articles 286 et 287 et de l'annexe VII de la Convention des Nations Unies sur le droit de la mer de 1982 (« la Convention »).

[1197] Voir notification et exposé des conclusions de la République du Ghana (22 septembre 2014).

[1198] Ainsi, les deux Parties ont renoncé à la procédure d'arbitrage.

la frontière coutumière.[1199] La Côte d'Ivoire, tout en rejetant la ligne d'équidistance coutumière et même le principe de l'équidistance dans son intégralité, présente une ligne selon la « méthode du méridien géographique », qui suivait le méridien de 2°52' 11".[1200]

Alors que la procédure principale suivait son cours, la Côte d'Ivoire fit une demande d'indication de mesures conservatoires[1201], demande ayant conduit la cour à suspendre la procédure principale pour rendre une ordonnance. L'ordonnance a été rendue le 25 avril 2015.

Dans cette ordonnance, le Tribunal international du droit de la mer s'est prononcé sur la vérification préalable de compétence *prima facie* en affirmant qu'avant de prescrire des mesures conservatoires en vertu de l'article 290, paragraphe 1, de la Convention, la Chambre spéciale doit s'assurer qu'elle a, *prima facie*, compétence pour connaître du différend dont les Parties l'ont saisi le 3 décembre 2014 au sujet de la délimitation de la frontière maritime entre le Ghana et la Côte d'Ivoire dans l'océan Atlantique.[1202]

Cependant, la Chambre spéciale n'est pas allée loin dans son analyse sur la vérification de la compétence *prima facie*. Ce n'est d'ailleurs pas surprenant puisque les parties sont convenues que la Chambre spéciale a, *prima facie*, compétence pour connaître du différend soumis par le compromis ; la Chambre spéciale considère, *prima facie*, avoir compétence pour connaître du différend.

Il peut être retenu que, contrairement aux mesures conservatoires rendues par la CIJ dans les précédentes affaires maritimes africaines sur la base de l'article 36 paragraphe 2 de son statut, le TIDM tire sa compétence *prima facie* du compromis. Il est évident qu'à première vue, un compromis en tant que traité manifestant la volonté commune des deux parties à saisir le tribunal est une source qui,

---

[1199] TIDM/PV.17/A23/1, p 14.

[1200] Mémoire du Ghana, para. 3.105.

[1201] Voir au paragraphe 54 de la demande et dans les plaidoiries, les mesures conservatoires démandées par la Côte d'Ivoire à la Chambre spéciale. Le Ghana a sollicité de la Chambre spéciale qu'elle déboute la Côte d'Ivoire de toutes ses demandes de mesures conservatoires.

[1202] *Différend relatif à la délimitation de la frontière maritime entre le Ghana et la Côte d'ivoire dans l'océan atlantique, mesures conservatoires, Ordonnance du 25 avril 2015, TIDM,* p.10, para 34.

incontestablement, attribue la compétence *prima facie* au tribunal. Au même titre que la compétence, les deux juridictions ont abordé la question de l'objet des mesures conservatoires.

Avant de se prononcer sur une mesure conservatoire dans un contentieux maritime africain, la Haute juridiction avait déjà indiqué que l'objet des mesures conservatoires qu'elle rend est de protéger les droits des parties en litige devant le juge[1203] et que de telles mesures sont prises à titre provisoire et « en attendant l'arrêt définitif »[1204].

Dans l'affaire relative à la Sentence arbitrale du 31 juillet 1989 où il lui est demandé « d'indiquer, si elle estime que les circonstances l'exigent, quelles mesures conservatoires du droit de chacun doivent être prises à titre provisoire »[1205], le demandeur soutenait que le différend de base concerne les prétentions conflictuelles des Parties relatives au contrôle, à l'exploration et à l'exploitation d'espaces maritimes, que les mesures demandées ont pour objet de préserver l'intégrité du territoire maritime concerné et que le rapport exigible entre les mesures conservatoires demandées par la Guinée-Bissau et l'affaire justiciable existe bien.[1206]

La CIJ s'est refusée d'indiquer lesdites mesures au motif qu'il n'existe pas de lien entre les mesures envisagées et l'objet de l'instance pendante devant la Cour. En clair, il faut un lien entre l'objet des mesures envisagées et l'objet de l'instance principale. Cette condition ne serait pas remplie dans le cas de l'espèce. En effet, la requête introductive d'instance priant la Cour de dire et juger que la sentence arbitrale de 1989 est « frappée d'inexistence et ou, subsidiairement, « frappée de nullité » et que « c'est donc à tort que le Gouvernement du Sénégal prétend imposer à celui de la Guinée-Bissau l'application de la prétendue sentence du 31 juillet 1989 », la cour constate qu'une décision de la Cour selon laquelle la sentence est inexistante ou nulle n'impliquerait en aucune manière que la Cour décide que les prétentions de la demanderesse, en ce qui concerne la délimitation

---

[1203] *Plateau continental de la mer Egée*, C.I.J. Recueil 1976, p. 9, para 25 ; *Personnel diplomatique et consulaire des Etats-Unis à Téhéran,* C.I.J. Recueil 1979, p. 19, para 36.
[1204] Article 41, paragraphe 2, du Statut.
[1205] *Sentence arbitrale du 31 juillet 1989*, mesures conservatoires, ordonnance du 2 mars 1990, C.I.J. Recueil 1990, para 24, p. 69.
[1206] *Ibid*, para 25, p. 70.

maritime contestée, sont fondées, en tout ou en partie et qu'ainsi le différend relatif à ces prétentions ne sera pas réglé par l'arrêt de la Cour[1207]. Ainsi, les droits allégués dont il est demandé qu'ils fassent l'objet de mesures conservatoires ne sont pas l'objet de l'instance pendante devant la Cour sur le fond de l'affaire et qu'aucune mesure de ce genre ne saurait être incorporée dans l'arrêt de la Cour sur le fond.[1208] Pour ce défaut de lien en objet des mesures demandées et objet de l'affaire principale, la cour refuse d'ordonner des mesures conservatoires.

Même si la Cour ne fait mention d'aucune jurisprudence antérieure en appui à sa décision, la question du lien entre les mesures demandées et le différend n'est pas nouvelle. Déjà, l'existence du lien était une obligation sous l'ancien règlement de la Cour[1209] et c'est à ce titre que dans l'affaire des Pêcheries, la cour a exprimé son désaccord face au fait que le Gouvernement islandais semblait « mettre en doute le lien qui doit exister en vertu de l'article 61 paragraphe 1, du Règlement entre une demande en indication de mesures conservatoires et la requête initiale » en considérant dans son ordonnance que la demande était « directement liée à la requête déposée le 14 avril 1972 ».[1210] Malgré la nouvelle rédaction du Règlement qui dit juste que « une partie peut présenter une demande en indication de mesures conservatoires par écrit à tout moment de la procédure engagée en l'affaire au sujet de laquelle la demande est introduite »[1211], la cour est restée rigidement collée à sa jurisprudence de l'affaire des Pêcheries. Se limitant à l'absence de lien, la cour s'est abstenue de se prononcer sur les trois arguments de l'avocat et conseil de Guinée-Bissau : éviter un préjudice irréparable, empêcher toute anticipation de la décision au fond, prévenir l'aggravation du différend. L'affaire de la Frontière terrestre et maritime entre le Cameroun et le Nigeria s'y emploie en partie.

1207 *Ibid*, para 27, p. 70.
1208 *Ibid*, para 26, p. 70.
1209 Dans l'ancien Règlement l'article 61 paragraphe 1 disposait *«qu'une demande en indication de mesures conservatoires peut être présentée à tout moment au cours de la procédure relative à l'affaire au sujet de laquelle elle est introduite»*. Un lien était donc exigé avec l'affaire introduite.
1210 Cité par COTTEREAU G., *« La sentence arbitrale du 31 juillet 1989 (Guinée-Bissau c. Sénégal). Demande en indication de mesures conservatoires. Ordonnance du 2 mars 1990. »*, *op cit*, p. 387
1211 Voir article 73 du Règlement CIJ.

Dans cette affaire, la CIJ a décidé que le pouvoir d'indiquer des mesures conservatoires a pour objet de sauvegarder le droit de chacune des Parties en attendant que la Cour rende sa décision, et présuppose qu'un préjudice irréparable ne doit pas être causé aux droits en litige dans une procédure judiciaire; qu'il s'en suit que la Cour doit se préoccuper de sauvegarder par de telles mesures les droits que l'arrêt qu'elle aura ultérieurement à rendre pourrait éventuellement reconnaître, soit au demandeur, soit au défendeur et considérant que de telles mesures ne sont justifiées que s'il y a urgence.[1212] De plus, elle considère qu'en vertu de l'article 41 de son Statut, elle a « le pouvoir d'indiquer des mesures conservatoires en vue d'empêcher l'aggravation ou l'extension du différend quand elle estime que les circonstances l'exigent ».[1213] C'est d'ailleurs sur cette base qu'elle rendit quatre mesures.[1214] Ces mesures ont été appelées des mesures conservatoires à caractère militaire.

Cette affaire donne de tirer une conclusion essentielle : les mesures conservatoires de la CIJ ont pour objet d'éviter un préjudice irréparable aux droits en litige et d'empêcher l'aggravation ou l'extension du différend. Le TIDM est en phase avec ces objets mais ajoute un troisième.

Dans l'ordonnance en indication de mesures conservatoires rendue en l'affaire relative à la Délimitation de la frontière maritime entre le

---

[1212] *Frontière terrestre et maritime entre le Cameroun et le Nigéria, mesures conservatoires, ordonnance du 15 mars 1996, C.I.J, Recueil 1996, Para 35,* pp. 12-13.

[1213] *Différend frontalier, mesures conservatoires, ordonnance du 10 janvier 1986, C.I.J. Recueil 1986, p. 9, para 18.*

[1214] A l'unanimité elle a ordonné que « *les deux Parties veillent à éviter tout acte, et en particulier tout acte de leurs forces armées, qui risquerait de porter atteinte aux droits de l'autre Partie au regard de tout arrêt que la Cour pourrait rendre en l'affaire, ou qui risquerait d'aggraver ou d'étendre le différend porté devant elle*». Par seize voix contre une, elle a indiqué que « *les deux Parties se conforment aux termes de l'accord auquel sont parvenus les ministres des affaires étrangères à Kara (Togo), le 17 février 1996, aux fins de l'arrêt de toutes les hostilités dans la presqu'île de Bakassi* ». Par douze voix contre cinq, elle a prescrit que « *les deux Parties veillent à ce que la présence de toutes forces armées dans la presqu'île de Bakassi ne s'étende pas au-delà des positions où elles se trouvaient avant le 3 février 1996* ». Par seize voix contre une, elle a ordonné que « *les deux Parties prêtent toute l'assistance voulue à la mission d'enquête que le Secrétaire général de l'Organisation des Nations Unies a proposé de dépêcher dans la presqu'île de Bakassi*».

Ghana et la Côte d'Ivoire dans l'océan Atlantique, la chambre spéciale a indiqué que l'objet des mesures conservatoires est soit de préserver les droits respectifs des Parties en litige soit d'empêcher que le milieu marin ne subisse de dommages graves en attendant la décision définitive.[1215] Subséquemment, les mesures conservatoires rendues par le tribunal ont deux objets : la préservation des droits respectifs des Parties en litige et le fait d'éviter que le milieu marin ne subisse de dommages graves. Des détails ont été apportés à chacun des deux objets dans la jurisprudence antérieure du tribunal ou dans l'ordonnance du 25 avril 2015.

Pour ce qui concerne la préservation des droits respectifs des Parties en litige, le tribunal avait affirmé dans l'affaire du Navire « Louisa » (Saint-Vincent-et-les Grenadines c. Royaume d'Espagne), qu'il doit exister qu'« un risque réel et imminent qu'un préjudice irréparable soit causé aux droits des parties en litige » pour que le tribunal puisse ordonner des mesures conservatoires.[1216] Il ressort de cette jurisprudence que deux conditions cumulatives doivent être réunies : l'urgence et le préjudice irréparable.

Dans ses décisions antérieures, la CIJ avait établi que l'urgence requise pour exercer le pouvoir de prescrire des mesures conservatoires traduit la nécessité de prévenir le risque réel et imminent qu'un préjudice irréparable soit causé aux droits en litige avant que la décision définitive ne soit rendue[1217]. Dans sa décision du 25 avril 2015, le tribunal définit le contenu de la deuxième condition. Il estime en effet, qu'il y a un risque de préjudice irréparable lorsque « les activités entraînent une modification importante et permanente

[1215] *Différend relatif à la délimitation de la frontière maritime entre le Ghana et la Côte d'ivoire dans l'océan atlantique, mesures conservatoires, Ordonnance du 25 avril 2015, TIDM,* P 11, Para 39.

[1216] *Navire « Louisa » (Saint-Vincent-et-les Grenadines c. Royaume d'Espagne), mesures conservatoires*, ordonnance du 23 décembre 2010, TIDM Recueil 2008-2010, p. 69, para 72

[1217] Voir Construction d'une route au Costa Rica le long du fleuve San Juan (Nicaragua c. Costa Rica) ; Certaines activités menées par le Nicaragua dans la région frontalière (Costa Rica c. Nicaragua), mesures conservatoires, ordonnance du 13 décembre 2013, C.I.J. Recueil 2013, p. 405, para 25.

du caractère matériel de la zone en litige et que ladite modification ne peut être réparée complètement par une indemnisation financière »[1218].

Dans l'affaire qui opposa le Ghana à la Côte d'Ivoire, le tribunal, ayant déterminé les conditions dans lesquelles il peut indiquer des mesures conservatoires pour cause d'existence d'un risque imminent de préjudice irréparable, a considéré que la décision d'indication de ces mesures ne peut être prise qu'au cas par cas en prenant en considération tous les facteurs pertinents[1219]. Il s'applique donc à analyser les mesures sollicitées par la Côte d'ivoire sur cette base et décide d'y faire droit. En effet, la Côte d'Ivoire revendique trois droits souverains[1220] qui seraient menacés par les activités de forage[1221] et la collecte d'informations relatives aux ressources naturelles de la zone litigieuse[1222] du Ghana. La Chambre spéciale, après un long développement, est parvenue à la conclusion que la Côte d'Ivoire a présenté suffisamment d'éléments démontrant que les droits qu'elle cherche à protéger dans la zone en litige sont plausibles et qu'il existe un lien entre les droits revendiqués par la Côte d'Ivoire et les mesures conservatoires qu'elle sollicite. Ce dernier critère de lien entre les mesures sollicités et les droits revendiqués dans l'action principale était établi par la CIJ[1223] et appliqué par le tribunal dans ses

---

1218 *Différend relatif à la délimitation de la frontière maritime entre le Ghana et la Côte d'ivoire dans l'océan atlantique, mesures conservatoires*, Ordonnance du 25 avril 2015, TIDM, P20, Para 89.

1219 *Ibid*, p.11, Para 43.

1220 *Ibid*, paras 46 à 50.

1221 La Côte d'Ivoire affirme que le forage est par nature irréversible, puisque la roche, une fois broyée, ne peut se reconstituer. Un puits peut être bouché avec du ciment, mais son cuvelage demeure. La remise en l'état du sous-sol est donc impossible. Le critère de l'atteinte physique permanente et irréversible aux fonds marins et au sous-sol dégagé par la jurisprudence est donc rempli dans le cas d'espèce ;

1222 La Côte d'Ivoire soutient que *« [l]a collecte passée et en cours par le Ghana, et des sociétés pétrolières privées, d'informations relatives aux ressources naturelles de la zone litigieuse constitue une atteinte grave aux droits en litige de la Côte d'Ivoire »* et que le préjudice ainsi subi est *« irréversible en ce sens que le retour à la situation ex ante sera impossible du fait que l'information aura circulé et que contrairement à une ressource vivante, le pouvoir de négociation ne pourra pas se régénérer seul »*.

1223 Voir *Supra*, Première partie, Titre I, Chapitre I, Section II, para II, B, 1.

précédentes décisions[1224]. Il a décidé alors d'accéder à la demande de la Côte d'Ivoire[1225].

Pour ce qui concerne l'indication des mesures conservatoires pour empêcher que le milieu marin ne subisse des dommages graves, la Chambre spéciale, ayant pris note des positions de la Côte d'Ivoire[1226] et du Ghana[1227], a estimé que la demanderesse n'a pas apporté de preuve suffisante pour appuyer ses allégations selon lesquelles les activités menées par le Ghana dans la zone litigieuse seraient de nature à créer un risque imminent de dommages graves au milieu marin.[1228] Néanmoins, elle a ordonné aux dispositifs c et d que « le Ghana exercera un contrôle rigoureux et continu sur les activités menées par lui, ou avec son autorisation, dans la zone litigieuse pour empêcher tout dommage grave au milieu marin » et que « les Parties prendront toutes les mesures nécessaires pour prévenir tout dommage grave au milieu marin, y compris le plateau continental et ses eaux subjacentes, dans la zone litigieuse, et coopéreront à cette fin »[1229].

Ces mesures ont été prises par le tribunal sur la base des obligations qui incombent aux États en vertu des articles 192[1230] et 193[1231] de la

---

1224 Voir *Certaines activités menées par le Nicaragua dans la région* frontalière (Costa Rica c. Nicaragua), mesures conservatoires, ordonnance du 8 mars 2011, C.I.J. Recueil 2011, p. 18, para 54.

1225 Voir Conclusions 1 a et 1 b du dispositif de l'ordonnance.

1226 La Côte d'Ivoire soutient « *que les activités pétrolières menées à ce jour par et pour le compte du Ghana, que ce soit dans la zone litigieuse ou à sa proximité, ont déjà donné lieu à des épisodes de pollution* », et que l'indice principal du manque de diligence du Ghana réside dans « *son absence de surveillance effective des activités pétrolières » et dans « l'insuffisance de son cadre législatif* »

1227 Le Ghana soutient que « *depuis le début des opérations Jubilee, il n'y a pas eu d'incident de pollution qui ait donné lieu à une marée noire qui ait atteint les rivages du Ghana* », qu'un suivi constant est requis par la loi et que la législation ghanéenne de protection de l'environnement est au nombre des plus exigeantes de la région.

1228 *Différend relatif à la délimitation de la frontière maritime entre le Ghana et la Côte d'ivoire dans l'océan atlantique, mesures conservatoires*, Ordonnance du 25 avril 2015, TIDM, p.15, para 67.

1229 *Différend relatif à la délimitation de la frontière maritime entre le Ghana et la Côte d'ivoire dans l'océan atlantique, mesures conservatoires*, Ordonnance du 25 avril 2015, TIDM, p23, para 108.

1230 Selon cet article, les Etats ont l'obligation de protéger et de préserver le milieu marin (voir *Navire « Louisa » (Saint-Vincent-et-les Grenadines c. Royaume d'Espagne), mesures conservatoires, ordonnance du 23 décembre 2010, TIDM Recueil 2008-2010*, p. 70, para 76).

CNDM et eu égard à sa jurisprudence sur la nécessité d'« agir avec prudence et précaution pour éviter tout dommage grave au milieu marin »[1232] et sur le droit que détient le Tribunal de considérer approprié de préserver la Convention de prévenir la pollution du milieu marin conformément à l'article 290 de la Convention.[1233]

Il convient également de remarquer que dans l'ordonnance du 25 avril 2015, la Chambre spéciale a fait trois rappels importants : le premier, le caractère provisoire de toute ordonnance en indication de mesures provisoires, le deuxième, le fait pour l'une ou l'autre partie d'agir ou de s'abstenir d'agir pour éviter l'aggravation ou l'extension du différend ne saurait nullement être interprété comme une renonciation à l'une quelconque de ses prétentions ou comme une reconnaissance des prétentions de la partie adverse[1234] et le troisième étant que la présente ordonnance ne préjuge en rien la question de la compétence de la Chambre spéciale pour connaître du fond de l'affaire, ni aucune question relative au fond lui-même, et qu'elle laisse intacts les droits respectifs du Ghana et de la Côte d'Ivoire de

---

1231 Selon cet article, le droit souverain qu'a les Etats d'exploiter leurs ressources naturelles s'exerce « *conformément à leur obligation de protéger et de préserver le milieu marin* ».

1232 *Navire « Louisa » (Saint-Vincent-et-les Grenadines c. Royaume d'Espagne), mesures conservatoires, ordonnance du 23 décembre 2010, TIDM Recueil 2008-2010*, p. 70, para 77 ; voir aussi *Thon à nageoire bleue (Nouvelle-Zélande c. Japon; Australie c. Japon), mesures conservatoires, ordonnance du 27 août 1999, TIDM Recueil 1999*, p. 296, para 77 ; *Responsabilités et obligations des Etats dans le cadre d'activités menées dans la Zone, avis consultatif, 1er février 2011, TIDM Recueil 2011*, p. 46, para 132.

1233 *Usine MOX (Irlande c. Royaume-Uni), mesures conservatoires, ordonnance du 3 décembre 2001, TIDM Recueil 2001*, p. 110, para 82 ; voir aussi *Travaux de poldérisation par Singapour à l'intérieur et à proximité du détroit de Johor (Malaisie c. Singapour), ordonnance du 10 septembre 2003, TIDM Recueil 2003*, p. 25, para 92 ; *Demande d'avis consultatif soumise par la Commission Sous-Régionale des Pêches, avis consultatif, 2 avril 2015*, para 140

1234 Voir *Navire « SAIGA » (No. 2) (Saint-Vincent-et-les-Grenadines c. Guinée), mesures conservatoires, ordonnance du 11 mars 1998, TIDM Recueil 1998*, p. 39, para 44 ; *Navire « Louisa » (Saint-Vincent-et-les Grenadines c. Royaume d'Espagne), mesures conservatoires, ordonnance du 23 décembre 2010, TIDM Recueil 2008-2010*, p. 70, para 79 ; *« Arctic Sunrise » (Royaume des Pays-Bas c. Fédération de Russie), mesures conservatoires, ordonnance du 22 novembre 2013, TIDM Recueil 2013*, p. 251, para 99.

faire valoir leurs moyens en ces matières.[1235] Ces rappels du tribunal ne sont qu'une confirmation de sa jurisprudence antérieure[1236] relativement à la distinction d'objet entre la procédure des mesures conservatoires et la procédure au fond.

[1235] *Différend relatif à la délimitation de la frontière maritime entre le Ghana et la Côte d'ivoire dans l'océan atlantique, mesures conservatoires*, Ordonnance du 25 avril 2015, TIDM, P22, Para 103.

[1236] Voir *Navire « Louisa » (Saint-Vincent-et-les Grenadines c. Royaume d'Espagne), mesures conservatoires, ordonnance du 23 décembre 2010, TIDM Recueil 2008-2010*, p. 70, para 80 ; *« ARA Libertad » (Argentine c. Ghana, mesures conservatoires, ordonnance du 15 décembre 2012, TIDM Recueil 2012,* p. 350, para 106 ; *« Arctic Sunrise » (Royaume des Pays-Bas c. Fédération de Russie), mesures conservatoires, ordonnance du 22 novembre 2013, TIDM Recueil 2013*, p. 251, para 100.

CHAPITRE II : L'autorité de la chose jugée

L'autorité de la chose jugée suppose le caractère définitif d'une décision de justice : toute décision juridictionnelle internationale définitive, arbitrale ou judiciaire est revêtue de l'autorité de la chose jugée, « même si l'instance est repartie en plusieurs phases ».[1237] A cet effet, le statut de la CIJ affirme que tout arrêt rendu par la Cour est « définitif et sans recours ».[1238] Il est renforcé dans ce sens par la Charte des Nations Unies qui prévoit que chaque membre s'engage à se conformer à la décision de la Cour internationale de justice dans tout litige auquel il est partie.[1239] L'affaire est jugée par ses dispositifs et donc de règle, l'obligation d'exécuter l'acte juridictionnel s'attache à ce qui a été véritablement décidé dans le seul dispositif.[1240] Néanmoins, les motifs peuvent laisser entrevoir des décisions car, ainsi que l'affirme la Cour permanente d'arbitrage dans la sentence du 14 octobre 1902 en l'affaire des Fonds Pieux des Californies, « toutes les parties d'un jugement ou d'un arrêt concernant les points débattus au litige s'éclairent et se complètent mutuellement et... elles servent toutes à préciser le sens et la portée du dispositif, à déterminer, les points sur lesquels il y a chose jugée et qui partant ne peuvent être remis en cause ».[1241] Certaines procédures peuvent servir ou être utilisées pour remettre en cause l'autorité de la chose jugée d'une décision juridictionnelle. L'expérience africaine de ces procédures s'est traduite par des demandes en révisions expresses des décisions de la CIJ (SECTION I) et des contestations des sentences arbitrales (SECTION II) qui se sont heurtées à une réaction protectrice de la Cour mondiale.

1237 SANTULLI C., *op cit,* p. 473.

1238 Voir article 60 du statut de la CIJ.

1239 Voir 94 de la Charte des Nations Unies.

1240 Voir article 60 du statut de la CIJ.

1241 Sentence de la CPA du 14 octobre 1902 en l'affaire des *Fonds Pieux des Californies* (Etats-Unis d'Amérique/Mexique), RSA, Vol IX, pp. 11 à 14.

SECTION I : L'autorité de la chose jugée des décisions judiciaires

La force de vérité légale des constats juridictionnels ou *res iudidicata pro veritate habetur* n'est pas absolue. Le caractère obligatoire de tout arrêt est, en réalité, limité à l'instance : c'est l'autorité relative de la chose jugée.[1242] Elle suppose que la valeur obligatoire de l'arrêt est limitée à la triple identité de parties, de cause et d'objet. De plus, l'autorité de la chose jugée ne fait pas obstacle à l'institutionnalisation des procédures qui permettent de remettre en cause la décision ou d'obtenir sa modification. Les contentieux des frontières maritimes africaines nous montrent la possibilité d'une remise en cause des décisions devant la CIJ. Lorsque la contestation est fragrante, la protection de la cour en faveur de la chose jugée l'est également. De même, la haute juridiction ne manque d'exercer une protection implicite en cas d'une remise en cause implicite.

L'opposition du juge aux révisions expresses des arrêts

Les conventions de La Haye avaient déjà accepté l'éventualité d'une révision - en 1899 - et d'une interprétation - en 1907 - des sentences arbitrales. Pour la Cour internationale de Justice, ce sont l'article 61 du statut et l'article 99 du Règlement qui réglementent la procédure. L'article 61 du Statut détermine de manière détaillée l'objectif et la procédure de révision. Premièrement, l'article prévoit que : « La révision de l'arrêt ne peut être éventuellement demandée à la Cour qu'en raison de la découverte d'un fait de nature à exercer une influence décisive et qui, avant le prononcé de l'arrêt était inconnu de la Cour et de la partie qui demande la révision, sans qu'il y ait, de sa part, faute à l'ignorer. ». Deuxième, il prévoit que « La procédure de révision s'ouvre par un arrêt de la Cour constatant expressément l'existence du fait nouveau, lui reconnaissant les caractères qui donnent ouverture à la révision, et déclarant de ce chef la demande recevable. ». En troisième position l'article affirme que : « La Cour peut subordonner l'ouverture de la procédure en révision à l'exécution préalable de l'arrêt. ». Pour finir, il dit que « La demande en révision devra être formée au plus tard dans le délai de six mois après la

[1242] Voir Article 59 du statut de la CIJ.

découverte du fait nouveau » et qu' « une demande de révision ne pourra être formée après l'expiration d'un délai de dix ans à dater de l'arrêt ».

L'article 99 du Règlement précise les différentes étapes nécessaires pour cette procédure. D'abord, dit-il : « Une demande en révision d'un arrêt est introduite par une requête contenant les indications nécessaires pour établir que les conditions prévues à l'article 61 du Statut sont remplies. Les documents à l'appui sont annexés à la requête. La partie adverse a le droit de présenter des observations écrites sur la recevabilité de la requête dans un délai fixé par la Cour ou, si elle ne siège pas, par le Président. » Il faut faut préciser que « Ces observations sont communiquées à la partie dont émane la requête. ». Ensuite, « Avant de rendre son arrêt sur la recevabilité de la requête, la Cour peut donner à nouveau aux parties la possibilité de présenter leurs vues à ce sujet. ». Alors, « Si la requête est déclarée recevable, la Cour fixe, après s'être renseignée auprès des parties, les délais pour toute procédure ultérieure qu'elle estime nécessaire sur le fond de la demande. ». Et, « Si la Cour décide de subordonner l'ouverture de la procédure à une exécution préalable de l'arrêt, elle rend une ordonnance à cet effet. ».

C'est en application de ces dispositions que la Tunisie introduit une requête introductive d'instance le 27 juillet 1984. Conformément à l'article 61 qui stipule que « la révision de l'arrêt ne peut être éventuellement demandée à la Cour qu'en raison de la découverte d'un fait de nature à exercer une influence décisive et qui, avant le prononcé de l'arrêt, était inconnu de la Cour et de la partie qui demande la révision, sans qu'il y ait, de sa part, faute à l'ignorer », la demanderesse affirme que le fait qui était inconnu de la Cour et d'elle-même avant le prononcé de l'arrêt du 24 février 1982 est le texte de la résolution du conseil des ministres libyen du 28 mars 1968 déterminant le véritable tracé de la limite nord-ouest d'une concession pétrolière, dite concession n° 137, accordée par la Libye, et dont il est fait état dans l'arrêt de 1982.[1243] Ainsi, la Tunisie affirme que le tracé de cette limite est très différent de celui résultant des diverses descriptions données par la Libye devant la Cour lors de la procédure

---

[1243] *Plateau continental (Tunisie/Jamahiriya arabe libyenne),* arrêt, C.I.J. Recueil 1982, p. 198, para 11.

relative à l'arrêt de 1982.[1244] En effet, la demande en révision part du dispositif de l'arrêt du 24 février 1982 qui définit le point de départ de la ligne de délimitation en ces termes : « l'intersection de la limite extérieure de la mer territoriale des Parties et d'une ligne droite tirée du point frontière de Ras Ajdir et passant par le point 33" 55' N 12" E, à un angle de 26" environ à l'est du méridien, correspondant à l'angle de la limite nord-ouest des concessions pétrolières libyennes nos NC 76, 137, NC 41 et NC 53, laquelle est alignée sur la limite sud-est du permis tunisien dit Permis complémentaire offshore du golfe de Gabès ».[1245]

La limite extérieure de la mer territoriale des Parties étant connue, il reste la question de la définition de la ligne dont l'intersection avec cette limite va déterminer le point de départ de la délimitation, ligne désignée par le plaignant dans sa requête comme étant « la ligne déterminante».[1246] La définition de cette ligne déterminante fait appel à trois facteurs distincts. Tel que résumé par le Professeur DECAUX Emmanuel, la « ligne déterminante » est d'abord définie par la jonction du point frontière de Ras Ajdir et du point 33° 55'N 12° E (point P), ensuite doit former un angle de 26° « environ » à l'est du méridien et enfin doit correspondre à l'alignement des permis libyens et tunisiens, la Cour fondant son raisonnement sur le non-chevauchement des permis.[1247] A ces trois critères de la définition de la ligne, s'ajoute celui de la limite extérieure de la mer territoriale des Parties. Selon M. Virally, plaidant au nom de la Tunisie, « la méthode définie par la Cour repose donc sur la coïncidence des résultats obtenus par l'emploi de (ces) quatre critères », mais à relire l'arrêt de 1982, il apparaît nettement que « le point le plus important « a trait au comportement des Parties » selon les termes mêmes (du) paragraphe 117 de l'arrêt »[1248].

[1244] Voir la requête, p. 26, para 50.
[1245] *Plateau continental (Tunisie/Jamahiriya arabe libyenne),* arrêt, C.I.J. Recueil 1982, para 133, Conclusion 2
[1246] Requête p. 6, paragraphe 8.
[1247] DECAUX E., « L'arrêt du 10 décembre 1985 de la Cour internationale de Justice sur la demande en révision et en interprétation de l'arrêt du 24 février 1982 en l'affaire du plateau continental (Tunisie/Libye). », *Annuaire français de droit international*, volume 31, 1985. p. 331.
[1248] CR 1985/13, p. 54.

Pour comprendre la demande tunisienne, il faut recourir aux motifs relatifs aux méthodes de délimitation de l'arrêt de 1982 dans laquelle la Cour a signalé une circonstance particulière, ayant trait au comportement des Parties, à laquelle les méthodes préconisées par celles-ci n'attribuaient pas à son avis un « poids suffisant »[1249] De plus, la Cour a affirmé que la délimitation doit s'opérer conformément à des principes équitables en tenant compte de toutes les circonstances pertinentes et que celles-ci comprenaient : « la frontière terrestre entre les Parties et l'attitude adoptée par elles avant 1974 en matière d'octroi de concessions et permis pétroliers, qui s'est traduite par l'utilisation d'une ligne partant de Ras Ajdir et se dirigeant vers le large selon un angle d'approximativement 26' à l'est du méridien, laquelle ligne correspond à la ligne perpendiculaire à la côte au point frontière observée dans le passé comme limite maritime *de facto* ».[1250]

Il s'en suit que la Cour accordait beaucoup d'importance aux comportements des parties relativement aux permis pétroliers qu'ils ont accordés. La Tunisie estimait que la résolution du conseil des ministres libyen de 1968 était d'une influence décisive car elle contredisait les affirmations libyennes sur lesquelles s'était fondée la Cour en 1982. Attendu que la solution de 1982 reposait sur l'idée d'alignement entre les concessions tunisiennes et libyennes, et sur l'absence de chevauchement entre elles, elle avançait trois arguments tirés du « fait nouveau » :

- la limite ouest de la concession n° 137 en revanche n'est pas à 26° du méridien car le point X est à 33010'Nll°35'E;

- la ligne en escalier formant la limite du permis tunisien ne peut devenir une ligne droite ;

- la limite nord-ouest de la concession n° 137 n'est pas alignée sur la limite sud-est du permis tunisien de 1966.

Mais doit-on voir dans cette demande en révision tunisienne une remise en cause de l'Arrêt de 1982 ? Sans doute. On se souvient des auteurs tels que le Professeur Torres-Bernardez qui remarquent l'ambivalence des intérêts des États face à ces genres de procédures,

---

[1249] *Plateau continental (Tunisie/Jamahiriya arabe libyenne),* arrêt, C.I.J. Recueil 1982, pp. 83-84, para 117.
[1250] *Ibid,* p. 93, para 133 B 4.

alliant la crainte de voir affaiblir le principe de l'immutabilité de la chose jugée et les avantages de pouvoir attaquer certaines décisions[1251]. Pourtant, la Tunisie s'en défend. M. Lazreg, agent tunisien, avait en effet tenu à préciser que : « la Tunisie revient donc aujourd'hui devant vous parce qu'elle n'a pas pu s'entendre avec la Jamahiriya arabe libyenne sur l'application de l'arrêt du 24 février 1982. Cet échec est dû d'une part aux difficultés apparues au stade de l'application de l'arrêt et d'autre part à l'inflexibilité de la partie libyenne qui a refusé de discuter de ces difficultés ».

Il précise que son gouvernement n'a agi qu' « après mûre réflexion et à un moment où il avait épuisé les moyens de contact aux niveaux techniques, diplomatiques et politiques et où il a découvert un fait jusqu'alors inconnu et essentiel ».[1252] Il aboutit à la conclusion qu'il : « serait absurde de chercher à expliquer la position de la Tunisie par une simple mise en cause d'un arrêt qui émane de la plus haute instance de justice internationale ou par des procédés dilatoires pour retarder la mise en application de l'arrêt, comme si la Tunisie devait gagner quelque chose en ce faisant ».[1253]

Néanmoins, le fait que plusieurs auteurs aient relevé que la Tunisie peut s'estimer avoir été peu favorisée par l'arrêt rendu en 1982 et que, par exemple, Emmanuel DECAUX précise que cette amertume se comprend d'autant mieux que l'arrêt est partiellement fondé sur des arguments historiques qui ont pu prendre de court la Tunisie, lui laissant le sentiment qu'elle avait été prise au dépourvu ou mal défendue, on ne peut s'empêcher de croire qu'il s'agit d'une remise en cause de l'arrêt initial. Pour se défendre et sans d'abord se prononcer sur les arguments de fond de la Tunisie, la Libye s'attaque à la recevabilité de la requête.

L'irrecevabilité soulevée par la Libye est liée à trois conditions prévues par l'article 61 du statut qui ne seraient pas remplies. En effet, trois conditions doivent être remplies selon cet article. La première est la « découverte d'un fait de nature à exercer une influence décisive et qui, avant le prononcé de l'arrêt, était inconnu de la Cour et de la partie qui demande la révision, sans qu'il y ait, de sa part, faute à

[1251] CR 1985/13, p. 15.
[1252] CR 1985/13, p. 16.
[1253] CR 1985/13, p. 19.

l'ignorer »[1254]. La deuxième est que la demande doit être formulée au plus tard dans un délai de six mois après la découverte du fait nouveau et la troisième tient au fait qu'aucune demande de révision ne pourra être présentée après l'expiration d'un délai de dix ans à dater de l'arrêt.[1255] Dans une démonstration très rigoureuse, le Professeur QUENEUDEC précise que l'irrecevabilité soulevée par la Libye vise à établir : « que la Tunisie avait connaissance du fait qu'elle invoque aujourd'hui au moment où l'arrêt de 1982 a été rendu, ou en tout cas plus de six mois avant le dépôt de la requête en révision ; - que si la Tunisie n'en avait pas connaissance il y avait, de sa part, faute à l'ignorer ; - et que la Tunisie n'a pas établi que le fait découvert était 'de nature à exercer une influence décisive »[1256].

Sans se pencher sur « l'influence décisive » du fait nouveau tunisien[1257], le Juge universel examine dans un premier temps l'une des allégations libyennes selon laquelle la condition de l'ignorance non fautive d'un fait nouveau n'est pas respectée. Pour rappel, la Tunisie soutient que le « fait nouveau » concerne les coordonnées définissant la limite de la concession n° 137 et que ces « coordonnées précises de la concession n° 137 n'ont été soumises à la Cour par aucune des Parties ». Cette question est d'autant plus délicate pour la Cour qu'il s'agit d'envisager une ignorance de sa part, sans mettre en cause l'omniscience du juge ni la mauvaise foi d'une des parties. Le juge mondial commence par écarter l'hypothèse de la mauvaise foi libyenne. La Tunisie soutient que la résolution du conseil des ministres libyen en date du 28 mars 1968 qui, selon elle, a déterminé le tracé véritable de la limite de la concession n° 137 constituait un fait qui « était de nature à exercer une influence décisive sur l'arrêt de la Cour, étant donné que la Cour s'est fondée sur certaines affirmations de la partie libyenne qui se sont trouvées contredites par le document en cause et que le dispositif même de l'arrêt définit la ligne de délimitation à tracer d'après des critères tirés de ces affirmations ».

Comme si elle était accusée de manœuvres dolosives, la Libye relève qu'il ne saurait être question de dire qu'elle a présenté à la Cour

---

1254 Article 61 paragraphe 1 du statut de la Cour Internationale de Justice.

1255 Article 61 paragraphe 4 et 5 du statut de la Cour Internationale de Justice.

1256 *Demande en révision et en interprétation de l'arrêt du 24 février 1982 en l'affaire du plateau continental (Tunisie/Libye), Arrêt du 10 décembre 1985, CIJ,* Rec. 1985, p. 202 para 18. QUENEUDEC J-P., CR 1985/17, p. 14 et sq.

1257 Voir *infra*, Deuxième partie, Titre I, chapitre II, Section I, para I, B, 1.

un tableau déformé de ses concessions dans ses écritures et ses exposés oraux durant l'instance relative à l'arrêt de 1982. Le Professeur Dupuy notait d'ailleurs que pour ne pas « envenimer » le débat, en cherchant à « démontrer la malignité ou l'esprit dolosif », la Tunisie s'en tiendrait à la constatation objective de l'article 61 du Statut et parlait « d'allégations fallacieuses ».[1258] Malgré ces précautions, l'agent libyen a relevé des « remarques insultantes » de la part de la Tunisie, les mots de secret et de fraude servant de leitmotiv à son argumentation.[1259]. Finalement, c'est la Tunisie elle-même qui exonère la Libye de tout soupçon de manœuvres dolosives en reconnaissant que les parties ne s'attendaient pas à un rôle si important des concessions.[1260] Le problème de bonne foi étant résolu, la Cour devra établir si le fait est véritablement nouveau et si la Tunisie avait les moyens de se procurer les coordonnées exactes par d'autres sources.

La CIJ notant d'une part que le « fait nouveau, c'est-à-dire le fait dont la découverte est évoquée à l'appui de la requête en révision, n'a trait qu'aux coordonnées de la limite » et, d'autre part que la Libye admet que les données de 1982 n'étaient pas précises, il faudrait accepter que le fait est véritablement nouveau et voir ensuite si la Tunisie avait d'autres voies légales de se les procurer, comme l'ont fait notamment la compagnie des pétroles et une entreprise de consultants. En effet, selon la Cour, une « diligence normale exigerait que, au moment d'envoyer une délégation pour négocier la délimitation d'un plateau continental, une fois que des concessions voisines ou incompatibles entre elles ont été accordées de part et d'autre, un État essaie dès l'abord de s'enquérir des coordonnées exactes de la concession de l'autre partie. ». On pourrait penser, selon elle, d'autre part « qu'un État n'affirmerait pas que cette concession empiète sur sa propre zone de plateau continental sans en connaître les limites exactes ni sans essayer de les découvrir. ». De même, « s'attendrait-on que, dans une instance judiciaire dont le but ultime est de délimiter le plateau continental, au cours de laquelle une concession pétrolière dans la région considérée est décrite de manière imprécise par l'une des parties, l'autre ne se contenterait pas de souligner ce fait dans ses

[1258] CR 1985/15, p. 8.
[1259] CR 1985/16 trad., p. 3.
[1260] CR 1985/15, p. 13 et 16.

pièces de procédure, mais s'efforcerait de se procurer le renseignement elle-même »[1261].

Ce motif de manque de diligence avait été pressenti par la Tunisie et pour s'en défendre, le Professeur Dupuy, avançait que « les coordonnées n'ont jamais fait l'objet d'une mesure quelconque de publicité officielle ou officieuse, publique ou privée »[1262]. Il a également été avancé : « Si malgré ses efforts pour obtenir les coordonnées de la concession n° 137 elle n'a pas finalement fait de ce refus de la part de la Partie libyenne une question majeure à soulever devant la Cour, c'est précisément parce qu'elle ne pouvait imaginer, pas plus que son adversaire que cette concession jouerait un rôle aussi important dans la décision de la Cour »[1263].

Pour la Cour, ces arguments ne sont pas suffisants. En effet, la résolution adoptée par le conseil des ministres libyen le 28 mars 1968 avait été publiée à la fois dans le journal officiel libyen du 4 mai 1968 et dans le *Middle East Economic Survey* du 9 août 1968, ce dernier précisant qu'il s'agissait de « 6846 kilomètres carrés de concession en mer dans la zone de Zouara, proche de la frontière tunisienne »[1264]. De plus, la Libye a démontré que bien que sa pratique ne soit pas de publier les coordonnées des concessions pétrolières qu'elle octroie, sa réglementation pétrolière de 1955 prévoit la possibilité pour le public de consulter le registre du pétrole et qu'une firme indépendante de consultants de l'industrie des pétroles avait ainsi pu se procurer en 1976 les renseignements en question.[1265] La Cour considère qu'il « eût été raisonnable et approprié que la Tunisie, au plus tard en 1976, cherchât à s'informer des coordonnées de la concession, de manière à établir l'ampleur précise de l'empiétement sur ce qu'elle considérait à l'époque comme le plateau continental tunisien ».

C'est sur ce point que l'irrecevabilité a été prononcée. Il est vrai que dans l'affaire des Pêcheries, dans laquelle le Royaume-Uni avait affirmé ne pas avoir connaissance d'un décret norvégien de 1869

[1261] CIJ, Rec. 1985, p. 206 para 27.
[1262] CR 1985/15, p. 13 et 16.
[1263] CR 1985/15, p. 13 et 16.
[1264] *Demande en révision et en interprétation de l'arrêt du 24 février 1982 en l'affaire du plateau continental (Tunisie/Libye), Arrêt du 10 décembre 1985,* Rec, 1985, p. 205 para 24.
[1265] *Ibid*

concernant la délimitation de la mer territoriale, la Cour avait affirmé qu' « État riverain de la mer du Nord hautement intéressé aux pêcheries de ces régions, Puissance maritime traditionnellement attentive au droit de la mer et particulièrement attachée à la défense de la liberté des mers, le Royaume-Uni n'a pu ignorer le décret de 1869 ... ».[1266]

Mais, la manière dont la Cour a pu se montrer autant exigeante, rigoureuse et stricte dans la définition du critère de l'ignorance non fautive alors même que certains auteurs tels que G. Scelle et TORRES-BERNARDEZ s'étaient élevés contre cette condition de recevabilité d'une demande en révision nous paraît étonnante. TORRES-BERNARDEZ faisait observer que cette précision de l'ignorance non fautive, introduite en 1926, individualiserait le procès alors qu'il le considérait non pas seulement d'intérêt particulier mais d'intérêt public international[1267]. Pour ce dernier, si la procédure en révision vise à garantir un arrêt juste, ce but est d'ordre public. Or, dès l'origine de la présente procédure en révision tunisienne, l'on semble s'être accordé sur la nécessité de considérer que l'ignorance du fait nouveau ne puisse être imputable au demandeur.

Semble-t-il, le comportement du juge n'est pas anodin. Il s'agirait d'un prétexte pour ne pas reconnaître son erreur et, par là-même, remettre en cause l'autorité de sa décision de 1982. D'ailleurs, le juge Oda, dans son opinion individuelle, reconnaît que l'arrêt « semble marquer une certaine hésitation de la Cour » à reconnaître son ignorance des limites exactes des concessions en rendant son arrêt de 1982.[1268] Il en conclut que « on ne peut en toute équité blâmer ni la Tunisie ni la Libye pour ce qui rétrospectivement peut paraître constituer des omissions. Seule la Cour, qui, en 1982, a (...) accordé une grande importance aux concessions antérieurement octroyées par les Parties, a péché par omission en se référant aux concessions tunisiennes et libyennes sans en avoir une connaissance suffisante et sans avoir vérifié leurs positions respectives. ». C'est là, poursuit-il, « un point essentiel que la Cour dans son présent arrêt aurait dû reconnaître plus franchement. Si la Cour - et non les Parties - s'était

---

[1266] C.I.J. Recueil 1951, p. 139 ;

[1267] TORRES-BERNARDEZ (S.), *op. cit.* p. 480

[1268] CIJ, Rec. 1985, O.I., p. 239 para 8. Cf. aussi O.I. Schwebel, p. 246.

montrée plus prudente en 1982, l'affaire actuelle ne lui aurait probablement pas été soumise »[1269].

En résumé, on retient que la défaillance tunisienne de ne pas obtenir une information qu'elle était en mesure d'obtenir suffisait selon la Cour à rejeter la demande en révision et la dispensait d'examiner le respect des autres conditions imposées par l'article 61 du Statut. Cependant, puisque l'arrêt porte également sur une demande en interprétation et une demande en rectification d'erreur matérielle concernant le premier secteur de délimitation, la Cour estime ici pertinent de rechercher si le fait évoqué est « de nature à exercer une influence décisive » du fait de la connexité de cet argument avec la demande en interprétation et la demande en rectification d'erreur matérielle. L'évocation de l'influence décisive étant liée essentiellement à la demande en interprétation et la demande en rectification d'erreur matérielle, elle sera évoquée au moment de l'étude de ces dernières.

Toute la décision de la Cour Internationale de Justice repose en 1982 selon la Tunisie sur l'idée d'alignement entre les permis et concessions accordés par les deux Parties et sur l'absence de chevauchement des prétentions en résultant jusqu'en 1974[1270] et dans les zones les plus proches des côtes, jusqu'à 50 milles de celles-ci; elle considère de ce fait la découverte du fait nouveau comme ayant une influence décisive sur la délimitation. La Cour ayant pris la décision d'analyser la condition de l'influence en vue de répondre aux questions subsidiaires a donc décidé de rechercher si l'omission de 1982 a eu un caractère décisif. Elle clarifie pour commencer que le dispositif de 1982 se compose de deux parties, l'une relative à ce qu'elle qualifie en 1985 de la « ligne déterminante » servant à établir le point de départ de la frontière, l'autre relative à la ligne de délimitation pour laquelle la Haute juridiction n'aurait énoncé qu'un seul critère précis, celui-de passer par deux points expressément définis. Elle affirme en effet que « la définition de la « ligne déterminante » - qui n'est pas elle-même la ligne de délimitation - est uniquement celle qui doit être « tirée du point frontière de Ras Ajdir et [passer] par le point 33" 55' N 12" E » puis ajoute, « à titre d'explication mais non de définition, que la ligne est orientée selon un

1269 *Ibid.*
1270 *Ibid,* p. 209, para 32.

certain azimut approximatif, et que cet azimut correspond à l'angle formé par la limite des concessions mentionnées. »[1271].

De trois points de définition de la ligne déterminante du dispositif, la cour revient à deux qualifiant le troisième point relatif aux concessions pétrolières de simple explication. Dans ce cas, les autres précisions sont inutiles, sinon trompeuses, lorsqu'elle note dans l'arrêt que « les considérations qui ont amené la Cour à choisir cette ligne ne sont reprises dans le dispositif qu'à titre d'explication de la ligne déterminante ; ces mentions ne font aucunement partie de la description de la ligne de délimitation elle-même »[1272]. Il faut bien reconnaître que ces « explications » ne font que compliquer une définition qui n'avait pas besoin, de surcroît, d'obscurité car pour bienvenues que soient ces explications, elles peuvent sembler tardives et on voit mal pourquoi le dispositif d'un arrêt contient des éléments que seul un dédoublement fonctionnel de la ligne droite permet de hiérarchiser, distinguant les « définitions » utiles et les « explications » trompeuses.[1273]

De plus, cette distinction nie l'importance accordée aux concessions dans l'arrêt de 1982. Ceci étant, la Cour serait-elle parvenue à une autre décision dans l'hypothèse où elle aurait connu les coordonnées exactes de la concession n° 137 ? Non, répond-elle. Bien qu'elle reconnaisse que dans les faits la situation différait sur deux points de celle qu'elle a envisagée dans son arrêt[1274], elle dit que la découverte du fait nouveau conduirait la cour à être simplement plus spécifique dans son raisonnement. Or, un fait nouveau conduisant à la révision ne doit pas seulement montrer que la Cour aurait été plus spécifique dans sa décision si elle l'avait connu mais aurait modifié sa décision. Ce n'est pas le cas pour le fait nouveau exhibé dans le présent cas de l'espèce[1275], puisque la ligne de délimitation selon elle n'est pas construite sur l'idée d'alignement et de non-chevauchement des

---

[1271] *Ibid.*

[1272] *Ibid.*

[1273] DECAUX E., « L'arrêt du 10 décembre 1985 de la Cour internationale de Justice sur la demande en révision et en interprétation de l'arrêt du 24 février 1982 en l'affaire du plateau continental (Tunisie/Libye). », *op cit*, p. 333.

[1274] *Demande en révision et en interprétation de l'arrêt du 24 février 1982 en l'affaire du plateau continental (Tunisie/Libye), Arrêt du 10 décembre 1985,* Rec, 1985, p. 2010 para 34.

[1275] *Ibid*, p. 214 para 39.

concessions. Pour arriver à cette conclusion la Cour a avancé trois arguments.

En premier lieu, elle montre d'abord que l'alignement des concessions ne représente qu'une circonstance pertinente parmi tant d'autres. A cet effet, elle rappelle les circonstances pertinentes dont elle est partie pour aboutir à une délimitation équitable : la définition de la région à prendre en considération aux fins de la délimitation ; la configuration générale des côtes des Parties, en particulier le net changement de direction de la côte tunisienne entre Ras Ajdir et Ras Kapoudia ; l'existence et la position des îles Kerkennah ; la frontière terrestre entre les Parties et l'attitude adoptée par elles avant 1974 en matière d'octroi de concessions et permis pétroliers, qui s'est traduite par l'utilisation d'une ligne partant de Ras Ajdir et se dirigeant vers le large selon un angle d'approximativement 26" à l'est du méridien, laquelle ligne correspond à la ligne perpendiculaire à la côte au point frontière observée dans le passé (pendant plus de soixante ans) comme « limite maritime *de facto* » (y compris des zones respectives de pêche aux éponges) ; enfin le rapport raisonnable entre l'étendue des zones de plateau continental et la longueur de la partie pertinente du littoral (voir paragraphe 133 B de l'arrêt de 1982).[1276]

Puisqu'en 1969 elle avait déjà indiqué que « en réalité il n'y a pas de limites juridiques aux considérations que les États peuvent examiner afin de s'assurer qu'ils vont appliquer des procédés équitables et c'est le plus souvent la balance entre toutes ces considérations qui créera l'équitable plutôt que l'adoption d'une seule considération en excluant toutes les autres. », elle a considéré que, *mutatis mutandis*, c'est la mise en balance de diverses considérations, processus qui a toujours été considéré comme inhérent à l'application de l'équité, que découlait la méthode indiquée par la Cour pour aboutir à une délimitation équitable. Par ces premiers arguments, la Cour se détache ainsi de l'importance accordée aux concessions ; elle poursuit son argumentation en s'éloignant de l'idée d'alignement de celles-ci.

En second lieu donc, elle qualifie l'argument tunisien d'interprétation étroite du terme « alignée » dans la mesure où elle n'entendait pas que les concessions s'accolaient parfaitement, ceci étant impossible. Faut-il le rappeler, l'argument tunisien procède implicitement d'une

[1276] *Ibid*, p. 210, para 35.

interprétation étroite du terme « alignée » employé dans le dispositif de l'arrêt de 1982. La cour trouve cette compréhension du mot « alignée » trop rigide et trop stricte. Employer le mot « alignée » selon l'instance mondiale ne voulait pas dire que les limites des concessions considérées s'accolaient parfaitement, en ce sens qu'il n'y avait ni chevauchement ni étendue de fond marin restant libre entre les limites[1277]. Au contraire, l'alignement du permis tunisien et des concessions libyennes ne consistait pas dans la coïncidence de deux lignes droites, il importait peu de savoir si ce point se trouvait aussi sur la ligne en zigzag du permis - ce qui avait été très difficile à établir d'après la documentation dont disposait la Cour. [1278]

A la lumière de ces deux observations, elle affirme dans la troisième partie de son raisonnement que la découverte du fait nouveau relatif aux limites de la concession n° 137 n'entame en rien le raisonnement suivi par la Cour et le léger chevauchement entre la ligne libyenne et les sommets des zigzags de la ligne tunisienne n'auraient de portée juridique que si l'on avait argué d'un estoppel en raison de la reconnaissance supposée de la ligne tunisienne par la Libye, hypothèse sur laquelle elle ne s'était pas basée en 1982. Elle avait tenu à le préciser que « La Cour tient à préciser qu'elle ne conclut pas à l'existence d'un accord tacite entre les Parties - ce qui serait impossible, vu la portée plus large et la constance de leurs prétentions - et qu'elle ne pense pas non plus que leur comportement leur interdise de formuler des prétentions contraires, par l'effet d'une sorte d'estoppel. ». Aussi, affirma-t-elle que : « Dans le différend que les Parties ont porté devant la Cour faute de pouvoir le résoudre d'un commun accord, l'aspect examiné ici consiste à déterminer quelle méthode de délimitation permettrait d'aboutir à un résultat équitable. ». Ainsi, est-il évident, d'après elle, que « la Cour doit tenir compte de tous les indices existants au sujet de la ligne ou des lignes que les Parties elles-mêmes ont pu considérer ou traiter en pratique comme équitables - même à titre de solution provisoire n'intéressant qu'une fraction de la région à délimiter. »[1279].

[1277] *Ibid*, p. 211, para 36.
[1278] *Ibid*, p. 212, para 36.
[1279] CIJ, arrêt, 24 février 1982, *Plateau continental (Tunisie / Jamahiriya arabe libyenne)*, *Recueil 1982*, p. 118.

Au final, la Cour concède que la découverte du fait nouveau lui aurait permis d'être plus précis dans son raisonnement mais il ne suffit pas que le fait nouveau évoqué permette à la Cour, si elle en avait eu connaissance, de se montrer plus spécifique dans sa décision ; il faut encore que ce fait ait été « de nature à exercer une influence décisive ». Loin de constituer un tel fait, les précisions quant aux coordonnées exactes de la concession n° 137 n'auraient pas changé la décision de la Cour quant au premier secteur de la délimitation, observa la juridiction de la Haye[1280].

Bien que l'arrêt ait été adopté à l'unanimité sur l'absence d'influence décisive de la résolution libyenne sur le dispositif de 1982, le juge Oda, membre de la minorité de 1982 maintient ses critiques en soulignant que l'affaire révèle en tout cas que la Cour ne connaissait pas exactement à l'époque les limites des concessions octroyées par les deux parties et s'est fondée sur des indications erronées. Mme Bastid critique elle aussi le raisonnement suivi par la Cour qu'elle trouve complexe, long et inutile en proposant une solution juridiquement plus simple.

Elle fait le lien entre le fait nouveau et une partie de l'arrêt de 1982, reproduisant le mémoire libyen et conclut que le fait nouveau n'est pas véritablement un. Pour elle, l'essentiel est donc l'absence de fait nouveau. Dans l'arrêt de 1982[1281], reproduisant le mémoire libyen[1282], il est dit qu'en 1968 « la Libye a accordé une concession (n° 137) à l'est d'une ligne sud-sud-ouest entre 33°55'N 12°E et un point en mer se trouvant à une distance d'environ un mille marin de la côte », dont l'angle par rapport au méridien de Ras Adjir était de 26° et les limites occidentales des concessions libyennes ultérieures se sont appuyées sur cette même ligne qui, d'après les explications données par la Libye, « suivait la direction des concessions tunisiennes. La concession (fait nouveau) est définie à partir de l'intersection de 12°00' de longitude et de 33°55' de latitude » et aboutit à « 33" 10' de latitude (et) 11°35' de longitude », « de là vers le nord-est en ligne droite jusqu'au point d'origine ». Elle conclut que « si on parvient à la conclusion que la

---

1280 *Demande en révision et en interprétation de l'arrêt du 24 février 1982 en l'affaire du plateau continental (Tunisie/Libye), Arrêt du 10 décembre 1985,* Rec., 1985, p. 214 para 39.

1281 Voir paragraphe 36 du mémoire.

1282 CIJ, arrêt, 24 février 1982, *Plateau continental (Tunisie / Jamahiriya arabe libyenne), Recueil 1982*, para. 117.

demande en révision n'invoque pas directement de fait nouveau clairement pertinent comme tel, point n'est besoin d'aller plus loin et la requête doit être rejetée. Toutes autres considérations conduiraient à un examen sur le fond de la demande en révision ».[1283]

On le sait, l'arrêt de 1982 a été l'objet de plusieurs critiques mais les éclaircissements quant à la portée du dispositif relatif à la « ligne déterminante », qui ne constitueraient qu'une explication de la ligne à tracer, renforcent les critiques apportées à l'arrêt de 1982 quant à sa subjectivité, sa complexité. L'arrêt de 1985 révélait surtout, pour le remettre en cause, le système très compliqué à la base de l'arrêt de 1982, la « formule magique » correspondant à une idéologie de l'alignement ne tenant pas compte des limites réelles des concessions, « fondée sur des coïncidences trop belles pour être réelles ».[1284] Il est donc trop facile de voir le critère d'alignement des concessions comme une simple explication voir une simple coïncidence. Il est plutôt plus raisonnable de voir dans cette position de la Cour une protection de l'autorité de la chose jugée de ses arrêts. Ainsi, la Cour essaya de renforcer l'autorité de la chose jugée en s'attachant à la décision de 1982 comme elle le fait en refusant la demande en rectification d'erreur matérielle.

Dans sa requête, la Tunisie demandait à titre subsidiaire à la cour de dire et de juger « qu'il y a lieu a interprétation de l'arrêt du 24 février 1982 et a correction d'erreur matérielle ; que le point de départ de la ligne de délimitation est l'intersection de la limite extérieure de la mer territoriale des Parties et d'une ligne droite tirée du point frontière de Ras Ajdir et passant par le point 33" 50' 17" N, 11" 59' 53" E et alignée sur la limite sud-est du permis tunisien dit « Permis complémentaire *offshore* du golfe de Gabès » (21 octobre 1956). De plus, dit-t-elle que « partir du point d'intersection ainsi déterminé, la ligne de délimitation entre les deux plateaux continentaux se dirigera vers le nord-est selon le même angle en passant par le point 33" 50' 17" N 11" 59' 53" E jusqu'à ce qu'elle rencontre le parallèle du point le plus occidental de la côte tunisienne entre Ras Kapoudia et Ras Ajdir,

---

[1283] *Demande en révision et en interprétation de l'arrêt du 24 février 1982 en l'affaire du plateau continental (Tunisie/Libye), Arrêt du 10 décembre 1985, CIJ,* Rec., 1985, p. 248 para 5.

[1284] DECAUX (E.), « L'arrêt de la CIJ sur la demande en révision et en interprétation de l'arrêt du 24 février 1982 en l'affaire du plateau continental (Tunisie/Libye) », *op. cit.* p. 324.

à savoir le point le plus occidental de la ligne de rivage (laisse de basse mer) du golfe de Gabès »[1285].

A l'analyse, la Tunisie ne demande pas de rectifier une simple erreur matérielle, telle que la définit, par exemple, l'article 12 du Statut du T.A.N.U. lorsqu'il parle de « toute erreur matérielle ou erreur de calcul, ou toute erreur résultant d'une inadvertance ou d'une omission », mais bien plutôt une erreur substantielle, « une erreur essentielle qui a provoqué un mal-jugé », selon la formule de l'article 11 du Statut du T.A.N.U.[1286] c'est-à-dire une rectification des coordonnées figurant dans le dispositif pour correspondre à la « *ratio decidendi* » de l'arrêt.[1287] Avant de faire toute discussion au fond la cour doit statuer sur le fondement juridique de cette demande. Il convient de souligner qu'aucune disposition du statut ou du règlement intérieur ne prévoit la demande en rectification d'erreur matérielle.

A l'origine, le Règlement de la Cour permanente de justice internationale prévoyait que : « la Cour ou, si elle ne siège pas, le Président, a la faculté de corriger toute erreur matérielle qui se serait glissée dans une ordonnance, un arrêt ou un avis à la suite d'une faute ou d'une omission accidentelle. ».[1288]

La Tunisie affirme dans sa requête que la Cour possède incontestablement le pouvoir d'y procéder car c'est en vain que l'on soutiendrait que la suppression de cet article en 1935 prive la Cour d'une faculté qui appartient naturellement à toute juridiction.[1289] Ainsi, poursuit-elle, c'est bien parce qu'il va de soi, qu'aucune disposition particulière n'est nécessaire pour la rappeler d'autant plus qu'aucune procédure n'a été établie pour la rectification d'erreur matérielle ; il appartient donc à la Cour d'y procéder librement ; dans le cas présent...[1290]

Au début de l'arrêt, la Cour a répondu en reconnaissant son pouvoir inhérent en la matière : « La Cour a sans aucun doute le pouvoir de

---

1285 Voir la requête à la p. 32.
1286 CR. 1985/17 p. 47, Quéneudec. Contre CR 1985/14, p. 66, Virally.
1287 DECAUX E., « L'arrêt du 10 décembre 1985 de la Cour internationale de Justice sur la demande en révision et en interprétation de l'arrêt du 24 février 1982 en l'affaire du plateau continental (Tunisie/Libye). », *op cit*, p. 342.
1288 Cet article portait le numéro 75 dans la version de 1931
1289 Voir la requête à la p. 32
1290 *Ibid*

corriger toute erreur pouvant être ainsi désignée. Ce pouvoir ne s'exercerait pas normalement par voie d'arrêt, la nature même de la rectification d'une telle erreur excluant tout élément contentieux ; rien cependant n'interdit, dans un arrêt portant sur un autre objet, de prendre en considération une demande liée à cet objet et tendant à une telle rectification. ». Il apparaît, néanmoins, ajoute-t-elle, que « la demande tunisienne se rapporte à une « erreur » plus substantielle et soulève par conséquent des questions plus vastes que celle de savoir si un arrêt serait le meilleur moyen d'en effectuer la rectification. ».[1291]

La notion de « droit inhérent » avait été avancée par le Professeur DUPUY.[1292] Pour ce qui est du fond de la demande, la Cour renvoie à ses développements précédents sur l'influence décisive. Elle fait un renvoi à son paragraphe 36 pour rappeler que le point 33°55'N 12°E, « emprunté à la description donnée par la Libye de la position de sa concession n° 137, a été choisi comme moyen pratique et concret de définir la ligne suivant un azimut de 26° par rapport à Ras Ajdir, ce qui a paru à la Cour, après qu'elle eût pesé les considérations pertinentes, constituer la méthode appropriée pour réaliser une délimitation équitable. ». Il fait donc « partie intégrante de l'ensemble de la construction. Cela étant il apparaît que la requête tunisienne procède à cet égard d'une erreur d'appréciation et est donc désormais sans objet. Dans ces conditions la Cour n'a pas besoin d'examiner la question plus large de la rectification d'une erreur figurant dans un arrêt »[1293].

Étant donné que la Tunisie avait fondé son argumentaire sur l'alignement des concessions - argumentaire rejetée et corrigée lors de la réponse en révision et en interprétation - qui constituait également la base de la demande en rectification d'erreur matérielle, la Tunisie substituant aux coordonnées du point d'intercession ses propres indications, la Haute juridiction n'accède tout naturellement pas à cette requête, fondant son rejet de nouveau sur l'erreur d'appréciation du demandeur.

[1291] Rec. 1985, p. 198 para 110.
[1292] Cf. CR 1985/15 p. 34
[1293] *Demande en révision et en interprétation de l'arrêt du 24 février 1982 en l'affaire du plateau continental (Tunisie/Libye), Arrêt du 10 décembre 1985,* Rec, 1985, p. 221 para 52.

Comme annoncé plus haut, c'est relativement à la demande subsidiaire en interprétation et en rectification d'erreur matérielle que la cour avait entrepris son développement houleux sur l'influence décisive du fait nouveau. Néanmoins, la double référence des juges à une « erreur d'appréciation » de la part de la Tunisie, renvoyant à leurs explications antérieures sur l'irrecevabilité de la demande de révision fait dire au professeur DECAUX que la Cour transforme l'affaire en simple « malentendu », passant des questions de principe aux échappatoires pratiques.[1294] N'est-ce pas, une autre manière de se tirer d'affaire. Entreprise réussie, elle la poursuivra lorsque la contestation des arrêts prendra une forme implicite.

L'opposition du juge aux révisions implicites des arrêts

La requête en interprétation de la République de Tunisie avait un double objet : à titre subsidiaire, elle concerne les difficultés relatives à la détermination du point de départ de la ligne de délimitation et de cette ligne elle-même dans le premier secteur et, à titre principal, elle concerne le point le plus occidental du golfe de Gabès.

Cette requête unilatérale était basée sur l'article 60 du Statut[1295] et subsidiairement, sur l'article 3 du compromis[1296], dans la seule mesure où l'instance mondiale pouvait l'interpréter comme fondant sa compétence. L'article 3 du compromis prévoit une hypothèse de difficultés rencontrées par les Parties dans le tracé de la ligne et le retour de celles-ci à la Cour. Relativement à cet article, se posait un problème préalable concernant la compétence de la Cour. Tripoli

---

[1294] DECAUX E., « L'arrêt du 10 décembre 1985 de la Cour internationale de Justice sur la demande en révision et en interprétation de l'arrêt du 24 février 1982 en l'affaire du plateau continental (Tunisie/Libye). », *op cit*, p. 343

[1295] L'article 60 dispose : « *L'arrêt est définitif et sans recours. En cas de contestation sur le sens et la portée dès l'arrêt, il appartient à la Cour de l'interpréter, à la demande de toute partie* ».

[1296] L'article 3 compromis dispose : « *Dans le cas où il n'aurait pas été possible d'aboutir à l'accord (sur la délimitation) mentionné à l'article 2 dans une période de trois mois, renouvelable par accord des deux Parties, à partir de la date de parution de l'arrêt de la Cour, les deux Parties reviendront ensemble à la Cour et lui demanderont tous éclaircissements ou explications facilitant la tâche des deux délégations pour parvenir à la ligne séparant les deux zones du plateau continental et les deux Parties s'engagent à se conformer à l'arrêt de la Cour et à ses explications et éclaircissements* ».

souleva une exception d'incompétence, en se référant au compromis par lequel les parties avaient saisi conjointement la Cour en 1978. Pour lui, la compétence de la Haute juridiction en vertu de l'article 60 n'était pas possible car la procédure prévue par le compromis exigeait une saisine conjointe et une tentative d'appliquer l'arrêt de bonne foi. A l'inverse, selon Tunis, l'article 3 du compromis ne peut être interprété comme exprimant la volonté des Parties d'échapper l'application des règles statutaires de la Cour, ce que d'ailleurs, juridiquement, elles n'auraient pas pu faire.[1297] Il évoque à l'appui l'article 103 de la Charte des Nations Unies qui fait partie intégrante du Statut de la Cour : « En cas de conflit entre les obligations des Membres des Nations Unies en vertu de la présente Charte et leurs obligations en vertu de tout autre accord international, les premières prévaudront. »[1298].

Pour M. Ruda, il n'est pas pertinent pour la Tunisie d'invoquer l'article 103 de la Charte étant donné que selon lui, l'article 3 n'est pas contraire à l'article 60, même s'il s'avérerait juridiquement intéressant de chercher si des États peuvent renoncer par compromis aux droits conférés par le Statut.[1299] Pour lui, la Libye ne contestait pas la question de principe sur la primauté du Statut sur tout autre accord international mais exigeait simplement que l'application de l'article 60 du statut devrait être nécessairement précédée de la procédure prévue à l'article 3 du compromis.

La Haute juridiction, de son côté, ne compte pas répondre à une question de principe ni aux diverses discussions sur la compétence. Elle n' « est pas d'avis que l'existence de l'article 3 du compromis fasse obstacle à la demande en interprétation présentée par la Tunisie sur la base de l'article 60 du Statut » puisque « on ne saurait présumer à la légère qu'un État abandonne ou restreigne son droit de demander unilatéralement une interprétation en vertu de l'article 60 ».[1300] Sa position est, en effet, en référence au cas de l'espèce puisqu'elle souligne avoir donné sa position « indépendamment du point de savoir

---

[1297] Voir la requête à la page 32.
[1298] *Ibid*
[1299] RUDA, op ind, Rec. 1985, p. 234.
[1300] *Demande en révision et en interprétation de l'arrêt du 24 février 1982 en l'affaire du plateau continental (Tunisie/Libye), Arrêt du 10 décembre 1985,* Rec., 1985, p. 216 para 43.

si un tel accord peut valablement permettre à ses signataires de déroger au Statut »[1301].

Le Juge international évite de donner une position de principe s'appliquant aux clauses compromissoires. On voit là une hésitation de la Haute juridiction à constater la primauté de l'article 60 du Statut sur le compromis, qui ne saurait être « *in pari materia* » même si elle le fait implicitement. Comme l'affirme M. Emmanuel DECAUX, il est curieux qu'après les *obiter dicta* énoncés de manière si catégorique, la Cour en vienne à esquiver la question de la validité du compromis, pour se borner à une présomption qui, par le biais de l'interprétation, vide l'article 3 de tout contenu.[1302] Cette attitude pragmatique a été adoptée dans le but de mieux protéger la chose jugée mais n'est que partiellement satisfaisante.

Quant à la recevabilité d'une demande d'interprétation, les conditions avaient été dégagées dans l'affaire du droit d'asile en 1950. Il faut que « la demande ait réellement pour objet une interprétation de l'arrêt, ce qui signifie qu'elle doit viser uniquement à faire éclaircir le sens et la portée de ce qui a été décidé avec force obligatoire par l'arrêt, et non à obtenir la solution de points qui n'ont pas été ainsi décidés. ». Toute autre façon d'interpréter l'article 60 du Statut « aurait pour conséquence d'annuler la disposition de ce même article selon laquelle l'arrêt est définitif et sans recours ». Il faut, ensuite, « qu'il existe une contestation sur le sens et la portée de l'arrêt »[1303].

Les détails relatifs à la deuxième condition qui concerne l'existence ou non d'une « contestation sur le sens et la portée de l'arrêt » ont été donnés par la Cour permanente de Justice internationale dans sa décision sur l'interprétation des arrêts n°s 7 et 8 (usine de Chorzow) lorsque celle-ci affirmait que l'article 60 du Statut, d'après sa teneur, n'exige pas que « l'existence de la contestation se soit manifestée d'une certaine manière, par exemple par des négociations diplomatiques. Il paraît bien désirable qu'un État ne procède pas à une démarche aussi sérieuse que l'assignation d'un autre État devant la Cour, sans avoir

---

[1301] *Ibid*

[1302] DECAUX E., « L'arrêt du 10 décembre 1985 de la Cour internationale de Justice sur la demande en révision et en interprétation de l'arrêt du 24 février 1982 en l'affaire du plateau continental (Tunisie/Libye). », *op cit*, p. 338.

[1303] *Demande d'interprétation de l'arrêt du 20 novembre 1950 en l'affaire du droit d'asile*, Rec. 1950, p. 402.

auparavant, dans une mesure raisonnable, tâché d'établir clairement qu'il s'agit d'une différence de vues qui ne peut être dissipée autrement. ». Mais, poursuit-elle en observant que « vu la teneur du texte, la Cour estime ne pas pouvoir exiger que la contestation se soit formellement manifestée ; à son avis, il doit suffire que les deux gouvernements aient en fait manifesté des opinions opposées quant au sens et à la portée d'un arrêt de la Cour. ».[1304]

Pour ce qui concerne le premier secteur de délimitation, la Libye conteste qu'aucune des deux conditions n'est en l'espèce remplie avançant pour la première condition qu'il ne s'agit pas réellement d'une demande en interprétation mais plutôt d'une « voie détournée » pour une révision déguisée ; elle demande le rejet pur et simple de la demande étant donné que « l'interprétation n'ajoute rien à la chose jugée ».[1305] La haute juridiction n'est pas de cet avis et constate que « ce n'est pas là en soi une raison pour conclure que la demande en interprétation est irrecevable. ». Si la Libye persiste sur ce point, c'est la preuve « d'une réfutation de l'interprétation proposée par la Tunisie plutôt qu'une objection à la recevabilité de la demande ».[1306] Par ce constat, la première condition se trouve remplie pour le premier secteur. Pour le second secteur de délimitation, la Libye reconnaît qu'il s'agit d'une véritable demande en interprétation mais nie cette fois-ci l'existence d'une « contestation sur le sens et la portée de l'arrêt » (deuxième condition). Partant de l'interprétation qu'a faite la CPJI de son article 60 la Cour conclut que « la question est uniquement de savoir si le désaccord entre les Parties qui s'est manifesté devant la Cour constitue une divergence entre les Parties sur ce qui, dans l'arrêt en question, a été tranché avec force obligatoire, y compris une « divergence de vues si tel ou tel point a été décidé avec force obligatoire »[1307].

Au lieu d'indiquer avec précision le point de désaccord entre les parties, pour ce qui est du premier secteur, la haute juridiction se livre à une mise au point sur le sens des mots « force obligatoire » et sur la portée du « principe de la chose jugée », mise au point dont on voit

---

[1304] Arrêt n° 11, 1927, C.P.J.I. série A n° 13, p. 10-11.

[1305] C.P.J.I. A/13, p. 21.

[1306] *Demande en révision et en interprétation de l'arrêt du 24 février 1982 en l'affaire du plateau continental (Tunisie/Libye), Arrêt du 10 décembre 1985,* Rec, 1985, p. 217 para 45.

[1307] *Ibid*, p. 219 para 49.

mal l'utilité.[1308] Néanmoins, elle conclut à l'existence d'une telle contestation sur le sens et la portée. Pour le deuxième secteur, elle ressort avec clarté l'évidence qu'une « contestation » existe entre les deux parties « sur ce que l'arrêt de 1982 a tranché avec force obligatoire », les parties ayant une vue opposée « soit qu'il a été décidé que le point de transition entre le premier et le deuxième secteur de la délimitation se trouve sur le parallèle d'un point de la côte tunisienne déjà identifié par la Cour comme étant le point le plus occidental et situé sur le parallèle 34°10'30", ou à proximité de celui-ci » d'après la Libye, ou soit que « la Cour a seulement indiqué que le parallèle déterminant le point de transition devra passer par ce que les experts des Parties considéreront comme le point le plus occidental du golfe de Gabès, que ce soit ou non aux environs de 34°10'30" » d'après la position tunisienne.[1309]En résumé, les deux conditions de recevabilité sont remplies pour les deux demandes en interprétation. La cour n'a pas voulu se montrer très exigeante pour l'application des conditions de recevabilité. Elle se montrera par contre très rigide et protectrice dans le traitement de la demande.

La CIJ était consciente des intentions qui présidaient aux demandes en interprétation tunisienne en 1985. Son approche consistait à éviter toute interprétation qui aura portée atteinte à la chose jugée en modifiant la première décision ou la complétant. Tout en refusant de dire plus qu'elle en a dit pour ce qui concerne le deuxième secteur de délimitation, elle considère la demande d'interprétation relative au premier secteur comme résultant d'un malentendu et donc qu'ayant pu dissiper le malentendu dans son raisonnement sur la recevabilité de la demande en révision, il n'y a rien à ajouter à ce qu'elle y a dit quant au sens et à la portée de l'arrêt de 1982. [1310] Ce qui fait dire à Emmanuel DECAUX, comme relevé plus haut, que la Cour a transformé l'affaire en un simple malentendu.[1311]

Il s'agit là d'une manière de refuser de répondre à la demande d'interprétation fondée sur « une erreur d'appréciation » de la part de la Tunisie, tout en ayant déjà fourni les éléments d'interprétation

---

[1308] *Ibid*, p. 222 para 55.
[1309] *Ibid,* p. 222 para 55.
[1310] *Ibid,* p. 220 para 50.
[1311] DECAUX E., « L'arrêt du 10 décembre 1985 de la Cour internationale de Justice sur la demande en révision et en interprétation de l'arrêt du 24 février 1982 en l'affaire du plateau continental (Tunisie/Libye). », *op cit*, p. 341.

nécessaires, comme le dit Mr Jourdain.[1312] En effet, la Cour renvoya simplement les parties aux passages de son raisonnement sur la demande en révision où elle rappelait que l'arrêt de 1982 énonce aux fins de la délimitation un seul critère précis pour le tracé de la ligne, à savoir que celle-ci doit être une ligne droite passant par deux points expressément définis[1313] déniant toute importance apportée aux concessions pétrolières.[1314] Or justement, s'agissant du premier secteur de la délimitation, la demande en interprétation vise à « obtenir des précisions, notamment en ce qui concerne la hiérarchie à établir entre les critères retenus par la Cour, compte tenu de l'impossibilité d'appliquer simultanément ces critères pour déterminer le point de départ de la ligne de délimitation, ainsi que l'angle formé par cette ligne et le méridien ».[1315]

Puisque les juges avaient déjà indiqué que l'arrêt annonçait deux critères et non trois, il devient inutile de rechercher une quelconque hiérarchie, les deux critères déterminant déjà la droite déterminante recherchée. Elle affirme à cet effet que « la demande en interprétation repose donc sur une erreur d'appréciation quant à la portée du passage pertinent du dispositif de l'arrêt de 1982 » et que « la Cour estime en conséquence que la demande en interprétation tunisienne concernant le premier secteur est recevable, mais qu'il ne lui est pas possible de faire droit à la conclusion de la Tunisie sur l'interprétation correcte de l'arrêt à cet égard. ». Elle termine en disant qu' « Ayant pu dissiper le malentendu dans son raisonnement sur la recevabilité de la demande en révision, la Cour considère qu'il n'y a rien à ajouter à ce qu'elle y a dit quant au sens et à la portée de l'arrêt de 1982. »[1316].

Pour le second secteur de délimitation, la difficulté d'application de l'arrêt serait liée à la présence d'un oued au point le plus occidental de la ligne de rivage du golfe de Gabès se trouvant dans le dispositif. Le point en question détermine un changement d'angle dans la ligne de délimitation car s'agissant du point de départ du deuxième secteur de

[1312] *Ibid*

Demande en révision et en interprétation de l'arrêt du 24 février 1982 en l'affaire du plateau continental (Tunisie/Libye), Arrêt du 10 décembre 1985, Rec., 1985, para 33.

[1314] Voir *Supra*, Première partie, Titre I, Chapitre I, Section I, para II, A.

[1315] Voir la requête à la page 20.

[1316] *Demande en révision et en interprétation de l'arrêt du 24 février 1982 en l'affaire du plateau continental (Tunisie/Libye), Arrêt du 10 décembre 1985,* Rec., 1985, p. 220 para 50.

la délimitation. Dans son arrêt de 1982, la Haute juridiction indiquait que le deuxième secteur de la délimitation s'étendait vers le large au-delà du parallèle passant par le point le plus occidental du golfe de Gabés[1317] et qu'il s'agissait du parallèle du point le plus occidental de la côte tunisienne entre Ras Kapoudia et Ras Ajdir, à savoir le point le plus occidental de la ligne de rivage (laisse de basse mer) du golfe de Gabés[1318]. Bien avant de donner ces indications dans le dispositif de l'arrêt, il était précisé qu'il apparaît que ce point se trouve à environ 34' 10' 30" de latitude nord.[1319] Le différend qui oppose les deux Gouvernements au sujet de l'interprétation de l'arrêt sur le deuxième secteur porte donc sur le rapport entre « le point le plus occidental de la côte tunisienne entre Ras Kapoudia et Ras Ajdir, à savoir le point le plus occidental de la ligne de rivage (laisse de basse mer) du golfe de Gabès », et l'intersection de la ligne de rivage et du parallèle 34" 10' 30" N mentionné au paragraphe 124 de l'arrêt.

Le requérant estime que le point le occidental en question ne peut correspondre à la coordonnée 34" 10' 30" N mentionné au paragraphe 124 de l'arrêt car cette dernière coupe la côte dans l'embouchure d'un oued, l'expert engagé par la Tunisie ayant dit qu'à ce point au niveau de la laisse de basse mer se trouveraient des chenaux « interprétée comme une ligne de fermeture d'estuaire qui remplace à cet endroit la laisse de basse mer physique conformément au droit en matière de définition des lignes de base. ».[1320] Étant donné que l'application de l'article 13 de la convention de 1958 sur la mer territoriale et la zone contiguë, « dont le texte exprime le droit coutumier » et l'article 9 de la convention de Montego Bay, excluait le point plus occidental situé dans l'oued de la définition de la ligne de rivage (laisse de basse mer), il s'en suit que l'embouchure de l'oued fait partie de la côte tunisienne ou de la ligne de base du golfe de Gabès au sens topographique. De ce fait, le seul critère pertinent étant le point le plus occidental, la Tunisie l'évalue à la latitude de 34" 05' 20" N ou 34" 05' 30" N, suivant le système de référence utilisé.[1321] Pour la Libye au contraire, il faut se

---

[1317] CIJ, arrêt, 24 février 1982, *Plateau continental (Tunisie / Jamahiriya arabe libyenne), Recueil 1982*, p. 94, para 133 C 3

[1318] *Ibid,* p. 94, para 133 C 2

[1319] *Ibid,* p. 87, para 124.

[1320] *Demande en révision et en interprétation de l'arrêt du 24 février 1982 en l'affaire du plateau continental (Tunisie/Libye), Arrêt du 10 décembre 1985,* Rec, 1985, p. 225 para 57

[1321] Voir la requête à la page 26 para 46.

tenir à la coordonnée 34" 10' 30" N car cette cordonnée avait été donnée par l'arrêt de la Cour et que les experts devaient s'en tenir à une application stricte de cet arrêt.[1322]

Lorsque la Haute juridiction est face à ce genre de situation elle n'est pas liée par l'une ou l'autre des propositions des deux parties « parce que, pour interpréter un arrêt, elle ne saurait être liée par des formules choisies par les Parties en cause, mais doit pouvoir se prononcer librement ».[1323] Dans le cas d'espèce, la Cour balaie l'interprétation tunisienne mais, sans pour autant retenir celle libyenne.

A la Tunisie, elle répond sèchement à base d'une démonstration rigoureuse[1324] que : « l'idée que la Cour aurait appliqué à l'intérieur du golfe de Gabès le droit relatif aux lignes de base droites, et plus particulièrement l'article 13 de la convention de Genève de 1958 sur la mer territoriale et la zone contiguë, pour exclure de sa définition du « point le plus occidental » un point situé dans l'embouchure d'un oued, doit être considérée comme insoutenable ».[1325]

En somme, l'existence éventuelle d'un oued est « une circonstance géographique (qui) doit être acceptée telle quelle ». Il revient aux parties « de décider si elles doivent adopter à cet égard les indications fournies par les cartes existantes ou procéder à un levé ad hoc sur le terrain ».[1326] Mme Bastid, insatisfaite du raisonnement de la Cour, estime qu'il aurait été meilleur de faire un remplacement de ces considérations par des indications plus concrètes sur la portée juridique de la formule « ligne de rivage (laisse de basse mer) » par une autre rédaction de la fin du paragraphe 63.[1327]

[1322] *Ibid.*

[1323] C.P.J.I. série A n° 13, p. 15 et 16.

[1324] Voir *Demande en révision et en interprétation de l'arrêt du 24 février 1982 en l'affaire du plateau continental (Tunisie/Libye), Arrêt du 10 décembre 1985,* Rec, 1985, p. 225 para 59.

[1325] *Ibid*, p. 225 para 59.

[1326] *Ibid*, p. 227 para 63.

[1327] Elle propose la rédaction suivante de la fin du paragraphe 63 : « *Cependant il faut garder présent à l'esprit d'une part que c'est de la définition pratique de la latitude en question, assortie il est vrai du mot « environ » que procède l'effet attribué aux îles Kerkennah au paragraphe 133 C 3 de l'arrêt; et d'autre part que la laisse de basse mer doit être normalement entendue comme la ligne de marée basse « longeant la côte, telle qu'elle est indiquée sur les cartes marines à grande échelle reconnues officiellement par l'Etat riverain »* (*convention sur la mer territoriale et*

A la Libye, elle répond que bien qu'elle ait « retenu une latitude particulière, à savoir 34°10'30"N, comme définition pratique du point qu'elle envisageait » ce point pratique « ne liait pas les Parties », d'une part, à cause de l'emploi du mot « environ » qualifiant cette « latitude », et, d'autre part, parce que « le dispositif de l'arrêt ne faisait pas mention de celle-ci ».[1328] Emmanuel DECAUX remarque que pour arriver à cette conclusion, la Cour semble peu à l'aise[1329] recourant même à une excuse assez dérisoire, lorsqu'elle souligne qu' « il ne faut pas perdre de vue que, durant l'instance qui a abouti à l'arrêt de 1982, ni l'une ni l'autre des Parties n'a soumis à la Cour de carte à grande échelle du golfe ; et sur les cartes à petite échelle dont disposait la Cour, le « point le plus occidental » se trouve dans une légère échancrure de la côte ».[1330]

Dans cet arrêt, la Cour s'est montrée très attachée à la chose jugée. Bien qu'ayant refusé en effet les thèses des deux parties, elle refuse également de préciser quel est le point exact en question en renvoyant la question aux experts pour se conformer à l'arrêt de 1982. Après avoir spécifié la tâche des experts,[1331] elle croit qu' « il serait incompatible avec cette décision que la Cour spécifie qu'une coordonnée précise constitue le point le plus occidental du golfe de

---

la zone contiguë du 29 avril 1958, art. 3; convention de Montego Bay, art. 5). A l'aide des cartes qu'ils jugeront approprié d'employer, les experts devront donc s'efforcer de localiser, sur la laisse de basse mer, le point le plus occidental du golfe de Gabès ». Ibid, p. 252 para 10.

1328 *Ibid,* p. 226 para 61.

1329 DECAUX E., « L'arrêt du 10 décembre 1985 de la Cour internationale de Justice sur la demande en révision et en interprétation de l'arrêt du 24 février 1982 en l'affaire du plateau continental (Tunisie/Libye). », *op cit*, p.345.

1330 *Demande en révision et en interprétation de l'arrêt du 24 février 1982 en l'affaire du plateau continental (Tunisie/Libye), Arrêt du 10 décembre 1985,* Rec., 1985, p. 226 para 60.

1331 « *En résumé, la tâche des experts des Parties est, pour ce qui concerne la délimitation, de la latitude à laquelle l'azimut de la ligne de délimitation doit changer la suivante. Cette latitude est, comme le précise l'arrêt de 1982, celle du point le plus occidental de la ligne de rivage (laisse de basse mer) du golfe de Gabès. Cependant, il faut aussi garder présent à l'esprit que c'est de la définition pratique de la latitude en question, assortie il est vrai du mot « environ », que découle l'effet attribué aux îles Kerkennah au paragraphe 133 C 3 de l'arrêt. A l'aide des cartes qu'ils jugeront approprié d'employer, mais abstraction faite de toutes lignes de base droites existantes ou susceptibles d'être tracées, les experts devront s'efforcer de localiser, sur la laisse de basse mer, le point le plus occidental du golfe de Gabès* ».

Gabès ».[1332] Si elle le faisait, elle se retrouverait dans le cas d'une correction de l'arrêt de 1982 et non d'une interprétation. Cette propension manifeste de la Cour à protéger la force de ses arrêts se fera plus sentir dans sa réponse à la demande en interprétation nigériane de 1999.

La demande nigériane est liée à sa sixième exception qui visait à fixer les contours de l'affaire en fonction de la date critique de saisine. En présentant sa demande en interprétation de l'arrêt de la Cour du 11 juin 1998, le Nigeria attendait de la Cour qu'elle précise si le Cameroun était en droit, après le dépôt de sa requête additionnelle, de faire état à plusieurs reprises devant la Cour de nouveaux « incidents », après avoir prétendu que la responsabilité internationale du Nigeria était engagée « en raison de certains incidents qui se seraient produits en divers lieux de Bakassi et du lac Tchad et le long de la frontière entre ces deux régions ».

Dans l'arrêt sur les exceptions préliminaires, le Nigeria avait développé dans la sixième exception préliminaire un argumentaire selon lequel aucun élément ne permettait au juge de décider que la responsabilité internationale du Nigeria était engagée en raison de prétendues incursions frontalières.[1333] Dans ce contexte, la Cour, rejetant la sixième exception préliminaire présentée par le Nigeria, a relevé que, selon une pratique établie, les États qui déposent une requête « se réservent le droit de présenter ultérieurement des éléments de fait et de droit supplémentaires », et que « cette liberté de présenter de tels éléments trouve sa limite dans l'exigence que le différend porté devant la Cour par requête ne se trouve pas transformé en un autre différend dont le caractère ne serait pas le même »[1334].

Pour le requérant, l'arrêt n'est pas clair sur le point de savoir à quels incidents les « éléments de fait supplémentaires » doivent se rattacher aux fins de la future procédure au fond. En effet, le Nigeria admet, tel que le prévoit l'arrêt rendu par la Cour le 11 juin 1998, que le Cameroun peut présenter des éléments de fait supplémentaires pour

---

[1332] *Demande en révision et en interprétation de l'arrêt du 24 février 1982 en l'affaire du plateau continental (Tunisie/Libye), Arrêt du 10 décembre 1985,* Rec., 1985, p. 226 para 62.

[1333] CIJ, arrêt, 11 juin 1998, *Frontière terrestre et maritime entre le Cameroun et le Nigéria, exceptions préliminaires, Recueil. 1998*, p. 3 17, para 96.

[1334] *Ibid*, para 99.

développer l'exposé des incidents qui, selon les allégations qu'il a formulées dans ses requêtes, engageraient la responsabilité internationale du Nigeria et qu'en présentant de tels éléments de fait supplémentaires, le Cameroun ne transforme pas le caractère du différend soumis à la Cour. Il estime néanmoins que l'arrêt de la CIJ n'est pas clair sur le point de savoir si le Cameroun était en droit, à diverses dates après le dépôt de sa requête modifiée, de soumettre à la Cour de nouveaux incidents qui engageraient la responsabilité internationale du Nigeria et qu'il n'avait pas précédemment mentionnés.[1335]

Surpris et hésitant face à la demande nigériane, le Cameroun présente deux conclusions dont la première est en réalité une question préliminaire dans laquelle il « s'en remet à la sagesse de la Cour pour décider de sa compétence pour se prononcer sur une demande en interprétation d'une décision rendue à la suite d'une procédure incidente et, en particulier, d'un arrêt relatif aux exceptions préliminaires ».[1336] L'originalité de l'affaire réside donc dans le caractère préliminaire de l'arrêt objet de la demande en interprétation et c'est à juste titre que le Cameroun affirme « nourrir les doutes les plus sérieux en ce qui concerne la faculté d'introduire une telle demande » car les Parties n'auraient pas à « appliquer » l'arrêt : elles n'ont qu'à « en prendre acte »[1337].

La cour devra donc répondre à la question de savoir si un arrêt sur les exceptions préliminaires peut faire l'objet d'une demande en interprétation. Elle le fait sans aucune hésitation en répondant qu'un arrêt sur exceptions préliminaires tombe, « tout comme un arrêt [...] sur le fond », sous le coup de l'article 60, dont la seconde phrase, ne faisant « pas de distinction quant à la nature de l'arrêt », lui confère « compétence pour connaître des demandes en interprétation de tout arrêt rendu par elle »[1338] . A la réalité, l'objectif premier de toute demande en interprétation est donné dans l'affaire de l'Usine de Chorzôw : « c'est de permettre à la Cour de préciser au besoin ce qui a

---

1335 Voir requête, p. 5.

1336 *Demande en interprétation de l'arrêt du 11 juin 1998 en l'affaire de la Frontière terrestre et maritime entre le Cameroun et le Nigéria (Cameroun c. Nigéria), exceptions préliminaires* (Nigéria c. Cameroun), arrêt, C. I. J. Recueil 1999, p. 34, para7.

1337 *Ibid* p. 35, para. 9.

1338 *Ibid*, p. 35, para. 10.

été décidé avec force obligatoire dans un arrêt ».[1339] Il suffirait juste de remarquer qu'un arrêt sur les exceptions préliminaires peut prêter à confusion pour admettre la possibilité de leur interprétation.

Ainsi que le souligne M. KOROMA, dans la mesure où l'arrêt de la Cour du 11 juin 1998 était susceptible d'une interprétation erronée ou pouvait prêter à confusion en ce qui concerne sa portée et son sens, il était à la fois nécessaire et opportun que la Cour le clarifie ou l'interprète de manière à éliminer toute possibilité d'interprétation erronée ou de confusion.[1340] A cet égard, lorsqu'une partie prie la Cour d'expliciter son arrêt en précisant quel incident - ou quels incidents - forment d'après elle la base d'une requête et d'indiquer la date butoir, une telle demande semble remplir les critères applicables pour obtenir une interprétation au sens de l'article 60 du Statut et du paragraphe 1 de l'article 98 du Règlement de la Cour.[1341]

La seule condition imposée par l'affaire de l'Usine de Chorzôw est que la demande porte sur « ce qui a été décidé avec force obligatoire dans un arrêt »[1342]. Il faut donc que la demande porte « sur le dispositif » ou qu'elle concerne uniquement les motifs qui « sont inséparables du dispositif ».[1343] Les motifs inséparables du dispositif sont ainsi intégrés dans l'*interpretandum.*[1344] Cependant, la compétence ne préjuge pas de la recevabilité.

La seconde Conclusion du Cameroun a deux aspects : il prie la Cour, à titre principal, de « déclarer irrecevable la demande » et de dire qu' « il n'y a pas lieu d'interpréter l'arrêt » ; à titre subsidiaire, de juger qu'il « est en droit d'invoquer tous faits, quelle qu'en soit la date, qui permettent d'établir » ses accusations et qu'il « peut aussi invoquer les faits permettant d'évaluer le préjudice [...] et la réparation ».[1345] Bien

---

1339 CPJI, 1927, série A n^0 13, p. 11 ; arrêt, 10.

1340 KOROMA A.G., *op diss*, arrêt (du 25 mars 1999), p. 51

1341 *Ibid.*

1342 CPJI, 1927, série A n0 13, p. 11 ; arrêt, 10.

1343 *Demande en interprétation de l'arrêt du 11 juin 1998 en l'affaire de la Frontière terrestre et maritime entre le Cameroun et le Nigéria (Cameroun c. Nigéria), exceptions préliminaires* (Nigéria c. Cameroun), arrêt, C. I. J. Recueil 1999, para. 10.

1344 HOMAYOUN B., «Frontière terrestre et maritime (Cameroun c. Nigeria). Exceptions préliminaires, interprétation, intervention.», *op cit*, p. 406.

1345 *Demande en interprétation de l'arrêt du 11 juin 1998 en l'affaire de la Frontière terrestre et maritime entre le Cameroun et le Nigéria (Cameroun c. Nigéria),*

que certains auteurs contestent la possibilité qu'il puisse exister une décision de la cour sur la recevabilité d'une demande en interprétation[1346], on sait depuis l'affaire du droit d'asile en 1950 qu'il existe deux conditions de recevabilité[1347] et les détails concernant la deuxième condition qui concerne l'existence ou non d'une « contestation sur le sens et la portée de l'arrêt » ont été donnés par la Cour permanente de Justice internationale dans sa décision sur l'interprétation des arrêts n°s 7 et 8 (Usine de Chorzow).[1348] C'est déjà dit.

A partir de là, la haute juridiction commence par examiner la première condition, ce fut le cas dans son arrêt sur la Demande en révision et en interprétation de l'arrêt du 24 février 1982 en l'affaire du Plateau continental (Tunisie Jamahiriya arabe libyenne). Cette première condition voudrait que le but véritable de la demande soit d'obtenir une interprétation[1349]. Autrement, on aboutirait à une annulation de la disposition de l'article 60 selon laquelle l'arrêt est définitif et sans recours.[1350] Dans une logique de protection de l'autorité de la chose jugée de ses arrêts, la CIJ réaffirme le caractère sacré de la chose jugée, d'une part, en rappelant la « nécessité de ne pas porter atteinte au caractère définitif » des arrêts et, d'autre part, en relevant que « le libellé et la structure de l'article 60 traduisent la primauté du principe de l'autorité de la chose jugée »[1351]. Après avoir résumé les motifs du rejet de la sixième exception[1352] et rappelé sa jurisprudence sur la date critique de saisine en l'affaire de

exceptions préliminaires (Nigéria c. Cameroun), arrêt, C. I. J. Recueil 1999, p. 34, para7.

1346 Voir par exemple le long développement de Barati Homayoun sur la question *(AFDI 1996, p. 472-473, para 49 et* p. 408-409, note 109).

1347 *Demande d'interprétation de l'arrêt du 20 novembre 1950 en l'affaire du droit d'asile,* Rec. 1950, p. 402.

1348 Arrêt no 11, 1927, C.P.J.I. série A no 13, p. 10-11.

1349 C. I. J. Recueil 1985, p. 223, para 56

1350 *Demande d'interprétation de l'arrêt du 20 novembre 1950 en l'affaire du droit d'asile,* arrêt, C. I. J. Recueil 1950, p. 402.

1351 *Demande en interprétation de l'arrêt du 11 juin 1998 en l'affaire de la Frontière terrestre et maritime entre le Cameroun et le Nigéria (Cameroun c. Nigéria), exceptions préliminaires* (Nigéria c. Cameroun), arrêt, C. I. J. Recueil 1999, p. 36, para12.

1352 Voir *Supra*, Deuxième partie, Titre I, Chapitre I, Section I, para II, A, 2.

Lockerbie[1353], la Cour mondiale estime avoir déjà clairement examiné et rejeté dans son arrêt du 11 juin 1998 la première conclusion nigériane et que les deux autres conclusions « tendent à soustraire à l'examen de la Cour des éléments de fait et de droit dont la présentation a déjà été autorisée par l'arrêt du 11 juin 1998 ou qui n'ont pas encore été présentés par le Cameroun ».[1354] Ainsi, elle analyse la demande nigériane comme une simple remise en cause de l'arrêt du 11 juin 1998 et se positionne en défenseur de la chose jugée.

Mais M. WEERAMANTRY, M. KOROMA et M. AJIBOLA pensent que la Cour aurait dû interpréter son arrêt de 1998. Pour ADJIBOLA, il apparaît clairement qu'en 1998 la Cour s'est prononcée sur le droit procédural du Cameroun de: a) développer ce qu'il a « dit » dans sa « requête » et b) présenter des faits supplémentaires mais il est manifeste que la Cour n'a pas tranché la question des incidents supplémentaires ou nouveaux incidents.[1355] Il conclut que le Nigeria soulève une importante question de fond relative à l'interprétation de l'arrêt du 11 juin.[1356] Selon KOROMA, les motifs du rejet des conclusions nigérianes sont sujets à caution, en particulier en tant que motifs de rejet de demande.[1357] A M. WEERAMANTRY d'ajouter qu'il est question d'une divergence de vues, le Nigeria défendant une interprétation et le Cameroun une autre.[1358] Le libellé se prête ainsi à l'une et l'autre, suscitant un doute réel quant au sens et à la portée de l'arrêt et que le Nigeria est fondé à demander l'interprétation de l'arrêt de la Cour.[1359] De toute façon, une décision sur cette question enrichirait la jurisprudence de la Cour et fournirait aux parties des lignes directrices sur les limites imposées au contenu des requêtes. Dans une logique de rapidité et de protection de la chose jugée, la cour

---

[1353] *Questions d'interprétation et d'application de la convention de Montréal de 19 71 résultants de l'incident aérien de Lockerbie* (Jamahiriya arabe libyenne c. Royaume- Uni), exceptions préliminaires, arrêt, C. I. J. Recueil 1998, p. 26, para 44, p. 130, para 43 et p. 3 18, para 99.

[1354] *Demande en interprétation de l'arrêt du 11 juin 1998 en l'affaire de la Frontière terrestre et maritime entre le Cameroun et le Nigéria (Cameroun c. Nigéria), exceptions préliminaires* (Nigéria c. Cameroun), arrêt, C. I. J. Recueil 1999, pp 35-36, para. 16-17.

[1355] AJIBOLA (B), *op diss*, C. I. J. Recueil 1999, p 60.

[1356] *Ibid*

[1357] KOROMA A. G., C. I. J. Recueil 1999, *op diss,* p 52.

[1358] WEERAMANTRY C. G., C. I. J. Recueil 1999, *op diss*, p 46.

[1359] *Ibid*

a, sans doute, raté cette opportunité. Elle garda la même réaction en cas de sentence arbitrale.

SECTION II : L'autorité de la chose jugée de la sentence arbitrale

« On ne saurait admettre qu'une sentence rendue demeure contestée et *a fortiori* inexécutée. La partie défavorisée par le jugement originaire, quelque conscience qu'elle puisse avoir de son bon droit, ne peut être juge de ses juges. Le gouvernement qui conteste la validité d'une sentence n'a pas d'autres droits que celui de demander l'ouverture d'une nouvelle instance »[1360] déclarait Georges Scelle, confirmant ainsi, l'assertion du délégué du Brésil à la Conférence de La Haye de 1907 selon laquelle « l'institution arbitrale vit de la confiance, l'institution judiciaire de l'obéissance »[1361]. La contestation juridictionnelle d'une sentence arbitrale peut prendre plusieurs formes : celle de la nullité ou d'une action en inexistence d'une sentence arbitrale. C'est fidèle à cet esprit que la Guinée-Bissau soumettait à la CIJ par requête déposée au greffe l'affaire relative à la Sentence arbitrale du 31 juillet 1989, requête dans laquelle le demandeur souhaite voir la Cour dire et juger que « Cette prétendue décision est frappée d'inexistence », à raison de l'apparence de majorité, subsidiairement qu'elle « est frappée de nullité, le tribunal n'ayant pas répondu à la double question posée par le compromis » et donc que c'est à tort que le Sénégal entend imposer l'application de cette prétendue sentence ».[1362] En face d'une telle contestation fragrante de la chose jugée de la sentence arbitrale, la Cour internationale de Justice a rejeté unanimement la demande d'inexistence et avec une majorité qualifiée la demande en nullité.

La confirmation de l'existence de la sentence

1360 SCELLE G., « Rapport sur la procédure arbitrale », 21 mars 1950, *Annuaire C.D.I.*, 1950, vol. II, p. 146, para 102.
1361 LALIVE P., « Problèmes relatifs à l'arbitrage international commercial », *R.C.A.D.I.*, tome 20 (1967-1), p. 578.
1362 Voir requête de la Guinée-Bissau disponible sur le site de la CIJ.

L'affaire de la Sentence arbitrale du 31 juillet 1989 était la seconde du genre devant la CIJ après celle de la Sentence arbitrale rendue par le roi d'Espagne le 23 décembre 1906, portée devant la Cour par le Honduras sur la base d'un accord conclu le 21 juillet 1957 avec le Nicaragua. Le Professeur Jean-Pierre QUENEUDEC disait que cette affaire est exemplaire en ce que les deux États africains en cause ont eu le souci constant de demeurer strictement dans le cadre des procédures offertes par le droit international.[1363] En effet, immédiatement après que la sentence soit rendue, la Guinée-Bissau fit savoir que la sentence n'avait pas de valeur à ses yeux. La « prétendue sentence » aux yeux du demandeur étant frappée d'inexistence par le fait que les deux arbitres, le président Barberis et l'arbitre André Gros n'avaient constitué qu'une apparence de majorité, la déclaration annexe du président exprimant une contradiction avec celle apparemment votée.[1364] Confortée par ses griefs à l'égard de la décision du Tribunal arbitral griefs, griefs articulés autour des cinq absences[1365] qui affecteraient selon elle la réalité ou la validité de la sentence, la Guinée-Bissau présenta sa requête en nullité et en invalidité de la Sentence du 31 juillet 1989.

Le Sénégal fut amené à soulever le problème de la recevabilité de la demande de la Guinée-Bissau en arguant du fait que la tentative du demandeur d'opposer la décision du Tribunal et la déclaration de son Président constituait un « abus de procédure » assimilable à l' « abus des voies de droit »[1366] mais il se garda bien, cependant, de présenter formellement une exception d'irrecevabilité, car, ainsi que le précise le Professeur QUENEUDEC, il se trouvait placer non seulement en position de défenseur de l'autorité de la sentence de 1989, de la présomption de validité des sentences arbitrales en général et il pouvait craindre que la Guinée-Bissau ne continue à s'opposer à

1363 QUENEUDEC J-P., « L'affaire de la Sentence arbitrale du 31 juillet 1989 devant la CIJ (Sénégal c. Guinée Bissau) », *Annuaire français de droit international*, volume 37, 1991. p. 420.

1364 COTTEREAU G., *« La sentence arbitrale du 31 juillet 1989 (Guinée-Bissau c. Sénégal). Demande en indication de mesures conservatoires. Ordonnance du 2 mars 1990. »*, *op cit*, 369.

1365 Voir QUENEUDEC J-P., « L'affaire de la Sentence arbitrale du 31 juillet 1989 devant la CIJ (Sénégal c. Guinée Bissau), *op cit*, p. 422

1366 Visé à l'article 294 de la Convention des Nations Unies sur le droit de la mer ou à la notion de «requête abusive» mentionnée à l'article 27, para 2, de la Convention européenne des droits de l'homme.

l'exécution de la sentence si la Cour ne se prononçait pas sur sa validité.[1367]

La question de la compétence et de la recevabilité ayant néanmoins été évoquée lors des plaidoiries au fond, l'instance mondiale n'a pas cru bon de s'aligner sur la position sénégalaise en considérant que « la requête de la Guinée-Bissau a été présentée de manière appropriée dans le cadre des voies de droit qui lui sont ouvertes devant la Cour dans les circonstances de l'espèce »[1368] et en faisant le même raisonnement en ce qui concerne la compétence.[1369] Bien que c'était la première fois qu'un État invoquait devant la C.I.J. la nullité d'une sentence par voie d'action, en se fondant sur les déclarations d'acceptation souscrites par les deux Parties sur la base de l'article 36 para 2 du Statut[1370], la Cour ne s'est pas empêchée de fonder sa compétence sur les déclarations d'acceptation de juridiction obligatoire faites par le Sénégal et la Guinée-Bissau, respectivement le 20 octobre 1985 et le 7 août 1989 et par ailleurs, dans l'absence de contestation par le Sénégal de la compétence de la Cour pour connaître de la requête guinéenne en vertu de l'article 36, paragraphe 2 du Statut.[1371] L'absence de contestation de la compétence par le Sénégal a, sans doute, simplifié la tâche à la cour.

En effet, la déclaration de Dakar signée le 22 octobre 1985 et enregistrée le 12 décembre de la même année voit le Sénégal accepter la compétence de la Cour « sous Condition de réciprocité, comme obligatoire de plein droit et sans convention spéciale, à l'égard de tout autre État acceptant la même obligation, la juridiction de la Cour sur

---

[1367] QUENEUDEC J-P., « L'affaire de la Sentence arbitrale du 31 juillet 1989 devant la CIJ (Sénégal c. Guinée Bissau) », *op cit*, p. 422.

[1368] *Sentence arbitrale du 31 juillet 1989* (Sénégal c. Guinée Bissau), CIJ Recueil 1991, p. 63, para 27.

[1369] *Ibid*, p. 62, para 24.

[1370] Le Juge ad hoc Kéba Mbaye dans une déclaration jointe à l'arrêt, Voir *Ibid*, p. 80.

[1371] La déclaration de la République du Sénégal date du 22 octobre 1985; elle a été déposée auprès du Secrétaire général de l'O.N.U. le 2 décembre 1985. La déclaration de la République de Guinée-Bissau date du 7 août 1989 et a été déposée le même jour auprès du Secrétaire Général. La déclaration de Dakar est assortie de réserves; celle de Bissau en est dépourvue.

tous les différends d'ordre juridique nés postérieurement à la présente déclaration... »[1372].

La question de l'identification de la date critique aurait pu rendre l'affaire assez délicate. En effet, le professeur J. Soubeyrol avait estimé que, compte tenu des libellés des déclarations, la date à partir de laquelle la Cour peut être compétente n'est pas la même selon que l'un ou l'autre est demandeur[1373]. Parallèlement, Georges Scelles C conclut que si l'on appliquait la solution défendue par la France devant la C.P.J.I. dans l'affaire des Phosphates du Maroc, la solution serait manifestement l'exclusion du différend de la compétence de la Cour simplement par le jeu des dates.[1374]

En premier lieu, l'arrêt rendu par la Cour dans cette affaire soulève l'épineuse question de la nature de sa mission d'appréciation de la légalité des sentences et la compatibilité de cette mission avec les principes dominant l'institution de l'arbitrage : La saisine de la Cour par la Guinée-Bissau dans la présente affaire pouvait-elle apparaître comme un recours à un degré supérieur de juridiction ? Une compétence d'appel existe lorsqu'une cour peut examiner si un tribunal a bien ou mal jugé. S'agissait-il d'un appel contre la sentence arbitrale ? La CIJ serait-elle devenue, de par cette requête, une cour d'appel ? Le recours en appel suppose une hiérarchie des degrés de juridiction aboutissant à poursuivre une affaire devant un "tribunal supérieur, en cas de contestation quant à la façon dont, le tribunal inférieur l'a jugée. L'instance d'appel apprécie alors autant les faits que le droit et sa décision remplace la précédente.

Dans le droit interne, l'appel se différencie de la cassation par le fait que le recours en cassation se situe au-dessus de l'appel et tend à apporter une protection contre une application erronée du droit ainsi qu'une uniformité nécessaire dans cette application. Mais en droit international, il n'existe aucune hiérarchie ni partage de compétence entre les diverses juridictions internationales, même si l'on reconnaît à la CIJ une plus grande autorité du fait de son caractère universel et

1372 Voir Annuaire de la C.I.J., 1985, n° 40, p. 91.

1373 SOUBEYROL J., «Validité dans le temps de la déclaration d'acceptation de la juridiction obligatoire». *A.F.D.I.*, 1959, p. 232 s.

1374 COTTEREAU G., « *La sentence arbitrale du 31 juillet 1989 (Guinée-Bissau c. Sénégal). Demande en indication de mesures conservatoires. Ordonnance du 2 mars 1990.* », *op cit*, p. 379.

permanent et de sa place au sein des Nations Unies. Les États ont donc une liberté de choix des modes de règlement des différends. Cette dernière règle a été affirmée par le Statut de la Cour permanente de justice internationale lorsque son article 1er s'ouvrait par la formule : « Indépendamment de la Cour d'Arbitrage, organisée par les Conventions de La Haye de 1899 et 1907, et des Tribunaux spéciaux d'Arbitres, auxquels les États demeurent toujours libres de confier la solution de leurs différends ».

La règle de la liberté de choix été reprise dans la Charte des Nations Unies qui prévoit que les États membres peuvent « confier la solution de leurs différends à d'autres tribunaux en vertu d'accords déjà existants ou qui pourront être conclus à l'avenir »[1375]. Il s'en suit que la CIJ a l'obligation de respecter l'autonomie de l'institution arbitrale. Le respect de l'autonomie de l'institution arbitrale et du principe du libre choix du mode de règlement des différends fait ainsi obstacle à une éventuelle compétence d'appel révisant la décision.[1376]

Déjà, dans son mémoire déposé le 2 mai 1990, la Guinée-Bissau a tenu à « ne laisser s'établir aucun doute sur le fait qu'il s'agit d'une demande en inexistence et nullité de la prétendue sentence arbitrale du 31 juillet 1989 et qu'elle ne saurait aucunement être considérée comme une demande en appel ou en révision, ce qu'elle n'est pas »[1377]. En réalité, dit-elle « ce qui est porté devant la Cour par le Gouvernement de la Guinée-Bissau est relatif seulement à un point de droit ne concernant pas la décision elle-même, mais le chemin suivi pour y arriver ».[1378]

Cette compétence a été qualifiée de compétence « supervisoire »[1379] de la Cour. Elle consiste à examiner la manière dont les décisions ont été prises en fonction de prescriptions préétablies tout en respectant l'autonomie d'une institution distincte et indépendante.[1380] Ce contrôle

---

[1375] L'article 95 de la Charte des Nations Unies.

[1376] BOISSON M. de, *Le droit français de l'arbitrage interne et international,* Lille, GLN-éditions, 1990, P348

[1377] Mémoire de la Guinée-Bissau, pp. 25-26, para 60

[1378] Mémoire de la Guinée-Bissau, p. 27, para 64.

[1379] Voir REISMAN W.M., «The supervisory fonction of the ICJ», *RCADI,* 1996, vol.258, pp.9-394. Voir aussi PERRIN D, *La Cour Internationale de Justice et l'Afrique*, *op cit*, p. 517 à 520.

[1380] Voir REÏSMAN W.M., « The supervisory jurisdiction of the ICJ : international arbitration and international adjudication, », *RCADI,* 1996, vol.258, p. 23

conduit à s'assurer que la sentence arbitrale est conforme aux règles contenues dans l'accord qui crée le tribunal ainsi qu'aux règles du droit international relatives au fonctionnement des tribunaux car le sentiment des États qu'une sentence arbitrale a force obligatoire de par le droit international lui-même, le fait que le tribunal a fidèlement adhéré aux principes fondamentaux de droit régissant son activité, telles sont, en dernière analyse, les sources de la force obligatoire d'une sentence arbitrale internationale. Ainsi, la saisine de la Guinée - Bissau ne pouvait apparaître comme un recours à un degré supérieur de juridiction.

C'est pourquoi, la cour précise dans son arrêt que « la présente instance constitue une action en inexistence et en nullité de la sentence rendue par le Tribunal, et non un appel de ladite sentence ou une demande en révision de celle-ci »[1381] reprenant ainsi la formule utilisée dans la décision rendue le 25 octobre 1910 par la Cour permanente d'arbitrage dans l'affaire de l'Orinoco Steamship Company (États-Unis/Venezuela).[1382] De même que dans l'affaire de la Sentence arbitrale du roi d'Espagne, la mission de la Cour n'était pas de statuer sur le fond du différend de délimitation, mais exclusivement sur la validité et l'applicabilité de la sentence rendue à l'occasion de ce différend. Au professeur QUENEUDEC de conclure qu'il ne peut y avoir la moindre contradiction entre la soumission de la sentence à un examen de légalité par la Cour[1383] et les principes fondamentaux du droit arbitral, ni aucun risque de modification de la nature même de l'arbitrage par la reconnaissance d'une autorité supérieure au profit de la Cour internationale de Justice.[1384] La nature du travail de la Cour étant claire, elle commence par analyser la première demande de la requérante relative à la demande en inexistence de la Sentence.

En général, l'inexistence est soutenue en droit en cas d'absence de juridiction, de l'organe qui prétend décider. Il en est ainsi car l'inexistence suppose que la décision n'a jamais existé. C'est cette

---

1381 *Sentence arbitrale du 31 juillet 1989* (Sénégal c. Guinée Bissau), CIJ Recueil 1991, p. 62, para 25.
1382 R.S.A., vol. XI, p. 237; COUSSIRAT-COUSTERE V et EISEMANN P.M., *Répertoire de la jurisprudence arbitrale internationale*, tome I, p. 452.
1383 Pour l'examen dans le cas d'espèce, voir les développements suivants.
1384 QUENEUDEC J-P., « L'affaire de la Sentence arbitrale du 31 juillet 1989 devant la CIJ (Sénégal c. Guinée Bissau), *op cit*, p. 425.

position qu'a adopté la Guinée Bissau. Le compromis arbitral signé entre les deux parties décidait, conformément aux règles générales du droit international public en matière d'arbitrage : « Les décisions du Tribunal relatives à toutes questions de fond ou de procédure, y compris toutes les questions concernant la compétence du Tribunal et l'interprétation du compromis, seront prises à la majorité de ses membres. »[1385].

Dans sa sentence de 1989, le Tribunal, ayant conclu, en réponse à la première question posée dans le compromis d'arbitrage, que l'accord de 1960 « fait droit dans les relations entre les parties », a jugé qu'il en était ainsi « en ce qui concerne les seules zones mentionnées dans cet accord, à savoir la mer territoriale, la zone contiguë et le plateau continental ... ».[1386] Le troisième arbitre s'est totalement dissocié de la majorité. A la suite de cette décision, le président Barberis a précisé qu'il aurait répondu à la question de façon à dire que l'accord faisait droit dans les relations entre les Parties : « en ce qui concerne la mer territoriale, la zone contiguë et le plateau continental, mais [qu']'il ne fait pas droit quant aux eaux de la zone économique exclusive ou à la zone de pêche ... »[1387].

La plaignante soutient que la sentence n'était pas fondée sur une majorité véritable parce les deux membres ayant constitué « la majorité apparente » bien qu'ayant voté la sentence, l'un d'eux, le président du Tribunal, a indiqué dans sa déclaration annexe « qu'il était en désaccord avec l'imprécision du texte voté » et il a exprimé une « conception de la compétence du Tribunal et de l'interprétation du compromis devant conduire à une décision de fond différente ».[1388]

Ce qui est contesté n'est pas que, selon le texte de la sentence, celui-ci avait été adopté par les votes du président Barberis et de M. Gros. La plaignante reconnaît que le vote du président en faveur de la sentence a eu lieu mais « que la déclaration du président Barberis contredisait et invalidait son vote, ôtant ainsi à la sentence le

---

[1385] L'article 4, paragraphe 2, du compromis

[1386] *Arbitrage relatif à la détermination de la frontière maritime entre la Guinée-Bissau et le Sénégal* (31 juillet 1989), p.152 para 88.

[1387] *Sentence arbitrale du 31 juillet 1989* (Sénégal c. Guinée Bissau), CIJ Recueil 1991, p. 63, para 26

[1388] Requête, p. 10, para 17.

fondement d'une majorité véritable. ».[1389] Se fondant sur cette décision, elle préjuge qu'il n'y a pas eu en réalité de majorité au sein du Tribunal ni sur sa compétence quant à l'interprétation du compromis, ni par voie de conséquence sur le fond et que le défaut de majorité découlait des termes même de cette déclaration et qu'il manquait, par conséquent, un élément essentiel exigé par l'engagement d'arbitrage : la formation d'une volonté commune à un nombre suffisant d'arbitres pour constituer une majorité. Sans doute, l'arbitre BEDJAOUI exerça une influence notable sur la requête bissau-guinéenne puisqu'il concluait dans son opinion dissidente jointe à la sentence que : « la déclaration du Président du Tribunal montre combien la sentence est incomplète et non conforme à la lettre et à l'esprit du compromis quant à la ligne unique voulue par les parties. Émanant du Président du Tribunal lui-même, cette déclaration, par son existence autant que par son contenu, justifie de s'interroger plus fondamentalement sur l'existence d'une majorité et la réalité de la sentence ».[1390]

C'est probablement en s'inspirant de la recommandation de l'arbitre algérien que la Guinée Bissau y voyait probablement « un cas d'inexistence original et peut-être même unique dans l'histoire de l'arbitrage international ».[1391]

La réaction de la CIJ se fait en deux temps : d'abord sur le sens de la déclaration du président et ensuite sur sa portée. Pour ce qui concerne le sens, il revenait à la cour de répondre à la question suivante : la déclaration est assimilable à une opinion individuelle ou peut-elle considérée comme dissidente à l'arrêt ?

Comme il fallait s'y attendre, le requérant y voit une déclaration de désaccord ou l'exposé d'un dissentiment qui s'oppose et annule le vote du Président. Il parle même de « quelque chose d'extraordinaire, qui dépasse les limites de toute compréhension possible ».[1392] Pour le Sénégal, au contraire, ce n'était qu'en déformant le sens que la Guinée-Bissau croyait y trouver une déclaration de désaccord ou l'exposé d'un dissentiment[1393] car cette déclaration présentait « une certaine

---

[1389] *Ibid*, p. 64, para. 30.
[1390] Op. diss. RSA, vol. XX. pp.212-213
[1391] *Sentence arbitrale du 31 juillet 1989* (Sénégal c. Guinée Bissau), CIJ Recueil 1991, p. 63, para 26
[1392] Plaidoirie de M. Galvao Teles, 4 avril 1991, CR 91/3, p. 21.
[1393] Contre-mémoire du Sénégal, p. 82, para 172.

similitude avec une opinion individuelle » et ne constituait rien d'autre qu'un « commentaire de la Sentence que le Président a sans doute considéré comme étant compatible avec son vote favorable »[1394]. La Cour n'avalise pas le raisonnement du Sénégal pour lequel l'inexistence devait être repoussée, car constituant une déclaration d'invalidité de la *res judicata* alors que la correction légale des sentences devrait être présumée. Elle constata plutôt que l'absence de majorité au moment du vote du dispositif n'a pas été démontrée.

Pour les juges, se prononçant à l'unanimité, le président Barberis avait à l'esprit le fait que la réponse du Tribunal à la première question « aurait », selon les termes qu'il a employés, « pu être plus précise », et non qu'elle aurait dû être plus précise dans le sens indiqué par sa formulation; cette dernière était, a son avis, une formulation préférable mais non obligatoire[1395]. De l'avis de la Cour, « cette formulation ne révèle aucune contradiction avec celle de la sentence ».[1396] C'est d'ailleurs pourquoi face à l'argument bissau-guinéen selon lequel le président Barberis dit que sa propre formulation « aurait habilité le Tribunal à traiter dans la sentence la deuxième question posée par le compromis arbitral » et qu'en conséquence le Tribunal « aurait été compétent pour délimiter les eaux de la zone économique exclusive ou la zone de pêche entre les deux pays » en plus des autres espaces, la Cour universelle estime que : « l'opinion exprimée par le président Barberis selon laquelle la réponse qu'il aurait lui-même donnée à la première question aurait habilité le Tribunal à trancher la seconde question constituait, non une position qu'il avait adoptée quant à ce que le Tribunal était dans l'obligation de faire, mais seulement une indication de ce qui, à son avis, aurait été une meilleure façon de procéder. ». Elle conclut que « Sa position ne pouvait donc pas être considérée comme étant en contradiction avec celle adoptée dans la sentence. »[1397].

Cette position correspondait d'ailleurs à celle de P. Cahier consistant à refuser l'argument de l'inexistence d'une sentence devant la Juridiction internationale. En fait, la Cour n'a pas tort de voir dans

---

[1394] *Ibid*, pp. 83-84, para 174.
[1395] Sentence arbitrale du 31 juillet 1989 (Sénégal c. Guinée Bissau), CIJ Recueil 1991, p. 64, para 31
[1396] *Ibid*, p. 64, para 31.
[1397] *Ibid*, p. 64, para 32

cette déclaration plus une opinion individuelle qu'une opinion dissidente. La déclaration est, d'une certaine manière, comparable quant à son contenu à l'opinion individuelle du Juge Lachs jointe à l'arrêt du 27 juin 1986 relatif à l'affaire des Activités militaires et paramilitaires au Nicaragua et contre celui-ci (fond), dans laquelle l'ancien Président de la Cour déclarait notamment : « J'aurais préféré que la Cour s'appesantît davantage sur la question de l'assistance fournie à partir du Nicaragua ou à travers le Nicaragua aux forces d'opposition au Salvador (...). J'aurais aussi préféré que certains passages de l'arrêt fussent formulés différemment ».[1398]

La deuxième question à laquelle l'instance onusienne devrait répondre est de savoir, en cas de contradiction quelconque entre l'opinion exprimée par le président Barberis et celle indiquée dans la sentence, quelle serait la portée de cette contradiction. Il convient de reconnaître que par le seul vote du dispositif, il y avait bien eu rencontre des opinions concordantes de deux membres du Tribunal sur un point commun à savoir que l'accord de 1960 liait les deux États pour la délimitation de la mer territoriale, de la zone contiguë et du plateau continental. Mais, c'était en même temps le seul point de rencontre d'une majorité au sein du Tribunal.[1399] Ainsi que l'affirme la Cour une contradiction de cette nature : « ne pouvait prévaloir contre la position que le président Barberis avait prise lorsqu'il avait voté pour la sentence. En donnant son accord à la sentence, il a définitivement accepté les décisions que celle-ci contenait quant à l'étendue des espaces maritimes régis par l'accord de 1960, et quant au fait que le Tribunal n'était pas tenu de répondre à la seconde question, vu la réponse qu'il avait donnée à la première. »[1400].

A Mr. Lachs de compléter qu' « On ne peut admettre que la déclaration prime sur la sentence ou en modifie le sens. (...) si un texte joint peut provoquer un doute, voire lancer un défi, il ne saurait annuler la décision elle-même ».[1401]

[1398] CIJ Recueil 1986, p. 161.

[1399] QUENEUDEC J-P., « L'affaire de la Sentence arbitrale du 31 juillet 1989 devant la CIJ (Sénégal c. Guinée Bissau), *op cit*, p. 429.

[1400] Sentence arbitrale du 31 juillet 1989 (Sénégal c. Guinée Bissau), CIJ Recueil 1991, p. 64, para 33

[1401] *Ibid*, p. 94.

Étant donné que la validité du vote n'est pas affectée par des divergences exprimées dans une déclaration ou dans une opinion individuelle d'un membre, lesquelles divergences sont, dès lors, sans conséquence sur la décision du tribunal ; la majorité qui s'était réunie sur le texte de la sentence, tel qu'il a été adopté, était une majorité réelle et pas seulement apparente et donc la thèse de la Guinée-Bissau selon laquelle la sentence est frappée d'inexistence pour défaut de majorité véritable ne peut être accueillie.[1402]

Au-delà de tout débat juridique, le problème découla de l'absence de consensus. En réalité, lorsqu'un tribunal ne comporte qu'un seul arbitre « neutre », la pression psychologique et politique au compromis est au plus haut. Les arbitres choisis par les parties, MM. Bedjaoui et Gros prirent clairement position en faveur de leur « désignateur », s'opposant donc formellement sur l'attitude à adopter car MM. Bedjaoui et Barberis étaient pour une réponse à la seconde question, mais le premier pour une ligne unique de 252°, le second pour l'adoption de deux segments. Le Président du Tribunal se joignit à la position du Sénégal mais fut incapable de convaincre l'arbitre désigné par cet État -Gros - quant à la délimitation de la zone économique exclusive. L'arbitre désigné par la Guinée-Bissau - Bedjaoui - s'opposait aux deux. Dans ces conditions, la déclaration du président était pour le moins inhabituelle, voire insolite et la Cour aurait pu le souligner. C'est un fait habituel de joindre des déclarations au sein de la C.I.J.[1403], y compris de la part du Président de la Cour[1404] ; il est moins fréquent qu'un membre, encore moins le président, exprime ses doutes à l'égard de l'expression formelle de la décision qu'il a contribué à prendre au sein d'un organe arbitral statuant à la majorité. Mais la Cour, en bon protecteur de la sentence arbitrale n'a pas cru devoir rentrer dans ces subtilités. Elle se contente de rejeter la demande en invalidité autant qu'il le fait par la suite pour la demande en nullité non plus à l'unanimité.

[1402] *Ibid*, p. 65, para 35

[1403] Voir l'étude de JHABVALA F., «Declarations by Judges of the International Court of Justice », *A.J.I.L.*, 1978, pp. 830-855.

[1404] Voir le cas du Président dans l'affaire de la *Compétence en matière de pêcheries* (fond), CIJ Recueil 1974, pp. 35 et 206

L'examen de la nullité de la sentence et les accords entre États après les décisions

Tout tribunal est limité par deux éléments : l'engagement juridictionnel et les prétentions des parties. Un excès de pouvoir est commis dans tous les cas où le tribunal aura violé une des normes qui lui prescrivent ses devoirs[1405]. Le professeur SANTULLI distingue deux catégories d'excès de pouvoir : l'excès de pouvoir négatif et l'excès pouvoir positif. L'excès de pouvoir négatif ou encore le vice d'*infra petita* est réalisé par le défaut d'exercice de l'ensemble des pouvoirs dont la juridiction dispose qui peut être constitué tant par le défaut d'adjudication d'une intention des parties que par le degré d'incertitude de la réponse apportée.[1406] D'un autre côté, l'excès de pouvoir peut être constitué par le dépassement du mandat ou encore le dépassement des prétentions des parties (Vice d'*ultra petita*) étant donné que le tribunal ne saurait adopter une décision qu'aucune partie n'a sollicité ou allant au-delà de ce qui avait été demandé.[1407]

Il faudrait également ajouter que l'excès de pouvoir peut consister aussi « à méconnaître les dispositions impératives du compromis quant à la voie d'après laquelle ils doivent arrêter leur décision » notamment « la loi ou les principes de droit à l'excès de pouvoir consiste en la transgression par une juridiction compétente du cadre juridique de sa mission appliquer »[1408]

Deux arguments principaux fondaient la demande bissau-guinéenne en excès de pouvoir, à savoir l'absence de réponse à la seconde question et l'absence non motivée de carte annexée tel que prévu aux articles 2 et 9 du compromis.[1409] Il découle selon le requérant de ces

---

[1405] CASTBERG F., « L'excès de pouvoir dans la justice internationale », *RCADI*, 1931 (I), p. 360

[1406] SANTULLI C., *op cit*, p. 379.

[1407] *Ibid*, pp. 378-379.

[1408] CASTBERG F., « L'excès de pouvoir dans la justice internationale », *op cit*, p. 360.

[1409] Par le compromis signé à Dakar le 12 mars 1985, il était prévu (art. 2) de poser à ce tribunal les deux questions suivantes :
« 1) L'accord conclu par un échange de lettres, le 26 avril 1960, et relatif à la frontière en mer, fait-il droit dans les relations entre la République de Guinée-Bissau et la République du Sénégal?

deux articles du compromis, d'une part, que le Tribunal devait répondre à la deuxième question si la réponse à la première était partiellement ou totalement négative, d'autre part, que les deux parties étaient d'accord pour qu'une même ligne partage leurs plateaux continentaux respectifs et leurs zones économiques exclusives respectives et qu'en tout état de cause la sentence devait être accompagnée d'une carte indiquant le tracé de cette ligne unique de délimitation.[1410]

Le moyen bissau-guinéen basé sur l'absence de réponse à la seconde question comportait trois branches ou trois arguments : la Guinée-Bissau se demande si le Tribunal a réellement pris la décision de ne pas fournir une telle réponse ; elle prétend que, à supposer qu'il y ait eu une décision, celle-ci était insuffisamment motivée; enfin elle en conteste le bien-fondé.

Face au premier de ces trois arguments selon lequel le Tribunal aurait non pas décidé de ne pas répondre à la seconde question qui lui était posée, mais aurait simplement omis, faute de majorité véritable, de prendre quelque décision que ce soit sur ce point, la haute juridiction refuse de considérer la sentence comme entachée d'une omission de statuer, répondant qu'il ressort du paragraphe 87 que le Tribunal a bien pris la décision de ne pas répondre.[1411] Décider de ne pas répondre est une réponse et non une omission de répondre selon la CIJ. Ce paragraphe 87, selon le requérant, est un « avis du tribunal » sur la question parce que ne se trouvant que dans les motifs et non dans le dispositif de la sentence. Certes, la CIJ reconnaît que « la sentence est de ce point de vue construite d'une manière qui pourrait donner prise à la critique » et que « il eût été normal de faire figurer dans le dispositif de la sentence, au paragraphe final de cette dernière, tant la réponse fournie à la première question que la décision prise de

---

2) En cas de réponse négative à la première question, quel est le tracé de la ligne délimitant les territoires maritimes qui relèvent respectivement de la République de Guinée-Bissau et de la République du Sénégal ? »
L'article 9 de ce compromis arbitral précisait que le Tribunal ferait connaître aux deux gouvernements sa décision quant aux questions énoncées à l'article 2 de ce compromis et que la décision devrait comprendre le tracé de la ligne frontière (au singulier) sur une carte.

[1410] Voir la requête, p. 12.

[1411] *Sentence arbitrale du 31 juillet 1989* (Sénégal c. Guinée Bissau), CIJ Recueil 1991, p. 67, para 41.

ne pas répondre à la seconde ». Elle estime néanmoins que, par son vote, le Tribunal a non seulement approuvé le contenu du dispositif, « mais encore l'a fait pour les motifs exposés antérieurement dans la sentence et en particulier dans le paragraphe 87 ». Pour la Cour, il n'y a donc aucun doute : le Tribunal a bien pris la décision de ne pas répondre à la deuxième question du compromis et il n'y a eu, de sa part, « aucune omission de statuer ».[1412]

Après avoir écarté le second argument fondé sur l'insuffisante motivation de la sentence[1413], la cour mondiale examine le troisième et dernier argument lié à l'absence de réponse à la deuxième question. Cet ultime argument était fondé sur le bien-fondé du refus de répondre à la seconde question, compte tenu de l'interprétation qu'a fait le tribunal de sa propre compétence. Dans la réponse à cette question, la Haute juridiction devrait éviter un risque : éviter un examen substantiel de la position des arbitres sous peine de faire elle-même preuve d'excès de pouvoir. On se rappelle, la Cour, dans l'arrêt rendu dans l'affaire Nottebohm le 18 novembre 1953, constatait le principe de la compétence de la compétence - « une règle que le droit commun a consacrée en matière d'arbitrage international » - selon lequel : « Depuis l'affaire de l'Alabama, il est admis, conformément à des précédents antérieurs, qu'à moins de convention contraire, un tribunal international est juge de sa propre compétence et a le pouvoir d'interpréter à cet effet les actes qui gouvernent celle-ci ».[1414]

Afin de déterminer l'étendue de son pouvoir dans le cas de l'espèce, elle rappelle d'entrée ce principe, aussi vieux que l'institution de l'arbitrage lui-même[1415], consacré par la Convention de La Haye du 18 octobre 1907 pour le règlement pacifique des conflits internationaux[1416], les règlements de procédure des tribunaux arbitraux mixtes institués après la première guerre mondiale[1417] et des

[1412] *Ibid.*

[1413]Voir *infra*, Deuxième partie, Titre I, Chapitre II, Section II, para II, B.

[1414] *Nottebohm*, exception préliminaire, arrêt, C.I.J. Recueil1953, p. 119.

[1415] Voir Recueil des arbitrages internationaux, tome I, pp. 99-105 et la déclaration spéciale adoptée le 19 juin
1872 par le Tribunal d'arbitrage dans l'affaire de l'*Alabam*a (ibid., tome II, pp. 910-913).

[1416] Article 73 de la Convention de La Haye du 18 octobre 1907 pour le règlement pacifique des conflits internationaux.

[1417] Recueil des décisions des T.A.M., tome I, pp. 33, 44, 61, 121, 171, 231 et 242.

commissions de conciliation instituées en application du Traité de paix de 1947 avec l'Italie[1418] ainsi que la jurisprudence arbitrale internationale.[1419] Les limites de ce pouvoir découlant du compromis par application de l'adage *extra compromissum arbiter nihil facere potest* et des règles de droit international relatives à l'interprétation des traités, la tâche qui incombe aux juges dans le présent cas de l'espèce n'est pas d'apprécier si une autre interprétation était possible mais de vérifier si le raisonnement arbitral trouvait sa base juridique dans le compromis c'est-à-dire de rechercher si le Tribunal méconnut la compétence donnée par le compromis, conformément à ces termes : « la question de l'excès de pouvoir est essentiellement une question d'interprétation du traité. Il faut, pour la régler, confronter soigneusement la sentence, ou tout autre acte contesté du tribunal, et les dispositions pertinentes du compromis. ». En effet, pour qu'il puisse être retenu, l'excès de pouvoir doit « être manifeste et grave et non pas douteux et peu important »[1420].

La tâche de la Haute juridiction étant claire, elle peut répondre à ce moyen avancé par la requérante. Elle retient in fine que la réponse à la seconde question était conditionnée par une réponse négative à la première. Or, en l'espèce, la réponse à la première question constitue une réponse complète et affirmative à la question posée. Le tribunal n'a donc pas manifestement méconnu sa compétence[1421]. Pour parvenir à cette conclusion, elle examine à la fois les termes dans lesquels le compromis avait déterminé la mission du Tribunal et les conditions dans lesquelles sa rédaction était intervenue conformément aux règles coutumières gouvernant l'interprétation des traités rappelées dans les affaires de Compétence de l'Assemblée générale pour l'admission d'un État aux Nations Unies[1422], du Sud-Ouest africain[1423], de la Délimitation de la frontière maritime dans la région du golfe du

---

[1418] Recueil des décisions de la Commission de conciliation franco-italienne, tome I, p. 25.

[1419] Annuaire C.D.I, 1958, vol. II, p. 87

[1420] Voir *Supra*, Deuxième partie, Titre I, Chapitre II, Section II, para I, A.

[1421] *Sentence arbitrale du 31 juillet 1989* (Sénégal c. Guinée Bissau), CIJ Recueil 1991, p. 72, para 57.

[1422] *Compétence de l'Assemblée générale pour l'admission d'un Etat aux Nations Unies*, avis consultatif;
C.I.J. Recueil 1950, p. 8.

[1423] *Sud-Ouest africain*, exceptions préliminaires, arrêt, C.I.J. Recueil 1962, p. 336.

Maine[1424] et codifiées dans la convention de Vienne sur le droit des traités.[1425]

Enfin, après avoir rejeté tous les arguments bissau-guinéens relatifs à l'absence de réponse à la deuxième question, la haute juridiction rejette également le moyen d'après lequel la sentence devrait être considérée comme nulle dans son ensemble au motif que , selon le paragraphe 2 de l'article 9 du compromis, la décision du Tribunal devait « comprendre le tracé de la ligne frontière sur une carte », et qu'une telle carte n'a pas été établie par le Tribunal. Contrairement à la Guinée Bissau pour qui « pas de carte, pas de décision », la Cour s'est contentée de reprendre purement et simplement les expressions de la sentence.[1426]

Ainsi que le remarque le professeur QUENEUDEC la « Cour a préféré éviter de procéder à l'analyse du pouvoir du Tribunal » puisqu'elle « ne dit pas que le fait de ne pas produire une carte n'était pas irrégulier au regard des termes du compromis » mais écarte simplement la thèse selon laquelle il s'agissait d'une irrégularité viciant la sentence ; mais elle le fait en tenant compte, ici encore, des « circonstances de l'espèce » concernant l'obligation de production d'une carte.[1427] Le tribunal n'a donc pas excédé son pouvoir. Mais tout le raisonnement semble être concocté comme pour parvenir à cette conclusion : chose normale eu égard aux attitudes précédentes de la Cour face aux remises en cause de ses arrêts mais également face au traitement qu'elle fait du défaut de motivation dans la présente instance.

Ayant examiné puis rejeté l'argument de la nullité de la sentence fondée sur l'excès de pouvoir, la Cour internationale examine par la suite l'allégation liée au manque de réponse à la deuxième réponse et à l'absence non motivée de carte, celle-ci-étant demandée à l'article 9 du compromis. En effet, la Guinée-Bissau énonçait un ultime grief à l'encontre de la sentence : le Tribunal n'avait pas motivé les

---

[1424] *Délimitation de la frontière maritime dans la région du golfe du Maine*, arrêt, C.I.J. Recueil 1984, p. 266, para. 23.

[1425] Articles 31 et 32 de la convention de Vienne sur le droit des traités.

[1426] Pour comprendre l'argumentation de la Cour, voir *Sentence arbitrale du 31 juillet 1989* (Sénégal c. Guinée Bissau), CIJ Recueil 1991, pp. 73-74, para 62-64.

[1427] QUENEUDEC J-P., « L'affaire de la Sentence arbitrale du 31 juillet 1989 devant la CIJ (Sénégal c. Guinée Bissau), *op cit*, p. 438.

restrictions qu'il avait abusivement apportées à sa compétence. Aucune motivation n'aurait été donnée par le Tribunal à sa décision de ne pas passer à la seconde question, à la non-production d'une ligne unique de délimitation et au refus de porter le tracé de cette ligne sur une carte.[1428]

Cette violation de l'obligation de motiver, établie à la fois par le compromis[1429] et découlant des principes généraux du droit et des règles coutumières relatives à l'arbitrage international telles qu'elles résultent notamment « de la convention de La Haye du 18 octobre 1907 pour le règlement pacifique des différends internationaux, de l'Acte général d'arbitrage de 1928, du modèle de règles sur la procédure arbitrale adopté par la Commission du droit international lors de sa dixième session en 1958 et du protocole du Caire du 21 juillet 1964 »[1430], serait de nature à entraîner la nullité de la sentence. Face à l'argument bissau-guinéen selon lequel le Tribunal n'aurait en l'espèce donné aucune motivation pour fonder son refus de répondre à la seconde question posée par les Parties ou, à tout le moins, aurait retenu une motivation « absolument insuffisante » et donc, par conséquent, la nullité de la sentence devrait être prononcée, la Cour estime que la sentence ne souffre ni d'absence, ni d'insuffisance de motifs. En soutient à cette conclusion, la CIJ a fait appel pour ce qui concerne l'absence de motivation liée à l'absence de réponse à la deuxième question à une phrase du paragraphe 87 de l'arrêt. Au paragraphe 87 en effet, le Tribunal, « tenant compte des Conclusions » auxquelles il était parvenu et « du libellé de l'article 2 du Compromis », a estimé que la seconde question qui lui avait été posée n'appelait pas de réponse de sa part.

Sur la question d'absence de motivation quant à l'absence de carte, les juges de La Haye estiment là encore que la motivation est « brève mais suffisante pour éclairer les parties sur les raisons », puisque le Tribunal ne se réfère qu'à l'accord de 1960, donc à une ligne connue de tous. En effet, la sentence énonce que l'accord de 1960 « détermine clairement la frontière maritime pour ce qui a trait à la mer territoriale,

---

1428 *Sentence arbitrale du 31 juillet 1989* (Sénégal c. Guinée Bissau), CIJ Recueil 1991, p. 65, para 35.
1429 Selon le paragraphe 3 de l'article 9 du compromis, les Parties avaient convenu au cas particulier que «*la décision sera pleinement motivée* »
1430 Voir requête, p12.

a la zone contiguë et au plateau continental suivant en retenant « une ligne droite orientée à 240 »[1431] et que cette formulation impose que la ligne devrait être loxodromique, ce qui est d'ailleurs conforme au « croquis attaché aux travaux préparatoires de l'accord de 1960 »[1432]. Ce n'est qu'après ce bref rappel que le Tribunal n'a pas jugé utile, étant donné sa décision, de joindre une carte comprenant le tracé de la ligne frontière. Pour la haute juridiction, cette motivation bien que « brève », est « suffisante pour éclairer les Parties et la Cour sur les raisons qui ont guidé le Tribunal ». [1433]

Mais comment pour une si grande décision, la motivation devrait être si courte, si brève jusqu'à ne tenir qu'à peine sur une ou deux courtes phrases ? A la réalité, le moins que l'on puisse dire est que la motivation retenue par le Tribunal sur les deux points contestés ne brillait pas par son abondance. La motivation retenue est brève et aurait pu être plus développée. Selon la cour, les renvois opérés par le paragraphe 87 tant aux conclusions du Tribunal qu'au libellé de l'article 2 du compromis et compte tenu de cette seule raison, on ne peut postuler à une absence de motivation ni à une insuffisance de motivation.[1434] Cette position se justifierait par le fait que la Cour n'avait guère la possibilité de critiquer directement le caractère inadéquat de motifs trop brièvement exposés, sous peine de s'ingérer dans l'appréciation discrétionnaire et le libre choix du Tribunal en ce domaine.[1435] D'ailleurs, il a été attesté que « On ne peut pas dire que le tribunal ait violé la règle que la sentence doit être motivée, simplement parce que les motifs ne sont pas détaillés »[1436]

Ayant rejeté, par onze voix contre quatre, l'allégation de nullité absolue, la Haute juridiction affirme, par douze voix contre trois, le caractère valable et obligatoire de la sentence, le juge malgache Ranjeva faisant la différence. MM. Ranjeva estime avec Aguilar-Mawdsley que la Haute juridiction a érodé la *res judicata* de la

[1431] *Arbitrage relatif à la détermination de la frontière maritime entre la Guinée-Bissau et le Sénégal* (31 juillet 1989), para. 80 et 85.
[1432] *Ibid,* para. 86 et 88.
[1433] *Sentence arbitrale du 31 juillet 1989* (Sénégal c. Guinée Bissau), CIJ Recueil 1991, p. 74, para. 63.
[1434] *Ibid*, p. 74, para 63.
[1435] QUENEUDEC J-P., « L'affaire de la Sentence arbitrale du 31 juillet 1989 devant la CIJ (Sénégal c. Guinée Bissau), *op cit*, p 439.
[1436] BALASKO A., *Causes de nullité de la sentence arbitrale*, p. 128.

sentence en soulevant les lacunes. A leurs yeux, puisqu'il existe une présomption irréfragable de vérité légale attachée à toute décision de justice, la Cour se devait de rappeler le principe de l'autorité de la chose jugée qui contribue au renforcement de la *convictio juris*, la démarche et la technique judiciaires ne devant pas être exposées à la critique et au soupçon.

Les zones de développement conjoint encore appelés « champs transfrontalières »[1437] constituent « un système d'exploration et d'exploitation des ressources maritimes vivantes et non vivantes se trouvant dans le plateau continental et dans la zone économique exclusive de deux ou plusieurs États côtiers ».[1438] Cette exploitation est commune indépendamment des limites maritimes des États. Autrement dit, les zones de développement conjoint peuvent être mises en place lorsque les limites maritimes ne sont pas encore fixées ou indépendamment de ces limites même lorsqu'elles existent. En outre, elle peut concerner l'exploitation des ressources pétrolières et gazières comme elle peut concerner l'exploitation des ressources halieutiques et autres. Avec l'évolution du droit de la mer et le développement de la coopération étatique, les zones de développement conjoint transcendent le domaine de l'exploitation des ressources pétrolières, gazières et halieutiques pour devenir un espace multi-usage pouvant englober à la fois les ressources et les services notamment la protection de la zone contre la pollution et recherche scientifique conjointe.[1439]

Si la prolifération des zones de développement conjoint est conforme à l'esprit de la Convention des Nations Unies sur le Droit de la Mer,[1440] son utilisation dans le cadre des contentieux de délimitation frontalière en Afrique est problématique. Elle intervient presque souvent après une série de feuilletons judiciaires ayant abouties à une décision juridictionnelle revêtue de l'autorité de la chose jugée. Ce fut le cas de l'accord de développement conjoint conclu entre la Tunisie et la Libye et de l'accord développement conjoint entre le Sénégal et la Guinée Bissau.

1437 NATIONS UNIES, *Evolution récente de la pratique des États*, N° III, 1993, p.282.

1438 CISSE, Y., *op cit*, p. 373.

1439 *Ibid.*

1440 L'article 276 de cette convention pose, en effet, le devoir de coopération entre les Etats en matière d'exploitation de la mer.

La signature d'un accord pour la mise en place d'une zone de développement conjoint dans le Golfe de Gabès par la Tunisie et la Libye fait suite aux insatisfactions des deux parties mais surtout de la Tunisie à l'issue de la décision rendue par la CIJ suite à la requête tunisienne en révision et en interprétation de l'arrêt de 1982 . Par cette décision, la Haute juridiction confirmait sa décision antérieurement rendue en 1982. Bien que la zone de développement conjoint ne s'éloigne pas véritablement de la ligne de délimitation retenue par la Cour, l'accord prévoit que 10% des revenus de la production du champ pétrolier d'El Bouri qui se trouve dans le plateau continental libyen selon la délimitation de la CIJ soient renversés à la Tunisie.[1441] De tels arrangements, au détriment de la décision rendue, ont été également observés dans l'affaire de la délimitation de la frontière maritime entre le Sénégal et la Guinée-Bissau.

Le Sénégal et la Guinée-Bissau ont convenu de constituer une zone commune d'exploitation en dépit de la confirmation de l'existence et de l'opposabilité de la sentence du tribunal arbitral. Cette constitution de la zone de développement conjoint par les deux États est liée à la persistance des contestations bissau-guinéennes d'une part et à la non-délimitation de la zone économique exclusive par le tribunal d'autre part. L'accord conclu par les États est assez singulier en ce qu'il écarte la décision du tribunal sur le plateau continental. Elle a, en dépit de la décision rendue, affecté les zones respectives du plateau continental et de la zone économique à la zone commune d'exploitation.[1442]

On pourrait, eu égard, à ces développements se questionner sur l'intérêt pour les États africains à engager des procédures judiciaires très coûteuses et très longues pour, au final, écarter la décision pour conclure des arrangements particuliers. Dans tous les cas, il s'agit d'une caractéristique principale des contentieux africains. La commission mixte mise en place dans l'affaire de délimitation être le Nigeria et Cameroun ne fait que confirmer la remarque.

L'affaire de la Frontière terrestre et maritime entre le Cameroun et le Nigeria (Cameroun c. Nigeria) a connu, à son achèvement, un mécanisme original de règlement des différends : il s'agit de la création d'une commission mixte « chargée de réfléchir aux moyens

[1441] *Le Courier ACP-UE*, N°154, 1996, p. 1 79.
[1442] CISSE, Y., *op cit*, p. 373.

de donner suite à l'arrêt de la CIJ et de faire avancer le processus » selon le communiqué commun des délégations des deux pays publié à l'issue de la rencontre. La création de cette commission a été une initiative du Secrétaire général des Nations Unies qui, à deux reprises, a organisé une réunion entre les deux présidents des deux États. A l'issu de la première rencontre qui s'est tenue un mois avant la décision de la CIJ, les deux Chefs d'État ont déclaré vouloir « respecter et mettre en œuvre la décision de la Cour internationale de Justice (CIJ) sur la péninsule de Bakassi, de créer un mécanisme de mise en œuvre avec l'appui des Nations Unies [...] », et éviter les « déclarations ou communiqués provocateurs sur la question de Bakassi par l'une ou l'autre partie ».[1443] La deuxième réunion, intervenue un mois après la décision de la Haute juridiction permit aux deux Chefs d'État de reconnaître « l'importance qu'il y avait pour leur pays à respecter les obligations découlant de la Charte des Nations Unies » et de créer une commission mixte.[1444]

Au lieu que la mise en place de la commission mixte soit véritablement un moyen de coopération dans le cadre de l'exécution de l'arrêt de la CIJ, elle fut plutôt l'occasion pour le Nigeria d'utiliser sa position de puissance occupante pour récupérer, une partie de ce qui a été perdu devant la Cour, tout en inscrivant son action dans le cadre formel d'une commission chargée de la mise en œuvre de l'arrêt de cette Cour. En effet, ainsi que le rapporte Mohamed Salah Mohamed Mahmoud, le Nigeria a présenté à la commission mixte un document dans lequel il conteste la délimitation opérée au-delà du point G à partir de quatre argumentations. Premièrement, il considère que le matériau cartographique sur la base duquel la Cour a procédé à la délimitation de la frontière maritime, à savoir la carte 3433 de l'amirauté britannique, n'a pas de référentiel connu, d'où de nombreuses incertitudes concernant les coordonnées retenues.[1445] Deuxièmement, il soutient que la comparaison entre la ligne côtière figurant sur la carte 3433 de l'amirauté britannique et celle tirée d'images satellites récentes de la zone (1992) montrerait que le point de base occidental (Cameroun) « est entièrement dans les eaux » du fait de l'importante érosion subie par la côte autour de la péninsule de

[1443] MOHAMED MAHMOUD M. S., « La Commission mixte Cameroun/Nigeria, un mécanisme original de règlement », *op cit*, p. 165.
[1444] *Ibid.*
[1445] *Ibid*, p.178.

Bakassi.[1446] Troisièmement, il souligne que la ligne médiane délimitée par la Cour traverse un certain nombre de champs pétroliers.[1447] Quatrièmement, la décision de la Cour n'a pas, selon lui, complètement clos le problème de la délimitation de la frontière maritime puisqu'elle a laissé aux parties le soin de déterminer « le point triple entre le Nigeria, le Cameroun et la Guinée équatoriale ».[1448]

Puisque le Cameroun s'est légitimement opposé aux remises en cause du Nigeria au sein de la commission, les deux États ont dû se soumettre à l'arbitrage du président de la Commission mixte. Ce dernier a présenté sa décision sous forme d'une carte lors de la troisième réunion du groupe de travail sur la frontière maritime, tenue à Abuja, le 12 octobre 2005. A l'analyse, il s'agit d'un moyen de contournement de la décision rendue par la Haute juridiction. Certes, en droit international rien n'empêche que l'exécution de la décision rendue par une juridiction soit écartée si toutes les parties au différend y consentent. Mais, cette énième mise en entre parenthèse de la de la décision CIJ montre la réticence des états africains à appliquer lesdites décisions et leur substitution à des accords particuliers.

[1446] *Ibid.*
[1447] *Ibid.*
[1448] *Ibid.*

PARTIE IV : Les branches connexes du droit de la délimitation des frontières maritimes

Le débat sur la fragmentation du droit international est devenu permanent ces dernières années. La crainte que deux juridictions qui appliquent les mêmes règles les interprètent diversement est plus que fondée. Cette suspicion s'est accrue au sujet de la CIJ et du TIDM au sujet de la notion de précaution pour laquelle les deux juridictions ont semblé ne pas avoir un même point de vue.[1449] En effet, dans la détermination du statut du principe de précaution consacré au principe 15 lors de la Déclaration de Rio sur l'environnement et le développement,[1450] le TIDM adopte généralement une posture plus ouverte sur le principe[1451] contrairement à la CIJ qui est toujours restée prudente et muette sur la question dans plusieurs de ses affaires.[1452] Le président du TIDM Rüdiger Wolfrum affirmait en 2008 à ce propos : « À ce jour, la jurisprudence de la CIJ n'a pas accepté l'approche de précaution en tant que principe obligatoire du

[1449] ROS N., « Un bilan de la première activité du Tribunal international du droit de la mer (1996-2000) », *AFDI*, vol. 46, 2000, p. 518.

[1450] Le texte est libellé comme suit : « *Pour protéger l'environnement, des mesures de précaution doivent être largement appliquées par les États selon leurs capacités. En cas de risque de dommages graves ou irréversibles, l'absence de certitudes scientifique absolue ne doit pas servir de prétexte pour remettre à plus tard l'adoption de mesures effectives visant à prévenir la dégradation de l'environnement* ».

[1451] Voir SANDS P., « L'affaire des essais nucléaires II (Nouvelle-Zélande c. France) : contribution de l'instance au droit international de l'environnement », *RGDIP*, 1997, p. 472. CIJ, *Projet de barrage sur le Danube dit « Gabcíkovo-Nagymaros »*, Hongrie/Slovaquie, 25 septembre 1997, *Recueil CIJ 1997,* p. 4, para 54.

[1452] *Thon à nageoire bleue* (Nouvelle-Zélande c. Japon; Australie c. Ippon), mesures conservatoires, ordonnance du 27 août 1999, TIDM Recueil 1999, para 77. Voir aussi *Usine MOX* (Irlande c. Royaume-Uni), mesures conservatoires, ordonnance du 3 décembre 2001, TIDM Recueil 2001, p.84 voir aussi KERBRAT Y. et MALJEAN-DUBOIS S., « Les juridictions internationales et le principe de précaution : Entre grande prudence et petites audaces »dans *Unité et diversité du droit international/Unity and Diversity of International* Law, Écrits en l'honneur du Professeur Pierre-Marie Dupuy, Leiden ; Boston ; Martinus Nijhoff Publishers, 2014, p. 99. TIDM, ordonnance du 8 octobre 2003, *Affaire relative aux travaux de poldérisation par Singapour à l'intérieur et à proximité du détroit de Johor* (Malaisie c. Singapour), mesures conservatoires, para 99.

droit international. Le Tribunal a toutefois évoqué ledit principe lorsqu'il a été appelé à prescrire des mesures conservatoires (...). »[1453]. On peut néanmoins remarquer que dans les contentieux de délimitation maritime en Afrique, la jurisprudence est globalement convergente dans l'application et l'interprétation du droit substantiel. Ce constat est perceptible à travers la consolidation jurisprudentielle des principes du droit de la responsabilité (CHAPITRE I) et L'harmonisation d'autres aspects du droit international (CHAPITRE II).

[1453] Communication présentée par S.E. le juge Rüdiger Wolfrum, Président du Tribunal international du droit de la mer, devant la Commission du droit international Genève, le 31 juillet 2008, p. 4 -5.

CHAPITRE I : Le droit de la responsabilité internationale

Le droit subsiste pour protéger les intérêts particuliers des sujets de droit. De ce fait, l'institution de la responsabilité pour fait illicite est au cœur de tout ordre juridique. S'il n'existe pas de règles définissant les effets juridiques d'une violation du droit, la notion d'ordre juridique serait vide de sens, car il n'y aurait pas de différence entre le comportement conforme au droit et celui qui ne l'est pas.[1454] Pour engager sa responsabilité internationale, un État doit avoir commis un fait illicite.[1455] Celui-ci est constitué lorsque l'État ne respecte pas ses obligations internationales, c'est-à-dire lorsqu'il viole le droit international. En effet, selon une règle bien établie du droit international, un État qui a subi un préjudice à la suite d'un acte illicite d'un autre État est en droit d'obtenir réparation du préjudice qu'il a subi du fait de l'État qui a commis l'acte illicite, et la réparation doit, autant que possible, effacer toutes les conséquences de l'acte illicite et rétablir l'état qui aurait vraisemblablement existé si ledit acte n'avait pas été commis.[1456] Les contentieux de délimitation de frontières maritimes africaines ont été le cadre des allégations visant la violation du droit international sous divers aspects. Si dans tous les cas se pose un problème de violation de droit international conventionnel (SECTION I), des cas atypiques d'invocation de la responsabilité se poseront à propos des mesures conservatoires (SECTION II) mais le constat sera le même : l'application du droit de la responsabilité internationale a été conforme aux principes de responsabilité reconnus sans aucune dérogation.

1454 DOMINICE Ch., « Observations sur les droits de l'État victime d'un fait internationalement illicite », in *L'ordre juridique international entre tradition et innovation. Recueil d'études*, P.U.F., 1997, p. 261.

1455 CDI, « Projet d'articles sur la responsabilité de l'État pour fait internationalement illicite »,
Rapport de la Commission du droit international - 53e session (23 avril- 1er juin et 2juillet-10 août 2001),
Assemblée générale, doc. A/56/10, 2001, pp. 45-60 et pp. 61-393. Ce projet reprend la coutume internationale.

1456 *Usine de Chorzów*, fond, arrêt n° 13, 1928, C.P.J.I. série A n° 17, p. 47. *Navire « SAIGA »* (No. 2), (Saint-Vincent-et-les Grenadines c. Guinée), arrêt, TIDM Recueil 1999, p. 65, para 170.

SECTION I : Les règles générales de la responsabilité internationale

Qu'il s'agisse des violations d'obligations bilatérales comme celles qui résultent par exemple d'un traité bilatéral conclu avec un autre État, ou encore des obligations qui existent envers plusieurs États ou envers la communauté internationale dans son ensemble, leur violation est qualificative de fait internationalement illicite. Le droit international général et le droit de la responsabilité internationale prévoient des règles spécifiques relatives à la qualification du comportement comme illicite et les circonstances dans lesquelles un comportement est attribuable à l'État en tant que sujet de droit international mais également les conséquences juridiques attachées à un tel comportement. Ces principes qui gouvernent la responsabilité internationale notamment en ce qui concerne l'appréciation des faits générateurs de la responsabilité et la réparation adéquate trouveront leur accomplissement dans le projet d'articles sur la responsabilité des États et mis en œuvre par les juridictions internationales dans le cadre des contentieux de responsabilité internationale. Les contentieux de délimitation maritime en Afrique ne feront pas exception de cette application. Elle adoptera, conformément au projet, un positionnement en faveur d'appréciation objective des faits générateurs dans la qualification et en défaveur des dommages et intérêts punitifs dans la réparation.

L'appréciation objective des faits générateurs

La *culpa* ou la faute est historiquement considérée comme un héritage du droit romain. Ce sont d'abord les pères fondateurs du droit international à savoir Vitoria, Grotius ou encore Vattel qui l'ont introduite dans la conception de la responsabilité de l'État pour les actes des particuliers. Ils sont de ce fait considérés comme « les ancêtres lointains de la responsabilité pour faute en droit ».[1457]

Vitoria, le premier des quatre pères dans sa Relectiones De Jure Belli, leçon solennelle donnée en 1539, définissait à propos de la juste cause,

[1457] *Ibid,* p.144.

l'une des trois conditions classiques de la guerre juste[1458] comme « a single and only just cause of commencing war, namely, a wrong received [nos soulignements] ».[1459] Ainsi précisait-il, « an offensive war is for the purpose of avenging a wrong and taking measures against an enemy [...]. But there can be no vengeance where is no preceding fault and wrong [nos soulignements] ».[1460] On voit bien la présence de l'idée de la faute mais dans un sens objectif puisque ce sont les « circonstances objectives qui entourent le dommage, plutôt que de l'état d'esprit de son auteur »[1461] qui montre la présence de la faute.

La même conception de faute transparaît chez GROTIUS mais avec quelques nuances. Dans son classique intitulé De jure Beli ac Pacis et plus précisément au chapitre 17 de son opus magnum, intitulé ''Du dommage causé injustement, et de l'obligation qui en résulte'', Grotius définit sa conception de la faute de la manière suivante : « Nous appelons délit toute faute, soit dans l'action, soit dans l'inaction, en opposition avec ce que les hommes doivent faire ou communément, ou à raison d'une qualité déterminée. D'une telle faute, s'il y a eu dommage causé, naît naturellement une obligation, qui a pour objet de le réparer ».[1462] La faute occupe une place centrale dans sa théorie de la responsabilité. Elle consiste en manquement à un devoir : « il n'y a pas toujours un délit là où il y obligation de réparer un dommage, mais alors seulement qu'il est venu s'y ajouter quelque méchanceté indigne, tandis qu'une faute, quelle qu'elle soit, suffit souvent pour imposer l'obligation de réparer un dommage causé ».[1463]

De Vattel, à son tour, relia la faute de l'État à celui de ses agents comme une sorte d'emprunt de criminalité. Éminent internationaliste

---

1458 Sur cette notion voir : Saint Thomas d'Aquin, *Somme théologique*, t. 3, Paris, Éditions du Cerf, 1985 à la p. 297. Pour une analyse de la philosophie de Saint Thomas, voir notamment FEUGUERAY H-R, *Essai sur les doctrines politiques de Saint Thomas d'Aquin*, Paris, Chamerot, 1857 à la p. 439. Voir aussi Saint Augustin dans son maître ouvrage *La Cité de Dieu.*

1459 DE VITORIA F, *De Indis et De Ivre Belli Relectiones*, trad. par John P. Bate, Washington, Carnegie Institution of Washington, 1917 à la p. 170.

1460 *Ibid,* p. 170.

1461 OUEDRAOGO A., « L'évolution du concept de faute dans la théorie de la responsabilité internationale des États. », *op cit*, p.139.

1462 GROTIUS H, *Le droit de la guerre et de la paix*, livre II, trad. par Paul Pradier-Fodéré, Paris, PUF, 1999, c. 17, pp. 415-416.

1463 *Ibid*, p. 509 au para 1.

de la seconde moitié du XVIIIème siècle, Vattel dans son Droit des gens considérait que « le souverain qui refuse de faire réparer le dommage causé par son sujet, ou de punir le coupable, ou enfin de le livrer, se rend en quelque façon complice de l'injure, et il en devient responsable ».[1464]

À l'époque moderne, la théorie subjectiviste de la responsabilité internationale des États a été soutenue notamment par Oppenheim, Georges Scelle et Roberto. La faute chez Lassa Oppenheim est perçue comme: « *An act of State injurious to another State is nevertheless not an international delinquency if committed neither wilfully and maliciously, nor with culpable negligence* ».[1465] Dans le Oppenheim's International Law paru en 1996, la pensée de l'auteur a été explicitée au chapitre 4 intitulé « *Responsibility of States* » comme suit : « *The basis of a state's international responsibility has been a matter of much discussion. It has been said to be essentially delictual and based on fault, requiring either intentional or negligent conduct on the part of the state before a breach by it of an international obligation can be established; or to be strict or objective, conduct and result alone establishing the breach of an obligation.* ».[1466] Néanmoins, il semble que cet auteur a finalement changé de veste fondant la responsabilité internationale non plus exclusivement sur la *culpa* ou le *dolus*, mais parfois sur un caractère purement objectif car la faute dont il est question ne serait que la violation de l'obligation internationale.[1467]

1464 DE VATTEL E., *Droit des gens ou principes de la loi naturelle appliqués à la conduite et aux affaires des nations et des souverains*, livre 2, Washington, Carnegie Institution of Washington, 1916, c. 6, p.77.

1465 OPPENHEIM L, *International Law: a Treatise*, vol. 1, *Peace*, London, Longmans Green and co., 1905-1906, p. 311.

1466 JENNING R., et WATTS A., *Oppenheim's International Law*, vol. 1, 9e éd., Londres, Longman, 1996 aux pp. 508-09.

1467 OUEDRAOGO A., « L'évolution du concept de faute dans la théorie de la responsabilité internationale des États. », *op cit*, p.146. Il cite quelques passages du Oppenheim's International Law qui démontre que le ton a postérieurement changé. Il n'est plus question de « *[a]n act of State injurious to another State is nevertheless not an international delinquency if committed neither wilfully and maliciously, nor with culpable negligence* » (OPPENHEIM L, *International Law: a Treatise*, vol. 1, *Peace*, *op cit*, p. 70.). Voir aussi le passage suivant: « *There is probably no single basis of international responsibility, applicable in all circumstances, but rather several, the nature of which depends on the particular obligation in question. Thus,*

Charles de Visscher a cette même vision de la faute : « [l]a faute - si l'on veut parler de faute – se ramène exactement au défaut de vigilance dans l'emploi des moyens dont l'État dispose ; elle s'identifie en réalité avec lui. En d'autres termes (et ici il y a souvent une querelle de mots aussi bien qu'un manque de clarté dans les idées) ». Il ne faut pas, poursuit-il, comme on le fait souvent, « dire qu'un État n'est responsable en cette matière que lorsque par sa faute, il a contrevenu à ses obligations internationales. Cette formule qui est courante juxtapose et, par conséquent, distingue entre elles deux notions qui en réalité se confondent. ».[1468] Dans sa conception, il saurait être question d'entrer dans les recherches d'ordre psychologique ou moral auxquelles semble inviter la théorie de la « faute acquilienne » ; l'essentiel est de limiter avec précision, dans un cas donné, la portée exacte de l'obligation et, pour ce faire, d'en rechercher le fondement et d'en circonscrire nettement les bornes. Ceci fait, la faute n'est autre chose que la violation de l'obligation ainsi définie et délimitée.[1469] Il s'agit là d'une assimilation pure et simple de la faute à un manquement de l'obligation internationale ainsi que Georges Scelle, partisan de la même thèse et contemporain d'Anzilotti, l'explique dans son Manuel élémentaire de droit international public, publié en 1943. Il a entrepris de critiquer la conception objective de la responsabilité internationale défendue par Anzilotti. Il affirmait que, « puisse que [la conception objective] donne pour base à la responsabilité l'activité des organes étatiques identifiés avec l'État, c'est-à-dire des agissements individuels, c'est qu'elle repose toujours, quoi qu'on en ait, sur une idée de faute. ». Il s'explique : « S'il y a manquement à la règle de droit international, ce ne peut être que pour incompétence, excès de pouvoir, détournement de pouvoir, abstention dans l'exercice d'une compétence liée, c'est-à-dire, faute d'un agent dans l'exercice de la fonction. Nous ne

in relation to the acts of private individuals, the state' responsibility is based on fault in that it must normally be shown that the state failed to show due diligence in preventing the injury or punishing the offender. Similarly, a need to show fault of varying degrees has been incorporated into treaty provision [...]. However, in certain areas responsibility may arise without fault. ». (Ibid.)

[1468] VISSCHER Ch. de, « Notes sur la responsabilité internationale des États et la protection diplomatique d'après quelques documents récents » (1927) 8 *Revue de droit international et de législation*, No 245, p. 252.

[1469] *Ibid*

comprenons pas ce que peut être juridiquement une « faute », si ce n'est un agissement contraire à la règle de droit [nos italiques]. »[1470]

Une telle conception de la faute a été combattue par certains auteurs dont Mohammed Bedjaoui pour qui « *there is no total equation between the concept of "fault" and that of "breach of an international obligation". When State commits a fault in the legal sense, there is always a breach of some international obligation.* ». Mais, poursuit-il : « *the reverse is not necessarily true : a State may violate an international obligation without any such fault having been committed by the State itself or any of its organs. Neither is "fault" to be confused with "wrongfulness"* ».[1471] Le Professeur Roberto Ago, ardant défenseur de la théorie subjectiviste au départ, mais qui aurait changé de position postérieurement, voyait que le fait illicite implique une relation psychologique. Dans le même sens que Mohammed Bedjaoui voyait une relation psychologique entre la lésion concrète d'un droit subjectif d'autrui et l'auteur de cette lésion, relation psychologique qui peut consister soit dans le fait que la lésion a été directement voulue (et dans ce cas l'on est plus exactement en présence de la notion juridique du dol soit dans le fait qu'on a voulu, sinon la lésion, du moins - faute de prévoir les conséquences - une conduite différente de celle qui aurait permis d'éviter la lésion (c'est plus proprement dans ce dernier cas que se manifeste la notion de faute stricto sensu, ou de la négligence).[1472]

Ce qui est remarquable chez la majorité de ces auteurs contemporains notamment chez Oppenheim, Georges Scelle et Roberto Ago, c'est le revirement de la conception subjectiviste vers la conception objectiviste surtout lorsque la faute n'est plus définie par l'intention ou le fait psychologique mais par la violation de l'obligation internationale. Ce qui va sans doute sonner l'émergence de la théorie objectiviste qui devient la règle en théorie de responsabilité internationale exception faite des exigences de la norme primaire.

[1470] SCELLE G., *Manuel élémentaire de droit international public*, Paris, Monchrestien, 1943, p. 685.

[1471] BEDIAOUI M., *Encyclopedia of Public International Law*, vol. 4, Responsibility of States: Fault and Strict Liability, p. 213.

[1472] AGO R, « Le délit international » (1939-II) 68 *Rec. des cours de l'Académie de droit international*, pp. 419 à la p. 476 et p. 486.

Le père de la doctrine objectiviste de la responsabilité internationale est sans doute le très célèbre professeur italien Anzilotti. Contre l'opinion majoritaire de son temps qui était partisane de la théorie subjectiviste de la responsabilité internationale des États, le savant va se positionner en défaveur de la faute comme condition de la responsabilité internationale des États. Il fonde son argumentaire sur le fait que la notion de faute est d'ordre psychologique et ne peut que se rapporter à l'individu. Au sens psychologique du mot, l'État n'a pas de volonté propre.[1473] Il faisait observer à cet effet, que « le dol et la faute, dans le sens propre du mot, expriment des manières d'être de la volonté comme fait psychologique et on ne peut donc en parler qu'en se rapportant à l'individu. ». Il s'agit, selon lui, « par la suite, de voir si l'attitude contraire au droit international, pour être imputable à l'État, doit être l'effet du dol ou de la faute des individus-organes ; en d'autres termes, si le dol ou la faute de ceux-ci est une condition que le droit établit pour que des faits déterminés produisent pour l'État, des conséquences déterminés. »[1474].

N'étant pas favorable aux deux formes de *culpa* alléguées, la première *in eligendo* selon laquelle « l'État serait responsable du choix défectueux de ses fonctionnaires » et la seconde *in custodiendo* selon laquelle « l'État étant responsable pour n'avoir pas exercé une surveillance adéquate sur ses organes »,[1475] Anzilotti arrive à la conclusion qu' « en règle, en droit international, l'*animus* de l'individu - organe n'est pas la cause ou la condition de la responsabilité; celle-ci naît du seul fait de la violation d'un devoir international de l'État ».[1476] Cette théorie a fait écho au sein de la doctrine amenant plusieurs auteurs à lui emboîter le pas.[1477] Joe

---

1473 OUEDRAOGO A., « L'évolution du concept de faute dans la théorie de la responsabilité internationale des États. », *op cit*, p. 149.

1474 ANZILOTTI D, *Cours de droit international*, trad. par Gilbert Gidel, Paris, Sirey, 1929, p. 488.

1475 Voir OUEDROGO A. interprétant la pensée d'ANZILOTTI sur l'impertinence de tenir compte de la volonté coupable des individus ou organes de l'Etat. OUEDRAOGO A., « L'évolution du concept de faute dans la théorie de la responsabilité internationale des États. », *op cit*, p. 149

1476 ANZILOTTI D, *Cours de droit international*, *op cit*, p. 499.

1477 SCHATCHER, *International Law in Theory and Practice*, Londres, Matinus Nijhoff Publischers, 1991, p. 203; DE ARECHAGA E. J., et TANZI A., « La responsabilité internationale des états » dans Mohammed Bedjaoui, dir., *Droit*

Verhoeven faisait observer à cet effet que « la responsabilité se satisfait de constatation objective du manquement à une obligation internationale […] sans que soit pour le reste requis quelque intention méchante ou mobile pervers ».[1478]

Le triomphe définitif de la thèse objective dans la théorie de la responsabilité internationale viendra de sa consécration dans le Projet d'articles sur la responsabilité internationale. La responsabilité internationale a d'abord été modifiée dans sa définition, par la consécration d'une conception objective de la responsabilité qui écarte le préjudice de la définition de ce mécanisme.[1479] Le projet définissait à la réalité la responsabilité par un fait objectif, le manquement au droit, quelles qu'en puissent être les conséquences ; la violation du droit engage en elle-même la responsabilité de l'État.[1480] Ainsi que le Professeur Pellet le notera, l'essentiel de l'approche, employée par la Commission de rédaction du projet d'articles consiste à « limiter à deux les conditions auxquelles la responsabilité est engagée ». Pour qu'elle le soit, affirme-t-il, il faut et il suffit que « qu'un fait internationalement illicite ait été commis » et « que ce fait puisse être attribué à un État ; l'existence d'un dommage n'ayant d'incidence que pour déterminer l'obligation de réparer et ses modalités. Le projet définitif consacre cette approche. »[1481]. Du moins, c'est ce qui ressort de l'article premier du projet d'articles sur la responsabilité de l'État pour fait internationalement illicite adopté par la Commission du droit international en août 2001, « tout fait internationalement illicite de l'État engage sa responsabilité internationale ».[1482] De même, l'article 2 qui cite les éléments du fait internationalement illicite de l'État

---

international : bilan et perspectives, Paris, Unesco, 1991, 367; VERHOEVEN J, *Droit international public*, Bruxelles, Larcier, 2000 aux pp. 6-7 et 619-620.

1478 VERHOEVEN J., *Droit international public*, *op cit*, pp. 619-620.
1479 BARTHE C., « Réflexions sur la satisfaction en droit international », *Annuaire français de droit international*, volume 49, 2003, p. 105.
1480 *Ibid.*
1481 PELLET A., « Les articles de la CDI sur la responsabilité de l'État pour fait internationalement illicite. Suite - et fin? », *Annuaire français de droit international*, volume 48, 2002. p.3.
1482 Article 1er - Responsabilité de l'État pour ses faits internationalement illicites « Tout fait internationalement illicite d'un État engage sa responsabilité internationale. ». CDI, « Projet d'articles sur la responsabilité de l'État pour fait internationalement illicite », *op cit*, p. 6.

prévoit qu'il y a fait internationalement illicite lorsqu'un comportement constituant en une action ou une omission :

a) Est attribuable à l'État en vertu du droit international et

b) Constitue une violation d'une obligation internationale de l'État.

Il est remarquable qu'il n'existe, en fait, aucune condition relative à l'intention ou à la *culpa*. C'est la simple constatation de la violation d'une obligation internationale au sens d'une obligation primaire qui entraîne l'engagement de la responsabilité. Cependant, rien n'exclut que l'intention soit une condition de la formation de l'obligation primaire. C'est le cas, par exemple, de l'article II de la Convention pour la prévention et la répression du crime de génocide qui dispose:

« Dans la présente Convention, le génocide s'entend de l'un quelconque des actes ci-après, commis dans l'intention de détruire, en tout ou en partie, un groupe national, ethnique, racial ou religieux, comme tel ... ».

Dans tous les cas, la vérification de l'intention n'est plus une obligation secondaire c'est-à-dire inhérente au droit de responsabilité internationale. On passe ainsi d'une conception purement interpersonnelle, « civile » si l'on veut, de la responsabilité internationale, à une approche plus « objective » : peu importe les mobiles d'une violation du droit international, tout manquement engage la responsabilité de son auteur, les conséquences de celui-ci variant selon que le fait internationalement illicite a ou non causé un dommage et en fonction de la nature de la norme violée. [1483] C'est justement la même tendance qui a été suivie dans les contentieux de délimitation africaine dans l'appréciation de la violation des obligations internationales évoquées.

La *vexata quaestio* de la place de la faute dans la théorie de la responsabilité internationale des États est en cours de résolution, si non résolu par une émergence de la thèse objective de la responsabilité internationale telle qu'employée, si on peut le dire, dans l'affaire de la frontière terrestre et maritime entre le Cameroun et le Nigeria.

[1483] PELLET A., « Les articles de la CDI sur la responsabilité de l'État pour fait internationalement illicite. Suite - et fin?. », *op cit*, p.3.

La responsabilité du Nigeria engagée par le Cameroun concernait des incidents intervenus d'une part dans la région du lac Tchad[1484] et d'autre dans la presqu'île de Bakassi,[1485] intéressants pour les seconds, à la fois des secteurs de la frontière terrestre et maritime. Pour ces invasions et ces occupations dont le Nigeria aurait, selon le Cameroun, violé et continuerait de violer ses obligations en vertu du droit international conventionnel et coutumier mais en particulier le principe de non-recours à la force exprimé à l'article 2, paragraphe 4, de la Charte des Nations Unies et le principe de non-intervention consacré à plusieurs reprises par la CIJ, la plus grande juridiction onusienne devrait déterminer si la responsabilité internationale du Nigeria pouvait être établie. Le cas échéant, elle situerait la réparation due envers le Cameroun du fait de la violation des obligations internationales du Nigeria. Par la procédure des demandes reconventionnelles, le Nigeria avait en cours de procédure fait également des requêtes concernant la responsabilité internationale du Cameroun.

Ce qui est essentiel à noter est que la Cour n'a nullement fait appel à la recherche de l'intention coupable dans l'appréciation des violations alléguées par les parties et notamment par le Cameroun. Or, ce n'est pas pour autant que des motifs fondés sur la responsabilité subjective avaient totalement disparu du raisonnement des parties en l'occurrence du Nigeria. En effet, pour s'opposer aux réclamations indemnitaires du Cameroun, le Nigeria prétendait avoir agi en état de légitime défense et que de toute façon, même si la Cour estimait que ces zones relevaient de la souveraineté du Cameroun, sa présence y était la conséquence d'une « erreur raisonnable » ; et d'une « croyance sincère » qui excluait sa responsabilité. Il devrait en être ainsi puisque dit-il, le « Nigeria ne pourrait être tenu pour internationalement responsable d'un comportement qu'il avait tout lieu, au moment où il l'avait adopté, d'estimer licite. ».[1486] L'argument fait appel à la faute ou à l'intention - le défendeur estimant devoir être exonéré de toute responsabilité même s'il était reconnu avoir violé une obligation internationale pour la seule raison qu'il avait une « croyance sincère » de ce que son acte ne violait pas le droit international. L'argument est

---

[1484] *Frontière terrestre et maritime entre le Cameroun et le Nigéria (Cameroun* c. *Nigéria: Guinée équatoriale intervenant), arrêt, CIJ Recueil 2002*, p.151, para 310.
[1485] *Ibid*, p.151, para 310.
[1486] *Ibid*, para 311.

dépassé, c'est à juste titre que le Cameroun jugeait qu'il y avait là, sauf pour la légitime défense inapplicable à ses yeux, l'invocation de circonstances excluant l'illicéité que le droit de la responsabilité internationale ne connaît pas.

Le professeur Pierre d'Argent analyse l'argument nigérian comme un relent de « faute » qu'il faudrait établir pour conclure à une responsabilité juridique : la commission d'un fait, dans l'ignorance de bonne foi de son caractère illicite, ne serait pas cause de responsabilité.[1487] En plaidant, en effet, sa bonne foi et une forme d'erreur de droit, le Nigeria entendait sans doute se placer davantage au niveau de l'existence même du fait illicite que d'une circonstance objective qui suspend un moment le devoir d'obéissance à la norme.[1488]

Puisque l'argument nigérian tente fondamentalement de limiter l'ampleur des réparations dues, en suggérant que certaines conséquences du fait illicite, parce que réalisées de bonne foi, ne sont pas dommageables, ou du moins qu'elles doivent demeurer telles quelles, l'éminent professeur avertit du danger que pourrait constituer l'acception de l'argument nigérian : « Il serait assurément dangereux de réintroduire dans le droit de la responsabilité internationale des appréciations subjectivistes qui en sont en principe exclues depuis que le concept de ''fait internationalement illicite '' a remplacé la notion civiliste de faute ».[1489]

Somme toute, l'argument nigérian ne pouvait prospérer avec la construction actuelle du droit de la responsabilité fondée sur la responsabilité objective des États. La Cour en est consciente et refuse de se prononcer sur l'argumentation. La CIJ étant intervenue pour réfuter les demandes d'indemnité consécutive au préjudice subis par le Cameroun, elle a simplement affirmé que, « du fait même du présent arrêt et de l'évacuation du territoire camerounais occupé par le Nigeria, le préjudice subi par le Cameroun en raison de l'occupation de son territoire aura en tout état de cause été suffisamment pris en compte. ».[1490] Pour cela, elle refuse de rechercher « si et dans quelle mesure la responsabilité du Nigeria est engagée à l'égard du Cameroun

---

[1487] D'ARGENT P. « Des frontières et des peuples : l'affaire de la Frontière terrestre et maritime entre le Cameroun et le Nigeria, arrêt sur le fond. » *op cit,* p. 317.

[1488] *Ibid*

[1489] *Ibid*

[1490] *Frontière terrestre et maritime entre le Cameroun et le Nigéria (Cameroun* c. *Nigéria: Guinée équatoriale intervenant), arrêt, CIJ Recueil 2002*, para 319.

du fait de cette occupation »[1491] c'est-à-dire qu'il refuse de se prononcer sur la nécessité ou non d'accorder d'autres réparations au Cameroun. Aussi, n'a-t-elle pas voulu discourir sur les prétendues violations du droit international conventionnel et coutumier résultant de l'occupation des territoires qui relèvent de la souveraineté du Cameroun puisque le Nigeria reconnaît cette occupation.[1492] C'est justement pour cette dernière que « le préjudice subi par le Cameroun » a « été suffisamment pris en compte ». La cour ne donnera pas suite favorable aux autres demandes pour absence de preuve de la violation.

Le caractère laconique de cette partie de l'arrêt et son alignement sur la tendance objectiviste actuellement en vigueur en matière de responsabilité font qu'il n'innove réellement pas. Le même constat peut être fait, à des exceptions près,[1493] dans l'arrêt de la Chambre du TIDM dans l'affaire du différend relatif à la délimitation de la frontière maritime entre le Ghana et la Côte d'Ivoire dans l'océan atlantique.

L'affaire du différend relatif à la délimitation de la frontière maritime entre le Ghana et la Côte d'Ivoire dans l'océan atlantique a vu la responsabilité du Ghana engagée pour violation des droits souverains de la Côte d'Ivoire et des obligations conventionnelles consistant à faire tout son possible pour conclure des arrangements provisoires de caractère pratique et de ne pas compromettre ou entraver la conclusion d'un accord (l'article 83 CNUDM), nonobstant la question de la violation de l'Ordonnance en prescription de mesures conservatoires du 25 avril 2015[1494].

Pour la première allégation (celle relative à la violation des droits souverains), la demanderesse sollicite de la Chambre qu'elle déclare que les activités unilatéralement entreprises par le Ghana dans l'espace maritime ivoirien constituent une violation des droits souverains exclusifs de la Côte d'Ivoire sur son plateau continental. Cette demande s'appuyait sur le célèbre *dictum* de la CIJ selon lequel « La délimitation est une opération qui consiste à déterminer les

---

[1491] *Ibid*

[1492] *Ibid*, para 312

[1493] Exception relative à la motivation du juge et à l'argumentation des parties.

[1494] Pour ce qui concerne la violation de l'ordonnance en prescription de mesures conservatoires voir infra section 2 suivant.

limites d'une zone relevant déjà en principe de l'État riverain et non à définir cette zone de *novo* ».[1495] Ce qui suppose que l'arrêt n'a qu'une valeur déclarative et que les droits souverains peuvent être violés sans même que l'opération de délimitation ne soit intervenue.

Il revenait préalablement à la Chambre spéciale d'établir si les activités liées aux hydrocarbures menées par un État dans une zone en litige avant que ladite zone ne soit délimitée par voie de décision de justice peuvent être de nature à faire naître une responsabilité internationale lorsque lesdites activités ont été conduites sur une partie de la zone attribuée par la décision à la partie adverse avant d'établir si une telle responsabilité peut être imputée au Ghana. Cette question avait déjà été solutionnée par la CIJ dans l'affaire du Différend territorial et maritime (Nicaragua c. Colombie). Dans cette affaire où la demande du Nicaragua relative à la violation par la Colombie des droits du Nicaragua dans la zone litigieuse avait été présentée dans le cadre d'une instance concernant une frontière maritime qui n'a jamais été tracée auparavant, la Haute juridiction faisait observer que : « Le présent arrêt a pour effet de fixer la frontière maritime entre les deux Parties, le Nicaragua et la Colombie, dans l'ensemble de la zone pertinente ». Elle relève ensuite que « son arrêt n'attribue pas au Nicaragua la totalité de la zone qu'il revendique et alloue au contraire à la Colombie une partie des espaces maritimes à l'égard desquels le Nicaragua demande une déclaration concernant l'accès aux ressources naturelles » avant de conclure que « dans ces conditions, elle estime que la demande du Nicaragua sur ce point n'est pas fondée. »[1496]

La Chambre spéciale du TIDM qui a, scrupuleusement, suivi la jurisprudence de la Cour, qu'il ne manque pas de rappeler d'ailleurs, estimait qu'une décision sur la délimitation maritime est « de nature constitutive et ne saurait être qualifiée de purement déclaratoire » puisqu'en présence d'un chevauchement de prétentions de deux États au sujet du plateau continental, et on peut dire que c'est valable pour les autres types d'espace maritime, « seule une décision sur la

---

[1495] CIJ, arrêt, 20 février 1969, *Plateau continental de la Mer du Nord, Recueil 1969*, p. 22, para. 18. V. aussi CIJ, arrêt, 14 juin 1993, *Délimitation maritime dans la région située entre le Groenland et Jan Mayen (Danemark c. Norvège), Recueil 1993*, pp. 66-67, para 64.

[1496] *Différend territorial et maritime (Nicaragua c. Colombie), Recueil 2012*, p. 718, para 250.

délimitation déterminera la portion du plateau continental en litige qui reviendra à tel ou tel État ».[1497]

La conséquence est qu'il ne saurait être possible que le Ghana puisse violer les droits souverains de la Côte d'Ivoire du moment où, comme le souligne la chambre, les activités maritimes menées par un État dans une portion du plateau continental faisant l'objet de revendications de bonne foi par les deux États ne peuvent être considérées comme contrevenant aux droits souverains de l'un d'entre eux si elles ont été menées avant que l'arrêt ait été rendu.[1498] Autrement dit, le tribunal affirme l'inexistence d'une règle de droit international général interdisant que les activités liées aux hydrocarbures soient menées par un État dans une zone en litige avant que ladite zone ne soit délimitée par voie de décision de justice. La Côte d'ivoire étant déboutée pour cette raison, il n'est pas possible d'analyser si la responsabilité a été objective ou subjective à partir de ce moyen. Néanmoins, la position de la chambre peut être décelée dans son appréciation de la violation de l'article 83 de la CNUDM.

A propos de l'article 83 de la CNUDM, ce sont les alinéas 1 et 3 qui sont visés par la Côte d'Ivoire. Les activités unilatérales du Ghana dans la zone litigieuse, son inflexibilité dans les négociations, combinée avec la fermeture opportune de toute voie juridictionnelle de règlement du différend constituerait des violations de l'obligation de négocier de bonne foi prévue par l'article 83 paragraphe 1 de la CNUDM. Cumulativement, les mêmes activités unilatérales du Ghana dans la zone litigieuse constitueraient des violations des obligations spécifiques prévues au paragraphe 3 de l'article 83 de la CNUDM. Dans le raisonnement du juge qui a conduit à réfuter les deux conclusions ivoiriennes transparaît une position prise pour la responsabilité objective alors que dans les deux cas, la Côte d'Ivoire misait sur la mauvaise foi du Ghana, donc sur son argument subjectif puisque psychologique.

Pour l'obligation de négocier de bonne foi prévue à l'article 83 paragraphe 1 de la CNUDM à laquelle la chambre reconnaît qu'il s'agit d'une obligation de comportement, la seule tenue des

---

[1497] *Différend relatif à la délimitation de la frontière maritime entre le Ghana et la Côte d'ivoire dans l'océan atlantique*, arrêt, TIDM, 2017, p.173, para 591.
[1498] *Ibid*, p.173, para 592.

négociations pendant six ans au rythme de 10 réunions entre 2008 et 2014 a suffi pour démontrer que le Ghana n'a pas violé l'obligation de négocier de bonne foi. Or, ce qui était indexé par la demanderesse est l'attitude adopté par le Ghana au cours des rencontres relativement au fait qu'il cherche à préserver le statu quo et sa fermeture à une solution juridictionnelle. Si on tient compte de l'intention, refuser de faire des concessions lors des négociations et s'opposer à un règlement juridictionnel peuvent bien être interprétés comme une mauvaise foi. Mais, la chambre n'est pas de cet avis. Elle a juste tenu compte des faits objectifs tels que la tenue des discussions et l'accord sur le point de départ, sans interprétation du comportement du Ghana. Au demeurant, le fait de « chercher à préserver le *statu quo* » et d'être « fermé à la voie à une solution juridictionnelle » ne sont pas contraires à l'obligation de négocier de bonne foi.[1499]

Pour ce qui concerne la conclusion des arrangements provisoires, l'argument de la Côte d'Ivoire consistait à soutenir que les activités unilatérales menées par le Ghana dans la zone contestée ne sont pas de nature à permettre la conclusion de tels arrangements. Une fois encore, la mauvaise foi du Ghana est alléguée. La Chambre spéciale n'est pas allée dans le sens de rechercher si l'intention du Ghana était d'empêcher un arrangement du genre. Elle rejette simplement les prétentions de la demanderesse au motif qu'elle n'a jamais demandé au Ghana de conclure des arrangements provisoires.[1500] De fait, elle s'est limitée à apprécier de manière objective si l'obligation en question a été violée sans rechercher une quelconque intention dolosive.

La chambre a, de ce fait, rejeté toutes les accusations ivoiriennes tendant à engager la responsabilité du Ghana. Ce qui fait que la chambre n'eut pas l'opportunité de se prononcer sur les modes de réparation. La CIJ, par contre, a eu le privilège de le faire dans le différend ayant opposé le Cameroun au Nigeria.

[1499] *Ibid*, p. 177, para 604.
[1500] *Ibid*,, p. 182, para 628.

Le positionnement contre des dommages et intérêts punitifs

La question de savoir si la réparation peut prendre la forme punitive ou si elle est simplement compensatoire a longtemps été controversée dans la doctrine. C. Gray affirme à ce propos que « *it is a controversial question whether punitive damages are permissible under international law* ».[1501] La doctrine récente du droit international ne l'admet pas. À ce titre, Demaria Tiphaine et Ferrero Julie citent un groupe d'auteurs en général plus récents, qui contestent *ex lege* la consécration des dommages punitifs. Parmi ce groupe, il faut dénombrer Pierre-Marie Dupuy, C. Tomuschat, B. Graefrath et E. Riedel.

Pierre-Marie Dupuy affirmait à cet effet, que « l'*opinio juris* selon laquelle la pratique des indemnisations punitives ferait partie du droit coutumier est loin d'être constituée ».[1502] De son coté, B. Graefrath : « cette idée ne trouve aucun fondement dans la pratique internationale »[1503] Pour C. Tomuschat : « *[n]ever has international practice allowed for the granting of compensation that would significantly, as a measure of punishment, exceed the damage caused* ».[1504] La réalité de la position de la doctrine sur l'acceptation du droit international de l'existence des indemnisations punitives est exprimé par E. Riedel qui remarque que: « *this category of damages, if ever recognized, today no longer musters support in international law* ».[1505]

En réalité, les auteurs anciens du droit international étaient quasi-unanimes sur l'existence de tels dommages et intérêts. Dans le célèbre cours qu'il a professé à l'Académie de droit international de la Haye, D. Anzilotti, qui disait que : « rien n'empêche, et il y a de cela des exemples très variés, que la satisfaction consiste dans le paiement d'une somme d'argent qui ne tend pas à réparer un dommage matériel

[1501] GRAY C. D., *Judicial remedies in international law*, Oxford, Oxford University Press, 1982, p 26.
[1502] DUPUY P. M., « L'unité de l'ordre juridique international. Cours général de droit international public » (2000) 297 *RCADI*, p 371; Voir aussi DE HOOGH A., *Obligations erga omnes and international crimes*, La Haye, Kluwer, 1996 à la p 166.
[1503] GRAEFRATH B., (1990) *RACDI* à la p 151.
[1504] TOMUSCHAT C., « General Course on Public International Law » (1999) 281 *RCADI*, p 300.
[1505] RIEDEL E., « Damages », *in* BERNHARDT R., *Encyclopedia of Public international law*, vol 10, North-Holland, Amsterdam, 1987, 70.

effectivement souffert, mais qui représente un sacrifice symbolisant l'expiation de l'acte illicite commis ».[1506] A sa suite, C. Eagleton[1507] ou H.W. Briggs.[1508] F. V.

Garcia-Amador[1509] H. Lauterpacht,[1510] J. Basdevant,[1511] L. Reitzer,[1512] G. Salvioli,[1513] P.-A. Bissonnette,[1514] G. Blum,[1515] sont considérés comme étant de cette école.[1516]

Néanmoins, il reste clair aujourd'hui que le droit international n'est plus favorable à ce type de réparation. L'argument principal des auteurs modernes est que les expressions de « punition » ou « sanction » « évoquent la responsabilité pénale, alors que la responsabilité internationale de l'État est le plus souvent considérée comme une responsabilité de type civil, organisée autour de l'obligation de réparer, qui ne constitue plus la conséquence exclusive

---

1506 ANZILOTTI D., *Cours de droit international,* traduction française de G Gidel, d'après la 3e édition italienne, Paris, Sirey, 1929 à la p 524, cité par DEMARIA T., FERRERO J., « Sur un aspect de la sanction en droit international : le cas des dommages et intérêts Punitifs », *op cit,* p. 104.

1507 EAGLETON C., « Measure of damage in international law » (1929) 39:1 *Yale LJ*, aux pp 61et s.

1508 BRIGGS H., « The Punitive Nature of Damages in International Law and State Responsibility for Failure
to Apprehend, Prosecute or Punish », JAMES HART J., et MATHEWS J. M.,, *Essays in Political Science in Honor of W W Willoughby*, Baltimore, John Hopkins University Press, 1937 aux pp 339-53.

1509 GARCIA-AMADOR F. V., « State responsibility: some new problems » (1958) 94 *RCADI* à la p 479.

1510 LAUTERPACHT H., « Règles générales du droit de la paix », (1937) 62 *Rec des Cours – Académie de droit international de La Haye*, p 354.

1511 BASDEVANT J., (1927) 4 *Revue de Droit Maritime Comparé* p 127.

1512 REITZER L., *La réparation comme conséquence de l'acte illicite en droit international*, Paris, Sirey, 1938 à la p 210.

1513 SALVIOLI G., « La responsabilité des États et la fixation des dommages-intérêts par les tribunaux internationaux » (1929-III) 28 *Rec des Cours – Académie de droit international de La Haye*, p 236.

1514 BISSONNETTE P. A., *La satisfaction comme mode de réparation en droit international*, Annemasse, Grandchamp, 1953, p 147.

1515 BLUM G., « The crime and punishment of State », (2013) 38 *Yale J Int'l L*, pp 87 et s.

1516 Voir DEMARIA T., FERRERO J., « Sur un aspect de la sanction en droit international : le cas des dommages et intérêts Punitifs », *op cit,* p. 104.

du fait illicite mais en demeure la conséquence principale. ».[1517] Il est clair que « la responsabilité internationale n'est ni civile, ni pénale mais *sui generis*, propre au droit international public [...] même si [...] les analogies avec le droit civil sont sans doute plus prononcées que celles que l'on peut faire avec le droit pénal ».[1518] Cette distinction était pourtant déjà faite par Dionisio Anzilotti qui considérait que « le droit international ne connaît pas l'opposition entre la responsabilité pénale et la responsabilité civile, entre la peine et la réparation [...] La conception qui est à la base des rapports internationaux en cette matière est simplement celle de la réaction contre l'acte illicite. ».[1519] S'il est vrai que la réaction contre l'acte illicite peut prendre et prend en fait des formes diverses, il reste aussi vrai que « ces formes ne sont pas en opposition entre elles comme, dans le droit interne, sont en opposition aujourd'hui la peine et les dommages-intérêts. ».[1520] En dehors de cet argument, il semble que l'incompatibilité des dommages et intérêts punitifs relève également, selon Demaria Tiphaine et Ferrero Julie,[1521] de la pratique[1522] et des principes du droit

[1517] BARTHE C., « Réflexions sur la satisfaction en droit international », *op cit*, p.123

[1518] PELLET A., « Les articles de la C.D.I, sur la responsabilité de l'État pour fait internationalement illicite : suite - et fin ? », *op cit*, pp. 11-12.

[1519] ANZILOTTI D., *op cit*, p. 522.

[1520] *Ibid*

[1521] DEMARIA T., FERRERO J., « Sur un aspect de la sanction en droit international : le cas des dommages et intérêts Punitifs », *op cit*, p. 105

[1522] *Ibid.*

international tels le principe d'égalité[1523] et la structure horizontale de la société internationale.[1524]

Que ces analyses théoriques soient ou non la base du rejet généralisé des dommages et intérêts dans le droit international moderne, le débat est aujourd'hui clos avec le nouveau projet d'articles sur la responsabilité internationale des États adopté en 2001. L'article 45

1523 A ce titre, Oppenheim dit que: « *[t]he nature of the Law of Nations as a law between, not above, sovereign States, excludes the possibility of punishing a State for an international delinquency and of considering the latter in the light of a crime [...]. The only legal consequences of an international delinquency that are possible under existing circumstances are such as create reparation of the moral and material harm done.* » OPPENHEIM L. cite par JORGENSEN N., « *A reappraisal of punitive damages in international law* » (1997) 68 BYIL, p 261. G. Arangio-Ruiz la formule parfaitement : « [on pourrait soutenir] qu'il n'est pas convenable d'infliger une sanction à des personnes autres que physiques, et surtout pas à la majesté des États souverains ». ARANGIO-RUIZ G., « Deuxième rapport sur la responsabilité des États » (1989) 2:1 Annuaire de la Commission du droit international à la p 35 au para 109 [Arangio-Ruiz]. Par exemple, James Crawford évoque les « violations criantes », (2000) 1 Annuaire de la Commission du droit international, à la p 12.

1524 Nos deux auteurs citent ici le Prof M. Hafner qui dit que : « les dommages-intérêts punitifs n'existent que dans un système de subordination alors que le droit international est régi par le principe de l'égalité ». C'est aussi le cas de J. Verhoeven, Tomuschat ou encore de L. Reitzer. Pour ce dernier, une différenciation de réparation appelle un « système juridique plus évolué » (REITZER L. cité par VERHOEVEN J., « Considérations sur ce qui est commun : Cours général de droit international public » (2002) 334 *RCADI*, p 147.). Tomuschat fait observer que *[i]f in such instances compensation to be paid were to be increased in accordance with the chaotic rules governing the issue in the domestic jurisprudence of the United States, international law would be pushed into a state of anarchy. Any punishment to be imposed on a State would have to be meted out by an international body specially mandated to this effect. To date, it should be repeated, such a body does not exist* (Tomuschat cité par VERHOEVEN J., « Considérations sur ce qui est commun: Cours général de droit international public », *op cit*, p 300.). J. Verhoeven pour finir fait savoir que « [o] n pourrait être tenté de croire que le recours à des dommages et intérêts punitifs se justifie mieux dans l'ordre juridique international que dans les ordres internes (nationaux), par suite de l'absence d'une autorité (centralisée) y exerçant le pouvoir dans l'intérêt de tous. Réflexion faite, la conclusion paraît bien devoir être exactement contraire. C'est parce que l'intérêt général est très réduit dans un ordre juridique qui ne connaît aucune organisation du pouvoir de punir qu'il semble bien plus contestable qu'ailleurs d'y avoir recours à des dommages et intérêts punitifs » (Joe Verhoeven, VERHOEVEN J., « Considérations sur ce qui est commun : Cours général de droit international public », *op cit*, p 214.). Voir DEMARIA T., FERRERO J., « Sur un aspect de la sanction en droit international : le cas des dommages et intérêts punitifs », *op cit,* p. 108.

dont le libellé du projet d'articles de 1996 faisait croire à une résurrection des dommages et intérêts punitifs a été changé dans le projet final éliminant la gradation dans la gravité qu'elle comportait. Alain PELLET, dans ce cadre, remarque que l'article 37 du dernier projet sur la satisfaction « met fin aux graves confusions qui marquaient la disposition correspondante du projet de 1996 » en ce sens qu' il renonce à mentionner la possibilité de dommages-intérêts correspondant à la gravité de l'atteinte (que citait l'ancien article 45, paragraphe 2.c) - qui consacrait sans le dire la possibilité de dommages-intérêts punitifs, étrangère au droit international général -, et le châtiment des personnes responsables, ce qui revenait à confondre la responsabilité internationale de l'État et celle, pénale, de ses agents.[1525] Mais, à vrai dire, même les dommages-intérêts correspondant à la gravité de l'atteinte ne sont pas punitifs ils sont considérés comme des dommages aggravés, ceux-ci tenant compte de la gravité du fait générateur, mais restant compensatoires.[1526]

Au-delà de tout, certains auteurs ont considéré que la condamnation à des dommages et intérêts punitifs apparaissait en filigrane dans la satisfaction contrairement aux autres modes de réparation qui préservent une certaine neutralité face à la violation du droit. La restitution et l'indemnisation s'attachent plus à corriger cette violation dans ses effets matériels qu'à la dénoncer et à la sanctionner en tant que telle. Ainsi, Barthe Clarisse dans ses « Réflexions sur la satisfaction en droit international » affirmait que la « condamnation du comportement de l'État responsable est au contraire au cœur de la satisfaction, qui représente toujours une sanction morale pour l'État lésé et se limite d'ailleurs souvent à cette sanction, qu'elle prenne la forme d'une reconnaissance de la violation, d'une expression de

[1525] PELLET A., « Les articles de la CDI sur la responsabilité de l'État pour fait internationalement illicite. Suite - et fin? », *op cit*, p. 8.

[1526] CRAWFORD J, *State Responsibility: The General Part*, Cambridge, Cambridge University Press, 2013, p 524 ; JORGENSEN N, « A reappraisal of punitive damages in international law », op cit, p 247 . SHELTON D., *Remedies in International Human Right Law*, 2e éd, Oxford, Oxford University Press, 2005 aux p. 39.

regrets et/ou d'une présentation d'excuses. »[1527]. Cette affirmation est, néanmoins, doublement limitée. En effet, les satisfactions peuvent aller au-delà de la simple excuse pour prendre la forme pécuniaire puisque depuis l'affaire du Rainbow Warrior (II),[1528] les satisfactions pécuniaires sont souvent considérées comme étant acceptables en droit international[1529], sans pour autant qu'elles soient considérées comme des dommages-intérêts punitifs.

La simple prévision de la satisfaction comme mode de réparation n'empêcha pas le Professeur Alain Pellet d'affirmer que l'article 37 du dernier projet sur la satisfaction « met fin aux graves confusions qui marquaient la disposition correspondante du projet de 1996 » en ce qu'il est désormais clair que le rejet des dommages intérêts punitifs est désormais définitif en droit international. A supposer que la satisfaction avait pris des formes pécuniaires, cela n'aurait pas équivalu à des dommages et intérêts punitifs à cause du manque du caractère d'affliction. A cet égard, Christian Dominicé affirme que « la fonction d'une telle allocation pécuniaire relève bien de l'ordre de la réparation » et non « d'une punition ».[1530] Ces affirmations catégoriques n'auraient pas de poids si elles ne s'appuyaient pas sur une jurisprudence conséquente. La pratique des juridictions internationales est largement en faveur du rejet de la punition et ce ne sont pas les contentieux de frontières maritimes africaines qui prouveront le contraire et c'est bien en cela qu'ils sont conservateurs.

La pratique judiciaire en matière de responsabilité internationale dans le cadre des contentieux de délimitation maritime africains ne contredit le rejet des dommages et intérêts punitifs. Mieux, elle ne fait pas cas de leur existence en droit international. Certes, il faut reconnaître que, même en dehors des affaires africaines, la pratique en

---

[1527] Il convient de préciser que l'auteure fait un rapprochement entre satisfaction et punition sans clairement postuler à ce que la satisfaction est une punition. BARTHE C., « Réflexions sur la satisfaction en droit international », *op cit*, p. 123.
[1528] *Nouvelle-Zélande c France*, sentence arbitrale du 30 avril 1990, *RSA*, vol XX à la p 272 au para 118.
[1529] CRAWFORD J., « Troisième rapport sur la responsabilité des États » (2000) 2:1 *Annuaire de la Commission du droit international*, p. 59 au para 188.
[1530] DOMINICE Ch, « De la réparation constructive du préjudice immatériel souffert par un État » dans *Le droit international dans un monde en mutation : en homenaje al profesor Eduardo Jiménez de Aréchaga*, Montevideo, Fundación de cultura universitaria, 1994 à la p 519.

matière des dommages et intérêts punitifs est très rare et ne concernerait que seulement trois affaires à savoir la décision du Secrétaire général dans l'affaire Rainbow Warrior I et les deux « *obscure Italian cases of 1891 and 1908* ».[1531] L'interprétation de la doctrine sur les trois affaires en question est également équivoque, les uns voyant dans ces affaires l'acception des dommages et intérêts punitifs en droit international,[1532] les autres pour qui ces affaires témoignent du contraire,[1533] enfin, ceux pour qui lesdites affaires sont la preuve de l'ambiguïté des problèmes posés par ce type de sanction.[1534]

Si la tendance dominante aujourd'hui est le rejet des dommages et intérêts punitifs, les affaires de responsabilité internationale dans le cadre des contentieux africains de délimitation maritime sont restées silencieuses sur la question. Même aucune demande de punition ne transparaît dans les demandes des États. Ce qui montre que ces États ne reconnaissent pas l'existence de ce type de sanction et donc s'alignent sur la tendance générale de l'inexistence des dommages et intérêts punitifs en droit international. Dans la dernière affaire de responsabilité internationale intervenue dans le cadre du différend relatif à la délimitation de la frontière maritime entre le Ghana et la Côte d'ivoire dans l'océan atlantique, le Ghana était accusé d'avoir porté des atteintes à l'exclusivité des droits souverains de la Côte

[1531] ZEMANEK K, « The legal foundations of the international system : general course on public international law » (1997) 266 Rec des Cours – Académie de droit international de La Haye à la p 271.

[1532] ANZILOTTI D., *Cours de droit international, op cit*, p 524. EAGLETON C, « Measure of damage in international law » (1929) 39:1 *Yale LJ*, pp 61 et s. H BRIGGS, « The Punitive Nature of Damages in International Law and State Responsibility for Failure to Apprehend, Prosecute or Punish », in HART J et MATHEWS JM., *Essays in Political Science in Honor of W W Willoughby, op cit*, pp 339-53. GARCIA-AMADOR FV, « State responsibility: some new problems », *op cit*, p 479.

[1533] DUPUY PM., dir, *Obligations multilatérales, droit impératif et responsabilité internationale des États*, Paris, Pedone, 2003, p 220. ZEMANEK K, « The legal foundations of the international system: general course on public international law », *op cit*, p 271. DUPUY PM., *Responsabilité internationale*, Paris, Pedone, 1987 à la p 68 et p 271. TOMUSCHAT C., « General Course on Public International Law » (1999) 281 *RCADI* à la p 300. DUPUY PM., « L'unité de l'ordre juridique international. Cours général de droit international public » (2000) 297 *RCADI* à la p 371; RIEDEL E., « Damages », *in* BERNHARDT R., *Encyclopedia of Public international law*, vol 10, North-Holland, Amsterdam, 1987, p 70.

[1534] GRAY C. D., *Judicial remedies in international law, op cit*, p 26.

d'Ivoire et de violer l'article 83 de la CNUDM.[1535] Aucune demande de la partie demanderesse dans cette affaire n'équivalait à une demande de dommages et intérêts punitifs. En effet, dans ses conclusions sur la réparation des prétendues violations de droit souverain, la Côte d'Ivoire demandait à la fin de la procédure écrite, à la Chambre spéciale d'abord de dire et juger que le « Ghana a l'obligation de communiquer à la Côte d'Ivoire tous documents et données relatifs aux opérations pétrolières d'exploration ou d'exploitation qu'il a entreprises, ou qui ont été entreprises sur son autorisation, dans l'espace maritime ivoirien, et ce compris les opérations de développement et de transport des hydrocarbures, dont ceux énumérés aux paragraphes 9.29 et 9.31 du Contre-mémoire de la Côte d'Ivoire ». Ensuite, elle la priait de « dire et juger que le Ghana a l'obligation d'assurer la non divulgation, par lui-même et par ses cocontractants, des informations visées au paragraphe » et enfin de déclarer « que la Côte d'Ivoire est par ailleurs fondée à recevoir une indemnisation pour les dommages qui lui ont été causés par les faits internationalement illicites du Ghana. ». Ainsi, elle voudrait que le tribunal invite « les Parties à mener des négociations afin de s'entendre sur ce point et, dire que si elles ne parviennent pas à un accord sur le montant de cette indemnisation dans un délai de 6 mois à partir de la date de l'arrêt qui sera rendu par la Chambre spéciale, cette dernière déterminera, à la demande de l'une d'entre elles, le montant de cette indemnité sur la base des pièces écrites additionnelles limitées à cet objet. ».[1536]

Sans doute, la première demande correspond à la *restitutio in integrum* considérée comme la forme la plus appropriée de réparation par la demanderesse[1537] puis qu'il a été une fois décidé de la restitution d'objets prélevés dans une zone litigieuse.[1538] La seconde conclusion est une demande de cessation du fait illicite telle que prévue par le projet d'articles sur la Responsabilité de l'État pour fait

[1535] Voir *Supra*, Deuxième partie, Titre II, Chapitre I, Section I, para I, B, 2.
[1536] *Différend relatif à la délimitation de la frontière maritime entre le Ghana et la Côte d'ivoire dans l'océan atlantique*, arrêt, TIDM, 2017, p. 24 para 62.
[1537] Contre Mémoire Côte d'Ivoire, p.249.
[1538] CIJ, arrêt, 15 juin 1962, *Temple de Préah Vihéar (Cambodge c. Thaïlande), Fond, Recueil CIJ 1962*, p. 37

internationalement illicite.[1539] Cette demande se justifie par le fait pour la CIJ et le TIDM de reconnaître que « Toute violation de la confidentialité risquerait de ne pas pouvoir être réparée, puisqu'il pourrait se révéler impossible de revenir au *statu quo ante* après la divulgation d'informations confidentielles ».[1540] La troisième demande tendant à l'obtention d'une indemnisation ne concerne non plus les indemnisations punitives mais une simple compensation puisque la demanderesse précise qu'elles viendraient suppléer à la *restitutio in integrum* en cas « d'atteinte irréversible aux droits en litige ».[1541]

Il est d'une évidence incontestable qu'aucune des demandes en question n'a un aspect punitif. Il en sera de même pour la demande relative à la supposée violation de l'article 83 - la Côte d'Ivoire soutenant que « la satisfaction, sous forme de constat judiciaire, est une forme de réparation adéquate pour la violation de l'article 83-3 »[1542] - et n'exigeaient rien de plus.

Le silence des contentieux africains de délimitations maritimes sur la question des dommages et intérêts punitifs ne s'arrête à l'affaire ivoiro-ghanéenne devant le TIDM mais reste perceptible dans la partie relative à la responsabilité internationale de l'arrêt en l'affaire de la Frontière terrestre et maritime entre le Cameroun et le Nigeria. Le professeur Pierre D'Argent qui consacra un long commentaire à cette affaire y compris en sa partie relative à la responsabilité internationale ne trouva pas de mention de dommages et intérêts punitifs.[1543] Contrairement à l'affaire du différend relatif à la délimitation de la frontière maritime entre le Ghana et la Côte d'ivoire dans l'océan atlantique dans laquelle la responsabilité du Ghana n'a pas été

1539 Voir l'article 30, b du projet d'articles sur la Responsabilité de l'État pour fait internationalement illicite, Résolution A/RES/56/83/ de l'Assemblée générale des Nations Unies.

1540 CIJ, Ordonnance, 3 mars 2014, *Questions concernant la saisie et la détention de certains documents et données (Timor-Leste c. Australie), mesures conservatoires, CIJ, Recueil 2014*, p. 158, para 42; v. aussi TIDM, Chambre spéciale, Ordonnance, 25 avril 2015, *Différend relatif à la délimitation de la frontière maritime entre le Ghana et la Côte d'Ivoire dans l'océan Atlantique (Ghana/Côte d'Ivoire), Mesures conservatoires, Affaire n° 23*, pars. 47 et 92.

1541 1541 Contre Mémoire Côte d'Ivoire, p.249. 262.

1542 *Différend relatif à la délimitation de la frontière maritime entre le Ghana et la Côte d'ivoire dans l'océan atlantique*, arrêt, TIDM, 2017, p. 179, para 615

1543 D'ARGENT P., « Des frontières et des peuples : l'affaire de la Frontière terrestre et maritime entre le Cameroun et le Nigeria, arrêt sur le fond. », *op cit*, 313-321.

reconnue par la Chambre spéciale du tribunal[1544] - lui permettant de donner sa position quant aux réparations - la CIJ a reconnu la responsabilité des parties dans l'arrêt du 10 octobre 2002.[1545] Il ne fut question d'aucun dommage et intérêt, la juridiction s'étant contentée de réparer avec les modes ordinaires.

Dans l'affaire de la frontière terrestre et maritime entre le Cameroun et le Nigeria où il était question de la violation du droit international conventionnel et coutumier notamment du principe de non-recours à la force exprimé à l'article 2, paragraphe 4 par le Nigeria, de la Charte des Nations Unies, la CIJ faisait observer conformément à sa jurisprudence antérieure dans les affaires du Temple de Préah Vihéar et du Différend territorial, que « le Nigeria est tenu de retirer dans les plus brefs délais et sans condition son administration et ses forces armées et de police du secteur du lac Tchad relevant de la souveraineté du Cameroun ainsi que de la presqu'île de Bakassi. ».[1546] Réciproquement, même s'il est clair que ces mesures s'adressent essentiellement au Nigeria, qui occupe illégalement la plus grande partie des territoires disputés, la juridiction de la Haye affirmait en plus que le Cameroun est tenu de retirer dans les plus brefs délais et sans condition toutes les administrations ou forces armées ou de police qui pourraient se trouver, le long de la frontière terrestre allant du lac Tchad à la presqu'île de Bakassi, dans les zones relevant, conformément à l'arrêt, de la souveraineté du Nigeria.[1547] Cette obligation devrait s'étendre à toute administration ou forces armées ou de police qui pourraient se trouver, le long de la frontière terrestre allant du lac Tchad à la presqu'île de Bakassi, dans les zones relevant, conformément à l'arrêt, de la souveraineté du Cameroun.[1548]

Le caractère immédiat et inconditionnel des retraits exigés par la Haute juridiction montre qu'il s'agit des ordres de mettre fin à la commission des faits illicites. En effet, bien qu'elle n'en dise rien, les formules utilisées peuvent aussi donner à penser que la Cour prononcerait en réalité, à l'adresse des parties, des ordres de cesser de

---

[1544] *Différend relatif à la délimitation de la frontière maritime entre le Ghana et la Côte d'ivoire dans l'océan atlantique*, arrêt, TIDM, 2017, p. 191, para 659.
[1545] *Frontière terrestre et maritime entre le Cameroun et le Nigéria (Cameroun* c. *Nigéria: Guinée équatoriale intervenant), arrêt, CIJ Recueil 2002*, pp. 143-146.
[1546] *Ibid*, p.152, Para 314.
[1547] *Ibid*, p.152, para 315.
[1548] *Ibid*

commettre des faits illicites, au sens de l'article 30, paragraphe a du projet d'articles de la Commission du droit international sur la responsabilité internationale des États.[1549]

La cessation du fait illicite s'applique, en effet, à tous les faits illicites qui se prolongent dans le temps, « que le comportement de l'État auteur soit une action ou une omission »,[1550] et selon qu'il s'agisse d'un fait illicite continu, dans les situations dans lesquelles un État a violé une obligation à plusieurs occasions, ce qui implique un risque de répétition.[1551] Les faits dans le cas d'espèce sont les invasions et les occupations dont se plaignent d'abord le Cameroun et ensuite le Nigeria. La règle primaire à laquelle le comportement illicite contrevient, dont « l'action normative » conjuguée au « comportement illicite en cours » explique l'obligation de cessation.[1552] Cette règle est celle qui prohibe de mener des activités étatiques sur le territoire d'un autre État sans son consentement, voire celle - évoquée par le Cameroun - prohibant l'emploi de la force dans les relations internationales, étant entendu que la vérification concrète de leur violation passe par la délimitation des territoires disputés.[1553]

Une fois ordonnée qu'il soit mis fin aux violations du fait illicite, la haute juridiction tire une conséquence pour ce qui est de la réparation demandée par le Cameroun : « Dans les circonstances de l'espèce, la Cour estime de plus que, du fait même du présent arrêt et de l'évacuation du territoire camerounais occupé par le Nigeria, le préjudice subi par le Cameroun en raison de l'occupation de son territoire aura en tout état de cause été suffisamment pris en compte. ».[1554] Puisque « le préjudice subi », a « été suffisamment pris en compte », la Cour pense ne plus rechercher si et dans quelle mesure la responsabilité du Nigeria est engagée à l'égard du Cameroun du fait

[1549] D'ARGENT P., « Des frontières et des peuples : l'affaire de la Frontière terrestre et maritime entre le Cameroun et le Nigeria, arrêt sur le fond. », *op cit*, p. 315.
[1550] *Rainbow Warrior*, Nations Unies, *Recueil des sentences arbitrales*, vol. XX (1990), p. 270, para 113.
[1551] A/RES/56/83, Responsabilité de l'État pour fait internationalement illicite, 28 janvier 2002 et commentaire in Rapport de la Commission du droit international, 53e session, A/56/10, p.234.
[1552] D'ARGENT P., « Des frontières et des peuples : l'affaire de la Frontière terrestre et maritime entre le Cameroun et le Nigeria, arrêt sur le fond. », *op cit*, p. 314.
[1553] *Ibid*, p. 314.
[1554] *Frontière terrestre et maritime entre le Cameroun et le Nigéria (Cameroun* c. *Nigéria: Guinée équatoriale intervenant), arrêt, CIJ Recueil 2002*, pp. 153, 319.

de cette occupation.[1555] La question a été posée de savoir si cette affirmation signifie que le retrait des forces étrangères opère la réparation des préjudices en question. Dans l'affirmative, dans quel mode de réparation la cession pourrait s'insérer ?

Certes, la cessation du comportement en violation d'une obligation internationale est la première condition à remplir pour éliminer les conséquences du comportement illicite - et ceci étant - la question de la cessation est souvent étroitement liée à celle de la réparation.[1556] Néanmoins, l'on s'accorde habituellement pour considérer que la cessation, en tant qu'obligation nouvelle née du fait illicite, ne constitue pas une forme de réparation.[1557] Cette règle générale admet des exceptions et c'est probablement dans ce cadre que se situe cette affaire.

D'une part, il peut être considéré que l'ordre de la cession, première conséquence de la reconnaissance de la violation alléguée, est déjà une satisfaction en tant que mode de réparation. C'est ainsi que Delphine PERRIN analyse l'arrêt. Elle postule que, c'est en suivant sa formule ordinaire selon laquelle le constat judiciaire est déjà une forme de réparation que la cour affirme que du « fait même du présent arrêt et de l'évacuation du territoire camerounais occupé par le Nigeria, le préjudice subi par le Cameroun en raison de l'occupation de son territoire aura en tout état de cause été suffisamment pris en compte. ».[1558] Dans ce cas, ce n'est pas véritablement la cessation qui est la réparation mais plutôt, le constat judiciaire et cela n'a rien d'étrange puisque les juridictions l'ont généralement reconnu comme suffisamment préparatoire. A cet effet, le TIDM après avoir octroyé une indemnisation en réparation des dommages matériels causés au navire Saiga et des préjudices matériels et moraux subis par les personnes liées à son activité dans l'affaire du navire Saiga a considéré qu'en ce qui concernait la violation des droits de Saint-Vincent-et-les-Grenadines à l'égard d'un navire battant son pavillon, les constatations auxquelles il avait procédé et selon lesquelles « la

---

[1555] *Ibid*

[1556] A/RES/56/83, Responsabilité de l'État pour fait internationalement illicite, 28 janvier 2002 et commentaire, in Rapport de la Commission du droit international, 53e session, A/56/10, pp.175 et 176.

[1557] D'ARGENT P., « Des frontières et des peuples : l'affaire de la Frontière terrestre et maritime entre le Cameroun et le Nigeria, arrêt sur le fond. », *op cit*, p. 315.

[1558] PERRIN D. *op cit*, p. 321.

Guinée a agi de manière illicite et a violé les droits de Saint-Vincent-et-les-Grenadines en procédant à l'arraisonnement du Saiga dans les circonstances de l'espèce et en faisant usage d'une force excessive » constituaient « une réparation adéquate ».[1559] Bien que ce soit la satisfaction pécuniaire qui a été demandé, elle a été écartée au profit de la constatation juridictionnelle d'illicéité, jugée plus adaptée au cas d'espèce.[1560]

La Cour internationale qui a consacré le constat judiciaire en tant que forme de satisfaction pour préjudice immatériel dans le cadre de l'affaire du Détroit de Corfou, affirmait, après avoir conclu à l'illicéité de l'opération de déminage (l'opération Retail) menée par la marine britannique après l'explosion, qu'elle devait: « Pour assurer l'intégrité du droit international dont elle est l'organe, constater la violation par l'action de la marine de guerre britannique de la souveraineté de l'Albanie. Cette constatation correspond à la demande faite au nom de l'Albanie par son conseil et constitue en elle-même une satisfaction appropriée ».[1561] Cette forme de réparation a été reprise également dans l'affaire du Rainbow Warrior.[1562]

D'autre part, et c'est ce qui est plus probable, il est cependant des cas dans lesquels « la même mesure (...) [de cessation] constitue [...] simultanément une restitution en nature » du fait que le résultat de la cessation est parfois impossible à distinguer de la restitution, par exemple dans les cas impliquant la libération d'otages ou la restitution d'objets ou de locaux confisqués. C'est peut-être cela que la Cour veut démontrer. Le cas échéant, la cessation du fait illicite dispense d'une forme de réparation puisqu'elle la réalise même s'il est possible des cas où elle ne met pas fin par elle-même à la dette de réparation (cas où l'auteur du fait illicite est tenu de réparer tous les dommages dont l'effacement n'est pas réalisé par le retour à la légalité « primaire »).[1563] Tout compte fait, de tels dommages n'existent pas dans le cas d'espèce. L'ordre de la cessation du fait illicite suffit. Les

---

1559 TIDM, arrêt du 1er juillet 1999, Rec 1999, para 171.

1560 *Ibid*

1561 *Détroit de Corfou, fond, C.I.J. Recueil 1949,* p. 35, repris dans le *dispositif,* p. 36.

1562 *Rainbow Warrior,* Nations Unies, *Recueil des sentences arbitrales,* vol. XX (1990), p. 273, para 123.

1563 Voir D'ARGENT P., « Des frontières et des peuples : l'affaire de la Frontière terrestre et maritime entre le Cameroun et le Nigeria, arrêt sur le fond. », *op cit,* p. 315.

autres demandes du Cameroun et même du Nigeria relativement aux réclamations indemnitaires et aux garanties de non répétitions seront rejetées.

En disant que le préjudice subi aura été « suffisamment pris en compte » par la mesure d'évacuation, de telle manière qu'aucune autre mesure de réparation n'est envisagée dans la responsabilité du Nigeria à l'égard du Cameroun du fait de son occupation, la CIJ n'entendait pas donner effet aux autres demandes du Cameroun. Parallèlement, elle se privera du même exercice à l'égard des demandes nigérianes. Ces demandes consistaient d'une part en des réclamations indemnitaires et des exigences de garanties de non répétition.

Pour les premiers, les réclamations camerounaises portaient sur la réparation de dommages consécutifs aux incidents liés à l'occupation illicite de ses territoires. Les divers incidents frontaliers en question survenus non seulement à Bakassi et dans la région du lac Tchad, mais encore en mer et tout le long de la frontière terrestre entre les deux États de 1970 à 2001.[1564] Le demandeur qui est dans le cas d'espèce le Cameroun ne demandait pas qu'il soit statué sur la responsabilité du Nigeria pour chacun de ces incidents pris isolément, mais engageait la Cour à juger que, « en procédant à des incursions répétées tout le long de la frontière entre les deux pays, la République fédérale du Nigeria a violé et viole ses obligations en vertu du droit international » et que, par la suite, sa responsabilité est engagée, notamment du fait des décès constatés ou des blessures infligées.[1565] C'est à la fois pour ces incidents et pour l'occupation en général que les demandes sont formulées. Le défendeur rejette naturellement lesdites demandes et présente pour sa part des demandes reconventionnelles relatives à de nombreux incidents survenus le long de la frontière qui, selon lui, engageraient la responsabilité internationale du Cameroun et dont il demanderait également des indemnités.

La Haute juridiction rejette les demandes camerounaises et les demandes reconventionnelles du Nigeria relatives à tous les incidents frontaliers ayant eu lieu au cours de la période d'une trentaine d'années[1566] au motif que les parties n'apportent pas de preuves

[1564] *Frontière terrestre et maritime entre le Cameroun et le Nigéria (Cameroun* c. *Nigéria: Guinée équatoriale intervenant), arrêt, CIJ Recueil 2002*, para 323.
[1565] *Ibid*
[1566] *Ibid*, paras 323-324.

suffisantes des faits qu'elles avancent ou de leur imputabilité à l'autre Partie. De ce fait, elle ne saurait par la suite « accueillir ni les conclusions du Cameroun ni les demandes reconventionnelles du Nigeria fondées sur les incidents évoqués. ».[1567]

On le sait, la référence à l'arrêt en tant que prononcé renvoie peut-être à une forme symbolique de réparation du préjudice moral du demandeur lorsque la Haute juridiction affirme que « du fait même du présent arrêt (...) le préjudice subi par le Cameroun (...) aura été suffisamment pris en compte ».[1568] C'est parce le préjudice est déjà suffisamment pris en compte que la Cour ne juge plus nécessaire d'accorder une indemnité. Deux raisons peuvent expliquer cette attitude de la juridiction. La première relevant du droit de la responsabilité supposerait que la Cour, soucieuse de ne pas prolonger un différend d'abord territorial par d'interminables débats sur les préjudices et l'étalement de leur réparation, a procédé à une sorte de compensation entre les torts des parties, les dommages qu'elles ont subis et les bénéfices qu'elles retireront de l'exécution de l'arrêt, la restitution de Bakassi emportant par exemple le transfert au Cameroun d'infrastructures dont le Nigeria avait assuré le financement. La deuxième raison possible, extérieure au droit de la responsabilité, est que la Cour, tout en tenant compte de l'obligation générale de procéder de telle manière à ne pas mettre en danger la paix, la sécurité internationale et la justice, obligation s'imposant aux États mais aussi, à plus forte raison, aux organes chargés du règlement des différends, a voulu agir simplement avec le bon sens : le différend territorial doit être vidé et des continuations indemnitaires, en suscitant d'inutiles rancœurs, peuvent mettre en péril les acquis du règlement juridictionnel.[1569]

Quel que soit le motif, il est courant que le constat judiciaire ou que la restitution soit le seul mode de réparation. En décidant de ne pas accorder d'indemnisation, l'arrêt ne fait que renforcer la jurisprudence antérieure.

Similaire est la situation des garanties de non répétition qui n'offre pas de grand enseignement. Ces garanties sont prévues à l'article 30

[1567] *Ibid*, para 324.
[1568] *Ibid*, para 319.
[1569] D'ARGENT P., « Des frontières et des peuples : l'affaire de la Frontière terrestre et maritime entre le Cameroun et le Nigeria, arrêt sur le fond. », *op cit*, p 318.

du projet d'articles qui dispose que l'État responsable du fait internationalement illicite a l'obligation d'offrir des assurances et des garanties de non-répétition appropriées si les circonstances l'exigent.[1570]

Le but des garanties est de rétablir la confiance dans une relation continue, bien qu'elles offrent beaucoup plus de souplesse que la cessation et ne soient pas exigées dans tous les cas. Elles sont le plus souvent demandées lorsque l'État lésé a des raisons de penser que le simple retour à la situation préexistante ne le protège pas de manière satisfaisante.[1571] La compétence de la CIJ en la matière avait été admise dans l'affaire LaGrand,[1572] la Cour observant que « S'il est établi que la Cour a compétence pour connaître d'un différend portant sur une question déterminée, elle n'a pas besoin d'une base de compétence distincte pour examiner les remèdes demandés par une partie pour la violation en cause. La Cour a par suite compétence en l'espèce pour connaître de la quatrième conclusion de l'Allemagne ».[1573] Dans l'affaire du Différend terrestre et maritime, la Cour affirme le caractère « recevable » 14° d'une telle demande conformément à sa jurisprudence dans l'affaire LaGrand qu'elle ne manque pas de rappeler. Seulement, elle ne trouve pas que de telles garanties soient nécessaires du moment que l'arrêt « précise de manière définitive et obligatoire la frontière terrestre et maritime entre les deux États ». En effet, elle « ne saurait envisager l'hypothèse dans laquelle l'une des Parties, après avoir retiré ses forces armées et de police, ainsi que son administration, du territoire de l'autre Partie, ne respecterait pas la souveraineté territoriale de cette dernière ».[1574] En exposant qu'elle ne peut pas concevoir qu' « après avoir retiré ses forces » une des parties violerait la souveraineté de l'autre, la Cour donne clairement priorité à la cessation du fait illicite.[1575] Elle ne rend

---

[1570] CDI, « Projet d'articles sur la responsabilité de l'État pour fait internationalement illicite », *op cit*, p. 174.

[1571] *Ibid*, p. 177.

[1572] *LaGrand (Allemagne* c. *États-Unis d.Amérique), CIJ, fond*, arrêt du 27 juin 2001.

[1573] *Ibid,* para 48, citant l'affaire relative à *l'Usine de Chorzów*, compétence, 1927, C.P.J.I., série A, no 9, p. 22.

[1574] *Frontière terrestre et maritime entre le Cameroun et le Nigéria (Cameroun* c. *Nigéria: Guinée équatoriale intervenant), arrêt, CIJ Recueil 2002*, para 318.

[1575] D'ARGENT P., « Des frontières et des peuples : l'affaire de la Frontière terrestre et maritime entre le Cameroun et le Nigeria, arrêt sur le fond. », *op cit*, p. 316.

pas néanmoins impertinente l'institution des garanties. C'est la même affaire LaGrand qui permit à la même Cour de connaître les cas particuliers de contentieux de responsabilité liés à la violation des mesures conservatoires.

SECTION II : La responsabilité internationale en cas de violation de mesures conservatoires

Il n'incombe pas au droit de la responsabilité internationale de définir le contenu des obligations internationales dont la violation engage la responsabilité. L'identification de ces dernières est du ressort des règles primaires, que l'on ne pourrait codifier qu'en paraphrasant la plus grande partie du droit international positif, coutumier et conventionnel. A propos du droit international positif (notamment, le droit conventionnel), les contentieux en étude ont servi d'illustration à la manière pratique dont les règles secondaires devraient s'appliquer en situation pratique.[1576] Mais il existe un domaine atypique dans laquelle les mêmes contentieux s'illustreront : les violations alléguées des mesures conservatoires. Par ce fait, ils ont reconnu répressives, les violations des mesures conservatoires mais se monteront unanimes à rejeter des violations soulevées.

La reconnaissance des mesures conservatoires comme obligation internationale

Aussi vieille qu'est l'institution des mesures conservatoires en droit international, l'acceptation de son caractère obligatoire n'a pas été une tâche aisée. Plusieurs fois discutée, le caractère obligatoire des mesures conservatoires a été toutes les fois mis en question durant le XXème siècle. Déjà au début du siècle, plusieurs grands auteurs du droit international rejetaient l'idée du caractère obligatoire des mesures conservatoires. On peut citer dans ce courant des auteurs comme Schucking,

---

[1576] Voir *supra*, section I précédent.

Dumbauld,[1577] Guggenheim[1578] et Schwarzenberger.[1579] Pour le juge Schucking, « les mesures conservatoires, simples recommandations, n'ont pas de force obligatoire ».[1580]

D'autres auteurs par contre attribuaient un caractère contraignant aux dites mesures. C'est l'exemple des professeurs Beckett, Schindler. Auteur plus récent, le Professeur Philippe WECKEL était aussi favorable au caractère contraignant des mesures de la cour. Pour les partisans du caractère impératif des mesures indiquées, l'obligation faite à la cour de notifier au Conseil de sécurité les mesures prises n'a pour seul but que de conférer à ces mesures un caractère obligatoire. Selon Philippe WECKEL par exemple, « les États membres de l'ONU, destinataires de ces mesures sont tenus de les respecter, puisqu'elles les obligent en vertu de l'article 94 de la charte. ».[1581] Déjà, Schindler indiquait que par ces mesures, les États se voient non seulement obliger de s'abstenir de certains actes, mais aussi d'accomplir certaines actions.[1582] De son côté, le professeur Beckett voyait dans les mesures conservatoires, des mesures provisoires, qui ont pour objet « d'imposer aux parties l'adoption d'une certaine règle de conduite relativement aux matières en litige ».[1583]

Le *quiproquo* qui entoure le caractère contraignant des mesures conservatoires a été entretenu, si non aggravé par un considérant de la C.P.J.I dans l'affaire des Zones franches de la Haute-Savoie et du Pays de Gex. L'instance suprême de l'époque et ancêtre de la CIJ affirmait que : « les ordonnances rendues par la Cour, bien qu'étant en règle générale, lues en audience publique, [...] ne décident pas avec force

[1577] DUMBAULD E., *Interim measures of protection in international controversies*, La Haye, Nijhoff, 1932, p.25.

[1578] GUGGENHEIM P., « Les mesures conservatoires dans la procédure arbitrale et judiciaire », 1932, 40 *RCADI*, pp. 645-678.

[1579] SCHWARZENBERGER G., *International Law*, vol 1, 2e éd, Londre, Steven & sons, 1948, p.438.

[1580] *Cour permanente de justice internationale* Série e, *Actes et Documents relatifs à l'organisation de la cour* — Deuxième *addendum* au n° 2 — *Modifications apportées au Règlement en 1931*, eyde, Société éditions SA W. Sijthoff,, p. 931

[1581] Voir WECKEL P, « Les suites des décisions de la Cour internationale de justice », 1996, *AFDI*, pp. 428-430.

[1582] SCHINDLER D, « Le progrès de l'arbitrage obligatoire », 1928, 25 *RCADI*, p. 349.

[1583] BECKETT W-E, « Les questions d'intérêt général de point de vue juridique dans la jurisprudence de la CPJI », 1934, 50 *RCADI*, pp. 189-285.

'obligatoire' (article 59 du Statut) et avec effet 'définitif (article 60 du Statut), le différend que les parties ont porté devant la Cour. ».[1584] Les expressions « ne décident pas avec force 'obligatoire' » et « avec effet définitif » employées par la cour permanente mettaient de doute sur le réel caractère des mesures qu'elle rendait.

A l'ère contemporaine, les différentes sollicitations de mesures conservatoires devant la CIJ n'ont pas rendu facile la consécration de la valeur obligatoire des mesures. Au contraire, elles ont aggravé les équivoques qui entourent le débat. En effet, l'histoire de la Cour a connu des affaires dans lesquelles l'attitude récalcitrante du défendeur a laissé lettre morte l'ordonnance rendue par la Cour.[1585] Les affaires de L'Anglo-Iranian-Oil-Company,[1586] du Personnel diplomatique,[1587] des activités militaires et paramilitaires au Nicaragua et contre celui-ci[1588] sont à cet égard très révélatrices. [1589]

Par la suite, la reconnaissance du caractère obligatoire des mesures conservatoires de la CIJ a été progressive, prenant pour point de départ, l'arrêt sur les Activités militaires et paramilitaires au Nicaragua et contre celui-ci, passant par l'arrêt rendu dans l'affaire bosniaque, pour devenir définitif dans l'affaire Lagrand. La Haute juridiction faisait savoir dans l'affaire des Activités militaires et paramilitaires, qu'il incombe à chaque partie « de prendre sérieusement en considération, [les mesures conservatoires indiquées par la Cour et] de ne pas fonder sa conduite uniquement sur ce qu'elle

---

[1584] *Zones franches de la Haute-Savoie et du Pays de Gex* (France/Suisse), 1932, CPJI, F-156, (Série A), No 22, p.13.

[1585] YOUSRI B H., « La question du caractère obligatoire des mesures conservatoires devant la Cour Internationale de Justice. », *Revue Québécoise de droit international*, volume 14-2, 2001, p. 74.

[1586] L'Iran n'a pas respecté l'ordonnance en indication de mesures conservatoires ordonnée par la CIJ le 5 juillet 1951.

[1587] L'Iran n'a pas respecté également l'ordonnance en indication de mesures conservatoires rendue par la Cour le 15 décembre 1979 qui exigeait la libération immédiate des otages américaines.

[1588] Le Nicaragua se plaignait de l'inobservation de la part des États-Unis, des mesures indiquées par la Cour le 10 mai 1984 alors qu'il procédait à de nouvelles demandes en indication de mesures conservatoires le 25 juin 1984.

[1589] Voir YOUSRI B H., « La question du caractère obligatoire des mesures conservatoires devant la Cour Internationale de Justice. », *op cit,* p.74.

croit être ses droits »[1590]. Il est manifeste qu'il ne reconnut pas le caractère contraignant de telles mesures mais il est également évident que l'expression « prendre sérieusement en considération » était un ordre donné aux parties de tenir compte des mesures qu'elle a ordonnées.

Dans l'affaire bosniaque, la reconnaissance du caractère obligatoire des mesures semble plus manifeste. La Cour de la Haye paraît avoir implicitement reconnu le caractère obligatoire des mesures conservatoires[1591]. Dans cette affaire, elle a rendu deux ordonnances, la première le 8 avril 1993 et la seconde 13 septembre 1993. Dans la deuxième ordonnance du 13 septembre 1993, la Cour a affirmé que chaque mesure indiquée dans la première ordonnance et réaffirmé dans la deuxième, doit être immédiatement et effectivement mise en œuvre.[1592] Si l'ordonnance du 8 avril ne contient pas une affirmation positive de ce caractère obligatoire, « la deuxième ordonnance, au-delà de la prudence du langage choisi, semble dévoiler la vraie pensée de la Cour ».[1593]

1590 *Activités militaires et paramilitaires au Nicaragua et contre celui-ci* (Nicaragua/Etats Unies d'Amérique), Rec. CIJ, 1986, p.144, para 289.
1591 Christopher Gregory Weeramantry, affaire relative à *l'Application de la Convention pour la Prévention et la répression du crime de Génocide*, nouvelle demande en indication de mesures conservatoires, ordonnance du 13 septembre 1993, CIJ, Rec. 325, p.384.
1592, *Ibid.*
1593 *Ibid.*

L'affaire La Grand[1594] est la dernière dans laquelle le caractère obligatoire des mesures conservatoires a été discuté par les parties.[1595] Et c'est finalement dans cette affaire que la Cour décida du caractère obligatoire des mesures qu'elle rend. Dans son opinion individuelle, le juge Ajibola exposait, avec un air satisfaisant, que « le moment est venu pour la Cour de prendre définitivement position sur ce point »[1596]. La Cour elle-même reconnaissait « [qu'] à ce jour, ni la Cour permanente de justice internationale ni la présente Cour n'ont été appelées à se prononcer sur les effets juridiques des ordonnances qu'elles ont rendues en vertu de l'article 41 du Statut. ». Elle admettait également qu' « Étant donné que la troisième conclusion de l'Allemagne se réfère expressément à une obligation juridique internationale 'de se conformer à l'ordonnance en indication de mesures conservatoires rendue par la Cour le 3 mars 1999 et que les États-Unis contestent l'existence d'une telle obligation, la Cour est

[1594] Cette affaire avait rapport aux deux frères Karl et Walter La Grand. En effet, soupçonnés d'avoir participé à une tentative de vol à main armée dans une banque de Marana, en Arizona, et d'avoir tué son directeur, les deux frères, Karl et Walter La Grand, ressortissants allemands, ont été arrêtés par la police américaine avant d'être traduits en justice. Le 17 février 1984, la Cour supérieure du comté de Pima, en Arizona, les a déclaré coupable de meurtre aggravé, de tentative de meurtre aggravé et de tentative de vol à main armée ce qui mena à leur condamnation à mort le 14 décembre 1984. Les frères La Grand ont toutefois été jugés et condamnés sans être informés de leur droit de bénéficier de l'assistance consulaire. Les autorités allemandes ont vainement essayé certaines démarches diplomatiques et consulaires, avant de s'adresser aux juridictions américaines qui ont refusé d'ordonner un sursis à N'ayant pu sauver Karl La Grand, qui fut exécuté le 24 février 1999, l'Allemagne s'est dirigée vers la C.I.J., le 2 mars 1999, pour demander, à titre conservatoire, la suspension de l'exécution de Walter La Grand, prévue le 3 mars 1999. La demande allemande a été satisfaite par la Cour dans son ordonnance du 3 mars 1999, mais elle n'a pas été, une fois de plus, respectée par l'État américain qui a procédé à l'exécution de l'accusé. Après son ordonnance du 3 mars 1999, la Cour a rendu sa décision le 27 juin 2001 dans lequel elle a reconnu sa compétente, et a déclaré recevable la requête allemande. Sur le fond, l'arrêt n'a pas été décevant pour ceux qui l'attendaient. En effet, pour la première fois de son histoire, la Cour a affirmé le caractère obligatoire des mesures conservatoires indiquées sur la base de l'article 41 de son Statut, mettant ainsi terme à une longue controverse doctrinale

[1595] Voir *LaGrand (Allemagne* c. *États-Unis d.Amérique), CIJ, fond*, arrêt du 27 juin 2001, para 7.

[1596] SANTULLI C., « Une administration internationale de la justice nationale ? À propos des affaires Breard et La Grand » (1999) 45 *A.F.D.I.* p. 119.

maintenant appelée à se prononcer expressément sur cette question. »[1597].

Le point d'achoppement entre les auteurs et les parties à propos de la force obligatoire des ordonnances rendues par la Cour en indication de mesures conservatoires se situe au niveau de l'interprétation qu'ils font du libellé de l'article 41 du Statut. C'est donc logiquement que le travail de la Cour commence par l'interprétation de cet article.

Malheureusement, les termes employés par les rédacteurs dans les deux versions française et anglaise font apparaître une contradiction dans l'interprétation puisque les expressions « doivent être prises » et « ont un caractère obligatoire et reflètent l'imposition d'un devoir » de la version française confèrent un caractère impératif[1598] aux dites mesures tandis que les expressions anglaises comme « *indicate* » et « *ought* » ne revêtent pas un caractère obligatoire. Bien que le palliatif trouvé par la Haute instance ait été de rappeler qu'en 1920 la version française était la version originale[1599], elle sera amenée à faire une interprétation axée sur l'objet et le but du texte, en vue de confirmer sa conclusion.

Se fondant sur les dispositions du paragraphe 4 de l'article 33 de la Convention de Vienne sur le droit des traités qui prévoient que « lorsque la comparaison des textes authentiques fait apparaître une différence de sens que l'application des articles 31 et 32 ne permet pas d'éliminer, on adoptera le sens qui, compte tenu de l'objet et du but du traité, concilie le mieux ces textes. », la CIJ parviendra à la conclusion que « les ordonnances indiquant des mesures conservatoires au titre de l'article 41 ont un caractère obligatoire »[1600]. Le raisonnement de la Cour basée sur la finalité du pouvoir d'indication des mesures conservatoires se constate aisément dans le passage suivant de son arrêt : « le pouvoir d'indiquer des mesures conservatoires emporte le caractère obligatoire desdites mesures, dans la mesure où le pouvoir en question est fondé sur la nécessité, lorsque

---

[1597] *LaGrand (Allemagne* c. *États-Unis d.Amérique), CIJ, fond*, arrêt du 27 juin 2001, para. 98.
[1598] *Ibid,* para. 100.
[1599] *Ibid Voir aussi* YOUSRI B. H., « La question du caractère obligatoire des mesures conservatoires devant la Cour Internationale de Justice. », *op cit*, p. 68.
[1600] *LaGrand (Allemagne* c. *États-Unis d.Amérique), CIJ, fond*, arrêt du 27 juin 2001, *op cit*, para. 109.

les circonstances l'exigent, de sauvegarder les droits des parties, tels que déterminés par la Cour dans son arrêt définitif, et d'éviter qu'il y soit porté préjudice. ». Le même passage précise : « Prétendre que des mesures conservatoires indiquées en vertu de l'article 41 ne seraient pas obligatoires serait contraire à l'objet et au but de cette disposition. ».[1601] La corrélation que la Cour a faite entre la finalité de l'indication des mesures conservatoires et leur caractère obligatoire paraît logique, voire évidente.[1602]

Dorénavant, une ordonnance en indication de mesures conservatoires, créera des obligations juridiques que les États seront tenus de respecter. [1603] Certes, jusqu'à l'officialisation du caractère obligatoire des mesures conservatoires dans cette affaire, la responsabilité d'un État n'avait pas été engagée pour violation de mesures conservatoire. Il est néanmoins évident que la constatation d'une telle obligation implique que sa violation sera constitutive de fait internationalement illicite pouvant entraîner la réparation des préjudices causés. C'est d'ailleurs ce que confirment les affaires maritimes africaines.

Le plus « grand commandement » du droit de la responsabilité internationale suppose « qu'un État qui a subi un préjudice à la suite d'un acte illicite d'un autre État est en droit d'obtenir réparation du préjudice qu'il a subi du fait de l'État qui a commis l'acte illicite ».[1604] La seconde qui lui est semblable commande que « la réparation doit, autant que possible, effacer toutes les conséquences de l'acte illicite et rétablir l'état qui aurait vraisemblablement existé si ledit acte n'avait pas été commis ».[1605] En effet, le projet d'articles, dont l'objet est de définir les conditions générales que pose le droit international pour que l'État soit considéré comme responsable d'actions ou omissions illicites, et aux conséquences juridiques qui en découlent, énonce comme de principe de la base de l'ensemble des articles, que « tout fait internationalement illicite de l'État engage sa responsabilité

[1601] *Ibid*, para. 102.
[1602] YOUSRI B. H., « La question du caractère obligatoire des mesures conservatoires devant la Cour Internationale de Justice. », *op cit*, p.77.
[1603] *Ibid*
[1604] *Navire « SAIGA »* (N°. 2), (Saint-Vincent-et-les Grenadines c. Guinée), arrêt, TIDM Recueil 1999, p. 65, para 170.
[1605] *Usine de Chorzów*, fond, arrêt n° 13, 1928, C.P.J.I. série A n° 17, p. 47.

internationale ».[1606] En conséquence, le fait d'un État ne peut être qualifié d'internationalement illicite s'il ne constitue pas une violation d'une obligation internationale. [1607] Pour qu'il y ait fait internationalement illicite de l'État, il faut qu'un comportement attribuable à l'État[1608] constitue une violation par cet État d'une obligation internationale existante à sa charge. L'expression « violation par l'État d'une obligation internationale existant à sa charge » est établie de longue date et s'applique aux obligations tant conventionnelles que non conventionnelles. [1609]

Il n'est point possible de circonscrire la liste des obligations primaires des États qu'elles soient conventionnelles ou non. Néanmoins, l'obligation qui incombe aux États de respecter les mesures conservatoires rendues par la CIJ en fait partie. Si en effet, « les ordonnances indiquant des mesures conservatoires au titre de l'article 41 ont un caractère obligatoire »,[1610] il est clair que l'article 41 fait naître une obligation internationale à la charge des États membres de l'Organisation des Nations Unies - celle d'exécuter obligatoirement les ordonnances en indication de mesures conservatoires rendues par la CIJ au titre de l'article 41 de son statut. C'est alors que le non-respect de ces ordonnances est constitutif de fait internationalement illicite pouvant engager la responsabilité internationale de l'État au sens de l'article premier du projet d'articles.

En conséquence, l'engagement de la responsabilité du Nigeria par le Cameroun n'a pas souffert de contestation, du moins sur le principe selon lequel la violation d'une ordonnance en indication de mesures conservatoires de la CIJ est un manquement à une obligation internationale. Certes, face au requérant qui accusait son vis-à-vis de n'avoir pas respecté l'ordonnance en indication de mesures conservatoires rendue par la Cour le 15 mars 1996 et a de ce fait manqué à ses obligations internationales, ce dernier, le Nigeria,

---

1606 A/RES/56/83, *Responsabilité de l'État pour fait internationalement illicite*, *op cit*, p. 6

1607 Ibid, p. 74

1608 Pour plus de détails sur les règles relatives à l'attribution de du fait illicite, voir A/RES/56/83, *Responsabilité de l'État pour fait internationalement illicite.*

1609 A/RES/56/83, *Responsabilité de l'État pour fait internationalement illicite, op cit*, p. 74

1610 *LaGrand (Allemagne* c. *États-Unis d.Amérique), CIJ, fond*, arrêt du 27 juin 2001, para. 109.

soutenait que les griefs formulés à cet égard sont « dépourvus de substance ».[1611] Mais, la contestation du Nigeria ne visait pas le principe selon lequel la violation d'une ordonnance en indication de mesures conservatoires de la CIJ est un manquement à une obligation internationale. Il soutenait que les mesures dont le Cameroun allègue la violation avaient, plutôt, été respectées. C'est d'ailleurs pourquoi, elle voulait que la Haute juridiction se prononce sur les faits un à un.[1612] La cour n'a pas aussi tergiversé sur la question avant de se reconnaître compétente en vertu de sa précédente décision rendue dans l'affaire LaGrand (Allemagne c. États-Unis d'Amérique) qu'elle ne manque d'ailleurs de rappeler.[1613] Elle est parvenue à la conclusion que « les ordonnances indiquant des mesures conservatoires au titre de l'article 41 [du Statut] ont un caractère obligatoire ».[1614] C'est sur cette base qu'elle se reconnaît compétente sans manquer de mentionner qu'il revenait au requérant de prouver que le défenseur a véritablement violé l'ordonnance.

Dans l'affaire du Différend relatif à la délimitation de la frontière maritime entre le Ghana et la Côte d'Ivoire dans l'océan atlantique (Ghana/Côte d'Ivoire), les réalités étaient différentes - la Chambre de TIDM en charge de l'affaire n'avait pas tiré le caractère obligatoire des mesures conservatoires de l'affaire LaGrand - mais directement de la CNUDM.[1615] En effet, la CNUDM règle la question en prévoyant que les ordonnances en prescription de mesures conservatoires du tribunal ont un caractère obligatoire et créent des obligations juridiques auxquelles les parties doivent se conformer.[1616] Dans le même ordre d'idées, le paragraphe 6 de l'article 290 de la convention oblige les parties au différend à se conformer « sans retard à toutes mesures conservatoires prescrites en vertu du présent article ». C'est pourquoi, lorsque la Chambre spéciale a estimé nécessaire qu'il lui faut établir sa compétence d'office, même si elle n'a pas été contestée par le Ghana, Elle fit observer que « d'emblée que la compétence pour

[1611] *Frontière terrestre et maritime entre le Cameroun et le Nigéria (Cameroun* c. *Nigéria: Guinée équatoriale intervenant), arrêt, CIJ Recueil 2002*, para 320.
[1612] *Ibid*, para323.
[1613] *Ibid*, para321.
[1614] *LaGrand* (Allemagne c. Etats-Unis d'Amérique), C. I. J. Recueil 2001, p. 506, para 109.
[1615] *Différend relatif à la délimitation de la frontière maritime entre le Ghana et la Côte d'ivoire dans l'océan atlantique*, arrêt, TIDM, 2017, p. 188, para 647.
[1616] Voir l'article 290 de la CNUDM.

statuer sur la violation supposée des mesures conservatoires indiquées dans son ordonnance du 25 avril 2015 (voir conclusion finale n° 3 de la Côte d'Ivoire) appartient de façon inhérente au Tribunal ».[1617] Par conséquent, la question de savoir si la Chambre spéciale a compétence pour statuer sur la responsabilité internationale du Ghana ne s'est posée qu'à l'égard de la conclusion finale n° 2 de la Côte d'Ivoire. Pour les autres conclusions en matière de responsabilité internationale, elle s'est simplement déclarée compétente par ce qu'il est convenu d'appeler en droit international, le *forum prorogatum*.[1618]

Somme toute, les mesures conservatoires rendues par la CIJ et par le TIDM ont un caractère obligatoire et leur violation est constitutive de fait internationalement illicite au sens de l'article premier du projet d'articles sur la responsabilité internationale des États qui traduit le droit coutumier en la matière. Ces règles ne sont pas une innovation des contentieux de frontières maritimes africaines mais elles ont eu le mérite d'être rappelées et appliquées par elles.

Le traitement des violations de mesures conservatoires dans les affaires de délimitation en Afrique

Dans le dispositif de l'ordonnance du 25 avril 2015, la Chambre spéciale du TIDM avait prescrit à l'unanimité, en attendant la décision finale, six mesures conservatoires en application de l'article 290, paragraphe 1, de la CNUDM.[1619] La Côte d'Ivoire alléguait

[1617] *Différend relatif à la délimitation de la frontière maritime entre le Ghana et la Côte d'ivoire dans l'océan atlantique*, arrêt, TIDM, 2017, p. 162, para 546.

[1618] Dans l'affaire des Activités armées sur le territoire du Congo, la CIJ a résumé la jurisprudence internationale sur le forum prorogatum en ces termes : « *L'attitude de l'Etat défendeur doit [...] pouvoir être regardée comme une « manifestation non équivoque » de la volonté de cet Etat d'accepter de manière « volontaire, indiscutable » la compétence de la Cour ». Voir aussi* (*Détroit de Corfou* (Royaume-Uni c. Albanie), exception préliminaire, arrêt, 1948, C.I.J. Recueil 1947-1948, p. 27 ; *Application de la convention pour la prévention et la répression du crime de génocide* (Bosnie-Herzégovine c. Yougoslavie (Serbie et Monténégro)), mesures conservatoires, ordonnance du 13 septembre 1993, C.I.J. Recueil 1993, p. 342, para 34 [...]). (*Activités armées sur le territoire du Congo* (nouvelle requête : 2002) (République démocratique du Congo c. Rwanda), compétence et recevabilité, arrêt, C.I.J. Recueil 2006, p. 18-19, para 21)

[1619] Pour les mesures conservatoires, voir TIDM, Chambre spéciale, Ordonnance, 25 avril 2015, *Différend relatif à la délimitation de la frontière maritime entre le*

initialement la violation de ces mesures aux points a), c) et e) du dispositif de l'Ordonnance mais dans le cours de la procédure, seules les allégations visant la violation des mesures aux points a) et e) du dispositif ont été maintenues.[1620]

Le prétendu mépris du Ghana à l'égard du point a) du dispositif est tantôt qualifié d' « interprétation restrictive » dudit article par le demandeur[1621] tantôt comme une négligence totale des obligations dudit dispositif[1622]. En effet, devant l'obligation qui est faite au Ghana par la mesure conservatoire lui interdisant la réalisation de tout « nouveau forage »,[1623] il a quand même constaté que « des forages ont été effectués par le Ghana ou sous son contrôle dans la zone litigieuse ».[1624] Ce fait n'a pas été contesté et reconnu par les parties devant la Chambre. La contestation a lieu à propos du terme « nouveau » - le Ghana considérant que les seules activités entreprises par lui étaient des activités « déjà en cours pour des forages qui avaient déjà eu lieu » et que ces activités visaient à garantir la bonne production et une bonne maintenance des gisements de pétrole - de ce fait, n'avait pas fait de nouveau forage au sens de l'ordonnance.[1625] Selon Accra dans sa réplique,[1626] les activités auraient également pour

Ghana et la Côte d'Ivoire dans l'océan Atlantique (Ghana/Côte d'Ivoire), Mesures conservatoires, Affaire n° 23, para 108.

[1620] Voir remarque faite à cet effet par la Chambre, *Différend relatif à la délimitation de la frontière maritime entre le Ghana et la Côte d'ivoire dans l'océan atlantique*, arrêt, TIDM, 2017, p.189, para 49.

[1621] Dans sa réplique, la Côte d'Ivoire explique que « *le Ghana fait une interprétation très restrictive des obligations que lui impose cette mesure prescrite par l'Ordonnance* ». Voir Duplique de *la Côte d'ivoire*, p. 181.

[1622] Dans son contre mémoire, elle avait affirmé que *« D'une manière générale, le Ghana semble avoir interprété l'Ordonnance en prescription de mesures conservatoires comme un feu vert pour librement poursuivre ses activités dans la zone.* ». Contre mémoire Côte d'ivoire, p. 274.

[1623] Prescrite par le paragraphe 108, sous-paragraphe (1) (a) de l'Ordonnance de la Chambre spéciale du TIDM du 25 avril 2015.

[1624] *Différend relatif à la délimitation de la frontière maritime entre le Ghana et la Côte d'ivoire dans l'océan atlantique*, arrêt, TIDM, 2017, p.189, para 650.

[1625] *Ibid*, p.189, para 650.

[1626] Réplique Ghana, p.191

but d'éviter que la sécurité maritime ne soit compromise par la poursuite des activités autorisées dans la zone litigieuse.[1627]

A la réalité, si le Ghana situait ses activités dans les activités « déjà en cours pour des forages qui avaient déjà eu lieu » par opposition à un « nouveau forage », c'est parce que la Chambre spéciale avait dans son ordonnance fait un distinguo entre les activités en cours [...] pour lesquelles des forages ont déjà été effectués et les « nouveaux forages ». Les activités de la première catégorie n'étaient pas suspendues par l'ordonnance alors même que la Côte d'Ivoire avait demandé « que le Ghana... prenne toutes mesures aux fins de suspension de toutes opérations d'exploration et d'exploitation pétrolières en cours dans la zone litigieuse ».[1628] Pour se justifier, la Chambre spéciale notifiait dans son ordonnance que « la suspension des activités en cours menées par le Ghana pour lesquelles des forages ont déjà été effectués ferait courir le risque de pertes financières considérables au Ghana et à ses concessionnaires et pourrait également faire courir des risques graves au milieu marin du fait notamment de la détérioration du matériel ».[1629] De plus, une ordonnance suspendant toutes les activités d'exploration ou d'exploitation menées par le Ghana ou en son nom dans la zone litigieuse, y compris les activités pour lesquelles des forages ont déjà été effectués, porterait atteinte aux droits revendiqués par le Ghana et créerait pour lui une charge excessive.[1630]

La Chambre entendait ainsi protéger tout à la fois les droits souverains de la Côte d'Ivoire sur le plateau continental en interdisant toute nouvelle atteinte physique au sous-sol, et éviter des « pertes financières considérables pour le Ghana », en lui permettant l'accomplissement d'activités à partir des forages réalisés, c'est-à-dire

---

[1627] Voir aussi, Organisation maritime internationale, Sous-comité de la navigation, des communications et de la recherche et du sauvetage, *Mesures d'organisation du trafic maritime et systèmes obligatoires de comptes rendus de navires: Modification de l'actuelle zone à éviter « Dans l'océan Atlantique au large des côtes du Ghana », Document présenté par le Ghana*, IMO Doc. n° NCSR 3/3/6 (24 novembre 2015). Contre mémoire *Côte d'Ivoire* I, vol. VI, annexe 169.

[1628] Duplique de la *Côte d'Ivoire*, p. 183, para 6.48.

[1629] TIDM, Chambre spéciale, Ordonnance, 25 avril 2015, *Différend relatif à la délimitation de la frontière maritime entre le Ghana et la Côte d'Ivoire dans l'océan Atlantique (Ghana/Côte d'Ivoire), Mesures conservatoires, Affaire n° 23*, para 99.

[1630] *Ibid*, para 100.

sur la base des atteintes d'ores et déjà portées au sous-sol à la date de l'Ordonnance.

Contrairement, à la Côte d'Ivoire qui voyait dans l'incorporation des nouveaux forages dans les activités en cours une interprétation restrictive de l'ordonnance de 2015, la Chambre spéciale voit dans le fait que « les activités de forage » ont été réalisées sur « des puits déjà forés » un motif suffisant pour les incorporer dans les « activités en cours [...] pour lesquelles des forages ont déjà été effectués » envisagées aux paragraphes 99 et 100 de son ordonnance du 25 avril 2015, puis décide qu' « aucun « nouveau forage » par le Ghana ou sous son contrôle n'a été effectué dans la zone litigieuse ».[1631]

Le deuxième dispositif des mesures conservatoires dont la violation est alléguée exige des parties de poursuivre leur coopération. Ceci ferait que ce dispositif qui aurait été violé avait rapport au refus du Ghana de communiquer à la Côte d'Ivoire des documents relatifs aux activités qu'il réalisait dans la zone litigieuse, sous prétexte que leur communication n'était pas requise ni « *reasonably necessary* ».[1632] Certes, le Ghana a accepté ultérieurement de fournir ces documents sur injonction du Président de la Chambre le 23 septembre 2016 après la saisine par la Côte d'Ivoire[1633] C'est le fait pour le Ghana de transmettre difficilement des informations qu'il pouvait facilement communiquer qui constituerait « en soi une violation patente par le Ghana de l'obligation de coopération mise à sa charge par la Chambre spéciale ».[1634] La Chambre ne sera pas d'avis puisqu'elle considéra « qu'un tel comportement ne peut raisonnablement être considéré comme caractéristique d'une violation des prescriptions de l'ordonnance du 25 avril 2015. ».[1635]

La décision de la Chambre spéciale est avant tout une interprétation de sa propre ordonnance. Le débat sur le respect ou non de l'une des

1631 *Différend relatif à la délimitation de la frontière maritime entre le Ghana et la Côte d'ivoire dans l'océan atlantique*, arrêt, TIDM, 2017, 190, para 652.

1632 Contre mémoire *Côte d'Ivoire*, vol. I, pars. 9.71 - 9.73; RG, vol. I, para 5.56 ; Courrier de l'Agent du Ghana à l'Agent de Côte d'Ivoire, 25 août 2016, DUPLIQUE CÔTE D'IVOIRE, vol. III, annexe 203.

1633 Courrier de l'Agent de Côte d'Ivoire au TIDM, 29 août 2016, Duplique de *la Côte d'ivoire*, vol. III, annexe 204.

1634 Réplique Ghana, p.189 ; para 6.64.

1635 *Différend relatif à la délimitation de la frontière maritime entre le Ghana et la Côte d'ivoire dans l'océan atlantique*, arrêt, TIDM, 2017, 190, para 656.

dispositions de l'ordonnance est en effet un contentieux sur le sens et la portée de celle-ci puis que dans tous les cas, l'un prétend l'avoir respecté scrupuleusement et l'autre prétend qu'il ne l'a pas fait totalement ou partiellement. Dans ce cas, le travail de la juridiction consiste à préciser le sens de sa décision afin de situer les parties sur l'existence d'une quelconque violation. Si elle parvient, à la lumière des preuves de la demanderesse, à la conclusion que le défendeur a violé les mesures, la responsabilité de ce dernier sera engagée - et il ne bénéficierait pas d'excuse d'inexistence d'intention coupable - étant donné que la responsabilité existe indépendamment de la faute. Le cas contraire, la juridiction devra conclure à l'absence de violation de l'ordonnance en indication des mesures conservatoires. C'est ce qui est arrivé dans l'arrêt du 23 septembre - la Chambre, seule pouvant véritablement interpréter son ordonnance - affirmait que d'une part que les forages effectués par le Ghana n'étaient pas nouveaux au sens de son ordonnance et d'autre part, que le comportement du Ghana témoigne de sa collaboration conformément à l'obligation qui lui a été mise en charge.

Faute pour la juridiction de pouvoir conclure ou non au respect des mesures conservatoires, il existe un cas ou il ne peut se prononcer en raison d'absence de preuve. C'est le cas où les preuves apportées par la demanderesse ne suffisent pour statuer véritablement sur la responsabilité. C'est ce qui est arrivé dans l'arrêt rendu par la CIJ en l'affaire du Différend terrestre et maritime entre le Cameroun et le Nigeria.

L'ordonnance en indication de mesures conservatoires rendue par la CIJ le 15 mars 1996 mettait à charge des deux parties quatre mesures.[1636] Premièrement, les deux parties devraient veiller « à éviter tout acte, et en particulier tout acte de leurs forces armées, qui risquerait de porter atteinte aux droits de l'autre Partie au regard de tout arrêt que la Cour pourrait rendre en l'affaire, ou qui risquerait d'aggraver ou d'étendre le différend porté devant elle ».[1637] Deuxièmement, ils devraient se conformer « aux termes de l'accord

---

[1636] Pour l'analyse de la compétence de la Cour et de l'objet des mesures qu'elle rend, voir *supra* Partie II, Titre I, Chapitre I, Section II, Paragraphe II.

[1637] *Frontière terrestre et maritime entre le Cameroun et le Nigéria (Cameroun* c. *Nigéria: Guinée équatoriale intervenant), ordonnance, mesures conservatoires*, CIJ, Rec. 1996, p. 257, para 79.

auquel sont parvenus les ministres des affaires étrangères à Kara (Togo), le 17 février 1996, aux fins de l'arrêt de toutes les hostilités dans la presqu'île de Bakassi ». Troisièmement, la mesure prescrivait que « les deux Parties veillent à ce que la présence de toutes forces armées dans la presqu'île de Bakassi ne s'étende pas au-delà des positions où elles se trouvaient avant le 3 février 1996 ». Enfin, il était ordonné que « les deux Parties prêtent toute l'assistance voulue à la mission d'enquête que le Secrétaire général de l'Organisation des Nations Unies a proposé de dépêcher dans la presqu'île de Bakassi ».[1638]

Les mesures avaient été qualifiées de mesures conservatoires à caractère militaire par la doctrine.[1639]

Le Cameroun soutenait dans la procédure au fond que le Nigeria n'a pas respecté l'ordonnance en indication de mesures conservatoires. Ce qui constituait une violation d'obligation internationale pouvant engager sa responsabilité. Cependant, l'arrêt ne cite pas les dispositions des mesures qui ne seraient pas respectées par le Nigeria. Serait-ce par souci de circoncision ? Ou que les violations concernent toutes quatre mesures ? On ne saurait le dire. Les faits constitutifs des violations pourraient donner des renseignements utiles à cet effet. Mais là encore, l'arrêt de la Cour pèche par son manque de précision. Se contentant de préciser sa célèbre phrase selon laquelle c'est « au plaideur qui cherche à établir un fait qu'incombe la charge de la preuve; lorsque celle-ci n'est pas produite, une conclusion peut être rejetée dans l'arrêt comme insuffisamment démontrée. »,[1640] elle se contente d'affirmer que « Le Cameroun n'apporte pas la preuve des faits qui lui incombe et ses conclusions sur ce point ne peuvent qu'être écartées. ».[1641]

[1638] *Ibid*

[1639] *Ibid*

[1640] *Activités militaires et paramilitaires au Nicaragua et contre celui-ci* (Nicaragua c. Etats-Unis d'Amérique), compétence et recevabilité, arrêt, C.I.J. Recueil 1984, p. 437, para 101. *Frontière terrestre et maritime entre le Cameroun et le Nigéria* (Cameroun c. Nigéria ; Guinée Équatoriale intervenant), arrêt, C.I.J. Recueil 2002, para321.

[1641] *Frontière terrestre et maritime entre le Cameroun et le Nigéria (Cameroun* c. *Nigéria: Guinée équatoriale intervenant), arrêt, CIJ Recueil 2002*, para322

Il est incontestable que la responsabilité incombe en l'espèce au Cameroun d'établir que le Nigeria a agi en méconnaissance des mesures conservatoires indiquées dans l'ordonnance du 15 mars 1996. Il est aussi vrai que la Haute juridiction avait déjà affirmé dans ordonnance de 1996 qu'elle n'avait pu se faire une image « claire et précise » des événements survenus à Bakassi en février 1996.[1642] Néanmoins, l'arrêt de la Cour a fait preuve d'un excès de circoncision qui ne permet aucune analyse profonde. Il ne peut être retenu qu'en l'absence de preuve suffisante du demandeur, la juridiction ne peut juger de la violation des mesures arguées. Autrement, lorsque les preuves sont insuffisantes, les juridictions ne peuvent établir ou réfuter la violation des mesures conservatoires.

En *grossomodo*, très peu d'enseignement ressortent de l'ensemble des deux litiges de responsabilité tranchés dans le cadre des contentieux de délimitation de frontières maritimes africaines.

1642 *Frontière terrestre et maritime entre le Cameroun et le Nigéria (Cameroun* c. *Nigéria: Guinée équatoriale intervenant), ordonnance, mesures conservatoires,* C.I.J. Recueil 1996, p. 22, para 38

CHAPITRE II : L'absence de contrariété jurisprudentielle dans les affaires de délimitations africaines

La CNUDM offre la possibilité aux États Parties un moyen de règlement des différends parmi les trois que sont le Tribunal international du droit de la mer, la Cour internationale de Justice ou l'arbitrage. Pour éviter qu'un différend international ne perdure sans avoir la possibilité d'être soumise à une juridiction internationale, la Convention prévoit que dans le cas où aucun choix n'aurait été exprimé ou lorsque les parties à un différend ont opté pour d'autres ; moyens de règlement, le différend juridique peut être unilatéralement soumis à l'arbitrage.[1643] En effet, lorsque Les parties à un différend juridique n'arrivent pas à régler ce différend par les mécanismes prévus à la section 1 de la partie XV de la Convention,[1644] cette dernière prévoit néanmoins que tout différend concernant l'interprétation ou l'application de la Convention peut être, à la demande d'une partie au différend, soumis à une procédure obligatoire de règlement.

Cependant, la coexistence de plusieurs juridictions compétentes pour la même matière peut présenter de grands risques en termes de fragmentation du droit international. La fragmentation qui désigne « *the breaking up, the reduction to fragments, of something that was a whole* »[1645] peut apparaître en droit international en cas d'une multitude ou une prolifération d'organes judiciaires autonomes dans un même domaine. Cette prolifération peut en effet conduire à une divergence d'interprétation du même droit par différents organes et il faut reconnaître que l'absence de hiérarchie entre la CIJ, le TIDM et les tribunaux arbitraux dans l'application du droit de la mer présente de véritables risques de fragmentation Heureusement qu'à l'épreuve des faits, la fragmentation ne saurait pour l'heure être effectivement établie. On assiste inversement à une consolidation des règles du droit international à travers une reconduction des principes établis. Cette consolidation qui se manifeste par le respect et l'adoption de la

[1643] Voir l'article 286 de la Convention.
[1644] Il s'agit des procédures n'entraînent pas de décisions obligatoires.
[1645] TREVES T., « fragmentation of International Law: The Judicial Perspective », *Agenda Internacional*, XVI, N° 27, 2009, p. 214

jurisprudence antérieure est perceptible tant dans le domaine de la délimitation maritime (SECTION I) que dans les domaines connexes à la délimitation maritime (SECTION II).

SECTION I : L'harmonisation du droit de la délimitation

Les premières délimitations de frontières maritimes par voie juridictionnelle concernaient les frontières jusqu'à la limite des 200 milles. Elle devint le principal objet de contentieux depuis le triomphe du critère de distance comme base du titre de l'État sur le plateau continental mais aussi sur les autres espaces maritimes. Parallèlement, s'est posée la question de savoir quelle méthode standard utiliser dans la panoplie de méthodes existantes pour délimiter les zones maritimes. On sait que la Cour internationale de justice a été en la matière une juridiction « précurseur ». Les tribunaux arbitraux qui ont eu à connaître de la délimitation maritime n'ont fait qu'appliquer les grands principes dégagés par la haute juridiction. Dans ses premières affaires de délimitation, le TIDM va également s'inscrire dans la « filiation jurisprudentielle » de la CIJ[1646] mais également des juridictions arbitrales. Ainsi, du point de vue statistique des références, le TIDM dans son arrêt Bangladesh/ Myanmar, se référera à 39 reprises à la jurisprudence de la Cour et des tribunaux arbitraux en matière de délimitation maritime[1647].

Ce processus a conduit à une convergence jurisprudentielle dans la délimitation en deçà des 200 milles. Il conviendrait toutefois de ne pas oublier que, s'agissant de la délimitation du plateau continental au-delà des 200 milles, la situation est différente, comparativement à la délimitation du plateau continental en deçà des 200 milles. Dans le cas de la délimitation du plateau continental au-delà des 200 milles, la complémentarité jurisprudentielle impressionnante a pris pour appui la jurisprudence du TIDM .

[1646] GESLIN A., « La jurisprudence du Tribunal international du droit de la mer en matière de délimitations maritimes », 2016, p.9.

[1647] PELLET A., « *Roumanie c. Ukraine* – un arrêt refondateur », *in* B. Aurescu (ed.), *Romania and the International Court of Justice*, Ed. Hamangiu, Bucarest, 2014, p. 41.

La convergence jurisprudentielle dans la délimitation en deçà des 200 milles

Deux courants d'idées se sont succédé en matière d'évolution des règles de délimitation et dans chaque cas, la jurisprudence de la CIJ, des tribunaux arbitraux et du TIDM a évolué dans le même sens. Pour le premier courant, celui de la négation de l'équidistance, la CIJ et les tribunaux arbitraux qui ont connu des affaires de délimitation et ont été tous fidèles à reconnaître que la méthode de l'équidistance n'a pas automatiquement la priorité sur les autres méthodes. A cet effet, la règle selon laquelle toute affaire de délimitation constitue un *unicum* et donc pas question de retenir une méthode généralement applicable a été posée dans l'arrêt de 1969.[1648] Ce dernier a été le commencement d'une étanche séparation entre le droit conventionnel et le droit coutumier, celui-ci se basant sur les principes équitables.

C'est en vertu de sa propre jurisprudence de 1969 que la CIJ refusa dans l'affaire Tunisie/Libye d'admettre que la méthode de l'équidistance ne doit ni forcément être utilisée comme étape préliminaire et provisoire du tracé d'une ligne de délimitation.[1649]

[1648] En 1969, dans son arrêt resté négativement célèbre, la Cour affirme de manière très nette, alors même que la convention de 1958 retenait l'équidistance comme méthode à adopter en cas de délimitation de la MT que « la méthode de l'équidistance n'a pas automatiquement la priorité sur les autres méthodes de délimitation et, dans certaines circonstances, des facteurs peuvent rendre son application inappropriée ». Elle estime qu' « on doit rechercher non pas une méthode unique de délimitation mais un but unique ». Plateau continental de la mer du Nord (République fédérale d'Allemagne/Danemark ; République fédérale d'Allemagne/Pays-Bas), arrêt, C.I.J. Recueil 1969, p. 50, para. 92

[1649] Dans l'affaire qui opposa la Tunisie à la Libye, ni qu'il incombe à la Cour « d'examiner en premier lieu les effets que pourrait avoir une délimitation selon la méthode de l'équidistance». (CIJ, arrêt, 24 février 1982, Plateau continental (Tunisie / Jamahiriya arabe libyenne), Recueil 1982, p. 79, para. 110).

Dans son arrêt dans l'affaire Libye/Malte, elle confirme que l'établissement d'une ligne d'équidistance provisoire ne constitue pas en tout cas une opération mécanique. Au paragraphe 43 de l'arrêt, il est observé : « Qu'un Etat côtier puisse avoir des droits sur le plateau continental en vertu de la distance de la côte et indépendamment des caractéristiques physiques du fond et du sous-sol de la mer en deçà de cette distance ne signifie pas que l'équidistance soit la seule méthode de délimitation appropriée, ni même le seul point de départ possible, fût-ce entre des côtes se trouvant dans une relation d'opposition ou de quasi-opposition.» (*Plateau continental* (Jamahiriya arabe libyenne/Malte), arrêt, C.I.J. Recueil 1985, p. 48, para. 64.).

Les sentences arbitrales de l'époque pouvaient se détacher de cette orientation jurisprudentielle mais ce ne fut pas le cas. Des deux sentences relatives à la délimitation maritime en Afrique d'avant 1993, celle du 14 février 1985 dans l'affaire de la Délimitation de la frontière maritime entre la Guinée et la Guinée-Bissau, et celle du 31 juillet 1989 relative à la détermination de la frontière maritime entre la Guinée-Bissau et le Sénégal, seule la première appelait à une nouvelle délimitation. Elle permit au tribunal de confirmer la tendance jurisprudentielle en vigueur.

Dans l'affaire de la Délimitation de la frontière maritime entre la Guinée et la Guinée-Bissau, la Guinée-Bissau soutenait qu'il faut délimiter les espaces maritimes des deux États sur la base de l'équidistance, quitte à modifier ensuite cette délimitation en fonction des circonstances. Pour la Guinée qui se réfère à l'affaire Tunisie/Libye,[1650] il n'existe pas de méthode de délimitation unique. A l'unanimité, le tribunal adopte la thèse guinéenne en affirmant que : « L'équidistance n'est qu'une méthode comme les autres, et elle n'est ni obligatoire, ni prioritaire ».[1651] Il explique en effet que l'équité résulte de la prise en considération de divers facteurs objectifs, ce sont eux qui conditionnent la méthode et non les qualités intrinsèques et a priori reconnues à une méthode comme l'équidistance.[1652] Ainsi, comme en 1969,[1653] 1982,[1654] 1984[1655] et 1985[1656] , l'équidistance est écartée en dépit des avantages pratiques et théoriques[1657] de cette

---

[1650] CIJ, arrêt, 24 février 1982, *Plateau continental* (Tunisie / Jamahiriya arabe libyenne), Recueil 1982, p.79, para 110.

[1651] Sentence du 14 février 1985, *Affaire de la délimitation de la frontière maritime entre la Guinée et la Guinée-Bissau*, para.102.

[1652] *Ibid*

[1653] *Plateau continental de la mer du Nord* (République fédérale d'Allemagne/Danemark; République fédérale d'Allemagne/Pays-Bas), arrêt, *CIJ Recueil 1969*, 1969, p. 23, para 23.

[1654] CIJ, arrêt, 24 février 1982, *Plateau continental* (Tunisie / Jamahiriya arabe libyenne), Recueil 1982, pp. 79, 80, 88, paras 110, 111, 126.

[1655] *Délimitation de la frontière maritime dans la région du golfe du Maine (Canada/États-Unis d'Amérique)*, CIJ, *Recueil 1984*, pp. 313-315, para 159-162.

[1656] *Plateau continental* (Jamahiriya arabe libyenne/Malte), arrêt, C.I.J. Recueil 1985, pp. 37, 38, 56, pars 43, 44, 77.

[1657] *Plateau continental de la mer du Nord* (République fédérale d'Allemagne/Danemark; République fédérale d'Allemagne/Pays-Bas), arrêt, *CIJ Recueil 1969*, 1969, p. 23, para 23.

méthode combinée au critère des circonstances spéciales. La jurisprudence de la CIJ et celle du TIDM se sont convergées à reconnaître ce rejet de l'équidistance[1658] qui semble devenir la règle dès lors qu'une délimitation maritime est soumise à la justice internationale et qui trouve une sorte de sanction dans le silence du nouveau droit de la mer sur le principe d'équidistance (convention de Montego Bay de 1982, art. 74 et 83).[1659]

C'est ainsi que les diverses juridictions tant arbitrales qu'au niveau de la CIJ ont été unanimes dans le refus de la primauté de l'équidistance en tant que méthode applicable. Lorsqu'à partir de 1993, la CIJ changera de posture à propos de l'équidistance, toutes les autres juridictions seront à nouveau unanimes à suivre la même orientation.

A partir de 1993, comme cela a été expliqué,[1660] le règne de la primauté de l'équidistance a repris avec l'affaire de la délimitation maritime dans la région située entre le Groenland et Jan Mayen [1661] dans laquelle la CIJ, appelée à délimiter deux zones, le plateau continental et la zone de pêche, va dans un premier temps appliquer d'emblée le principe de l'équidistance par le biais du tracé d'une ligne médiane et puis dans un deuxième temps, en tenant compte des circonstances pertinentes/spéciales de l'espèce et en modifier l'application de la ligne provisoire, pour respecter l'équité .

A la réalité, l'arrêt de la Cour dans l'affaire de la délimitation maritime dans la région située entre le Groenland et Jan Mayen marque le début de l'application automatique de l'équidistance comme méthode de départ par la CIJ. Il est à remarquer que la même orientation jurisprudentielle a été suivie tant par la jurisprudence arbitrale que par la jurisprudence du TIDM.

[1658] *Ibid*, *op. dissid.* Tanaka, pp. 180, 182.

[1659] CIJ, arrêt, 24 février 1982, *Plateau continental* (Tunisie / Jamahiriya arabe libyenne), Recueil 1982, *op. indiv.* Jimenez de Arechaga., p. 108; voir aussi *ibid.*, *op dissid.* Evensen, p. 295 et *Plateau continental* (Jamahiriya arabe libyenne/Malte), arrêt, C.I.J. Recueil 1985,), *op. dissid.* Oda. Voir DAVID E., « La sentence arbitrale du 14 février 1985 sur la délimitation de la frontière maritime Guinée-Guinée-Bissau », *op cit*, p. 374.
p. 150.

[1660] Voir *infra*, Première partie, Titre II, Chapitre II, Section I, Para II.

[1661] *Délimitation maritime dans la région située entre le Groenland et Jan Mayen* (Danemark c. Norvège). Arrêt de la C.I.J. du 14 juin 1993.

En matière arbitrale, la même pratique s'est observée dans le deuxième secteur de la délimitation entre l'Érythrée et le Yémen pour ce qui concerne les contentieux de frontière maritime africaine.[1662] En fait, le tribunal a estimé qu'en l'espèce, il convient de retenir une ligne médiane unique qui, dans toute la mesure du possible, sera tracée entre les côtes principales des deux pays. C'est suivant ce raisonnement qu'il passe ensuite à la définition du tracé de la frontière maritime secteur par secteur, en abordant tour à tour le nord, le centre et le sud de la zone à délimiter. La même préférence pour l'équidistance sera remarquée plus tard dans la jurisprudence du TIDM. On le sait, avec la création du tribunal spécial en droit de la mer, la CIJ se voit inévitablement réduite dans sa monopolisation des affaires maritimes en tant qu'organe permanent. Le risque de contradiction dans les jurisprudences des deux organes désormais concurrents était très élevé. Et pourtant, lorsqu'elle rendit, seize ans après son entrée en vigueur sa première décision en matière de délimitation, et vingt et un an plus tard sa deuxième, il fut heureux d'apercevoir qu'il n'a point remis en cause la tendance contemporaine de priorisation de l'équidistance. Il affirmait dans la seconde affaire que la « jurisprudence internationale confirme que, en l'absence de toutes raisons impérieuses qui rendent impossible ou inapproprié de tracer une ligne d'équidistance provisoire, la méthode équidistance/circonstances pertinentes devrait être choisie pour la délimitation maritime. ». De plus, elle va considérer « que s'écarter, en l'espèce, d'une méthode de délimitation qui a été la pratique

[1662] La première étape s'était achevée le 9 octobre 1998, date à laquelle le tribunal avait rendu à l'unanimité une sentence sur le champ du différend et sur la question de la souveraineté territoriale, qui était globalement très favorable au Yémen puisque celui-ci s'était vu attribuer la plupart des îles litigieuses (îles Hanish et Zukar, îles de Jabal al-Tayr et Zubayr). La seconde étape s'est terminée avec la sentence arbitrale que le tribunal a rendue, également à l'unanimité, le 17 décembre 1999 et par laquelle il définit la frontière maritime entre le Yémen et l'Erythrée dans la région en cause, en tenant bien évidemment compte des conclusions auxquelles il était parvenu dans la première sentence. Cette seconde sentence, même si elle ne fait droit à aucune des prétentions des parties, est dans l'ensemble plus proche des thèses défendues par l'Erythrée que de celles soutenues par le Yémen. Question de la pêche en mer Rouge, le périmètre des concessions pétrolières attribuées par les parties avant d'exposer les raisons justifiant la solution arrêtée à propos de la délimitation de la frontière maritime. On notera cependant dès à présent que le tribunal prend clairement position sur le maintien des activités traditionnelles de pêche exercées par les ressortissants des deux pays dans l'ensemble de la région, indépendamment de la fixation de la frontière.

presque exclusive suivie par les cours et tribunaux internationaux ces dernières décennies serait en contradiction avec le principe de transparence et de prévisibilité… ».[1663]

Somme toute, les juridictions internationales ont jusqu'à présent respecté et endossé les jurisprudences les unes des autres en matière de délimitation. Ce constat bien valable en matière du choix de la méthode est aussi valable pour les étapes d'application de l'équidistance.

La définition des étapes d'application de l'équidistance par la CIJ et sa suivie par la jurisprudence du TIDM a été aussi une source d'apaisement face à toutes les préoccupations exprimées quant aux divergences de jurisprudence dans un domaine aussi sensible que la délimitation des frontières maritimes en droit international. La méthode d'équidistance bien qu'elle fût devenue presque d'application automatique s'est vue appliquer coutumièrement dans une démarche qui, en réalité, n'a jamais été systématisée. Pour preuve, Le critère de la proportionnalité en tant que moyen d'ajustement de la ligne est né de l'affaire Plateau continental de la mer du Nord sous l'appellation de facteur de la délimitation avant d'être repris et précisé dans les affaires postérieures notamment africaines d'abord en tant que circonstance pertinente puis en tant que troisième et dernière étape de la délimitation.[1664]

Dans les affaires Plateau continental de la mer du Nord, la Cour qualifia la proportionnalité de « facteur » dans la rubrique des facteurs à prendre en compte. Elle disait qu'un « dernier élément à prendre en considération est le rapport raisonnable qu'une délimitation effectuée selon des principes équitables devrait faire apparaître entre l'étendue du plateau continental relevant des États intéressés et la longueur de leurs côtes. ».[1665] Par la suite, elle considéra le critère de la proportionnalité comme une circonstance pertinente dans l'affaire Tunisie/Libye et Libye/Malte avant de le consacrer en tant que troisième et dernière étape de la délimitation 2009 dans l'affaire qui opposa la Roumanie à l'Ukraine.

[1663] *Ibid*

[1664] Voir *infra*, Première partie, Titre II, Chapitre II, Section II, Para II, B, 1.

[1665] *Plateau continental de la mer du Nord (République fédérale d'Allemagne/Danemark; République fédérale d'Allemagne/Pays-Bas), arrêt, CIJ Recueil 1969*, p. 52, para. 98.

C'est dans cette dernière affaire que la Haute juridiction, appelée à tracer une frontière maritime unique dans la mer noire entre le plateau continental et la ZEE de deux pays dont les côtes sont à la fois adjacentes et se font face, a clarifié définitivement les étapes d'application de l'équidistance. Elle affirmera à cet effet que « Lorsque la Cour est priée de délimiter le plateau continental ou les zones économiques exclusives, ou de tracer une ligne de délimitation unique, elle procède par étapes bien déterminées »[1666]. Il s'agit d'abord de construire une ligne d'équidistance provisoire[1667], ensuite d'ajuster le cas échéant la ligne en fonction des circonstances pertinentes [1668] ; et enfin de vérifier la ligne pour s'assurer que le résultat obtenu ne crée pas de disproportions marquées entre les côtes pertinentes et les espaces maritimes des parties.[1669]

Cette systématisation en trois étapes fait désigner la méthode de l'équidistance sous le vocable de la méthode à trois étapes.[1670] La jurisprudence de la CIJ établie en 2009, cité cinq fois dans l'arrêt rendu en 2014 en l'affaire Pérou/ Chili, a été endossée par le TIDM dans ses deux arrêts de délimitation des zones maritimes de 2009 et de 2017. Dans la dernière affaire, la Chambre spéciale a qualifié la « méthode en trois étapes élaborée par la jurisprudence internationale »[1671] de « méthode internationalement reconnue ».[1672] C'est alors que pour l'application de la méthode de

1666 *Délimitation maritime en mer Noire (Roumanie c. Ukraine), arrêt, CIJ Recueil 2009,* para 115.

1667 *Ibid,* 115 et 118.

1668 *Ibid,* 120-121.

1669 *Ibid,* 214-215.

1670 Selon A. PELLET les trois étapes ainsi élaborées font de cet arrêt un grand arrêt de la jurisprudence internationale puisque qu'il consacre clairement pour la première fois une méthode à trois étapes. C'est aussi « *un arrêt refondateur du droit de la délimitation maritime* ». PELLET A., « *Roumanie c. Ukraine* – un arrêt refondateur », *op cit*, p.44.

1671 *Délimitation maritime en mer Noire (Roumanie* c. *Ukraine), arrêt, C.I.J. Recueil 2009*, p. 101, para 116 et 120, et p. 103, para 122 ; *Délimitation de la frontière maritime dans le golfe du Bengale (Bangladesh/Myanmar), arrêt, TIDM Recueil 2012*, p. 67, para 240).

1672 *Différend relatif à la délimitation de la frontière maritime entre le Ghana et la Côte d'ivoire dans l'océan atlantique*, arrêt, TIDM, 2017, p. 107, para 360.

l'équidistance/circonstances pertinentes, elle décida de suivre la « méthode en trois étapes ».[1673]

Puisque dans cette affaire comme dans la précédente, elle était appelée à délimiter entres le plateau continental au-delà des 200 milles, elle s'acquittera de cette tâche avec exemplarité. Sa jurisprudence de 2012 qu'il confirme sera reprise par les autres juridictions.

La complémentarité jurisprudentielle dans la délimitation au-delà des 200 milles

Jusqu'à l'affaire de la délimitation des zones maritimes entre le Bengladesh et le Myanmar dans le golfe du Bengale, aucune juridiction n'avait connu d'une affaire de délimitation au-delà des 200 milles marins. Dans l'affaire de la Délimitation des zones maritimes entre le Ghana et la côte d'Ivoire dans l'océan atlantique, les Parties convenaient que la Chambre spéciale a compétence pour statuer sur la délimitation de la frontière entre elles sur le plateau continental au-delà des 200 milles marins parce que la question de la compétence du TIDM pour statuer sur la délimitation du plateau continental au-delà des 200 milles marins et le rapport entre les rôles du Tribunal et de la Commission de délimitation du plateau continental avait été résolue dans l'arrêt de 2012. Dans cet arrêt, face à l'apposition des parties quant à la compétence du Tribunal,[1674] celui-ci avait clarifié qu' : « Il

[1673] La réalité est que les deux Etats sont d'avis que la méthode en trois étapes. Le Ghana déclare que le Ghana et la Côte d'Ivoire conviennent que la méthode de l'équidistance comporte trois étapes : 1) construction d'une ligne d'équidistance provisoire, 2) le cas échéant, ajustement de la ligne en fonction des circonstances pertinentes, et 3) vérification de la ligne pour s'assurer que le résultat obtenu ne crée pas de disproportion marquée entre les côtes pertinentes et les espaces maritimes des Parties. La Côte d'Ivoire affirme quant à elle selon une jurisprudence bien établie, [la méthode de l'équidistance/circonstances pertinentes] consiste à tracer, dans un premier temps, une ligne d'équidistance provisoire, qu'il convient d'ajuster dans un deuxième temps, le cas échéant, en fonction des circonstances pertinentes de l'espèce, avant de vérifier, in fine, que le résultat ainsi obtenu ne crée pas de disproportion marquée entre la longueur des côtes pertinentes et les espaces maritimes attribués à chacune des Parties.

[1674] Le Bangladesh était favorable à la compétence du tribunal pour connaître de la délimitation au-delà des 200 milles. En revanche, le Myanmar a rejeté les arguments du Bangladesh, en rejetant la juridiction du Tribunal pour procéder à la délimitation du plateau continental au-delà de 200 milles marins, estimant qu'il existe une nette distinction entre la délimitation du plateau continental visée à l'article 83 et le tracé de la limite extérieure de ce plateau visé à l'article 76. Conformément à l'article 76, la Commission a pour fonction d'adresser aux États côtiers des recommandations relatives à la fixation de la limite extérieure du plateau continental, mais elle le fait sans préjudice des questions de délimitation des espaces maritimes. ». Aussi, continua-t-il, : « Le règlement des différends portant sur la délimitation des espaces maritimes fait l´objet des procédures visées à l'article 83 et la partie XV de la Convention, qui prévoient, entre autres, de soumettre le différend à des cours et tribunaux internationaux. »[1675].

Autrement dit, le Tribunal a abouti à la conclusion selon laquelle il est compétent pour délimiter le plateau continental dans sa totalité en clarifiant la différence qui existe entre d'une part, la délimitation du plateau continental conformément à l'article 83 de la Convention de 1982 qui évoque la compétence du Tribunal pour résoudre un différend entre des parties, et d'autre part, le tracé du rebord externe de marge continentale en vertu de l'article 76 de celle-ci permettant à la Commission d'intervenir pour faire des recommandations aux États quant à la fixation de la limite extérieure du plateau continental.

A la réalité, la CLPC a pour tâche d' « examiner des données et des renseignements présentés par l'État côtier en ce qui concerne la limite extérieure du plateau continental lorsque le plateau s'étend au-delà de 200 milles marins ; émettre des avis scientifiques et techniques en vue de l'établissement des données visées »[1676] et de faire des recommandations quant à la fixation des limites extérieures du plateau continental. Cela veut dire qu'il revient d'abord à l'État côtier de fixer conformément à l'article 76 de la Convention de 1982, la limite extérieure de son plateau continental. Une fois la limite extérieure du plateau continental fixée, l'État côtier transmet les données et les renseignements y relatifs à la CLPC pour avis et recommandation. A cet effet, les recommandations ne portent pas sur le tracé de la limite extérieure du plateau continental, mais plutôt sur la vérification

n'est pas opportun pour le Tribunal d'exercer cette compétence dans le cas d'espèce. Voir *Délimitation de la frontière maritime dans le golfe du Bengale (Bangladesh/Myanmar), arrêt, TIDM Recueil 2012,* paras 341 à 355.

1675 *Ibid*, p. 99, para 376.

1676 Voir l'article 3 de l'annexe II de la Convention de 1982.

scientifique et technique du tracé des limites extérieures du plateau continental s'étendant au-delà de 200 milles marins, afin d'aider les États côtiers à formuler leurs demandes, à clarifier ainsi qu'à respecter les critères énoncés par l'article 76 de la Convention de 1982.[1677] Conformément à l'article 76, paragraphe 8 de la Convention de 1982, les limites qui sont fixées par l'État côtier à la lumière des recommandations de la CLPC sont définitives et revêtent un caractère obligatoire.[1678]

Il faut aussi noter que la Convention de 1982 précise dans l'article 76, paragraphe 10 et dans l'article 9 de son annexe 2 que le tracé ne préjuge pas de la question de délimitation. En effet, L'article 76 paragraphe 10 dispose que : « [l]e présent article ne préjuge pas de la question de la délimitation du plateau continental entre des États dont les côtes sont adjacentes ou se font face » et l'article 9 de l'annexe 2 de la Convention de 1982 mentionne que « [l]es actes de la Commission ne préjugent pas les questions relatives à l'établissement des limites entre États dont les côtes sont adjacentes ou se font face ». Il en est ainsi parce que l'exercice par les cours et tribunaux internationaux de leur compétence en matière de délimitation de frontières maritimes, y compris sur le plateau continental, ne préjuge pas davantage de l'exercice par la Commission de ses fonctions relatives au tracé de la limite extérieure du plateau continental[1679]

En résumé, la compétence qu'ont les juridictions internationales pour délimiter le plateau continental dans sa totalité, y compris la zone située au-delà des 200 milles marins, n'est pas en contradiction avec le

---

1677 CHERROUK R., *L'œuvre interprétative du Tribunal International du Droit de la Mer*, thèse, Université de Laval de Québec-Canada, 2018, p. 285.

1678 L'article 76, paragraphe 8 de la Convention de 1982 stipule : « L'État côtier communique des informations sur les limites de son plateau continental, lorsque celui-ci s'étend au-delà de 200 milles marins des lignes de base à partir desquelles est mesurée la largeur de la mer territoriale, à la Commission des limites du plateau continental constituée en vertu de l'annexe II sur la base d'une représentation géographique équitable. La commission adresse aux États côtiers des recommandations sur les questions concernant la fixation des limites extérieures de leur plateau continental. Les limites fixées par un État côtier sur la base de ces recommandations sont définitives et de caractère obligatoire ».

1679 Voir l'opinion individuelle du juge Kenneth Keith rendue suite à la sentence du tribunal arbitral dans les *affaires du thon à nageoire bleue. Affaires du Thon à nageoire bleue (Nouvelle-Zélande c. Japon ; Australie c. Japon),* Ordonnance du 27 août 1999, TIDM, Recueil 1999, p.49, au paragraphe 1.

rôle que l'article 76, paragraphe 8, de la Convention de 1982 confère à la Commission des limites du plateau continental, pas plus qu'elle n'est limitée par celui-ci. Cela se justifie par le fait que les deux organes ont des mandats différents et que la Convention établit une nette distinction entre la délimitation du plateau continental visée à l'article 83, et le tracé de la limite extérieure de ce plateau visé à l'article 76. Cette clarification de taille a été validée tant par la CIJ que par un tribunal arbitral.

Cette jurisprudence du TIDM reprise dans l'affaire de la délimitation des zones maritimes entre le Ghana et la côte d'Ivoire dans l'océan atlantique a été adoptée dans la sentence arbitrale rendue par le tribunal arbitral ad hoc constitué conformément à l'annexe VII de la Convention de 1982 au sujet du vieux différend[1680] lié à la délimitation de la frontière maritime dans le golfe du Bengale entre le Bangladesh et l'Inde.[1681] Dans cette sentence, en se référant à la décision du Tribunal dans l'affaire de la Délimitation de la frontière maritime dans le golfe du Bengale (Bangladesh/Myanmar), le tribunal arbitral a reconnu sa compétence pour procéder à la délimitation du plateau continental étendu[1682]. Dans le cadre de cet arbitrage, aucune partie en litige n'a contesté que le tribunal arbitral ait compétence pour délimiter le plateau continental s'étendant au-delà de 200 milles marins.

La CIJ a également confirmé la décision du TIDM lorsqu'elle a été appelée à traiter de la délimitation du plateau continental au-delà de 200 milles marins dans l'affaire Nicaragua c. Colombie. Elle attesta alors que « la délimitation du plateau continental effectuée par le Tribunal en application de l'article 83 de la CNUDM n'empêchait aucunement la Commission de formuler d'éventuelles recommandations sur les limites extérieures du plateau continental conformément au paragraphe 8 de l'article 76 de la Convention » et

---

[1680] Voir ANDERSON H. D., "Bay of Bengal Maritime Boundary (Bangladesh v. India)" (2015) 109:1 *AJIL* 146, p. 147. CHERROUK R., *L'œuvre interprétative du Tribunal International du Droit de la Mer*, *op cit*, p. 309.

[1681] Sentence du 7 juillet 2014, affaire de la *Délimitation de la frontière maritime dans le golfe du Bengale (Bangladesh c. Inde)*, TA, Rep. N° 6-23 (Add.1).

[1682] *Ibid*, para 438.

que la CNUDM établissait une "nette distinction" entre la délimitation du plateau continental et le tracé de sa limite extérieure.[1683].

Malheureusement, dans la suite de l'affaire, le Nicaragua n'a communiqué à la Commission que des "informations préliminaires" qui, comme lui-même l'admet, sont loin de satisfaire aux exigences requises pour pouvoir être considérées comme des informations que "[l]'État côtier communique… à la Commission" sur les limites de son plateau continental, lorsque celui-ci s'étend au-delà de 200 milles marins.[1684] La Cour a conclu que « le Nicaragua n'ayant pas, dans la présente instance, apporté la preuve que sa marge continentale s'étend suffisamment loin pour chevaucher le plateau continental dont la Colombie peut se prévaloir sur 200 milles marins à partir de sa côte continentale, la Cour n'est pas en mesure de délimiter les portions du plateau continental relevant de chacune des Parties ».[1685]

De plus, un point commun du raisonnement des juridictions a été de souligner qu'il n'existe en droit qu'un seul plateau continental plutôt qu'un plateau continental intérieur et un plateau continental extérieur ou étendu distinct.[1686] Il convient de toujours garder à l'esprit que les fonctions de la CLPC concernent la « délinéation » du plateau continental au-delà des 200 milles marins tandis que celles des juridictions internationales consistent à statuer sur la délimitation c'est-à-dire sur le tracé des limites latérales.

La convergence des différentes jurisprudences tant arbitrales que judiciaires en matière de la compétence des juridictions dans la délimitation du plateau continental au-delà des 200 milles ainsi du rapport qui peut exister entre les fonctions de la CLPC et lesdites juridictions témoignent d'un souci de sauvegarde de l'unité du droit

---

[1683] *Différend territorial et maritime (Nicaragua c. Colombie), Recueil 2012*, para 125.

[1684] *Ibid*, para 127.

[1685] *Ibid*, para 129.

[1686] Voir *Arbitrage entre la Barbade et la République de Trinité-et-Tobago relatif à la délimitation de la zone économique exclusive et du plateau continental entre ces deux pays,* décision du 11 avril 2006, *RSA, vol. XXVII*, p. 208-209, para. 213, cité par le Tribunal dans son arrêt portant sur le différend relatif à la *Délimitation de la frontière maritime dans le golfe du Bengale (Bangladesh/Myanmar), arrêt, TIDM Recueil 2012*, p. 96 à 97, para. 362. Voir aussi Sentence, 7 juillet 2014, *Arbitrage entre le Bangladesh et l'Inde concernant la délimitation de la frontière maritime du golfe du Bengale,* para. 77).

international. La même convergence s'est également manifestée dans la règle de choix de la délimitation du plateau continental au-delà des 200 milles. Initialement instaurées par le TIDM, les règles de délimitation en la matière ont été reprises en arbitrage.

Le TIDM, à travers l'affaire de la Délimitation de la frontière maritime dans le golfe du Bengale (Bangladesh/Myanmar), a rendu la première décision juridictionnelle sur une délimitation du plateau continental étendu au-delà de 200 milles marins. Cette décision confirmée par l'affaire de la délimitation des zones maritimes entre le Ghana et la côte d'Ivoire dans l'océan atlantique a permis d'établir la règle de choix de la méthode de délimitation du plateau continental étendu au-delà de 200 milles marins.

Dans l'affaire de la Délimitation de la frontière maritime dans le golfe du Bengale (Bangladesh/Myanmar), le TIDM a établi les notions d'unicité du plateau continental et l'effet de continuité de la méthode délimitation comme règles gouvernant la délimitation du plateau continental étendu au-delà de 200 milles marins. A propos de l'unicité du plateau continental, le tribunal établit que : « l'article 76 de la Convention consacre la notion de plateau continental unique. En application de l'article 77, paragraphes 1 et 2, de la Convention, l'État côtier exerce des droits souverains exclusifs sur le plateau continental dans sa totalité, sans qu'aucune distinction ne soit établie entre le plateau en deçà de 200 milles marins et le plateau au-delà de cette limite ». Il a complété que : « l'article 83 de la Convention, qui vise la délimitation du plateau continental entre États dont les côtes sont adjacentes ou se font face, n'établit pas davantage une distinction de cet ordre »[1687].

L'effet de continuité qui est tiré du principe de continuité suppose qu'étant donné qu'« il n'existe qu'un plateau continental unique », la méthode pour le délimiter reste la même, que la zone à délimiter se situe en deçà ou au-delà des 200 milles marins.[1688] C'est pourquoi,

1687 TIDM, arrêt, 14 mars 2012, *Différend relatif à la délimitation de la frontière maritime entre le Bangladesh et le Myanmar dans le Golfe du Bengale*, para 361 ; v. aussi *ibid.* pars. 455 et s. Dans le même sens : sentence, 7 juillet 2014, *Arbitrage entre le Bangladesh et l'Inde concernant la délimitation de la frontière maritime du golfe du Bengale*, para. 77 et paras. 465 et s.

1688 Sentence, 7 juillet 2014, *Arbitrage entre le Bangladesh et l'Inde concernant la délimitation de la frontière maritime du golfe du Bengale*, para. 465 ; TIDM, arrêt,

dans l'affaire Bangladesh/Myanmar, le TIDM a estimé que: la méthode de délimitation à employer (...) sur le plateau continental au-delà de 200 milles marins (...) ne diffère pas de celle utilisée en deçà de cette distance. En conséquence, la méthode équidistance/circonstances pertinentes reste d'application pour délimiter le plateau continental au-delà de 200 milles marins.[1689] Il est de ce fait inapproprié d'opérer une distinction entre le plateau continental en deçà et le plateau continental au-delà des 200 milles marins s'agissant de la méthode de délimitation. C'est pourquoi le TIDM a fait de la ligne d'équidistance ajustée, une ligne délimitant à la fois la zone économique exclusive et le plateau continental en-deçà de 200 milles marins entre les Parties [...] se poursuivant en suivant la même direction au-delà de la limite de 200 milles marins à partir des côtes du Bangladesh jusqu'à ce qu'elle atteigne la zone où les droits d'États tiers peuvent être affectés.[1690] Il a de ce fait poursuivi le tracé de la ligne d'azimut 215 qui a permis de contrer les effets d'amputation pouvant poindre en raison de la concavité de la côte.

Il faut noter que le même principe de continuité s'applique aux circonstances pertinentes. De ce fait, après avoir décidé que la concavité de la côte du Bangladesh a constitué une circonstance pertinente pour délimiter la zone économique exclusive et le plateau continental en-deçà de 200 milles marins, le TIDM a attesté que « cette circonstance pertinente a un effet de continuité au-delà de 200 milles marins ».[1691] Ce principe établi a été attesté et accepté postérieurement dans une autre affaire de délimitation par un tribunal arbitral établi en vertu de la même CNUDM.

Dans l'affaire de la Délimitation des zones maritimes entre le Ghana et la côte d'Ivoire dans l'océan atlantique le tribunal confirma sa propre jurisprudence. Se fondant sur les mêmes arguments employés en 2012, le TIDM fera savoir que la ligne de délimitation de la mer territoriale, de la zone économique exclusive et du plateau continental en deçà des 200 milles marins visée au paragraphe 481 se poursuit en

14 mars 2012, *Différend relatif à la délimitation de la frontière maritime entre le Bangladesh et le Myanmar dans le Golfe du Bengale*, para. 361.

1689 *Délimitation de la frontière maritime dans le golfe du Bengale (Bangladesh/Myanmar), arrêt, TIDM Recueil 2012*, para. 455.

1690 *Ibid,* para 462.

1691 *Ibid,* para 461.

suivant la même direction jusqu'à ce qu'elle atteigne les limites extérieures du plateau continental.[1692]

L'ensemble de la jurisprudence du TIDM a été repris et confirmé par le Tribunal arbitral constitué dans l'affaire ayant opposé le Bangladesh à l'Inde. Alors qu'elle devrait procéder à la délimitation du plateau continental au-delà de 200 milles marins entre Bangladesh et l'Inde, le tribunal arbitral a prolongé la ligne de délimitation dont le tracé débute en-deçà de 200 milles marins jusqu'à ce qu'elle atteigne la frontière entre le Bangladesh et le Myanmar au-delà de 200 milles marins.[1693]

Elle justifiait sa démarche en disant qu'ayant adopté la méthode de l'équidistance et des circonstances pertinentes pour la délimitation du plateau continental en-deçà de 200 milles marins, il doit appliquer la même méthode pour délimiter le plateau continental au-delà de 200 milles marins.[1694]

Le tribunal arbitral a adopté exactement le même raisonnement avec le TIDM qu'il cite abondamment. Il évite ainsi le risque de fragmentation tant prôné depuis la fin du siècle précédent. Le terme fragmentation désigne une idée de troubles, d'incertitudes, de désordre et de complexité[1695]. Les contentieux de délimitation en reconduisant les mêmes règles et les juridictions internationales en respectant les jurisprudences les uns des autres, on peut conclure qu'il y a eu plus de peur que de mal. Le constat de l'unicité de raisonnement jurisprudentiel n'est pourtant pas limité à la délimitation maritime stricto sensu. Il peut en effet être étendu à des domaines connexes à la délimitation même si le conservatisme résulte plutôt de la fidélité d'une juridiction à sa propre jurisprudence.

[1692] *Différend relatif à la délimitation de la frontière maritime entre le Ghana et la Côte d'ivoire dans l'océan atlantique*, arrêt, TIDM, 2017, p.154, para 527.

[1693] Sentence, 7 juillet 2014, *Arbitrage entre le Bangladesh et l'Inde concernant la délimitation de la frontière maritime du golfe du Bengale*, para. 478.

[1694] *Ibid*, para 465.

[1695] COMTOIS-DINEL E-V., « La fragmentation du droit international : vers un changement de paradigme? », *Lex Electronica*, vol. 11 n° 2 (Automne / Fall 2006), p 2

SECTION II : Les règles d'interprétation des traités internationaux et de la délimitation des frontières terrestres

Certes, la délimitation selon Maurice Kamto consiste en l'application d'une méthode ou d'une combinaison de méthodes techniques prévues dans un texte juridique particulier ou en droit international en général, en vue de la détermination des espaces maritimes respectifs de deux ou plusieurs États. Il faut dire que le contentieux de la délimitation maritime est généralement un contentieux composite, qui, en dehors du domaine intrinsèque des règles de la délimitation, fait intervenir des domaines connexes. En dehors du droit de la responsabilité amplement analysée, les contentieux de délimitation de frontières maritimes africaines ont mis en lumière des domaines tels que la délimitation terrestre ou l'interprétation des traités internationaux. Si en matière de délimitation maritime, l'œuvre de consolidation s'est manifestée par une fidélité jurisprudentielle entre les divers organes, elle s'est plutôt manifestée dans le cas des domaines connexes par la fidélité de la CIJ à sa propre jurisprudence. En témoignent, son application homogène du droit des traités internationaux aux différends d'interprétation des traités et la hiérarchisation des preuves dans les délimitations terrestres.

Les règles d'interprétation des traités internationaux

Dans la sentence du 14 février 1985 rendue en l'Affaire de la délimitation de la frontière maritime entre la Guinée et la Guinée-Bissau, les parties étaient en désaccord sur le point de savoir si le périmètre défini dans l'article 1 de la Convention de 1886 établissait une frontière maritime générale entre elles. Le désaccord principal entre les deux États portait sur le sens du mot « limite ». La Guinée, invoquant le traité de 1886, interpréta le terme comme une véritable « frontière » maritime. La Guinée-Bissau parvint à une conclusion différente : le terme « limite » en question n'avait comme fonction que de désigner les îles appartenant au Portugal.[1696] Certes, on hésitait traditionnellement en droit international à employer le terme "frontière" en matière maritime et l'on préfère utiliser le vocable limite. Le caractère mouvant de l'élément marin et la faiblesse du poids

[1696] *Ibid*, p. 388.

historique des limites maritimes sont pour beaucoup dans cette réticence à utiliser le mot "frontière".[1697] Il n'est cependant pas sans équivoque que le mot ''limite'' pouvait exprimer une véritable frontière.

La République de Guinée et la République de la Guinée-Bissau n'avaient pas ratifié la convention de Vienne de 1969 sur le droit des traités mais le tribunal observe que leur argumentation n'en est pas moins fondée sur elle et qu'il existe déjà une jurisprudence consacrant le caractère coutumier de diverses dispositions de cette convention.[1698] L'article 31 de la convention qui porte sur la règle générale d'interprétation fut le premier à être sollicité.[1699] En effet, l'article 31, paragraphe 1, de la convention de Vienne sur le droit des traités de 1969 exige que les traités doivent être interprétés de bonne foi suivant le sens ordinaire à attribuer à ses termes dans leur contexte et à la lumière de l'objet et du but de la convention. Ce paragraphe sera examiné en premier par le tribunal. Suivant ensuite le paragraphe 3 de l'art. 31 de la même Convention de Vienne sur le droit des traités, le tribunal a entrepris d'examiner les accords et les pratiques susceptibles d'éclairer la convention de 1886.

Il est vrai que Al Ross[1700] et Max Sørensen[1701] cherchaient à montrer que la nature imprécise du langage rendait impossible l'interprétation et l'application des règles d'un traité grâce à une analyse strictement « gramatico-linguistique »,[1702] cette méthode imposée plus tard par l'art. 31 de la même Convention de Vienne sur le droit des traités reste la première règle utilisée par les cours et tribunaux. Conformément au paragraphe premier de l'article 31, l'analyse du tribunal commence par la recherche de la signification des mots ''limite'' et ''frontière''

[1697] GAUDIN A., « De la contribution de la Guinée-Bissau à l'élaboration du droit international maritime. La fixation par arbitrage des limites de la Guinée-Bissau », *op cit*, p. 146.
[1698] *Affaire de la Namibie*, Rec. 1971, p. 47, para 94, *Compétence en matière de pêcheries*, CM., Rec.
1973, pp. 18 et 63, para 36, citées dans la sentence, para 41.
[1699] Voir article 31 de la Convention de Vienne sur le droit des traités.
[1700] ROSS, A., *Towards a Realistic Jurisprudence: A Criticism of the Dualism in Law, 1946 et : A Textbook of International Law: General Part*, 1947.
[1701] SØRENSEN M. dans son ouvrage intitulé *Les sources du droit international*, paru en 1946.
[1702] Voir par exemple, ROSS A., *Towards a Realistic Jurisprudence*, *op cit*, aux pp. 141-142.

dont le sens prête à confusion. L'article 1er de la Convention de 1886 parle de « frontières » dans les trois alinéas relatifs aux délimitations terrestres, et de « limites » dans l'alinéa relatif aux îles. Or, les définitions qu'en donnent les dictionnaires linguistiques et juridiques signalées ou non par les Parties, entretiennent toujours quelque ambiguïté. En effet, si certains dictionnaires différencient nettement le concept de « limite » de celui de « frontière », les deux notions peuvent être utilisées de manière substituable et c'est là que l'incertitude subsiste.[1703] Le tribunal soulignant cette incertitude notait d'une part, l'existence d'une distinction entre les deux notions - le « territoire enfermé dans une limite n'est pas obligatoirement celui d'un État et qu'une limite n'est pas obligatoirement une frontière » - de sorte que « une limite indique jusqu'à quelle extrémité s'étend un domaine, tandis qu'une frontière possède une fonction séparative entre deux États », et d'autre part, le fait que « la pratique a pu ne pas être toujours fidèle à une telle distinction et qu'il est arrivé qu'elle emploie le mot limite dans le sens de frontière entre États. »[1704]

Les définitions des dictionnaires confrontées à la pratique ne permettaient pas de résoudre l'incertitude, si non que de l'aggraver, le tribunal entreprit d'examiner la structure de l'art. 1er, puis les termes utilisés dans les articles subséquents. Malheureusement, il ne put pas tirer une conclusion ferme dans un sens ou un autre.[1705] Ainsi que le résume le Professeur DAVID Éric, « l'assimilation de la « limite » constituée par le parallèle 10°40' à une frontière entraîne une contradiction avec le fait que le mot « limite » désigne aussi le méridien du cap Roxo à propos duquel les Parties sont d'accord pour dire qu'il n'est pas une frontière. De même, ne pas considérer la « limite sud » comme une frontière entraîne une contradiction avec le

---

[1703] Sentence du 14 février 1985, *Affaire de la délimitation de la frontière maritime entre la Guinée et la Guinée-Bissau*, paras 49-50. Voir aussi, DAVID E., « La sentence arbitrale du 14 février 1985 sur la délimitation de la frontière maritime Guinée-Guinée-Bissau », *op cit*, p. 356.

[1704] *Ibid*, paras 49-50.

[1705] Le raisonnement complet du tribunal à ce sujet se trouve aux paragraphes 52 et 53.

fait que cette limite comprend le *thalweg* de la rivière Cajet qui, lui, est une frontière. ». [1706]

Il convient de retenir que cette analyse ne permet pas au tribunal de trancher le différend sur le sens exact de du mot ''limite''. La carte n° 1 annoncée au premier alinéa de l'article I et annexée à la convention ne permet pas, non plus, au tribunal de parvenir à cette fin. En effet, si les délimitations terrestres sont en tirets et les délimitations sur le Cajet ou en mer sont en pointillés et on sait que la délimitation fluviale est une frontière et que le méridien du cap Roxo ne l'est pas, c'est qu'en gardant le même type de trait pour ces deux délimitations, le tracé entretient toujours l'ambiguïté.[1707] Dans ces conditions, la présentation de la carte ne pouvait être considérée comme concluante puisque ne conduisant à une interprétation du sens du mot ''limite'' relativement à celui de ''frontière''.

C'est finalement l'absence de certains termes significatifs qui permit au tribunal de « se forger des présomptions, non des certitudes » sur le réel sens du mot ''limite''. Après avoir analysé l'ensemble de la convention, le tribunal remarquera que « l'usage fréquent des termes possession et territoire et l'absence totale des mots eaux, mer, maritime ou mer territoriale », en plus du fait que le but de la convention qui était « surtout » de répartir des « territoires dont rien ne précisait qu'ils puissent être maritimes »,[1708] amènent à considérer que la convention ne délimite pas les espaces maritimes des deux États mais plutôt les possessions des deux États en Mer. C'est là que se trouverait le véritable objet non seulement de l'article I, mais encore de la convention dans son ensemble. A l'analyse, la convention n'aurait pour seul but que de « préparer la délimitation »[1709] pour les territoires confirmés ou cédés, dont la « démarcation »[1710] était encore à faire sur le terrain, et elle ne la prévoyait évidemment pas pour les

[1706] DAVID E., « La sentence arbitrale du 14 février 1985 sur la délimitation de la frontière maritime Guinée-Guinée-Bissau », *op cit*, 356.
[1707] Sentence du 14 février 1985, *Affaire de la délimitation de la frontière maritime entre la Guinée et la Guinée-Bissau*, para 54.
[1708] *Ibid,* paras 55-56.
[1709] En référence au préambule de la Convention de 1886
[1710] Voir art. VII de la Convention de 1886.

territoires au sujet desquels elle se bornait à une promesse de neutralité bienveillante (art. IV).[1711]

Sur la méthode utilisée par le tribunal, il convient de noter que ce n'est pas la première fois que la jurisprudence interprète un texte en se basant sur l'absence de certains termes importants. C'est notamment le cas dans l'avis du 20 juillet 1962 en l'affaire de certaines dépenses. Dans cette affaire, la C.I.J. avait considéré que l'absence des mots « ordinaire » ou « administratif » dans l'article 17 de la Charte était un des éléments permettant de conclure que le « budget » et les « dépenses » visés par cet article n'avaient pas le sens étroit que certains voulaient leur attribuer.[1712]

En dépit de la relative rareté des documents qui lui ont été soumis, jusqu'en 1978, les États signataires de la convention de 1886 comme leurs États successeurs ont interprété le texte de l'article I dernier alinéa comme n'ayant déterminé aucune frontière maritime.[1713] Puisque la conclusion retenue par le tribunal n'était qu'une présomption, il lui revenait de se tourner vers d'autres éléments d'interprétation notamment vers le paragraphe 3 de l'article 31.[1714]

Dans l'analyse faite par le tribunal, le recours à l'article 31 para 1 a été infructueux sur le vrai sens du mot limite. A la limite, seule une présomption a été faite, celle selon laquelle la Convention ne définissait pas une frontière entre les deux États. Il importait au tribunal, suivant la pratique jurisprudentielle de recourir aux paragraphes 2 et 3 de l'article 31 de la convention de Vienne sur le droit des traités, qui se référant au contexte aux fins de l'interprétation d'un traité, d'inclure dans ce contexte une diversité de facteurs tels que les accords ultérieurs, les pratiques ultérieures, etc.

L'article 31 para 2 de la Convention de Vienne sur le droit des traités stipule qu' « aux fins de l'interprétation d'un traité, le contexte comprend, outre le texte, préambule et annexes inclus :

[1711] Sentence du 14 février 1985, *Affaire de la délimitation de la frontière maritime entre la Guinée et la Guinée-*
Bissau, para 56.
[1712] Avis du 20 juillet 1962, Rec. 1962, p. 159.
[1713] Sentence du 14 février 1985, *Affaire de la délimitation de la frontière maritime entre la Guinée et la Guinée-*
Bissau, para 67.
[1714] *Ibid*, para 57.

a) tout accord ayant rapport au traité et qui est intervenu entre toutes les parties à l'occasion de la conclusion du traité ;

b) tout instrument établi par une ou plusieurs parties à l'occasion de la conclusion du traité et accepté par les autres parties en tant qu'instrument ayant rapport au traité. ».

Malheureusement, il n'existait pas d'accord ayant rapport au traité et qui est intervenu entre toutes les parties à l'occasion de la conclusion du traité ou d'instrument établi par une ou plusieurs parties à l'occasion de la conclusion du traité et accepté par les autres parties en tant qu'instrument ayant rapport au traité.

Le tribunal dut se tourner vers le paragraphe 3 de l'article 31. Ici encore, le Tribunal ne put noter « d'accord qui puisse ainsi être pris en considération dans l'interprétation de la "limite sud" définie au dernier alinéa de l'article I de la convention de 1886 »[1715] conformément à l'alinéa a du paragraphe 3 de l'article 31. En effet, l'accord interprétatif conclu par la France et le Portugal le 23 janvier 1901 se référait à l'article III de la convention, qui est relatif à la région du Congo et n'était pas pertinent pour le cas de l'espèce. De plus, les documents de la commission de démarcation et l'échange de lettres qui ont constaté l'achèvement de ses travaux ne disent rien sur les zones maritimes. [1716] Enfin, la convention signée en 1960 entre la France et le Portugal, qui fera objet du différend entre la Guinée Bissau et le Sénégal plus tard fut évoquée devant le tribunal. Dans un premier temps, le tribunal s'est refusé d'accueillir ce texte parce qu'il concernait avant tout la frontière entre le Sénégal et la Guinée-Bissau, le premier n'étant pas partie au différend qui lui est soumis. Néanmoins, étant donné que les deux parties négociatrices de l'accord de 1960, étaient celles-là même qui avaient conclu la convention de 1886 et que l'accord donnait au dernier alinéa de son article I une interprétation intéressante pour l'instance, le tribunal parvint à la conclusion que si le Portugal « avait considéré que l'article I in fine délimitait une frontière maritime, il n'aurait assurément pas cherché en 1959 à faire admettre comme des eaux intérieures les eaux situées dans le périmètre défini en 1886. »[1717].

[1715] *Ibid,* para 58.
[1716] *Ibid*
[1717] *Ibid,* para 59.

Cependant, ce traité n'étant en vigueur entre les parties, c'est le recours à l'alinéa b du paragraphe 3 de l'article 31 qui donnera la conviction au tribunal de ce que les États signataires de la Convention de 1886 et leurs successeurs n'ont jamais interprété l'art. 1, al. 5, comme fixant une frontière maritime.

En l'absence de documents officiels ou de faits pertinents prouvant que la France et le Portugal aient assimilé la « limite sud » de l'art. 1, al. 5 à une « frontière maritime générale entre leurs possessions »[1718], la pratique des quatre États[1719] a été analysée par le tribunal aux fins d'établir le véritable but du traité. En effet, l'alinéa b du paragraphe 3 de l'article 31 de la convention de Vienne sur le droit des traités stipule qu'il sera tenu compte, en même temps que du contexte « de toute pratique ultérieurement suivie dans l'application du traité par laquelle est établi l'accord des parties à l'égard de l'interprétation du traité ». Quelques faits tirés de la pratique des États relevés par le tribunal lui ont permis de conclure que la convention ne fixait aucune frontière maritime entre les deux États.

Premièrement, il est tenu compte du fait que, bien que la France et le Portugal aient exercé leur juridiction devant les côtes de leurs possessions (douane et sécurité, installation de dispositifs pour la navigation, câbles sous-marins)[1720], ils ne l'ont pas fait suffisamment près de la « limite sud » pour que cette pratique mette en évidence leur conviction qu'il s'agissait d'une frontière.[1721] Certes, il existe une note interne du Ministère français des affaires étrangères établie le 12 juin 1887 en vue de la discussion de la ratification de la convention par le Parlement, le tribunal note à propos de cette dernière que cela n'a visé que les îles côtières, qui étaient indubitablement situées dans les eaux territoriales.[1722] De plus, en dehors d'une référence à un croquis sommaire d'un géologue « sans responsabilité officielle ayant visité Alcatraz en 1938, aucun des quelques documents, Pilots ou cartes

[1718] Voir les paragraphes 61 et 62 de la sentence.
[1719] A savoir le Portuga l, la France, la Guinée et la Guinée Bissau.
[1720] Mémoire de la Guinée, pp. 51 et s.; contre-mémoire de la Guinée-Bissau, pp. 37 et ss. Voir aussi David E, *op cit*, p 357.
[1721] Sentence du 14 février 1985, *Affaire de la délimitation de la frontière maritime entre la Guinée et la Guinée-*
Bissau, para 62.
[1722] *Ibid*, para 61.

présentés au Tribunal ne fait état d'une autre frontière aquatique que celle du thalweg du Cajet. »[1723].

Deuxièmement, l'octroi par le Portugal en 1958 d'une concession s'étendant au sud du parallèle 10°40'N et l'absence de protestation de la France fut un fait qui paraissait au tribunal d'une grande importance confirmant que le traité n'était pas un traité de frontière.[1724] A cet égard, la sentence affirme que : « Le Gouvernement portugais, en acceptant que l'étendue de la concession dépasse vers le sud le parallèle de 10° 40' de latitude nord, et le Gouvernement français, en ne protestant pas au nom de la Guinée au moment où c'était encore à lui de le faire, ont manifesté leur conviction que la convention n'avait pas établi de frontière maritime entre les deux Guinée »[1725].

Le troisième fait fut l'adoption par le Portugal en 1967 et la Guinée-Bissau en 1974 de lignes de base droites ayant pour conséquence que vers le large, la limite frontale de la zone contiguë ou de la mer territoriale franchissait la ligne de la convention.[1726] Ce fait démontre que ni la France ni le Portugal ni les deux États successeurs, Guinée et Guinée-Bissau, n'ont accepté la ligne de l'article I, dernier comme définissant une frontière maritime.

Enfin, le quatrième facteur fut l'adoption unilatérale par la Guinée en 1964 d'une limite latérale (10°56'N.) qui allait même jusqu'à remettre en question l'attribution au Portugal de certaines îles par la convention de 1886.[1727] A propos de ce dernier fait, on peut se demander si le droit international permet qu'un acte unilatéral d'un État et le silence d'un autre État peut remettre en cause d'un traité de frontières largement publié et dont les effets peuvent s'observer sur le terrain. La réponse semble être négative. Il faut aussi noter que telle n'était pas l'intention du tribunal. Au contraire, elle reconnaît que « le caractère conflictuel des prétentions des Parties et de leurs mesures

[1723] *Ibid,* para 62.
[1724] DAVID E., « La sentence arbitrale du 14 février 1985 sur la délimitation de la frontière maritime Guinée-Guinée-Bissau », *op cit,* p 358.
[1725] Sentence du 14 février 1985, *Affaire de la délimitation de la frontière maritime entre la Guinée et la Guinée-Bissau,* para 63.
[1726] *Ibid,* para 64.
[1727] *Ibid,* para 65

d'application suffit à exclure toute idée d'accord implicite sur une quelconque délimitation latérale des zones maritimes ».[1728]

Cette position avait déjà été adoptée dans l'affaire du Golfe de Maine, où les parties évoquaient des pratiques unilatérales et le silence de l'autre partie pour prétendre lui opposer une certaine délimitation. La CIJ avait aussi affirmé que ces pratiques unilatérales et contradictoires démontraient l'absence d'accord et donc de tout fondement juridique à ces délimitations.[1729] En effet, l'acquiescement... suppose... une acceptation claire et constante.[1730] En retenant ce fait, le tribunal voulait juste prouver par cela que les parties ne considéraient pas l'accord de 1886 comme délimitant leurs frontières maritimes.

Cette manière de procéder est conforme à la pratique des cours et tribunaux internationaux en matière de d'interprétation des traités ainsi que le souligne le tribunal lui-même. Elle a notamment été employée dans les affaires de la Namibie[1731] et de la Compétence en matière de pêcheries.[1732] Il n'y a donc à cet égard aucune innovation. Il faut, néanmoins, s'en féliciter en ce qu'il apporte une certaine prévisibilité au droit.

La mission d'interprétation du tribunal aurait pu s'arrêter là étant donné qu'elle est parvenue à la conclusion que les États signataires de la convention de 1886 comme leurs États successeurs ont interprété le texte de l'article 1, dernier alinéa, de cet instrument comme n'ayant déterminé aucune frontière maritime. Cependant il s'est senti dans l'obligation d'user de la faculté que lui confère l'article 32 de la convention de Vienne sur le droit des traités relativement aux moyens

---

[1728] Voir Sentence du 14 février 1985, *Affaire de la délimitation de la frontière maritime entre la Guinée et la Guinée-Bissau*, para 66. David Eric émit un commentaire à ce sujet en notant que le tribunal rejette l'idée d'accord implicite *in casu*, mais pas en général comme la Guinée-Bissau tendait pourtant à le soutenir en distinguant de manière quelque peu subtile l'accord implicite de l'accord tacite, contre-mémoire, p. 17-19. DAVID E., « La sentence arbitrale du 14 février 1985 sur la délimitation de la frontière maritime Guinée-Guinée-Bissau », *op cit*, p.358.

[1729] LANG J., *Le plateau continental de la Mer du Nord*, Paris, L.G.DJ., 1970, pp. 42-45, 59.

[1730] C.I.J., Rec. 1969, p. 26.

[1731] *Aff. de la Namibie*, CM., Rec. 1971, p. 47, para 94.

[1732] *Compétence en matière de pêcheries*, CM., Rec.1973, pp. 18 et 63, para 36, citées dans la sentence au paragraphe 41.

complémentaires d'interprétation souvent retenus par les tribunaux internationaux.

L'analyse développée par David Kennedy[1733] et Martti Koskenniemi[1734] est bien réelle eu égard au cas de l'espèce. Pour eux, la nature imprécise du langage n'explique pas à elle seule les problèmes reliés à l'interprétation des traités. Pour eux, ce problème réside dans le fait qu'à chaque argument ou méthode « *hard* » ou apologiste (fondé sur le consentement, la volonté des États) peut en être opposé un autre de nature utopiste ou « *soft* » (reposant sur des éléments extra juridiques tels que la justice ou l'équité).

Corrélativement, l'application que font les parties de l'article 32 est personnalisée et va dans le sens de leurs différents argumentaires. Ainsi qu'il fallait s'y attendre, leurs différentes conclusions sont relativement identiques dans leur contestation : Conakry soutenait que les protocoles et documents annexés à la convention confirment que celle-ci a établi une frontière maritime générale, alors que Bissau arguait qu'ils confirment qu'elle n'a pas établi cette frontière. Dans ses conclusions finales en effet, la Guinée a demandé au Tribunal de répondre à la deuxième question de la manière suivante : « Les protocoles et documents annexés à la convention de 1886 confirment que la convention a établi la frontière maritime générale entre les possessions respectives de la France et du Portugal en Afrique de l'Ouest, vers le large jusqu'au méridien du cap Roxo ».[1735] La Guinée-Bissau concluait à son tour que : « Les protocoles et documents annexes de ladite convention, à l'exception de deux cartes, n'ont pas d'autre valeur que celle de travaux préparatoires et : a) Ils confirment le sens du texte de la convention mentionné à la conclusion n° 1 ci-dessus, au demeurant parfaitement clair; b) Les travaux préparatoires ne pourraient en aucun cas servir à infirmer le sens de ce texte, lequel ne présente aucune ambiguïté et ne conduit à aucun résultat déraisonnable. ».[1736]

[1733] KENNEDY D., « Theses about International Law Discourse » 23 *G.Y.I.L,* 1980, p.353.

[1734] KOSKENNIEMI M., *From Apology to Utopia : The Structure of International Legal Argument,* 2005.

[1735] Sentence du 14 février 1985, *Affaire de la délimitation de la frontière maritime entre la Guinée et la Guinée-Bissau,* para 69.

[1736] *Ibid,* para 69.

Ce qui qui retint l'attention du tribunal premièrement, c'est que de manière globale, dans la terminologie des travaux préparatoires les mots « possessions » et « territoire » reviennent sans cesse, que le mot « eaux » n'apparaît qu'une seule fois. De plus, dans la dernière version de la convention le mot « limite est plus utilisé que frontière mais généralement avec le même sens ». Il en conclut que « Ce ne saurait donc être un hasard si à l'inverse, frontière figure dans le texte de la convention plus souvent que limite.»[1737].

Ce constat général fait, le tribunal va examiner de plus près, la genèse de l'art. 1. Ce qui intéresse le tribunal à cet effet, ce n'est pas que le projet initial mettait en évidence le fait que le domaine continental était délimité par des « frontières » et le domaine insulaire par des « limites ». Ce constat déjà fait ne résout pas le problème mais ne fait qu'entretenir les équivoques. Il se basa plutôt sur la comparaison du texte initial avec le texte définitif de l'art. 1, al. 5 qui tend à supprimer cette ambiguïté entretenue par le texte. En effet, l'alinéa qui comporte le mot limite ne parlait pas des îles et ne faisait que définir « les limites des eaux territoriales » qui, à peu de choses près, correspondaient à la zone insulaire qui sera définie par l'art. 1, al.5. Ce n'est que suite à une demande du Portugal que toute référence aux « eaux territoriales » a été supprimée et que le texte finalement adopté précisait à qui appartiendraient les îles se trouvant entre le méridien du cap Roxo et le parallèle 10°40'N.[1738] La première

---

[1737] *Ibid,* para 71.

[1738] La première proposition concrète fut présentée le 12 décembre 1885 par la délégation portugaise, laquelle suggéra d'attribuer au Portugal, en Guinée, un territoire limité au nord par une ligne aboutissant à un certain parallèle, à l'est par un certain méridien et *[dans les citations qui vont suivre les italiques sont du Tribunal]* Au sud par le cours du rio Nuno depuis le méridien de 16° 30' longitude ouest de Paris *jusqu'à son embouchure;* à l'ouest toutes les *îles* comprises entre le parallèle du cap Roxo et celui de *Y embouchure* du rio Nuno appartiendront au Portugal. (Annexe au protocole n° 4.) Au cours des discussions qui s'ensuivirent, la ligne proposée fut modifiée et, le 11 janvier 1886, le délégué de la France, parlant de la carte annexe à préparer, déclara, sans plus mentionner les îles : La ligne en question partira de *Y embouchure* de la rivière Cajet, laissera au Portugal l'île Catack et à la France l'île Tristâo située à l'embouchure du Componi et se continuera en se tenant, autant que possible, à égale distance du rio Cassini et du rio Componi d'abord, puis de ce dernier fleuve et du rio Grande.
(Protocole n° 7.) 74. Le 6 avril 1886, la délégation française soumit un premier projet complet de convention. L'article I y comprenait deux alinéas non numérotés. Le premier visait le domaine terrestre et énonçait *[en omettant la partie du tracé qui est sans rapport avec la présente affaire]* : La *frontière* qui séparera les *possessions*

proposition de rédaction ne fait doute sur le fait qu'elle pouvait viser une frontière maritime. Elle est en réalité le fruit d'une proposition française. Cette dernière ayant été faite le 11 janvier 1886 ne parlait que de la frontière terrestre et la faisait commencer à l'embouchure du Cajet. La sentence précise dans ce cadre que « la première rédaction, qui distinguait entre frontière terrestre et limite maritime, faisait figurer le thalweg du Cajet dans cette dernière puisqu'il était compris entre deux îles côtières évidemment situées en mer territoriale. ».[1739] Or dans la dernière version du traité, il n'est plus question des eaux territoriales - ce dernier ayant disparu lors du remaniement – mais l'embouchure du Cajet a de nouveau été citée dans la frontière terrestre, sans que le thalweg ait été mentionné dans la limite tracée en mer. [1740]

Deux remarques peuvent être faites : Le changement intervenu dans la rédaction de la dernière version du traité à la demande du Portugal et l'absence de référence aux eaux territoriales dans les autres protocoles de la négociation ainsi que dans la plupart des documents

---

portugaises et françaises en Guinée suivra, conformément au tracé indiqué sur la *carte n° I, annexée au présent traité*, une ligne qui, partant du cap Roxo, se dirigera... et, prenant la direction du sudouest, se tiendra, autant que possible, d'après les indications du terrain, à égale distance de la rivière Grande, et de la branche méridionale de la rivière Cassini (marigot de Cakondo) au nord, et de la branche septentrionale de la rivière Componi au sud, pour venir *aboutir* à la rivière Cajet, située entre l'île Catack, qui sera au Portugal, et l'île Tristâo, qui appartiendra à la France. Le second alinéa concernait la mer : Les *limites* des *eaux territoriales* seront formées, au nord, par une ligne qui sera prolongée *du cap Roxo* à *trois milles en mer* dans la direction du sud-ouest; au sud, par une ligne qui *suivra le thalweg* de la rivière Cajet et se dirigera ensuite au sud-ouest, en passant au milieu de la passe des Pilotes, pour gagner le 10° 40' nord, qu'elle suivra jusqu'au 19° de longitude ouest de Paris. (Annexe au protocole n° 12.)

75. En séance, un délégué français suggéra que le premier alinéa soit divisé en : "1° au nord; 2° à l'est; et 3° au sud". "Quant au paragraphe relatif à la limite des eaux territoriales", le délégué du Portugal proposa "de remplacer la rédaction primitive par la suivante" : Toutes les *îles* comprises entre le méridien du cap Roxo, la côte et *la limite sud formée par* une ligne qui *suivra le thalweg* de la rivière Cajet et se dirigera ensuite au sud-ouest, à travers la passe des Pilotes pour gagner le 10° 40' nord avec lequel elle se confondra jusqu'au méridien du cap Roxo, appartiendront au Portugal.

[1739] Sentence du 14 février 1985, *Affaire de la délimitation de la frontière maritime entre la Guinée et la Guinée-Bissau*, para 78.

[1740] *Ibid,* 78.

diplomatiques de l'époque.[1741] Ce sont justement ces deux remarques qui ont amené le tribunal à présumer que « les négociateurs n'ont jamais envisagé autre chose que des frontières terrestres ». [1742]. Une présomption confirmée par l'examen du contexte de conclusion de l'accord.

Le tribunal est parvenu à la conclusion d'après laquelle le traité n'était pas un traité de délimitation frontalière grâce à l'examen des travaux préparatoires. Le recours au contexte historique et la pratique contemporaine de la convention ne feront que confirmer cette hypothèse. A propos du contexte, il convient de retenir que la convention a été conclue au lendemain de la Conférence de Berlin de 1884-85. A cette époque, « La notion de mer territoriale, par opposition à celle de mer libre, était reconnue » en droit international et « même si sa largeur oscillait - à quelques exceptions notoires près comme l'éphémère prétention russe à une limite de 100 milles en mer de Behring (1821-1825) - entre 3 milles marins, cas le plus fréquent, et 6 milles » les grandes puissances européennes cherchaient à « prévenir les conflits en réglant les conditions d'occupation de leurs possessions côtières en Afrique sans se préoccuper à cet égard des eaux territoriales »[1743]. Seules les surfaces terrestres intéressaient alors les parties car il n'existait pas à l'époque une délimitation latérale en mer en Afrique. Cela ressortait des traités de frontières contemporains produits par les Parties. Subséquemment, le tribunal conclut que le texte initial avait « quelque chose d'insolite pour le temps et pour le lieu », tout comme l'établissement d'une « limite méridionale continuée jusqu'à une centaine de milles de la côte et passant à plus de 12 milles de l'île la plus proche » eu égard à la notion de mer territoriale de l'époque.[1744]

Ceci étant, la convention ne pouvait normalement délimiter la mer territoriale dans la mesure qu'aucune convention de l'époque n'avait trait à la délimitation de la mer territoriale. De plus, à supposer que

---

[1741] A cet effet, Eric DAVID fait le point des développements importants à ce changement de rédaction avant de de marquer que c'est à partir de ce changement que le tribunal tranchera définitivement l'affaire. DAVID E., « La sentence arbitrale du 14 février 1985 sur la délimitation de la frontière maritime Guinée-Guinée-Bissau », *op cit*, p. 361.

[1742] DAVID E., *ibid*, para 79.

[1743] *Ibid,* 79.

[1744] *Ibid,* 80.

cette convention faisait exception, « la limite latérale au large du cap Roxo, allant jusqu'à 3 milles seulement, aurait été exposée aux objections du Portugal et la limite méridionale, continuée jusqu'à une centaine de milles de la côte et passant à plus de 12 milles de l'île la plus proche, Poilâo, aurait étendu la notion de mer territoriale bien au-delà des conceptions de l'époque. ».[1745] Ceci est particulièrement vrai, vu que les limites de l'une et l'autre des parties étaient favorables à une longueur de la mer territoriale oscillant entre 3 et de 6 milles marins.

Pour ce qui est de la pratique contemporaine, il était une coutume de définir les îles par des lignes. Plusieurs traités tout au long du XIXe siècle signalés par les pratiques le prouvent : les traités de la côte atlantique des États-Unis d'Amérique (traité de paix avec la Grande-Bretagne, 1783), de l'Alaska (convention États-Unis - Russie, 1867), de la Sierra Leone (convention non ratifiée France - Grande-Bretagne, 1882) et de l'archipel des Philippines (traité de paix Espagne - États-Unis, 1898).[1746] Autres que ces traités, le tribunal a également mentionné un traité ultérieur à 1886 et non cité par les Parties, celui de Hong Kong, par lequel le territoire et des îles ont été définis par une ligne figurant sur une carte annexée à la convention sino-britannique de 1898 sans mention de zone maritime dans les deux baies comprises dans le territoire.[1747]

Il est alors possible de présumer que la proposition portugaise de définir les îles par des lignes, s'inscrivait dans le cadre général des traités de l'époque. En témoigne le fait que les parties ont directement ou indirectement cité les îles dont la souveraineté était ainsi déterminée par traité. Ceci étant, il n'y a et ne saurait plus avoir de doute sur l'objet du traité : il n'est pas destiné à délimiter les surfaces maritimes des deux puissances colonisatrices mais à délimiter les îles appartenant à chacune d'elles. Au tribunal de conclure, « il y a là des faits objectifs qui mieux que toute spéculation sur les arrières pensées des deux gouvernements » indiquant que la France et le Portugal n'ont jamais cherché à « établir une frontière maritime entre leurs possessions de Guinée ».[1748]

[1745] *Ibid,* para 80.
[1746] *Ibid,* para 81.
[1747] *Ibid*
[1748] *Ibid,* 82.

Les règles de la délimitation terrestre

Lorsque les juridictions internationales sont saisies d'un différend de délimitation terrestre ou maritime, elles recherchent d'abord le droit applicable. Les conventions internationales les liant en tant qu'obligations des parties constituent la première source du juge ou de l'arbitre international. Paul Tavernier dira que la grande règle en matière de fixation des frontières internationales, c'est la nécessité d'un accord entre les deux États en cause : la pratique est d'ailleurs ancienne et fort abondante en ce domaine.[1749] Ainsi, le rôle de la Cour internationale de Justice consiste donc à interpréter et à appliquer les accords conclus entre les parties, à dégager leur volonté commune et non pas à substituer sa propre volonté.[1750]

En vertu de l'article 26 de la convention de Vienne de 1969 sur le droit des traités, les traités lient les parties et doivent être exécutés de bonne foi. Les différends auxquels le juge peut être confronté lors de la délimitation lorsque les traités sont allégués comme délimitant des frontières deviennent soit des différends de validité des traités[1751] ou des différends d'interprétation de traité.[1752] On peut citer en matière de délimitation terrestre pour le premier cas les affaires du Temple de Préah Vihéar, du Différend territorial Libye/Tchad ou encore le différend relatif à la délimitation de la frontière terrestre et maritime entre le Cameroun et le Nigeria ; et en matière de délimitation maritime pour le second cas le différend de délimitation maritime entre la Guinée et la Guinée. Ainsi, toutes les affaires portées devant la Cour de La Haye mettent en cause des accords complexes et le contentieux frontalier soulève très souvent des questions relatives au droit des traités, codifié dans la Convention de Vienne de 1969 sur le droit des traités.

Dans le cas où référence est faite au principe de l'*uti possidetis juris* en vue d'une recherche de stabilité des frontières et ce par rapport à la situation héritée de la colonisation, il se pose nécessairement la question de savoir dans quelle mesure peuvent être prises en compte les effectivités survenues antérieurement et postérieurement à la date

---

1749 TAVERNIER P., « Les différends frontaliers terrestres dans la jurisprudence de la C.I.J », *Annuaire français de droit international*, volume 47, 2001. p. 144.

1750 *Ibid*

1751 Voir *supra*, Partie I, Tire I, Chapitre I et Section II.

1752 Voir *supra*, paragraphe I précédent.

critique. La question des relations que peuvent entretenir le titre juridique et l'effectivité a été examinée profondément par la Cour internationale de justice dans l'affaire du différend frontalier Burkina Faso/ Mali.

Le titre est le prisme à travers lequel le faisceau de droits et d'obligations émanant de la loi (ou de la règle de droit) atteint les divers sujets destinataires de droits et d'obligations.[1753] Il s'en suit que le concept de titre revêt une fonction capitale car il permet de discerner dans telle ou telle situation lequel des faits est apte, de concert avec la règle de droit, à créer un droit subjectif en faveur d'un sujet de droit. Le titre permet donc de sélectionner certains faits, au détriment d'autres, en vue de la création (ou de l'extinction) d'un droit (ou d'une obligation).[1754] Le terme de « titre » fait aussi bien référence au titre-cause, apparenté au droit, qu'au titre-preuve, relié à l'effectivité et concrétisé par la recherche des faits, lorsque le titre juridique n'est pas suffisamment clair.[1755]

L'effectivité a trait à la qualité du pouvoir que le souverain, ou celui se revendiquant comme tel, exerce sur son territoire et non directement aux actes exercés par le pouvoir souverain. L'arrêt de 1986 dans l'affaire du Différend frontalier (Burkina Faso/ République du Mali) présente des vertus pédagogiques en affirmant explicitement la supériorité du titre sur l'effectivité.[1756] La C.I.J. a précisé la place qui revient à l'effectivité dans les différends frontaliers.

C'est en effet dans l'affaire du Différend frontalier (Burkina Faso/ République du Mali) que la CIJ a clairement énoncé les différents types de relation entre titre et effectivités. Il consacre la suprématie des titres sur les effectivités. Les « effectivités coloniales » peuvent confirmer ou compléter un titre, mais elles ne peuvent être préférées au titre.[1757] Elles ne peuvent donc avoir d'effet *contra legem. Dans ce cadre, quatre hypothèses ont été énumérées.*

[1753] DISTEFANO G., « L'accord tacite ou l'univers parallèle du droit des traités », *QIL, Zoom-in 18 (2015), 17-37? p.* 107

[1754] *Ibid*

[1755] Voir NORODOM A-T. « L'arrêt de la chambre de la Cour internationale de Justice dans l'affaire du Différend frontalier (Bénin/Niger) », *Annuaire français de droit international*, volume 51, 2005. p. 198.

[1756] *Ibid*

[1757] Rec. C.I.J., 1986, pp. 586-587.

La première hypothèse est le cas où le fait correspond exactement au droit, où une administration effective s'ajoute à l'*uti possidetis juris*. Ici, l'affectivité" n'intervient en réalité que pour confirmer l'exercice du droit né d'un titre juridique.[1758] La deuxième correspond au cas où le fait ne correspond pas au droit, où le territoire objet du différend est administré effectivement par un État autre que celui qui possède le titre juridique, il y a lieu de préférer le titulaire du titre.[1759] La troisième hypothèse est relative au cas où "l'effectivité" ne coexiste avec aucun titre juridique, elle doit inévitablement être prise en considération.[1760] La quatrième hypothèse suppose des cas où le titre juridique n'est pas de nature à faire apparaître de façon précise l'étendue territoriale sur laquelle il porte. Les "cffcctivités" peuvent alors jouer un rôle essentiel pour indiquer comment le titre est interprété dans la pratique.[1761]

La quatrième hypothèse a été mise en œuvre dans plusieurs arrêts de la CIJ dont celle relative à la Souveraineté sur Pulau Ligitan et Pulau Sipadan[1762] et dans celui prononcé par une chambre de la même Cour dans le différend opposant le Bénin et le Niger s'agissant de la délimitation du titre dans le secteur du fleuve Niger.[1763] Pour ce dernier cas, l'absence de titre obligea à prendre en compte les effectivités. En l'espèce, la question de l'examen des effectivités ne se posait que pour la délimitation de la frontière dans le secteur Niger puisquc le titre avancé par les parties pour établir les contours géographiques de la souveraineté dans le secteur de la rivière Mékrou a été jugé suffisant. De même, dans l'affaire relative à la Souveraineté sur Pulau Ligitan et Pulau Sipadan, en l'absence de titre conventionnel détenu par l'une des parties, la souveraineté de la

---

[1758] *Affaire du Différend frontalier (*Burkina Faso I République du Mali), Arrêt, CIJ Recueil 1986, pp. 586-587, para 63.

[1759] *Ibid,* pp. 586-587, para 63.

[1760] *Ibid*

[1761] *Ibid*

[1762] CIJ, *affaire relative à la souveraineté sur Pulau Ligitan et Pulau Sipadan* (Indonésie c. Malaisie), arrêt du 17 décembre 2002, paras 126-149.

[1763] Conformément à l'article 6 du compromis du 15 juin 2001, la Chambre de la CIJ chargée de l'affaire se devait d'appliquer « *[les règles et principes du droit international] énumérés au paragraphe 1 de l'article 38 du statut de la Cour internationale de Justice, y compris le principe de la succession d'États aux frontières héritées de la colonisation, à savoir l'intangibilité desdites frontières* » Affaire du *Différend frontalier* (Bénin I Niger) , arrêt du 12 juillet 2005, paras 2 et 23.

Malaisie sur les îles fut reconnue en conséquence de différentes activités qu'elle y avait menées en son nom propre et en sa qualité d'État successeur de la Grande-Bretagne. L'insuffisance soulignée dans cette affaire est la part de la subjectivité dans l'acquisition du titre territorial étant donné que les « effectivités » dont il fut tenu compte ont été interprétées comme étant le signe d'une intention d'appropriation souveraine ne rencontrant pas de protestation de la part de l'autre partie concernée.[1764]

Déjà en 1986, la formulation didactique retenue n'a pas été jugée très satisfaisante dans la mesure où elle pourrait faire croire à une assimilation des effectivités au fait, ce qui est en réalité incorrect. A la réalité, l'effectivité a trait à la qualité du pouvoir que le souverain, ou celui se revendiquant comme tel, exerce sur son territoire et non directement aux actes exercés par le pouvoir souverain.[1765]

Une cinquième hypothèse détectée postérieurement à l'arrêt de 1986 tient au cas où le titre n'est pas doublé d'effectivité. Il faut dans ce cas le prendre en considération tout de même.[1766] Mais, selon Norodom Anne-Thida, cette hypothèse rejoint la deuxième évoquée par la Chambre en 1986 où l'absence de concordance entre titre et effectivité fait prévaloir le titre.[1767] Ces principes apparaissaient déjà en filigrane dans l'affaire des Parcelles frontalières entre la Belgique et les Pays-Bas. Dans l'affaire de l'île de Kasikili-Sedudu, la question a été discutée sous un angle un peu différent, celui de la pratique subséquente des États parties à un traité.[1768]

En faisant très largement prévaloir le titre conventionnel sur les effectivités, la Cour contribue déjà au processus essentiel de la

---

[1764] CIJ, *affaire relative à la souveraineté sur Pulau Ligitan et Pulau Sipadan* (Indonésie c. Malaisie), arrêt du 17 décembre 2002, para 148.

[1765] NORODOM A-T. «L'arrêt de la chambre de la Cour internationale de Justice dans l'affaire du Différend frontalier (Bénin/Niger) ». *op cit*, p. 198.

[1766] Cette hypothèse est ressortie par le professeur M. Kohen eu égard à l'arrêt de la Chambre constituée dans l'affaire du Différend frontalier (Cameroun c. Nigeria). Voir M. G. KOHEN, « La relation titres/effectivités dans le contentieux territorial à la lumière de la jurisprudence récente », *op. cit*, p. 583.

[1767] NORODOM A-T. «L'arrêt de la chambre de la Cour internationale de Justice dans l'affaire du Différend frontalier (Bénin/Niger) », *op cit*, p. 198.

[1768] Voir APOSTOLIDIS C., « L'affaire de l'Ile de Kasikili/Sedudu (Botswana/Namibie). L'arrêt de la CIJ du 13 décembre 1999 », *AFDI*, 1999, pp.434-451, notamment p. 445 et s.

stabilisation des frontières des États. Dans les affaires de délimitation maritime associées à la délimitation terrestre, les règles énoncées ont été rigoureusement suivies.

Le différend opposant le Cameroun et le Nigeria, soumis devant la CIJ a ceci de complexe qu'il a trait simultanément à la délimitation de l'ensemble de la frontière terrestre, ainsi que le tracé de la frontière maritime. L'arrêt est articulé en cinq parties : il concernait à la fois, la frontière dans la région du lac Tchad ; la frontière depuis ce lac jusqu'à la presqu'île de Bakassi ; la souveraineté sur cette presqu'île ; la détermination des zones maritimes de chaque pays ; les questions de responsabilité internationale découlant de la délimitation. Le tracé de la délimitation maritime était intimement lié et conditionné par celui de la délimitation de la frontière terrestre puisque le point de départ de la frontière maritime dépendait de l'attribution de la souveraineté sur la presqu'île de Bakassi. L'analyse des multiples instruments de l'époque coloniale et des accords conclus par les parties a permis à la Cour de confirmer la primauté des titres conventionnels sur les effectivités.

Lorsque la CIJ fut appelée par le Nigeria à se prononcer sur la place et le rôle des « effectivités » dans le contentieux territorial, elle n'a fait que confirmer la préférence donnée aux titres en cas d'inadéquation entre ceux-ci et les « effectivités ». Cette préférence est simplement la conséquence de ce qu'en présence de titre, la « possession s'avère illicite ».[1769] En effet, les derniers paragraphes de l'arrêt relatifs à la détermination de la frontière dans la région du lac Tchad[1770] et sur la souveraineté sur Bakassi sont consacrés à l'examen des revendications du Nigeria fondées entre autres[1771] sur sa présence effective.[1772] Malgré le titre camerounais fondé sur le traité anglo-allemand du 11 mars 1913,[1773] le Nigeria appuie sa revendication sur la péninsule de

[1769] KOHEN M. G., *Possession contestée et souveraineté territoriale*, *op. cit.* p. 474.

[1770] *Frontière terrestre et maritime entre le Cameroun et le Nigéria (Cameroun* c. *Nigéria: Guinée équatoriale intervenant), arrêt, CIJ Recueil 2002*, 62 et s.

[1771] *Ibid,* 220 et s.

[1772] Les effectivités en question sont liées à des manifestations de la présence des autorités publiques nigérianes, que ce soit en matière de services publics de santé ou d'enseignement, de maintien de l'ordre, voire d'administration de la justice ou de perception fiscale.

[1773] Voir *Frontière terrestre et maritime entre le Cameroun et le Nigéria (Cameroun* c. *Nigéria: Guinée équatoriale intervenant), arrêt, CIJ Recueil 2002*, paras 194 et s.

« trois fondements (...) distincts mais intimement liés » que sont la consolidation historique,[1774] l'acquiescement,[1775] et les effectivités.[1776]

La CIJ considère, tant pour la frontière dans la région du lac Tchad que pour la souveraineté sur Bakassi que les conventions en vigueur devaient être appliquées. Elle s'oppose ainsi à ce que des effectivités *contra legem* puissent prévaloir sur des titres conventionnels, aussi longtemps, du moins, que ces titres restent en vigueur et n'ont pas été remis en cause par un acquiescement du Cameroun. Le même raisonnement avait été suivi par le tribunal qui a tranché la première partie du différend opposant l'Érythrée au Yémen.

Déjà en 1998, la même jurisprudence avait été confirmée dans la sentence arbitrale rendue sur le différend entre l'Érythrée et le Yémen au sujet de l'attribution des îles situées entre les deux pays. Là où il existait de titre conventionnel, le tribunal leur donna une primauté. C'est alors qu'après avoir interprété, sur la base du critère de la « contemporanéité »,[1777] l'article 6 du Traité de Lausanne,[1778] qui pose comme principe que les îles se trouvant à moins de trois milles des côtes (largeur de la mer territoriale à l'époque) appartiennent à l'État côtier,[1779] le tribunal décida que les îles Mohabbakah, réclamées par le Yémen,[1780] devaient revenir à l'Érythrée car elles se situaient dans sa mer territoriale, étendue à douze milles en 1953.

[1774] Face à l'argument de la consolidation historique, la CIJ affirme que *«la notion de consolidation historique n'a jamais été utilisée comme fondement d'un titre territorial dans d'autres affaires contentieuses, que ce soit dans sa propre jurisprudence ou dans celle d'autre organes juridictionnels » Ibid,* para 65.

[1775] Au sujet de l'acquiescement, la CIJ oppose trois arguments : le maintien dans les territoires litigieux de certaines activités publiques du Cameroun, les protestations camerounaises répondant aux « effectivités » nigérianes et la faible portée juridique des « effectivités » nigérianes. *Ibid,* para 223.

[1776] *Ibid,* paras 67 et 223

[1777] Sur ce principe, voir *supra*, Première partie, titre I, chapitre II, Section I, para II, B, 1.

[1778] Le tribunal a surtout examiné les articles 6 et 16 du Traité de Lausanne.

[1779] Sentence arbitral, 9 octobre 1998, *Différend insulaire entre le Yémen et l'Erythrée* paras 440 et s.

[1780] (*Ibid,* para 443.). Voir DOBELLE J-F, FAVRE J-M, « Le différend entre l'Erythrée et le Yémen : la sentence arbitrale du 9 octobre 1998 sur le champ du différend et la souveraineté territoriale », *Annuaire français de droit international,* volume 44, 1998. p. 341.

Dans les secteurs où il n'avait pas été reconnu que le Traité de Lausanne opérait une délimitation toujours en vigueur au profit de l'une des parties, le tribunal a dû accorder un rôle important aux effectivités. Tenant compte des effectivités, il a considéré que le Yémen avait accompli certains actes d'autorité étatique durant la dernière décennie. Dans l'attribution des îles de Jabal al-Tayr et Zubayr, les effectivités tenaient tant à la construction et l'entretien des phares par le Yémen mais aussi aux activités pétrolières que le Yémen y avait entreprises et que ni l'Éthiopie ni l'Érythrée n'avaient protesté. C'est la construction et l'entretien des phares et les activités pétrolières que le Yémen y avait entreprises, qui ont permis au tribunal de lui attribuer les îles de Jabal al-Tayr et Zubayr.

A propos des îles Hanish et Zukar, le raisonnement du Yémen consistait à démontrer que la construction et l'entretien de phares sur certaines de ces îles devraient être interprétés comme un exercice pacifique et continu de l'autorité étatique témoignant de sa souveraineté sur lesdites îles. A la réalité, ce principe existe en droit international. Il a en effet été reconnu par la Cour permanente d'arbitrage dans sa sentence du 4 avril 1928 en l'affaire de l'île de Palmas, lorsqu'il reconnut qu'un titre de souveraineté pouvait résulter « d'un exercice pacifique et continu de l'autorité étatique sur l'île ».[1781] Il a été employé à nouveau par la CPJI dans l'affaire du Statut juridique du Groenland oriental[1782] et par la CIJ dans l'affaire des Minquiers et des Ecréhous.[1783]

Pour le tribunal, les actes en question ne témoignent pas de l'existence d'un titre historique[1784] mais d'une présence yéménite sur les îles, équivalente à des effectivités. Plus spécifiquement, sujet des

[1781] R.S.A., volume II, p. 829 et s.

[1782] *Statut juridique du Groenland oriental*, C.P.J.I., arrêt du 5 avril 1933, série A/B, n" 53, p. 20 et s.

[1783] *Affaire des Minquiers et des Ecréhous*, C.I.J., arrêt du 17 novembre 1953, Recueil 1953, p. 47 et s.

[1784] A la réalité, le tribunal ne réfute pas l'existence du principe. Il estime néanmoins que ni l'Erythrée ni le Yémen n'avaient apporté la preuve d'une législation concernant les îles et permettant de démontrer leur intention d'assujettir les îles en question à leur juridiction ou à leur contrôle. Voir Sentence arbitral, 9 octobre 1998, *Différend insulaire entre le Yémen et l'Erythrée* paras 257 et s. Voir aussi DOBELLE J-F, FAVRE J-M, « Le différend entre l'Erythrée et le Yémen : la sentence arbitrale du 9 octobre 1998 sur le champ du différend et la souveraineté territoriale », *op cit,* p.349.

îles Hanish, le tribunal a rappelé qu'elles relevaient, à l'époque de l'Empire ottoman, de la région administrative englobant la côte arabe. Le tribunal a également estimé que le Yémen avait pu prouver certains actes d'autorité étatique sur ces îles. Il a donc attribué ces îles au Yémen. C'est sur la base desdites effectivités que le tribunal arbitral attribua en 1998 les différentes îles que sont Jabal al-Tayr, Zubayr, Zukar et Hanish au Yémen.

CONCLUSION GÉNÉRALE

L'aptitude des États côtiers à exercer un contrôle sur une bande de mer adjacente à leur territoire a toujours été reconnue comme un droit. La nature et l'étendue de ce droit n'a été codifié qu'au siècle dernier. La Convention des Nations Unies sur le droit de la mer, qualifiée de véritable constitution pour les océans[1785] en ce qu'elle a codifié l'ensemble du droit de la mer, a entraîné une dynamique d'accaparement des mers qu'on a qualifié « d'attraction territoriale ».[1786] C'est ainsi que l'emprise territoriale de l'État côtier sur les mers adjacentes à ses côtes repart à l'assaut pour tenter de s'approprier non seulement les droits résiduels, mais aussi d'étendre dans l'espace le champ d'application de son contrôle.[1787] Cette dynamique n'a pas manqué d'entraîner une série de chevauchement de prétentions sur l'appartenance des nouveaux espaces marins consacrés. La solution qui a été adoptée pour résoudre les différends frontaliers nés de ces chevauchements, à savoir les articles 15, 74, et 83 de la Convention sur le droit de la mer, ont manqué de précision et d'audace, laissant entière, la charge aux juridictions internationales, d'approfondir ce qu'il est convenu d'appeler le droit de la délimitation maritime. Or, ce droit, s'intègre dans un domaine plus vaste, qu'est le droit international, avec lequel il interagit.

Les modes d'acquisition de titre peuvent prendre des formes expresses ou tacites. Il suffit que la rencontre de la volonté des États, seule base de la formation des engagements internationaux des États, puisse être prouvée. Les accords tacites sont de ce fait, les plus difficiles à prouver. L'existence d'accord tacite a été rarement acceptée dans la jurisprudence internationale. Le TIDM a, alors, reconnu que les pratiques pétrolières et les prises de position d'un État ne suffisent pas à conclure à l'existence d'accord tacite de délimitation maritime.

1785 KOH T.T.B., in *Texte officiel de la Convention des Nations Unies sur le droit de la mer*, Nations Unies, New York, 1984, p.xviiii.

1786 FABRI H. R., « Règles coutumières générales et droit international fluvial », *A.F.D.I.*, 1990, 36,
p.818.

1787 DE MARFFY-MANTUANO A., "Harmonisation du droit interne et du droit international de la mer : quel droit applicable ?" *Espaces et Ressources maritimes ?* 41, 1991, 5, p.73.

De même, le TIDM a apporté des développements intéressants à la notion d'estoppel en matière de délimitation relativement à sa première condition. En plus de l'accord tacite et de l'estoppel, la plus grande innovation a été de définir un cas atypique de constitution d'un modus vivendi. Ce dernier est formé par la détermination d'une ligne de délimitation par les puissances coloniales et l'existence de pratique ultérieure de leurs États successeurs.

Le régime juridique des titres conventionnels, en tant que mode d'acquisition de titre, a également été explicité dans le cadre des contentieux de frontières maritimes africaines. Dans l'Affaire Sénégal-Guinée Bissau de 1989, le tribunal a fait progresser le droit international en consacrant l'application du principe de l'*uti possidetis* aux frontières maritimes. Ce principe permet la stabilisation des frontières en ce que l'État nouveau s'engage à conserver comme frontières les limites qui étaient celles du territoire dont il est issu.[1788] La consécration de l'application du principe de l'*uti possidetis* aux frontières maritimes dans l'Affaire Sénégal-Guinée Bissau de 1989 est indubitablement un grand progrès du droit international. Il faut aussi noter que cet arbitrage a confirmé l'application de la succession d'États aux traités de frontières maritimes.

Les contentieux de frontières maritimes africaines ont énormément contribué à la rationalisation des règles de la délimitation en absence de titre. Dans ce domaine, trois contributions ont été soulignées. La première contribution a été de consacrer le critère de la distance comme seul fondement du titre de l'État côtier sur ses espaces maritimes. La deuxième contribution a été de définir une équité normative. Les contentieux africains ont beaucoup contribué grandement au retour progressif vers l'équidistance comme méthode délimitation par défaut. La troisième contribution est la clarification des étapes d'application de l'équidistance. Les règles spécifiques aux trois étapes de l'établissement d'une ligne d'équidistance[1789] ont été explicitées.

[1788] SOREL J-M., MEHDI R., « *L'uti possidetis* entre la consécration juridique et la pratique : essai de réactualisation. », *op cit*, p. 12.

[1789] La construction d'une ligne d'équidistance provisoire, l'ajustement de la ligne en fonction des circonstances pertinentes, et la vérification de la ligne pour s'assurer que le résultat obtenu ne crée pas de disproportion marquée entre les côtes pertinentes et les espaces maritimes des Parties.

Le dynamisme des États africains dans la mise en œuvre des procédures des exceptions préliminaires que ce soit pour les exceptions de compétence ou des exceptions de recevabilité a permis à la CIJ de réaffirmer sa fidélité aux décisions antérieures qu'elle reprend abondamment dans ses ordonnances et arrêts en la matière. Ainsi, dans les affaires de la Frontière terrestre et maritime entre le Cameroun et le Nigeria et du Différend relatif à la délimitation maritime dans l'océan Indien entre la Somalie et le Kenya, la CIJ s'est alignée sur ses précédents jurisprudentiels pour réfuter chacune des thèses l'invitant à modifier le cours de sa jurisprudence. Il en est de même dans les développements relatifs à la vérification de la compétence *prima facie* et à l'objet des mesures conservatoires. Aussi, la jurisprudence de la Haute juridiction a-t-il été très peu évolutive dans la clarification des conditions de l'article 62 de son statut en ce qui concerne l'intervention du tiers.

Relativement à la valeur obligatoire des décisions juridictionnelles, toute décision juridictionnelle internationale définitive, arbitrale ou judiciaire est revêtue de l'autorité de la chose jugée et donc s'impose aux parties. En effet, la fonction contentieuse d'une juridiction ne peut être sauvegardée que si cette dernière a la capacité de trancher des différends par des décisions obligatoires pour les parties en litige. Le conservatisme exprimé par les juridictions internationales en matière d'application du droit du contentieux international témoigne d'un souci de préservation de l'institution arbitrale ou judiciaire, moyen unique de réalisation du droit international. Mais, à l'application rigide du droit du contentieux international a été associée l'application conformiste du droit substantiel. Il en a été ainsi tant pour l'application du droit de la responsabilité internationale, du droit de la délimitation maritime proprement dit ou autres. Il peut être fait le constat d'une convergence de la jurisprudence dans l'application et l'interprétation du droit applicable.

Il a, enfin, été démontré que, la collaboration jurisprudentielle entre les différentes juridictions en matière de délimitation maritime a permis une consolidation des règles du droit international à travers une reprise des règles établies dans les jurisprudences réciproques. A cet effet, cette consolidation s'est manifestée par le respect et l'adoption de la jurisprudence antérieure dans le domaine de la délimitation maritime et dans les domaines connexes à la délimitation maritime.

La convergente jurisprudentielle dans l'application et l'interprétation du droit substantiel remarquable au niveau des contentieux de délimitation maritime africaine est une réponse positive aux risques de fragmentation du droit international.

La convergente jurisprudentielle, la rigueur des juridictions internationales dans l'application des règles de procédure et la protection effective de l'autorité de la chose jugée des décisions juridictionnelles sont la manifestation de la fonction conservatrice des contentieux de délimitation maritime africaine. Cette fonction qui participe à la consolidation du droit international, est avant tout, garante de la sécurité juridique dans la société internationale et facteur de maintien de la paix et de la sécurité internationale. La réalisation de la paix par le droit dépend essentiellement de la stabilité de ce dernier. Cette réalisation de la paix par le droit reste le plus grand objectif des juridictions internationales et l'objet même de leur existence. Mais, est-ce un objectif atteignable dans une société internationale basée plus sur des rapports force que sur des rapports de droit ?

TABLE DES MATIÈRES

Structures éditoriales du groupe L'Harmattan

L'Harmattan Italie
Via degli Artisti, 15
10124 Torino
harmattan.italia@gmail.com

L'Harmattan Hongrie
Kossuth l. u. 14-16.
1053 Budapest
harmattan@harmattan.hu

L'Harmattan Sénégal
10 VDN en face Mermoz
BP 45034 Dakar-Fann
senharmattan@gmail.com

L'Harmattan Cameroun
TSINGA/FECAFOOT
BP 11486 Yaoundé
inkoukam@gmail.com

L'Harmattan Burkina Faso
Achille Somé – tengnule@hotmail.fr

L'Harmattan Guinée
Almamya, rue KA 028 OKB Agency
BP 3470 Conakry
harmattanguinee@yahoo.fr

L'Harmattan RDC
185, avenue Nyangwe
Commune de Lingwala – Kinshasa
matangilamusadila@yahoo.fr

L'Harmattan Congo
219, avenue Nelson Mandela
BP 2874 Brazzaville
harmattan.congo@yahoo.fr

L'Harmattan Mali
ACI 2000 - Immeuble Mgr Jean Marie Cisse
Bureau 10
BP 145 Bamako-Mali
mali@harmattan.fr

L'Harmattan Togo
Djidjole – Lomé
Maison Amela
face EPP BATOME
ddamela@aol.com

L'Harmattan Côte d'Ivoire
Résidence Karl – Cité des Arts
Abidjan-Cocody
03 BP 1588 Abidjan
espace_harmattan.ci@hotmail.fr

Nos librairies en France

Librairie internationale
16, rue des Écoles
75005 Paris
librairie.internationale@harmattan.fr
01 40 46 79 11
www.librairieharmattan.com

Librairie des savoirs
21, rue des Écoles
75005 Paris
librairie.sh@harmattan.fr
01 46 34 13 71
www.librairieharmattansh.com

Librairie Le Lucernaire
53, rue Notre-Dame-des-Champs
75006 Paris
librairie@lucernaire.fr
01 42 22 67 13

www.ingramcontent.com/pod-product-compliance
Lightning Source LLC
La Vergne TN
LVHW021150061026
849535LV00002B/409